未名社科菁华·社会学

社会研究：科学与艺术

Social Research: Science and Art

风笑天 著

图书在版编目(CIP)数据

社会研究:科学与艺术/风笑天著.—北京:北京大学出版社,2015.4
(未名社科菁华·社会学)
ISBN 978-7-301-25522-3

Ⅰ.①社… Ⅱ.①风… Ⅲ.①社会科学—研究方法 Ⅳ.①C3

中国版本图书馆 CIP 数据核字(2015)第 031642 号

书　　　名	社会研究:科学与艺术
著作责任者	风笑天　著
责 任 编 辑	董郑芳(592564478@qq.com)
标 准 书 号	ISBN 978-7-301-25522-3
出 版 发 行	北京大学出版社
地　　　址	北京市海淀区成府路 205 号　100871
网　　　址	http://www.pup.cn
电 子 信 箱	ss@pup.pku.edu.cn
新 浪 微 博	@北京大学出版社　@未名社科—北大图书
电　　　话	邮购部 62752015　发行部 62750672　编辑部 62765016
印 刷 者	三河市北燕印装有限公司
经 销 者	新华书店
	965 毫米×1300 毫米　16 开本　26.25 印张　430 千字
	2015 年 4 月第 1 版　2015 年 4 月第 1 次印刷
定　　　价	69.00 元

未经许可,不得以任何方式复制或抄袭本书之部分或全部内容。
版权所有,侵权必究
举报电话:010-62752024　电子信箱:fd@pup.pku.edu.cn
图书如有印装质量问题,请与出版部联系,电话:010-62756370

自　序

从 1985 年考入北京大学社会学系攻读研究生以来，笔者就一直对社会研究方法很感兴趣。在将近三十年的学习、研究和教学过程中，笔者陆续发表了三十多篇研究方法方面的论文。除了有近十篇介绍社会调查方法，特别是介绍问卷设计方面知识的论文，已编进笔者的第一本方法著作《透视社会的艺术：社会调查中的问卷设计》（天津人民出版社 1990 年第一版，2002 年第二版，中国人民大学出版社 2014 年第三版）和第一本方法教材《现代社会调查方法》（华中科技大学出版社 1996 年第一版，2001 年第二版，2005 年第三版，2009 年第四版，2014 年第五版）外，其他的相对较深入的专题研究论文则都包含在这本书中。

作为北京大学的学子，笔者希望将这本著作作为一份小小的礼物，来报答母校对自己从硕士到博士五年求学生涯的精心培育；同时也愿意将其作为自己毕业二十多年来向母校交上的一份成绩单。

本书所收录的论文从内容上分为三编和一个附录。上编侧重于方法论方面。论文内容既有对社会研究方法本质特征、基本概念、方法论背景等方面的探讨，也有从著名社会学学者的研究中所引发的方法论问题，以及有关研究者的方法意识和方法素养问题的探讨。中编侧重于对社会研究方式中各种具体研究方法的探讨。这部分的论文往往聚焦于研究中的一个具体环节、一种具体角色，或是一种具体方法、一种具体技术，焦点集中地进行相对深入的分析和研究。其中既有对定性研究方式中某些方面的探讨，也有对定量研究方式中关键问题的探讨。下编则侧重于社会研究方法的应用与评价。这些论文往往结合现有社会研究的实际状况，从研究方法的多个层面展开分析，并对近三十年来我国社会研究的发展状况,特别是研究方法的运用状况进行了系统回顾与总结。

附录部分所收录的几篇论文从题目看似乎与方法无关,但实际上却都是从方法角度对具体研究的质量和局限进行探讨的论文。《独生子女父母的生育意愿》一文中,笔者从方法角度对同一主题的两项研究结果进行了比较,以说明何种方式的结果更加真实可信;《走进"围城"的独生子女:概念、规模与质疑》一文,则是从方法角度对前人研究结果的质疑,而《青年独生子女比例与育儿模式的再讨论》一文,则是对前文所质疑的论文作者所做的回应文章的再次质疑,并且完全是从方法的角度进行的;《也论我国独生子女群体的婚姻稳定性》一文,则是在阅读前人研究结果的基础上,通过从方法角度提出的几个问题的分析,说明前人研究结论的可能局限;《第一代独生子女的生育意愿:我们目前知道多少》一文,则是通过详细解析同一主题的十几项经验研究结果,从方法论角度说明现有研究各自所具有的局限性,以提示读者如何客观、正确地看待具体研究的结果;《我国大学生就业研究的现状与问题——以30项重点经验研究为例》则是通过对该研究领域中最为重要的一批研究的系统分析,从研究对象、文献回顾、测量指标、样本比较等方面指出了现有研究的不足,以及对现有研究结论的可能影响。总之,通过这几篇针对实际研究中所存在的方法问题的论文的分析和解读,可以从另一个方面认识社会研究的科学性问题。从中也可以引申出对应该如何运用社会研究方法、怎样进行分析和得出研究结论等问题的思考。

尽管本书收录的论文中绝大部分都是从科学的角度对研究方法所进行的探讨,但是笔者同时也认识到,在社会研究的设计和实际操作中,仍然为研究者新奇的构思、巧妙的实践留下了足够的空间和平台。事实上,笔者的有些论文与其说是一篇科学论文,倒不如说是一件小的艺术作品。比如,对如何创造出四个"完全一样的子样本"的设计、对收入测量方式的研究、对答案顺序影响的研究、对答案奇偶数量效果的研究等等。当然,如果笔者再有一些关于定性研究方法的心得体会,以及实际从事定性研究的例子的话,或许社会研究的"艺术性"会更强一些。这也是笔者今后应该努力的一个方向。

社会研究的事业还在不断发展,笔者对社会研究方法的学习、实践、研究和探索也还在进行。相信在本书再版时,笔者会有新的方法论文补充到这本文集中来。

2014 年 10 月于南京

目 录

上编 方法论

英克尔斯"现代人研究"的方法论启示 …………………………（3）
社会学者的方法意识与方法修养 …………………………………（22）
调查社会,认识中国:重读费孝通《社会调查自白》…………（25）
追踪研究:方法论意义及其实施 …………………………………（36）
方法论背景中的问卷调查法 ………………………………………（45）
社会调查方法还是社会研究方法
　　——社会学方法问题探讨之一 ………………………………（54）
社会调查方法面临的挑战
　　——社会学方法问题探讨之二 ………………………………（69）
社会学研究方法:走向规范化与本土化所面临的任务 …………（83）

中编 方法研究

我们从哪里出发:论社会研究中的文献回顾 ……………………（97）
论参与观察者的角色 ……………………………………………（110）
你的收入是多少:对社会调查中收入测量方法的研究 ………（123）
社会调查中答案顺序对调查结果的影响
　　——来自一项大规模调查的经验证据 ……………………（141）
社会调查中的"中间答案":设置与否的差别研究 ……………（154）
高回收率更好吗

——对调查回收率的另一种认识 ……………………（166）
再谈样本规模和调查回收率
　　——对《应答率的意义及其他》一文的回应 …………（181）
社会调查中的无回答与样本替换 …………………………（196）
利用网络工具提高追踪调查成功率的方式与途径 ………（211）

下编　方法应用与评价

这样的调查能不能反映客观现实
　　——对一次大型社会调查的质疑 ………………………（229）
论抽样调查中的若干失误 …………………………………（232）
社会调查中的抽样：141篇研究报告的解析 ………………（240）
结果呈现与方法运用：141项调查研究的解析 ……………（255）
都是指标惹的祸
　　——小议大学排名 ………………………………………（266）
社会学恢复以来的社会调查分析 …………………………（271）
近五年社会学方法研究述评 ………………………………（281）
近十年我国社会学实地研究评析 …………………………（302）
社会学方法研究三十年 ……………………………………（312）
我们的社会学方法水平可以打几分
　　——对87位社会学者的调查分析 ……………………（330）

附　录

独生子女父母的生育意愿 …………………………………（347）
走进"围城"的独生子女：概念、规模与质疑 ……………（354）
青年独生子女比例与育儿模式的再讨论 …………………（366）
也论我国独生子女群体的婚姻稳定性 ……………………（375）
第一代独生子女的生育意愿：我们目前知道多少 ………（384）
我国大学生就业研究的现状与问题
　　——以30项重点经验研究为例 ………………………（399）

上　编

方　法　论

英克尔斯"现代人研究"的方法论启示[*]

在探索和认识我们所生存的社会世界的过程中,研究者越来越多地采用经验研究的方法来考察人们的社会行为,考察由这种行为所构成的各种社会现象,考察在这些行为和现象背后起作用的社会规律;研究者也越来越多地用经验研究的结果去回答社会现实所提出的各种疑问,去为各种与社会发展、社会规划、社会控制相关的公共政策的制定提供依据。可以说,无论是在社会学还是在其他各门社会科学中,经验研究已越来越成为人们认识社会世界的重要工具和途径。

值得注意的是,随着经验性社会研究及其成果的增

---

[*] 本文原刊于《中国社会科学》2004年第1期。

加,与这种研究和成果密切相关的方法问题和方法偏差也在增加。每一个投身于具体经验研究的人,都会对这种研究过程中所存在的大量疑惑、困难和艰辛有所体会。现有社会研究中所表现出的种种方法问题,比如在研究对象抽取上的各种偏误,在概念测量方面的简单化处置,在研究设计上的偏离现实,在资料分析上的逻辑矛盾、主观臆断、片面牵强等等,都会不同程度地断送研究者的宏伟目标和满腔热情。因此,对社会研究或者更广泛的意义上的所有社会科学研究的科学性的高度重视和正确认识,是从事这种研究的研究者必须首先注意的问题。要不断提高社会研究的质量,提高我们运用经验研究方法的能力,提高研究结果与社会规律之间的相符程度,我们需要不断反思和检讨我们的研究过程和研究方法,不断学习和总结科学探索过程中的成功经验和程序规范。

作为一种探索社会世界的方式,社会研究同样遵循着科学的基本规范和要求。特别地,各种社会研究都不可避免地带有具体的、个别的和特殊的印记,它们与其所要达到的目标之间,常常存在着相当的距离。那么,在探索和发现社会世界的各种特征、规律的过程中,我们靠什么来获得客观的、准确的、符合现实的研究结果?我们又靠什么来保证这些研究结果在从具体走向抽象、从个别走向一般、从特殊走向普遍的过程中,不会被曲解、被神化、被夸大或被缩小?探讨并回答这一问题,是笔者解读英克尔斯著名的"现代人研究"的主要动机。

英克尔斯是著名的社会学家,他与同事在20世纪60年代进行的"现代人研究"[①]成就斐然,成为其学术思想和研究方法的集中体现。他们合著的《从传统人到现代人》一书也广为人知,并获得过"哈德里·坎特里尔"学术奖。他们在这一研究中所编制的"现代性量表",早已成为现代人研究领域中的经典工具,被世界各国学者普遍使用。其研究所得出的"工厂是培养现代人的学校"的著名论断更是广为传播,影响巨大。然而,他们在获得这一重要结论过程中所付出的种种艰辛,在证明这一结论的过程中所做出的种种努力,却往往被人们所忽视。可以说,英克尔斯等

---

① 1962年至1964年,英克尔斯及其合作者在世界范围内选择了6个发展中国家,开展了一场大规模的社会调查。他们采用问卷调查的方式,访问了6000人。每个国家访问的人数为1000。所调查的对象包括农民、产业工人、在城市中从事传统职业的人等等。这些人代表了不同的种族、阶层、宗教、地区、居住区,以及其他重要的社会类别。通过这一调查收集到的资料,是英克尔斯"现代人研究"的主要依据。参见殷陆君编译:《人的现代化》,四川人民出版社1985年版,第10—11页。

人在"现代人研究"中所得到的结论可能是相对简短的,但他们用来得出这一结论,特别是用来证明这一结论正确性的过程却是十分漫长的。

作为一项以经验事实为基础的具体社会研究,英克尔斯等人的研究方法和研究策略值得特别关注。正如该书的译者在后记中所说:"毫无疑问,本书的结论本身是值得注意的,但是更为重要的是其研究方法。"(英克尔斯等,1992:509)在《从传统人到现代人》一书中,英克尔斯不仅专门用了几章的篇幅来讨论该研究所用的方法,同时,在对结果的分析中,几乎通篇都贯穿着对方法的讨论。这种讨论在很多方面都超过了专门的研究方法教科书的实例分析。在某种意义上,我们甚至可以认为,与其说这是一部讨论人的现代性的著作,还不如说它是一部探讨社会研究方法的著作。现在的问题是:作者为什么要这样做?从作者的这种做法中我们又能得到什么样的启示呢?

一、研究设计:构筑通向研究目标的桥梁

经验的社会学研究,或者更广泛意义上的社会研究,在其达到研究目标的过程中,往往不可避免地会遇到理论与实践、理想与现实的矛盾。英克尔斯的"现代人研究"同样如此。其研究的主要目标,"在于发现工厂工作作为一种现代化的影响因素,对于那些生活经历以前主要局限于农业以及与传统乡村有关的事物的人产生的效果"(英克尔斯等,1992:47)。或者更确切地说,是希望"解释人们从具有传统的人格转变为具有现代人格的过程"(英克尔斯等,1992:5),特别是探索和回答工厂工作的经历在这种转变过程中所具有的作用问题。

英克尔斯等人的基本理论是:人们是通过他们的特殊生活经历而变成现代人的。这一理论还特别强调人的工作经历对使他成为现代人的作用。"我们首先强调工厂是培养现代性的学校。我们也认为,城市生活以及同大众传播媒介的接触会产生可以同工厂相提并论的影响"。同时,"我们没有忽视教育,更早的研究表明教育是个人现代性的一个有力的预报器"(英克尔斯等,1992:7),即工厂经历、大众传播媒介、城市生活和学校教育使人具有现代性,使传统人变为现代人。

概括地说,他所要论证的命题如下图:

```
        工厂工作    大众媒介    城市生活    学校教育
           ↓          ↓          ↓          ↓
传统人 ─────────────────────────────────────→ 现代人
```

在社会科学中,提出一种理论假设或许不是特别的困难。然而,要用经验的事实和材料来验证这一理论假设,却不是一件容易的事情。因为,理论假设只是一种"理想的事物",而研究却是一种"现实的事物"。研究设计的任务就是要变理想的为现实的,变理论的为实践的。

对于英克尔斯的研究目标来说,仅从逻辑上看,要回答这一问题,最好的方法是进行一项实验研究:选择两组相同的对象,其中一组进入工厂工作(实验组),另一组不进入工厂工作(对照组);在不同的时间点上——即在实验组对象进入工厂之前和进入工厂之后——对他们进行两次测量,然后比较两个组在两次测量中所得到的结果。用测量和比较所得到的差异来说明工厂工作对人的现代化过程的影响。用图简略表示即是:

```
              时间点1            实验刺激          时间点2
                 ↓                 ↓                 ↓
实验组(进入工厂组):进入工厂前的测量……工厂工作经历……工厂工作几年后的测量
对照组(未进入工厂组):与实验组相同的测量……………………与实验组相同的测量
```

当然,为了控制其他因素的影响,研究者最好寻找设在农村地区的新建的工厂,然后进入到这些工厂所在的农村中,调查和测量那些尚未进入工厂的人们。几年之后,研究者再一次来到这些农村,分别调查和测量那些第一次曾接受了研究并在工厂中已经工作了几年的人们,以及那些第一次接受了研究,但现在仍然在农村从事非工业生产的人们。通过比较两部分人在前后两次调查和测量中所得结果,便可知道工厂工作的经历对于人们的现代化发展的影响状况。"如果在第一次测验和第二次测验之间,那些在工厂工作的人们变得更加现代,那么我们就可以断言,正是工厂的经历使他们如此。当然如果我们发现那些仍然继续从事更传统的工作的人们在两次测验之间没有变得更加现代,那么我们就可以更坚信这一结论的正确性"(英克尔斯等,1992:47)。

然而,英克尔斯在研究中并没有采用上述具有纵贯特征的实验的方式,而是采用了具有横切特征的调查的方式。其主要原因是:"这种单纯的自然实验可能很具有吸引力,但是它没有为我们的研究设计提供一个实际的基础。"(英克尔斯等,1992:47)即这种实验的方式只是一种"理想的"而非"现实的"方式。在实际生活中,实施上述研究的现实条件很难达到,在操作上有许多客观的障碍,比如工厂的性质、数量、研究者几年后再次重返原调查地点进行第二次测量所需要的人力、经费等,都使得这一理论上十分完美、十分合适的研究设计在实践中却变得几乎一钱不值。这就是社会研究者经常遇到的现实。在现实面前,英克尔斯开始设计达到研究目标的其他途径。

首先,他试图通过不同的对象组别来替代不同时间点的测量。即通过比较两类人,"他们在所有其他的特征方面大致是相似的",只是其中一类比另一类"有更多的工厂经历"。这种设计用图来表示即是:

```
                         实验刺激       同时测量
                            ↓            ↓
实验组(进入工厂组):同样的一类人 ┄┄┄┄ 工厂工作经历 ┄┄┄┄ 测量
对照组(未进工厂组):同样的一类人                    测量
```

由于两部分人在其他所有的特征——性别、年龄、教育、宗教、文化等——上都是相似的,只有工作经历的不同,因此,他们在测量的结果上所存在的任何差别都只能归因于工厂工作的经历。"我们没有对同一个人在进入工厂之前和在工厂工作一段时间之后进行比较,相反,我们是比较两个人,他们在其他的特征方面大致是相似的,只是其中一位比另一位有更多的工厂经历"(英克尔斯等,1992:48)。但问题是:"我们怎么能够确定那些观察到的差异是因为工厂工作的影响而产生,而不是因为在招募农民为工业劳动力时已经根据他们的心理特征而使他们有所差异呢?"(英克尔斯等,1992:49)这也即是说,怎样才能排除"心理素质决定了一个人是否离开农村进入工业"的观点对结论的影响呢?为了应对这一挑战,英克尔斯设置了两条保卫线。一是抽取了一个由刚刚进入工厂的农民所组成的样本,其作用是用来与那些身处农村的农民进行比较:如果二者在现代性上没有差别,那么"心理因素决定论"就难以成立;二是即使新工人比留在农村的农民更加现代,我们也可以通过比较新工人与有一定工厂经历的有经验的工人的现代性来说明工厂经历的作用。

尽管这三组对象的抽取及其相互之间的比较似乎已经满足了回答研究问题的需要,但是,英克尔斯丝毫没有放松对其他可能存在的缺陷的警惕性。在现实社会中,工厂是与城市联系在一起的,进入工厂成为工人的同时,人们也成了城市人。因此,一个明显的疑问是:城市生活是否同样具有使人们现代化的作用呢？如果是,那么我们怎么能够确定是工厂而不是城市是现代化的学校呢？

　　这对研究者的目标是又一个严重的考验和挑战。为了回应这一挑战,英克尔斯又抽取了第四个样本——城市中的非工业工人。这些人具有与工厂工人同样的城市生活背景,却缺乏工厂经历。这样,当比较发现工厂工人比农民更加现代,而城市非工业工人却并不如此,那么就可以认为,正是工厂工作而不是单独的城市生活经历使得个人向更加现代的方面转变。实际上,这第四个群体所起到的是一种控制变量的作用——控制城市生活对研究假设的影响。

　　类似这种为了回答研究问题所进行的研究设计,在正确的逻辑推理的引导下贯穿于整个"现代人研究"的始终。比如,要确立工厂工作经历的作用,除了要排除城市经历的影响外,还必须排除与现代性相关的大众传播媒介接触、学校教育等因素的影响。英克尔斯为此又采取了配对、部分相关分析等多种方法来对这些因素进行控制。

　　与上述研究设计有关的一个重要问题是研究中的样本问题。对于定量研究来说,人们往往比较关注样本对总体的代表性,以及与这种代表性相联系的研究结果的概括性。我们注意到,英克尔斯在其研究中并没有去寻找有代表性的样本,而是去"寻找非常适合于目标的配额样本"(英克尔斯等,1992:63)。是不是这样做就不科学了呢？这里应该对有关抽样问题的某种认识偏误略作解释。不同的抽样方式具有不同的特点,服务于不同的目的。对于描述总体结构状况和变量分布状况的研究来说,样本对总体的代表性是至关重要的,它决定着我们从样本中所得到的各种结果在总体中所具有的普遍性程度。而对于检验理论、考察关系、解释原因的研究来说,样本对总体的代表性就退居到相对不太重要的位置,此时重要的则是样本的构成与研究的目标、与研究的假设、与因果关系之间的关联程度。换句话说,以检验理论、解释原因为目标的研究通常不需要对总体有代表性的样本,因为它的目的不是去描述总体的分布,而是直接针对所要检验的变量间关系的假设。当然,如果同时还希望描述总体,或者希望所研究的关系在总体中也存在、所验证的假设在总体中也成立,自然也需要对总体有代表性的样本。

　　方法为目的服务,从现实出发设计和选择适合研究目标的方法,这是英克尔斯的"现代人研究"给我们的第一个启示。它告诉我们:无论是实验方法还是调查方法、无论是随机抽样还是非随机抽样,衡量和决定取舍的标准并不完全是这些方法自身的优劣,而是它们与研究目标之间的适合性,与客观现实之间的适合性。有了这种适合性,我们才能使研究从理想的变成为现实的、从理论的变成为实践的。

二、概念测量:将思想的工具变为研究的工具

作为一种对社会世界的经验探索,社会研究会遇到比其他科学更多的障碍和关卡。其中最经常发生的问题是:研究者无法在实践上进行和完成理论上所需要的、所表示出的各种过程和操作。这是因为,研究者在理论上所使用的主要是思想的工具,其中,最基础的就是被称作理论大厦砖石的"概念"。而研究者在经验研究中所能够处理的,则必须是可以测量、易于操作的具体现象和行为。从理论的天空到经验的大地,概念的测量或概念的操作化过程就成为研究者无法回避的关键一环。笔者曾将这种变抽象概念为具体事物的操作化过程称作是经验研究的"瓶颈"(风笑天,2001:102)。之所以称为瓶颈,是想说明其困难性及重要性。在英克尔斯的"现代人研究"中,这一"瓶颈"就是对"现代人"概念或者说是对"人的现代性"概念的操作化和测量。

"人的现代性"是英克尔斯这一研究中最核心的概念。同时,它也是其主要思想和研究结论的概念基础。英克尔斯指出,要探讨和回答是什么社会力量促使传统的人转变为现代的人,以及这种转变的具体过程如何这样的问题,必须首先确定哪种人是现代人,以及凭什么标志来判断他是现代人。

无论是作为一种心智素质,或者作为一个抽象概念,"现代性"都是一个内涵极为丰富、内容极为复杂的概念。正如英克尔斯所说,人的现代性"是很多素质的综合体或复杂结合物,而不是一种单一的特质",它会"以各种各样的形式,在各种各样的背景中表现出来"(英克尔斯等,1992:21)。因此,像众多社会研究者经常面临的那样,英克尔斯等人也面临一个如何将有知识、受过高等教育的学者所感兴趣的,且存在于学者们头脑中的、抽象的学术概念,转化成为那些"非常单纯的"、受过很少教育,甚至没受过教育的普通人日常生活中十分具体的现象和经常接触的事物的问题。为了能够有效地从经验的层次上收集资料,回答研究的问题,研究者必须将思想的工具转变成为研究的工具。因而,英克尔斯开始了从抽象概念到具体测量指标的漫长跋涉。

第一步,是确定概念的维度(dimension)。研究者从三种基本的但却不同的角度(即分析的角度、主题的角度、行为的角度)出发,对个人现代性的各种要素进行了分析。"这些角度在提醒我们注意我们的确在测量主题方面发挥了实实在在的作用"(英克尔斯等,1992:22)。研究者最终挑选出24个要素构成概念定义的明确的维度。这些维度成为其最终用来测量人们现代性的量表的24个大的主题。

第二步,研究者详细分析了他们提出的这24个维度或主题中每一个理由。同时列举了用来测量这一主题的具体指标。比如,对作为人的现代性定义第一要素的"乐于接受新经验"这一主题,作者认为,"传统人不太愿意接受新的观念、新的感觉和新的行动方式",而作为现代人基本特征的"乐于接受新经验可以以不同的形式并在不同的情境中表现出来"。比如"愿意服用新药物或接受新的卫生方法,使用新种子或一种不同的肥料,愿意结识新的不同类型的人,或者转向一种不熟悉的消息来源"等等(英克尔斯等,1992:25)。

第三步,研究者又朝着编制具体的、在研究中实际运用的现代性量表的目标努力。现代性量表是英克尔斯"现代人研究"的主要工具,作者花了整整三章的篇幅讨论这一量表的建构过程、方法、具体内容及其质量。从理论派生出的核心态度量表OM-1,到一种扩大的态度量表OM-2,又从最大的综合现代性量表OM-3,直到"净化的"量表OM-500和"平衡的"量表OM-519,作者不厌其烦地详细描述建构过程中的每一个技术细节,认真说明对量表的每一种改进或对主题的每一种取舍的理由。这样,当研究者带着读者走完了他们为测量人的现代性、为编制最终量表而走过的全部路程,来到他们关于"我们很成功地编制了一组测量一般个人现代性的量表。它们使我们很方便地根据这一量表以0到100分数表示每一个人的现代性。这些量表考虑到一个人的态度、价值和行为,包括了我们和其他人的理论所确认的与现代人定义有关的全部问题、论题和主题"(英克尔斯等,1992:131)的结论之处时,读者也成了研究者,他们与研究者在这一问题的认识上达到了完全的一致。这正是研究者所期望的。

有了对概念的操作化指标和精心编制的现代性量表,并没有穷尽概念测量过程中的全部问题。因为社会研究中的测量总是发生在社会中的具体个人身上。特别的,他们还要保证根据现代性量表设计的调查问卷以及组成问卷的每一个具体问题在六个不同的国家,以及在六个甚或更多的附加的文化亚群体中,都具有同等意义。

为了做到这一点,研究者面临一系列挑战。"我们的问题最初是用英文写成的。当我们从这种文化移到另一种文化,从一种语言环境移到另一种语言环境时,这就产生了难以克服的翻译问题。不可避免的问题是:我们怎样可以保证当我们走遍这六个国家时向那些人们说着同样的事情呢?"(英克尔斯等,1992:78)研究者采取了多种不同的办法来迎接这些挑战:(1)"把我们的问题限于我们认为在任何地方对任何人均有意义的情境与关系上";(2)与当地工作人员长期讨论,以使得双方"对于基本观念及其在问题上的具体体现有这种共同的理解";(3)"让不同的第三方把这些问卷重新翻译成英文","它不仅有助于找出简单的误译,指明那些不能用当地语言加以准确表达的概念,而且还有助于显示出当地工作人员在哪些情形下未能清楚地理解英文中的原始概念或者不正确地解释了问题背后的目的"。(英克尔斯等,1992:80—81)

除了解释和说明上述问题,英克尔斯还进一步对现代性量表的质量进行了衡量和评价。首先是对量表区分度的衡量。如果一份量表对各种各样的人进行测量时,所得到的都是同样的结果,那么它就不具有很好的区分度。现代人量表的区分度如何呢?"在一个从0到100的最大范围的限制之内,我们样本中的人们得到的一个分数是从低的6分到高的91分"(英克尔斯等,1992:179)。这一结果说明,现代性量表的区分度很高。它是一个很灵敏的测量工具,在衡量和判别不同个人的现代性方面,它有很强的"工作"能力。与此同时,英克尔斯又对量表的效度进行了检验。由于"并不存在一种简单地被普遍接受的外部标准可供我们用于证明一个人是否现代",因而常用的证实量表有效性的"效标效度"方法在这里无法采用。研究者只能求助于更为复杂的"建构效度"方法。而采用这种方法时,由于它所借助的理论正是研究者试图证明的理论,因而研究者就冒有一定的风险。"如果我们发现具有现代化经历较多的人未能在综合现代性量表上得到较高的分数,就会面临一种两难的境地"(英克尔斯等,1992:180)。要么理论是正确的,量表是无效的;要么量表是有效的,而我们的理论是错误的。当然"如果这些综合现代性量表的分数指明,那些具有现代化经历的人们较具现代性,我们就会取得双重的胜利"(英克尔斯等,1992:181)。通过在六个国家的实际测量和比较,研究者最终能够理直气壮地写道:"在所有六个国家中,都存在有力的证据,证明综合现代性量表有效地确证,我们根据其客观的社会特征预期是现代的人,实际上的确也是现代人。"(英克尔斯等,1992:183)

为了将思想的工具转变为研究的工具,英克尔斯走完了他在著作中花费整整三章、长达八十多页篇幅所描述的那一段艰难历程。其所花工夫之深、态度之认真、描述之详细,无不体现出作者严谨的科学态度和实事求是的科学精神。其实,"工欲善其事,必先利其器",在社会研究中,何尝又不是如此呢?当英克尔斯把"人的现代性"最终变成为一份在六个国家都通用、同时十分有效地将不同个人的现代性程度用0分到100分表示出来时,他探索研究目标的工作就具有了现实的基础。

三、数据分析:替别人向自己提问

在定量的社会研究中,研究结论的得出以及结论的可靠性在很大程度上依赖于其数据分析的质量。通常情况下,研究者往往只是将注意力集中到自己的数据和分析上,并且在陈述和论证自己的结果和结论时,也常常是直接地将分析的步骤、过程、结果一一展示出来,以此来向读者报告并征服读者。但在解读英克尔斯的"现代人研究"时,笔者发现,研究者在对数据进行分析和说明的过程中,却经常采用一种独特的、以"自己向自己提问"、"替别人向自己的研究结果质疑"为特征的方式。

比如,通过经验的考察媒介接触与现代性之间的关系,研究者已经从数据分析中得到了一个十分明确的结论:"把迄今为止已经看到的证据加以考虑之后,我们作出结论:作为个人现代化的指标,大众传播媒介与学校和工厂一起站在前列。"但研究者马上又从他人的角度向自己指出了存在偏误的可能性:"然而,这一结论会受到挑战。理由是:观察到的零阶系数可能是传播媒介与其他变量(例如教育、居住在城市以及职业)之间关系的一种人为结果。……看起来是由接触大众传播媒介所产生的效果,实际上很可能是由这些相关的变量产生的。"这是一个严重的问题。如果不对这一可能性进行验证和排除,前面的结论的确实性和可靠性都将不复存在。正是这个从他人角度提出的疑问,将研究的资料分析引向更加深入的过程。研究者又采取两种不同的分析方法,在进一步控制其他相关变量影响的情况下,重新考察了媒介接触与个人现代性之间的关系。结果,部分相关分析再次表明:"在使人们更加现代上,大众传播是一个重要而且独立的因素。"而配对程序检验的结果则又一次确认:"大众传播媒介在形成个人的现代性方面是一个真正独立的力量。"(英克尔斯等,1992:218—220)看到这里,我们还能对其结论的可靠性产生怀疑吗?

同样的,在得出了工人与农民之间在现代性上存在显著的差异的结论后,英克尔斯并没有立即宣称他们的理论获得了证明。而是自找麻烦似地给自己提出了新的质疑和挑战。"虽然工人与农民之间的差别是惊人的,但是我们还不能宣称这已经提供了决定性的证明,说工厂工作是使人现代化的,直至我们能够应付三项挑战"。这三项挑战是:(1)或许这些农村出身的工人之所以比现在仍然留在农村的农民更加现代,并不是因为他们从工厂里习得了现代性,而是相反,因为他们本来就比那些农民现代,所以他们才选择进了工厂。(2)之所以工厂的工人比农民更加现代,是因为那些传统的人先后离开了工厂,使得留下来的人都是那些具有很强现代性的。(3)工人比农民现代,并不是工厂经历的影响,而是由于他们比农民更多地接触大众传播媒介,或是更多地参与城市生活等其他因素所致。(英克尔斯等,1992:242)

十分显然,如果研究者不进一步对其所列出的这三项挑战一一给出令人满意的、合情合理的答复,他前面所得出的结论就会马上失去意义。也正是因为他自己所提出的这三项挑战,迫使他在更深入的层面上展开对资料和数据的分析。

首先是对挑战一,也称作差异性选择的观点,研究者给了三个方面的回击:一是通过配对的方法,控制了教育程度、年龄、宗教等这样一些对人们选择进入工厂有影响的早期社会化变量。或者说消除掉这些变量的影响后,再来比较他们的现代性得分。二是对从乡村到城市的迁移进行专门分析,结果也不能证实自我选择现象起较大的作用。三是通过对进厂工作后现代性是否年复一年地增加来直接验证工厂经历的效果。统计分析的结果清楚地表明,"人们进入工厂工作之后年复一年地习得现代性,这似乎是显然的"(英克尔斯等,1992:244)。同时,研究者还通过分析在农村工作的农民并没有表现出随时间增长而现代性也提高的事实,来进一步说明工厂工作时间越长的人现代性特征越强的事实并不是年龄增长和逐渐成熟的结果。

其次是对挑战二,也称作差异性保留的观点,研究者从工人与工厂经理两个方面给了回应。从工人方面来看,调查发现,如果一个人自愿离开工厂,那么他通常是有高超技能和雄心勃勃的,愿意冒险建立自己的小企业的人,这种人更有可能是比较现代的人,而非传统的人。从工厂经理方面来看,如果经理不断进行这种差异性淘汰,那么必定会在不同工龄的人中进行。然而,调查结果发现,筛选一般发生在新人被雇后的前几个星期,而工作一年后就不会通过进一步的筛选遭淘汰。同时,被解雇的人通常会受雇于另一个工厂。如果是现代性低的人被淘汰,那么那些在几个工厂中工作过的人应该在现代性量表上的得分比较低。可事实正好相反,他们的现代性得分相对更高一些。

最后对于挑战三,研究者采取了控制变量的方法,同时控制了教育和大众传播媒介的影响后,"工厂经历与综合现代性之间的相关性仍然在0.001以上的水平上是显著的"。另外,为了排除城市生活的影响,研究者选择了七组"居住在乡村里的工厂工人",他们有工厂经历而没有城市生活经历。"如果城市生活能够解释大部分以前所观察到的工人的现代性,那么居住在城市的工人应该比居住在乡村的工人更加现代。但是,无论是在印度还是在孟加拉,测验的结果都不是如此。住在乡村里的工厂工人和同一工厂中住在城市里的工人是同样现代的"。正是经过了对上述三种挑战的有理有据的回应,研究者才明确地宣称:"工厂是一个有效的现代性学校","我们可以断定已经证明工业工作本身是促使人现代的一个重要因素。"(英克尔斯等,1992:250—253)

在已经得到的结论后面,又展开了如此详细和复杂的分析过程。这是英克尔斯"现代人研究"给我们的另一种启示。它体现出的同样是一种严谨的科学精神。正是这种站在读者和他人立场上、自己对自己的质疑,使读者跟随着研究者的思路,一步一步地走向令人信服的结论。而那种无论是有意或是无意地回避或忽视对结论构成挑战的各种细节和疑问的做法,往往会受到读者的更多质疑。

四、结果陈述:我们实际上得到了什么?

经验研究科学性的要求之一是在研究报告中详细地、如实地介绍和陈述研究者在探索研究目标的过程中所用的方法,包括所遭遇的困难、障碍和挑战。这是读者接受研究结论的前提和基础。英克尔斯在其"现代人研究"中,一方面详细探讨了研究过程中涉及的各种问题:从概念的定义、测量到调查国家的确定;从调查样本的选择到同被调查的工厂的经理和工会领导人的接触;从访谈过程的质量控制到确保同一份问卷在不同文化中具有同一含义时面临的翻译问题等等。正是在这种看起来似乎有些琐碎、啰唆的讨论中,让我们切实地感受到一种严谨的、求实的、负责的科学态度和科学精神。它使读者成为研究过程的实际参与者,成为研究结论来龙去脉的见证人。另一方面,在对结果的陈述中,研究者非常明确地将结论和局限同时列出,将实际得到的和并没有得到的严格区分开。

首先是对研究过程中所面临的各种挑战,以及由这些挑战所引起的对研究结论的各种疑问,研究者不是靠强硬地提出自己的观点来回答,而是心平气和地通过让读者详细了解自己的研究程序和研究方法、了解"自己是如何做的"来回答。

比如,由于"现代人研究"中的被调查对象大多数没有经历过这样的访谈,因此,访谈过程造成的偏差是一个需要正视和说明的问题。研究者必须保证,他们"在访谈中所采取的有助于确定情景与态度的方法,不会以某种误导的方式,诱使人们造成回答的偏差"。英克尔斯没有武断地指出其研究方法和程序质量如何好,而是详细地描述了访谈的过程,特别是他们的操作方法:除了向被访者说明研究的目标、保密要求外,"还尽一切努力保证访谈的进行近乎完全秘密"。"在每家工厂,我们都有一间私用房间。在那种不得不坐在凳子上公开进行访谈的地方,我们尽量注意附近(至少在耳闻可及的地方)没有人徘徊和窥伺。当这些条件在工厂不能得到满足时,我们便把受访者带到我们研究项目的总办公室中"。访谈员都受过训练与指导,"他们不会把任何观点强加给受访者,也不会引导受访者,不以受访者回答的内容、所使用的语言、表达的观念或处理问题的难易来评判他"。作者还列举了在5600次访谈中,只有不到30次半途而废等等。当他将访谈过程的所有细节描述完毕后,才写下了最后这句话:"我们的程序显然既没有把现代性较少的人排除在外,也没有把现代性较多的人保留进来。"(英克尔斯等,1992:83—86)显然,并不是这句话——而是他的那些描述——让我们相信,他所得到的是真实无偏的资料。

同样的,为了说明被访者对问卷的理解状况不存在问题,也不致引起回答偏差,作者详细地描述了他们的做法:"我们在研究的一开始就采纳一项严格的规定:不经常使用同意—不同意的格式,当然也不经常使用其他措词一成不变的回答。""除了变化问题的类型和形式以及提供平衡的选择之外,我们也设法通过问卷的组织来抵消回答趋向的影响"。"在问题的安排上没有任何东西可以给出一种提示,告诉人们某个答案可能比其他任何答案都好"。此外,"我们做了一项特殊的测验,以考察对我们问卷的理解状况。我们称这种技术为'随机侦察'","在使用这一技术的200个问题中,有87%被评估为理解得'好'或'很好'","它不仅表明我们成功地提出了可理解的问题,而且还正确无误地表明,除少数情况之外,我们的受访者不仅理解我们问的是什么,而且理解并能够解释和证实他们答的是什么"。(英克尔斯等,1992:86—90)英克尔斯用好几页纸的篇幅详细解释和描述上述各种做法,特别是"随机侦察"方法的运用及其结果,也只是为了得到最后的这两句话。而当读者心服口服地接受了这两句话时,他们还会怀疑研究者所用资料的质量吗?

其次是在陈述研究结果或结论时,毫无保留地同时陈述其研究方法的局限,以及研究本身所存在的局限性。以经验性作为基本特征之一的社会学不能不面对经验性研究的功能和局限性问题。这一问题至少涉及三个方面:第一是经验研究有没有局限性,即我们是否承认任何经验研究都存在着局限性?第二是如何看待、如何从思想上认识经验研究的局限性?第三是在实际研究报告中如何对待这种局限性?

从理论上,特别是作为旁观者、评论者,人们往往都会承认这种局限性的存在,思想上也会十分清楚地意识到这种局限性。但是,当研究者自己进行经验研究时,特别是研究者在总结通过自己的经验研究所得到的结论时,则往往又会自觉不自觉地忽视这种局限性,忘掉这种局限性,有的甚至完全意识不到这种局限性,在研究报告中自然也就避而不谈这种局限性了。让我们看看英克尔斯是如何看待和对待"现代人研究"中的局限性的。

在家庭与学校背景一章中,研究者通过细致的分析,得到了这样的结论:"一旦其他因素,尤其是后期的生活经历受到控制之后,在一个有优良气氛的家庭环境中获得的好处,作为一种塑造现代人的一贯因素,失去了其重要性的一大部分。"紧接着这一结论的,是对其局限性的详细讨论。作者提醒读者:"我们的结论就是在这些局限性的范围内加以应用的。第一,我们并不是断言,父亲的教育在任何情况下对于形成较大的个人现代性均无持久的好处,我们的结论只限于我们搜集的那一种类型样本。"(英克尔斯等,1992:354)

在研究的总结部分,英克尔斯一方面如实地报告了其研究中所采用的自变量组产生的复相关系数范围,指出它们"解释了综合现代性分数中32%到62%的变化"。同时,他又明确指出"还有许多变化尚待解释","这些尚待解释的变化,一部分无疑是由于测量错误,因为无论是综合现代性量表还是自变量或解释性变量的测量远不是完美可靠的。但必定还有一些我们没有加以测量的因素,它们很可能发挥了实际的作用"(英克尔斯等,1992:439—440)。将作者的这段话转换成另一种说法,它实际上是在告诫读者:本研究无论是在对研究变量的测量上,还是在影响因素的选取上,都存在着明显的缺陷。或者更直接地说,本研究的结果具有十分明显的局限性和相对性。

又比如,在"好不容易"否定了有关家庭和学校对人们现代性的早期影响的"竞争理论"后,研究者并没有沾沾自喜。而是非常实事求是地检讨自己的研究结论的局限性。"我们犹豫是否把这些结果看成是早期经历的质相对不具重要性的明确证据","首先,我们认为,在选择确定哪些特殊问题为教育儿童的现代方法上,我们有些武断。……其次,我们承认,在某一事件发生后20年或更长时间之后回忆时,一个人对当时家庭或学校的社会心理的记忆是否可靠,是颇有问题的"(英克尔斯等,1992:350—351)。正是这种细致入微、对自己研究中任何一点可疑之处都不放过,对研究结论的任何一点局限性都说得清清楚楚的做法,使得英克尔斯的"现代人研究"具有了更高的可信度和科学性。

对于"人的现代化过程是持续的和终生的,还是存在某个高峰,达到这一高峰之后,就不再继续变得现代了"的问题,英克尔斯的结论是:"在工厂中至少12年的一段时间内(在样本中这是我们最高的工作年数),工人们在工厂中就业每多一年,就变得更加现代。"但是,他同时也明确地指出:"我们不能确定变得日益现代是终生的过程,因为我们的样本截至35岁。"同样的,对于失去与现代化机构的接触,人的现代性是否会转向更传统的问题,研究者更是坦陈"我们不能根据任何实质的经验证据来回答这些问题"。(英克尔斯等,1992:446—447)短短两句话明确告诉我们:从研究的资料中只能得出什么,得不到什么,研究者心里一定要十分清楚,在表达研究结果和结论时,更要清楚、明确,不能任意夸大研究的作用,也不能超出研究的限制条件得出结论。表面上看起来,当一项研究具有的上述局限越多、研究者对局限表述得越详细时,研究结论的意义和价值似乎会变小。但在实际上,能不能如实地指出研究自身的局限,恰好是经验研究所得结论有无意义、有无价值的一种更客观、更科学的衡量标准。

最后,对研究中所使用的方法,也应有一个正确的认识。特别是对方法的局限性的认识。因为"每一种分析方法都有其内在的局限性"。英克尔斯在探讨影响个人现代性的各种社会相关因素时,首先坦陈了他们所面临的问题、考验和挑战:"我们面临着一系列的关联性,例如城市生活和工厂经历的关联,父母的背景和他自己受教育状况的关联,一个种族群体的文化遗产和这种遗产导致这个人从事一种特殊职业之间的关联等等。"为了解决这些问题和挑战,英克尔斯采用了两种主要的方法。一种是"配对技术"。即挑选两组人,他们在众多的特征上不存在显著的统计差异,而只在研究者希望评价其单独影响的那个变量上是不同的。这样,研究者就可以逐一地对他所感兴趣的变量进行配对和分析,同时又避免了上述的各种关联的影响。但是,英克尔斯马上指出:他们所使用的"这种配对的方法亦有其缺点。第一,由于配对程序的条件严格,我们只能得到很少的个案。因而,由配对群体所产生的统计结果的可信度经常是不确定的。……而且,排队的必要条件有时致使选出来许多组的人,在其同伴整体中相当没有代表性"。这无疑是研究者所面临的另一个问题和挑战。为了解决这一问题,研究者又采用了"部分相关技术"。这种定量的统计分析技术能够使研究者在同时控制其他相关变量的影响的情况下、集中考察他所关心的两个因果变量。看起来问题完满地解决了。但是,英克尔斯同时指出:这种方法也有其局限,"它是一种相对盲目的技术。它依赖于一套复杂的统计假设,一旦获得了结果,便难以精确确定在这一结果背后究竟是什么"(英克尔斯等,1992:188—190)。

英克尔斯为什么要将自己所用的方法的局限性一一明确地指出?这是其实事求是的科学精神的另一种体现。只有对研究方法的内在局限有了十分清楚的认识,研究者才能在探讨问题、推断结论时保持清醒的头脑。只有明白了各种方法的功能和不足,明白了各种方法能做什么、不能做什么,我们在推断结论时才能充满信心,才能恰如其分。就像英克尔斯在分析了上述两种方法的局限后所说的那样,"无论何时,只要由这两个方法产生的结果是一致的,我们便可以有强有力的理由得出一定的结论。然而,当结果不一致时,我们则面临着实际上非常模糊不清的前景,我们要决定依赖哪一种方法"(英克尔斯等,1992:190)。

对研究结果的报告或陈述,虽然并不属于研究方法和技术的范畴,但它却是一项研究不可缺少的、对研究成果的表达和交流至关重要的一环,同时也是体现社会研究科学性的重要方面之一。英克尔斯的"现代人研究"在报告结果方面所体现的科学精神,同样能给我们许多有益的启示。

五、科学精神:社会研究的立命之本

研究是什么？研究是"一个认真地提出问题,并以系统的方法寻找问题答案的过程"(风笑天,2001:2)。研究是一种被称作"科学"的活动。在这一过程中,在从事这种活动中,需要一种科学的精神。无论研究者所研究的具体问题是什么,也无论他采用哪种具体的研究方法,都必须坚持科学的精神。换句话说,虽然科学探讨的具体方式有多种,但它们共同的因素只有一个:科学的精神。

坦陈研究中所面临的种种挑战、阻碍和困难,同时以积极的、实事求是的态度去解决和处理这些障碍、挑战和困难;在陈述中不仅说明"要达到目标我们必须做什么",同时还详细说明"为达到目标我们实际上是如何做的"以及"这样做的实际效果如何";在研究中,客观地、实事求是地看待研究结果,清楚地认识到并如实报告研究结果是在一定程度上、一定范围内、一定前提下成立,具有相对性。英克尔斯在其整个现代人的研究中,在其著作的字里行间,为社会研究中科学精神的关键内容以及如何坚持这种科学精神作出了明确具体的注解。它启示我们:科学并不是意味着定量,也不是意味着精确,而是意味着逻辑,意味着严密,意味着实事求是。逻辑性、严密性、现实性和实事求是,是英克尔斯这一研究所体现的科学精神中最关键、最核心、最本质的内容。这种科学精神是一切社会研究的立命之本。

首先,作为一种科学的探究活动,社会研究不能偏离一切科学都必须遵守的逻辑性要求。推理必须符合逻辑,思维必须符合逻辑,论证必须符合逻辑,正是逻辑性为社会研究的科学性提供了一种基础的规范和准则。其次,作为科学的探究活动,社会研究必须有很强的系统性和严密性。设计必须严密,不能存在程序上的漏洞;操作必须严密,不能出现大的偏差;分析必须严密,论述不能似是而非。再次,作为一种经验的探索,社会研究必须在其跋涉的每一道关口都获得现实条件所要求的"通行证"。社会研究的设计和实施,必须符合客观条件的限制和许可,必须能够把研究者为回答研究问题所勾画的蓝图变为现实的行动。最后,社会研究作为一种由社会中的具体个人来从事和进行的活动,研究者实事求是的态度将是社会研究具有科学性的最重要的道德保证。

在研究和探索的过程中,我们自然会遇到各种各样的问题、挑战以及考验。科学的精神要求我们,首先,应该明确说明自己所面临的问题、挑战、考验是什么;其次,要明确说明我们是如何解决这些问题、如何应对这些挑战和考验的。实际上,任何一项社会研究都会在不同程度上遭遇到现实条件的限制和冲击,研究者往往也会在这种冲击的影响下无奈地放弃或偏离原有的目标。这里最重要的原则是:清楚地认识到自己所作出的让步和妥协,如实地说明这种让步和妥协所带来的后果,在这种让步和妥协的前提下总结自己的研究发现。在这一过程中,要非常重视和详细陈述研究的方法。因为方法是研究者走向目标所借助的船和桥,是研究者解剖现象、发现规律时所用的工具,是研究者得出研究结论的逻辑过程。强调对研究方法的专门介绍,"不是教条,不是框框,也不是'洋八股',而是科学研究论文的必备条件,是其结论成立的前提和依据,也是研究者科学精神和科学态度的一种体现。它既可以在一定程度上约束研究者的研究行为,同时也可以使读者和同行切实地了解作者所得研究结论的正确性、普遍性和适用性"(风笑天,2003)。正因为如此,我们才会看到:在《从传统人到现代人》一书的四个大的部分中,就有两个部分专门用来讨论研究的方法,其篇幅超过了全书篇幅的40%。同时,我们还应该认识到,方法是为目的服务的,从现实出发设计和选择适合研究目标的方法,才能帮助我们从理想到现实、从理论到实践,才能使我们最终走向研究的目标。这种方法与研究的关系在英克尔斯的"现代人研究"中同样得到了完美的说明。

一本优秀的理论著作,会使人们感受到大师深邃的思想光芒;而一本优秀的经验研究著作,则会使人们感受到严密的逻辑、精巧的设计、让人心服口服的事实和力量。解析著名社会学家的经典研究,首先可以帮助我们在自己的研究实践中树立起一种科学的理念——社会研究是一种科学的探究活动,科学性是其必须遵循的最高原则,科学精神是社会研究的立命之本。这种科学的理念,是每个研究者必须具备的基本素质,它会为我们的具体研究提供一种明确的思想指南。如果从事科学研究的人在理念上都没有一种科学精神,何谈在实践中坚持科学精神。解读英克尔斯的这部经典的社会研究著作,认真挖掘其中所体现的科学精神,无疑会对我国社会研究水平的进一步提高带来实质性的影响和帮助。如果我们不仅理解了英克尔斯关于人的现代化的研究结论,同时也受到其研究中所体现的科学精神的启发和熏陶,那么我们所得到的就会远远超过一项具体研究结论本身。

回首英克尔斯的"现代人研究"带领我们所走过的漫长道路，我们的脑海中留下了深深的感受和启示：在研究者探索社会现象的过程中，处处存在着陷阱；在研究者获得对社会世界了解的过程中，处处充满了障碍；针对各种陷阱和障碍，一批又一批的研究者发展出种种科学的方法去克服，去跨越；而伴随着这些方法的，又是一些新的陷阱和新的障碍……社会研究可以说就是这样一个"道高一尺，魔高一丈"，困难与方法不断较量、不断斗争的过程。这里可以套用马克思的一句名言：在社会研究的道路上，没有平坦的大路可走，没有简单的事情可做；只有那在不断探索、不断识破陷阱、不断跨越障碍的过程中不畏劳苦的人，才有希望看到社会世界的本来面目。这正是英克尔斯的"现代人研究"给我们的最宝贵的启示。

参考文献

风笑天：《结果呈现与方法运用：141项调查研究的解析》，《社会学研究》2003年第2期。

风笑天：《社会学研究方法》，中国人民大学出版社2001年版。

〔美〕英克尔斯等：《从传统人到现代人——六个发展中国家中的个人变化》（顾昕译），中国人民大学出版社1992年版。

社会学者的方法意识与方法修养[*]

与理论相比,方法总是具体的、琐碎的。理论往往会因为它所具有的抽象性、深刻性和概括性,而显得更为辉煌。建设理论大厦的工作一直吸引着众多社会学者为之奋斗,方法则往往被放在相对次要的位置。关于方法在社会学研究中的地位问题不是这里探讨的重点。笔者思考的是从事社会学研究的专业人员所应具有的方法意识和方法素养问题。

社会学者应具有一定的理论素养,他们在分析和看待问题时应具有一种超出普通常识的理论意识,这种要求似乎是不言而喻的。但对于社会学研究者所应具有方法意识和方法素养问题,却还没有提到相应的议事日

---

* 本文原刊于《社会学研究》1999 年第 2 期。

程上来,因而值得在这里一提。

社会学研究(包括其他一些社会科学研究)区别于哲学等人文科学研究的一个重要标志,是这种研究所具有的经验性。这种经验性的特征使得社会学研究除了要遵循分析和综合的基本规则、遵循思维和判断的逻辑性要求外,还必须面临大量的具体操作、技术手段、实地实践等问题,处理好这些问题所需要的不再是抽象概念和理论框架,也不仅仅是对具体方法技术的简单学习,而是研究者所具有的方法意识和方法素养。

意识是一种主观的东西,所谓具有方法意识,指的是社会学者在探索一个具体问题或接触一项实际研究时,思想上能够随时意识到"要从方法的角度作些分析、判断和选择"。这种方法意识也可以说是研究者在面对他打算探讨的具体课题时,所自然产生的思考习惯和注意方面。缺少这种意识,往往会使许多原本十分敏锐的思想、十分独特的视角,因无法在实践中尝试,或因在具体实践中损枝折干,而导致其最终结果大打折扣。

至于素养,则是一种通过较长时间的训练、培养而形成的心智品质,一种如同米尔斯所称之为"社会学想象力"那样的"心智素质"。它是研究者在某一方面综合能力的一种体现。理论素养体现的是一种洞察能力,它反映出研究者观察现象或问题时所采取的视角、所站的高度,以及所理解的深度。方法素养体现的则是一种应用能力或实践能力,它反映出研究者在理解社会现象、解释社会现象的过程中,采取各种接近社会现实、操纵社会现实、处理社会现实、解剖社会现实的方式和方法的综合能力。它在一定程度上意味着研究者从事一项经验研究时所能达到的系统性、科学性和周密性。

方法素养往往将研究者的方法意识从有意的"注意""注重"升华到自觉地关注和自发地思考的程度。同时,它还是研究者全面掌握研究方法的原理、规则、程序、工具和技术的能力体现。因此我们也可以说,方法素养是将研究者的方法意识"内化"所形成的一种"本能"行为,将各种具体的、琐碎的研究技术和手段,有机地"整合"在处理研究问题时的思路、角度、方法和程序之中的能力。

社会学者应该不断增强自己的方法意识。在这样做的时候,应该注意避免受传统思维定势的影响。这种思维定势往往追求一种不切实际的"最好""最强"。实际上,就像不存在一种对所有问题都是"最好"的理论那样,也不存在对所有问题来说都是"最好"的方法。正确的提问方式是:对于一项具体问题来说,哪种理论或方法最适用、最合适。因此,社会学者的方法意识并不意味着对各种方法谁优谁劣作出判断,而在于对不同方法所体现的共同的科学精神和求是精神的切实把握。无论是欧洲传统的具有浓厚主观色彩的、注重理解、注重背景、注重体察的人文主义方法;还是以美国为代表的更具客观色彩的、注重精确、注重数量、注重实证的科学主义方法,都是我们探索社会世界的工具箱中的有用工具。

社会学者更应该提高自身方法素养,如同提高自身的理论素养一样。正是这种素养能够使我们明白,对各种不同的研究问题应该采用什么样的方法,为什么要用这种方法,以及采用这种方法的好处和局限。这种素养还能使我们在思考所研究的现象和问题时,自觉地从探讨的可行性、设计的周密性、方法的合适性等角度来进行综合判断,从而有效地帮助我们从问题走向答案。

在探讨方法意识和方法素养时,还应顺便提一下方法与理论的互相支撑问题。这种支撑体现在这样两个层面:一是对作为学科知识体系和学术研究领域两大组成部分的理论和方法而言,二者应相互支撑;二是对一个具体的研究者,或者对一项具体的社会学研究而言,应该注意二者的相互支撑。

在社会学研究中,理论和方法都不是孤立的、相互分离地存在的。它们在解决某种特定的社会学问题的过程中一起形成并紧密相连。研究方法应该总是在其所说明的问题和与之相关的理论背景中来观察。也正因为如此,我们可以说,方法是理论背景中的方法;同时,方法也是问题背景中的方法。既脱离理论,又脱离问题的方法并不是社会学者追求的目标。

具有一定方法意识和方法素养,是我们的社会学研究做得更好的一种保证。对于有志于社会学事业的研究者来说,增强方法意识、提高方法素养同样是必须"修炼"的一种"内功"。让我们共同努力!

调查社会,认识中国:重读费孝通《社会调查自白》*

费孝通先生有关社会调查的思想和实践是他留给我们最重要的精神文化遗产之一。在费孝通先生大量的著作中,《社会调查自白》一书恐怕是篇幅最小的一部了。但是,这本仅有六七万字的小册子却是费孝通先生诸多著作中唯一一部专门探讨社会调查方法的著作。在一定意义上,可以说它是费孝通先生近七十年进行社会调查的实践,探索和研究中国社会的一种总结。

1984年,当时已经是七十四岁高龄的费孝通先生,冒着酷暑,在民盟举办的第二期"多学科学术讲座"上,结合自己的学术经历,讲授了他从事社会调查的经过和

---

* 本文原刊于《中南民族大学学报》2010年第6期。

体会。其讲稿于第二年正式出版,题为《社会调查自白》。两年后(1987年)该书第二次印刷。笔者当时是北京大学社会学系的一年级博士生,买到费老的这本书后,很快就读完了,但印象却并不太深。

二十多年过去了,在纪念费孝通先生100周年诞辰的日子里,笔者再一次打开这本小册子,重新阅读和领会费孝通先生字里行间对我们后辈的谆谆教诲。由于该书是根据费孝通先生讲座的记录整理而成,读起来犹如费老就在身边给我们讲课,仿佛又回到了二十多年前在北大校园听费老讲课的情景中。从费孝通先生通俗易懂的著作中,笔者对他的社会调查思想和实践有了一些新的认识。在本文中,笔者希望探讨的是,费老在这本小册子中讲了些什么?从中我们又可以学到些什么呢?

费老在书中从"我的一生是怎样从事社会调查的,以及这些调查是怎样影响我的思想的"(费孝通,1985:6)讲起,在对社会调查过程和方法进行了简单介绍后,主要集中介绍了他过去做得最多的几个方面的社会调查活动,即民族调查、农村调查、家庭调查、小城镇调查以及知识分子调查。虽然费孝通先生谦虚地说在这本小册子中"没有多少技术性的指导,也说不上有什么高深的哲理,只是一个科学工作者对自己工作的自白"(费孝通,1985:1)。但费孝通先生用长达一生从事社会调查的经历和丰富的实例向我们所展示的"为什么想到做这些调查,怎样调查,又有什么体会"(费孝通,1985:1)等,却处处给我们以"言外的启迪,激发自动的思考"(费孝通,1985:1)。其中,笔者感受最深的则是以下几个方面。

一、实事求是:社会调查的根本出发点

费孝通先生在这本有关社会调查的小书中始终贯穿了一个基本精神:实事求是。他在第一部分中就明确指出:要认识中国社会,就必须"首先从现实出发,实事求是地探讨客观规律。科学之道在于实事求是,科学结论不能靠主观臆想"(费孝通,1985:4)。在第二部分"社会调查概述"的结尾处,费孝通先生又专门总结道:"具体方法的掌握离不开方法论的指导,归纳起来说就是三句话:坚持马列主义理论的指导,实事求是,理论联系实际。"(费孝通,1985:17)在小城镇调查一部分,他又指出:"小城镇调查始终坚持了两条原则:一是实事求是,二是走群众路线。"(费孝通,1985:47)费孝通先生反复强调的这种实事求是的态度和精神,是笔者在阅读这本小册子时首先感受到的一个重要方面。

各种社会调查或者更广泛意义上的各种社会研究,都是"作为一种由社会中的具体个人从事和进行的活动,研究者实事求是的态度将是社会研究具有科学性的最重要的道德保证"(风笑天,2004)。费孝通先生从自己多年的社会调查实践中,深深体会到实事求是的态度对于探索社会现象所具有的重要意义和作用。他认为,"实事求是就是到现场去亲自观察,理论联系实际"(费孝通,1985:47)。他强调不能生搬硬套他人的理论和方法,因为那些理论和方法"都是别人从彼时彼地的具体的社会调查中获得,并加以总结提高的"。而我们在实际社会调查中所"接触到的客观事物、现象都因人、因时、因地而异,各有其不同的内在联系,有着千变万化的发展过程,有不同的类型"。因此,他明确告诫我们,实事求是的原理"是社会调查的思想原则和根本出发点"(费孝通,1985:7)。正是在这种思想原则和根本出发点的指导下,费孝通先生无论是在早期的民族调查、农村调查、家庭调查中,还是在后期的小城镇调查和知识分子调查中,都抱着实事求是的态度,虚心诚恳地向人民群众学习,向他的调查对象学习,甘做他们的小学生。这也正是他的调查能获得真实客观的资料,能够取得成功的根本原因。

费孝通先生实事求是的态度还体现在他对自己的认识上。比如,所有读过费孝通先生著作的人,似乎都会有这样一种感受,就是费老写的书比较容易读。人们通常也将这一点作为费老著作的一个优点。可费老在书中则是非常实事求是地解剖自己,他认为,"其实那些最好看的地方正是功夫最不到家的地方,因为道理讲不清楚,就要耍耍花腔。花腔的确能吸引人,但那只是才华而不是学问","所以我希望青年人千万不要学我的笔法"。(费孝通,1985:5)如此直白,如此坦诚地解剖自己的短处,体现的正是费老实事求是的科学态度。这样做实际上并不会降低费老在我们心目中的位置,相反会让我们觉得他的话更加真实可信。而他的这种实事求是的精神和态度,的确值得我们认真的体会和学习。

同样的,费孝通先生在谈到自己的第一个调查结果,也就是他的博士论文研究——《开弦弓:一个中国农村中的农民生活》在出版时,根据出版社老板的建议改为《中国农民的生活》。对于这一点,他同样表现出科学的实事求是的态度。费先生指出:"我只调查了一个农村就能说是中国农民生活么?书名一改动,这个问题是应当提出来澄清的","如果只调查了一个中国农村把所调查的结果就说是中国农民生活的全貌,那是以偏概全,在方法上是错误的。如果说明这只是一个中国农村里的农民生活的叙述,那是实事求是的。"(费孝通,1985:29)从这里我们可以清楚地看到费孝通先生不仅正视自己的调查研究结果与最终所出版的著作名称之间所存在的差别,同时还对这种差别有着十分清醒的认识。

实际上,费孝通先生调查江村的目的,的确是要了解中国社会,而不只是关注这个村庄本身。"我把江村调查看作是我进入这个'了解中国社会'的领域的开始",但"怎样答复这一个一个小村子的调查能加成一幅中国社会的整体面貌呢?这是一个值得考虑的问题"。(费孝通,1985:29)对于自己所做的只是一个村庄的调查,因而并不能反映整个中国社会的全貌这一点,费孝通先生一方面毫不回避,另一方面又非常客观、非常实事求是地对造成这一结果的原因进行说明:"当时我所能做的只有单枪匹马地在小范围里进行观察。这是我这个研究者本身的条件。"(费孝通,1985:29—30)这种实事求是的态度是每一个从事社会研究的人都应该认真学习的。

二、善于提问:社会调查的指南

费孝通先生在进行社会调查的过程中,有一个十分突出的特点,这就是他特别善于提问。他的许多调查题目都是从这种提问中得来的。许多调查研究的思路也是从这种提问中获得的。这种善于提问既反映出费孝通先生深厚的理论功底,同时也反映出他那种为认识中国社会而不倦探索的精神。

比如,费孝通先生著名的《生育制度》一书。这本书是他最重要的著作之一,是他早期对家庭的各种调查研究,特别是在这些调查研究基础上形成的对生育制度的理论分析和探讨的结晶。然而,这本书所代表的他对人类生育制度的研究,却是由"人为什么要生孩子"这一问题引起的。用他的话说,"我提出这样一个问题:人为什么要生下来?有人觉得问得离奇。我对'家'的兴趣,对家庭的观察,对人类生育制度的研究,却正是由这个问题引起来的。"(费孝通,1985:39)在人们所熟知的养生送死的过程中,费孝通先生很好地抓住了"人为什么要生孩子"这一根本性问题。正是这一问题引导他进入了对完成这一过程的社会细胞——家庭的观察中,并在大量直接观察的基础上,从理论上来思考人类的生育制度问题。

对于在社会调查中所观察到的各种现象,费孝通先生也总是在头脑中随时提出一些问题。正是这些问题引导着他更深入地进行调查,成为他开展调查研究的指南。例如,当年他在江村调查时,因为抽烟抽得很凶,就"到村中小店买烟,不料店里不卖整包的烟。只是一支一支地零售。店主对我说要买整包的烟去叫航船带。意思是说委托航船到镇上去买。我觉得奇怪,为什么这么大的一个村子连一包烟都不卖。村里人明明在抽烟。这个问题为我开出了一条调查的线索"(费孝通,1985:48)。正是从这个问题开始,费孝通先生"开始了解小商店,商店的规模大小、卖什么东西、每日营业额多少等等"(费孝通,1985:48)。当了解清楚了小商店的情况后,他又提出了一些新的问题:"农民家里来了客人怎么办?"日常生活中一些不能自给的东西,"到底靠谁来供给呢?"根据店主的提示,他就开始调查航船。通过亲自坐着航船到镇上去,他就清楚地了解到一个个的小村庄是如何通过航船与作为商品交换和集散地的集镇之间发生联系的。

又比如他对小城镇的研究,也是起源于这样的提问。费老到一个镇上,镇长介绍情况时,说到该镇现在有26000人。他就提问:解放时有多少人?镇长回答说有22000人。费老一听,"觉得全国的人口在30年里增加了一倍,怎么这儿只增加了约五分之一"。于是他又问,"最近人口是不是又增加了?他说是增加了,从农村来的,但没有户口。我越听越觉得里面有文章。实际镇上住的还不只2万6千人。常住人口中有三分之一不在户口册上"(费孝通,1985:50)。那么,这个镇本身"增加的人口到哪里去了呢?如果不了解中国人口增长的情况,很可能从这里听不出问题来,我由于有了这方面的知识,所以没让问题滑过去,没想到一下子就找到了小城镇研究的突破口"(费孝通,1985:50)。

还有的学者列举了费孝通先生在实地调查中善于提问的一些生动的例子。例如,一次费孝通先生到温州调查,"车到金华以南出现一块木牌在公路旁,上书'货运温州'等,引起他的疑虑:运什么货?谁运?怎么运?来到桥头纽扣市场,在走访中所有疑问都获得了答案"(刘云华,1993)。费孝通先生在谈到他关于农村商业流通的变化课题时,也举了一个类似的例子。一次他到江苏连云港,"在一个公共汽车站碰到了一位中年妇女,见她拿着一大包花生,我问她,这些花生是从哪儿买的?她说是舅舅送的。深入一问才知道她家住在附近的一个县里,那里出大米,这里出花生。舅舅家要吃米,她这个做外甥的就把米送来,舅舅每次都要回送给她定量的花生。严格说来这不能算是交易,但舅舅如果老是不给花生,外甥恐怕也就不给他送米来了。在这个意义上说,米与花生不但是物物交换,还要靠亲戚朋友来流通。由此可见流通渠道是多种多样的"(费孝通,1985:37)。

费孝通先生在《社会调查自白》一书中,通过自身的例子为我们展示了研究者在实地调查的过程中,应该如何提出问题,以及这些问题又是如何引导着他开展深入的调查研究的。他的实践和教诲对于许多常常受着"调查研究的题目从哪里来"这种问题困扰的社会研究者,特别是年轻的研究者来说,无疑具有很好的启发意义。

三、相互信任:社会调查真实性的保证

社会调查是什么？社会调查不仅仅是一项与人打交道的活动,更是一项必须依赖于他人的配合与支持才能顺利进行、才能获得研究者想要获得的信息的活动。这一本质特征决定了社会调查中研究者必须面对和处理好与被调查者之间的关系。因为对于一项社会调查中的绝大多数被调查对象来说,研究者通常只是一个普通的陌生人,只是他们日常生活中每天都会遇到或者会打交道的众多陌生人中的一个。站在这样的角度来看待社会调查,我们也就不难理解为什么一个研究者要顺利地从各种各样的被调查者那里获得有关他们生活、行为和态度的资料,并不是一件容易的事情。

对于社会调查中调查者与被调查者的关系,费孝通先生非常明确地告诫我们:"访问的基础是与被调查者搞好关系,使自己成为他们可以信赖的朋友","建立调查者与被调查者之间的信任关系对于我们取得真实可靠的访问资料是非常重要的。信任是感情交流的基础,有了信任和感情才能相互合作,才能得到真心话,才能保证资料的真实性。"(费孝通,1985:13—14)他还列举出毛泽东同志之所以能够通过社会调查,"就能写出《中国社会各阶级分析》一文,解决了中国革命迫切需要解决的实际问题",其中重要的原因之一,"就是他十分虚心地通过利益相同的农民去体验、核实自己的想法,使农民体会到他是为人民谋利益的,因而取得了农民的信任,成了农民的知心朋友"。(费孝通,1985:8—9)作为一个成功的调查者,费孝通先生非常重视社会调查中与被调查对象之间的关系。他不仅在自己进行各种社会调查的过程中身体力行,虚心向被调查对象请教,很好地取得了调查对象的信任。同时,他还将自己在一生大量的社会调查实践中所获得的这方面经验,用非常通俗易懂的语言总结出来:"社会调查所面对的是与我们同样的活生生的人,是处于一定历史时

期、一定社会集团的'社会人'。在这种情况下,研究者的立足点在哪里,态度是否诚恳,被调查者要了解清楚了才能回答问题。这就是说我们要调查他,他先得'调查'你,然后再决定是否让你调查他。这个互相调查的过程很微妙,一旦被调查者发现你的调查态度不那么诚恳,或者你的调查会对他们的社会生活带来损害,他们就不愿意接近你,不肯说出真心话。"(费孝通,1985:8)

社会调查的实践告诉我们,相对来说,知识分子是不容易调查的。换句话说,要通过调查听到知识分子的真心话是很不容易的。但费孝通先生对知识分子的调查却能够达到知识分子的心灵深处。关于这一点,周恩来总理曾经对费孝通先生的知识分子调查给予了高度评价,周总理写道:"在飞机上看了费孝通先生的一篇文章《知识分子的早春天气》,把知识分子心灵深处的一些想法都说出来了。共产党内也有不少能写文章的知识分子,但这样的文章我看是写不出来的。"(费孝通,1985:60)那么,费孝通先生在做知识分子调查时,是怎样触摸到人们心灵深处的呢?他所谈到的经验就是"关键在调查者与被调查者的关系上","要做好社会调查,必须首先建立好调查者与被调查者的关系,要相互信任","要从别人口上取得实情,没有一定相互信任的关系是不行的"(费孝通,1985:60—61)。费老不仅是作为一名有代表性的知识分子,更重要的是因为他"是个知识分子所信得过的人"。正是这种相互信任成为他能听到知识分子真心话的关键所在。这也是我们各项社会调查中值得认真借鉴的一个重要方面。

四、资料分析:点与面、质与量、因与果

社会调查是一项既包括资料的收集,又包括对资料的分析的完整的社会研究活动。尽管费孝通先生在其著作中对调查资料分析方法的介绍比对调查资料收集方法的介绍相对少一些,但他却在非常有限的篇幅里,十分突出地点明了社会调查资料分析中应抓住的几个关键问题。

费孝通先生指出:社会调查中,资料分析的"方法虽多,但它们都是围绕着'点与面'、'质与量'、'因与果'这三个关系展开的";"点与面的关系就是事物的特殊性与普遍性、共性与个性的关系";"质与量的关系反映在分析阶段就是定性分析与定量分析的关系";"因果分析是社会调查者的兴趣所在"。(费孝通,1985:15)

一般来说，各种具体的社会调查所收集的始终都是局部的或是总体一部分的资料，而反映整个总体的状况则常常是社会调查的重要目标之一。如何从特殊的、个别的社会调查结果达到对普遍的、整体的社会现象的认识，一直是摆在每一个从事社会调查研究工作的人面前的一项重要课题。费孝通先生在他的著作中，给我们指出了一种可能的途径："在进行分析时，我们首先要对收集的资料加以分类。分类就是依据某种性质的规定把相同的事物归并起来，将相异的事物区分开来。这种性质的规定就是该类事物所具有的共性。"（费孝通，1985:15）他将哲学中有关特殊性与普遍性、个性与共性的原理通过典型分析的方法进行了通俗简明的解释："共性从何而来？它来自于我们的典型分析，典型是事物中的一个点，它有它的特殊性，但普遍性寓于特殊性之中，我们要从典型中看到它所代表的普遍性。因此，典型的意义是它在同类事物中具有的代表性。"（费孝通，1985:15）更为重要的是，费孝通先生在指出典型具有代表普遍性的功能的同时，也特别指出了"典型的代表意义有一定的限度"（费孝通，1985:15）的问题。一旦超出了这个限度，典型的代表性就将受到影响。这一点对于习惯于采用个案调查或典型调查方法的研究者来说，是一个非常好的提醒。

尽管费孝通先生所进行的社会调查基本上都是通过实地访问的方法收集个案和典型的资料，对调查资料的分析也主要采取的是定性分析的方法。但是，这并不意味着他对定量分析不重视。在谈到对社会调查资料的分析时，他始终将定性分析与定量分析放在同样重要的位置，认为"定性与定量是相辅相成的，我们在对事物分析过程中都不能偏废"。同时，他很好地揭示出这两类不同的资料分析方式之间的内在联系及其在应用中各自所具有的特点。他指出，定性分析"重在对事物的质的方面进行全面的、历史的、纵深的考察"，而"定量研究一般是在某种质的规定性下表现事物的数量特征和数量关系"，"因此为了正确把握事物的数量，我们在做定量分析之前，应当先做好定性分析，然后再通过量的表现来进一步加深我们对性质的了解"。（费孝通，1985:16）费老的看法启示我们，正确全面地认识事物，是我们进行社会调查或社会研究的最终目标，而定性分析和定量分析都只是我们为达到这一目标所能运用的工具和所能采取的途径。二者都有其所长，同时也都有其所短。因此，为了达到认识社会事物的目的，研究者既要清楚地认识到定性分析与定量分析各自的特点，同时也要看到二者之间在完成对社会事物的认识过程中密不可分的内在联系。充分发挥不同分析方式在我们认识社会事物中的不同作用,以获得最好的认识效果。

要认识社会事物,最根本的是要了解和认识社会现象之间的因果关系。正因为如此,费孝通先生在关于调查资料的分析方面,同样十分强调因果关系的分析,指出这是社会调查者开展社会调查的真正兴趣所在。他还根据自己多年社会调查的经验提醒我们:由于社会现象之间的"普遍联系与相互制约,因果关系的表现并不那么简单,而要复杂得多。有的一因多果,有的一果多因,有的多因多果,有的互为因果","因此,要确定社会现象和事物间的因果关系,不能只凭一些表面的偶然的联系"。(费孝通,1985:17)在指出社会现象因果关系复杂性的同时,费孝通先生还特别强调了造成这种复杂性的根本原因,这就是"人所具有的主动性和创造性"(费孝通,1985:17)。这也是社会科学研究与自然科学研究的一个根本区别。对于每一个社会调查研究者来说,在理解和分析社会现象时,应该时刻记住费孝通先生的提醒。

五、类型比较:从个案走向总体

费孝通先生的大部分调查主要是个案调查。如何从个案调查的结果走向对总体的认识,是摆在所有从事个案调查的研究者面前的一个现实挑战,对费孝通先生来说自然也不例外。比如,以他从事得最多的农村调查来说,无论是"江村"还是"禄村",或是"易村""玉村",都无法全面地反映和代表中国农村的情况。然而,正如费先生所说,他调查这些村庄,"并不是就村论村","我的目的确是要了解中国社会,而且不只是这个小村所表现出来的中国社会的一部分,还有志于了解更广阔更复杂的'中国社会'"。(费孝通,1985:29)那么,他是怎样面对和处理这种矛盾和挑战的呢?用他自己的话说,是"怎样答复一个一个小村子的调查能加成一幅中国社会的整体面貌"这一问题呢?

费孝通先生在书中向我们介绍的方法可以简单概括成"类型比较"。即通过对总体中各种不同类型的个案进行调查,然后对它们进行比较,从中归纳出某些共性的东西,以此来达到对总体的认识。"我心里有一个想法,我想去发现中国各地不同类型的农村,用比较方法逐步从局部走向整体,逐步接近我想了解的'中国社会'的全貌"(费孝通,1985:30)。正是在这样一种方法论思想的指导下,费孝通先生当年从英国一回到昆明,就投身到对内地不同类型农村的调查当中。先是对主要靠种田的"禄村"的调查,接着是对手工业较发达的"易村"的调查,后来又是对受商业影响较深的"玉村"的调查。在对这些不同类型的农村的调查基础上,费孝通先生经过对它们的比较分析,从中抽象出当时中国农村的一些本质特征。这些关于中国农村的深刻认识,集中体现在他40年代出版的《乡土中国》等著作中。

费孝通先生提出的"类型比较"的方法论和认识逻辑值得我们认真体会。在各种社会调查的实践中,研究者往往都希望自己的研究结果能够尽可能地反映或代表整体的情况。但研究者的具体调查实践却又往往会受着各种客观条件的限制,使得其调查研究的对象常常只能局限在一村一地,或者一部分人、一类人中。费老的这种方法论思想则启示我们,只有当研究者明白了他所调查的这一村一地所具有的属性、所代表的类型,同时又有针对性地去寻找和继续调查具有其他属性的类型,并最终将这些不同类型的代表进行系统的比较分析时,他才可能从这些单个的调查结果中看到整体的某些性质,才可能从这些单个的调查结果中获得对总体的更多的理解。

重读费孝通先生的著作,回顾他从25岁开始直至他去世的70年中所做过的各种社会调查,不免感慨万千。从1936年第一次江村调查开始,到1957年重访江村,1981年三访江村……直至2002年最后一次访问江村(张荣华,2005),仅仅是一个江村,他就调查访问了26次。① 特别是其中的24次调查访问都是在他已经71岁至92岁高龄之间进行的。而对于贫穷的甘肃定西,费老在1984—1993年的短短十年间,就去了7次。"仅1991年一年,已81岁高龄还9次共135天考察了全国10个省市不同类型的城市乡村,提出了许多颇有见地的意见和建议"(刘云华,1993)。2005年费老逝世不久,笔者曾读到作为费老秘书和女婿的张荣华先生写下的一段记录文字,列举了已近90岁高龄的费老,仍不停地奔波在祖国各地,进行着各个方面调查的情景:1998年这一年,费老已是88岁高龄,"他外出实地调查的时间是166天,写下的调查报告和学术文章共有10余万字。在2003年岳父93岁的时候,他还去过7个省市进行调查访问和学术活动","从上世纪三十年代进瑶山开始,到2003年住进医院为止,在岳父近70年的学术生涯里,除了反右和'文革'那一段特殊时

---

① 另一文献中为28次(见张荣华,2005)。

期之外,他一直行走在祖国的山水之间——二十八次访问开弦弓村(江村)、十一次考察甘肃、三访赤峰、四访民权、五访沧州、七访定西、八访张家港……孜孜不倦地实践着'志在富民'的诺言"。(刘云华,1993)在一定意义上,费孝通先生的《社会调查自白》正是他一生从事社会调查实践活动的认识和思想结晶,值得我们永远学习和珍藏!

参考文献

费孝通:《社会调查自白》,知识出版社1985年版。

风笑天:《英克尔斯"现代人研究"的方法论启示》,《中国社会科学》2004年第1期。

刘云华:《费孝通的社会调查》,《中央社会主义学院学报》1993年第1期。

张荣华:《费孝通先生是怎样开展社会调查的》,《秘书工作》2005年第10期。

追踪研究:方法论意义及其实施[*]

追踪研究(panel study),指的是对同一组对象在多个不同的时间点上进行调查,收集资料,然后通过对前后几次调查所得资料的统计分析来探索社会现象随时间变化而发生的变化及其不同现象之间因果关系的一种研究方式。它由首次调查(或称为前期调查)和追踪调查(或称为后续调查,一次或多次)两个部分所构成。追踪研究作为纵贯研究(longitudinal research)方式中设计最为严格的一种,在研究者探索复杂的社会现象、回答各种理论与实践问题的过程中具有十分重要的作用。

---

[*] 感谢美国阿拉巴马大学伯明翰分校社会学系 Sean-Shong Hwang 教授与笔者共同从事追踪研究项目,并在与笔者的讨论中提出一些有益的见解。笔者也感谢参加追踪调查的 28 名研究生对实施结果的经验讨论。当然,本文中的观点和错误之处当由笔者个人负责。本文原刊于《华中师范大学学报》2006 年第 6 期。

目前国内学术界采用追踪研究的方法进行的社会研究非常少,现有的一些名为追踪调查的研究实际上只是同期群研究(cohort study),即在不同的时期对具有相同特征的人群进行的调查,而非真正的追踪研究。追踪研究的方法运用很少的原因,一方面可能是因为追踪研究的设计要求十分严格(第二次及第 N 次调查的对象必须是第一次调查的同一组对象),同时进行追踪研究所需要的人力、物力和财力的投入也往往很大,研究的整个周期所需时间也往往较长,使得一般的研究项目常常在其中某一个方面或几个方面难以承受或者无法达到。而另一个主要原因则可能是追踪研究在方法论上所具有的重要意义还不为广大研究者所认识,其具体操作方法和要求也不为研究者所熟悉的缘故。

针对这一状况,本文首先讨论追踪研究的方法在社会研究中所具有的方法论意义,以期引起广大社会研究者对这种特定方法的高度重视和积极运用;其次结合笔者近期完成的一项追踪研究的实践,详细探讨实施追踪研究的具体方法和其中的关键环节,以给广大社会研究者提供一种实际的指导和参考。

一、追踪研究的方法论意义

我们知道,调查研究(survey research)是社会学以及其他众多社会科学研究中最为常见的一种方式。这种研究方式的一个重要特征,是其在时间维度上的一次性,或者称为单点性。因而,调查研究通常被称作是一种横剖的(cross-section)研究。正是由于调查研究的这种横剖的特征,使得其在具有大量优点的同时,也存在着一些内在的不足和局限性。这种局限性的一个主要体现,就是调查研究对现象之间因果关系的推断相对软弱无力。由于"从社会调查中所获得的这种抽掉时间框架的'事实'中,人们往往比较容易发现不同现象相互之间的'共变'特征,而比较难发现它们之间的'因果'特征"(风笑天,2000:176—188),因而在解释社会现象之间的因果关系方面,调查研究的方法存在着明显的不足。

社会研究的一个重要目标,就是要探索和解释不同社会现象之间的因果关系。而因果关系的基本条件之一,就是存在关系的两种现象之间具有时间上的先后顺序。作为原因的现象要发生在前,作为结果的现象要发生在后。由于调查研究只是在一个时间点上收集资料,因此,一般来说调查研究无法达到因果关系这种对时间顺序的要求。尽管在大多数采用调查研究方式进行的研究中,研究者依旧会把注意力和焦点放在探讨现象之间的因果关系上,但他们采用的分析和推断方式却常常存在一定的问题。

比如,研究者通常采取的一种解决方法是通过回溯性资料来达到这种时间上的前后变化。即询问被调查对象以前的行为、态度、以前发生的事件等等。然后与目前的行为、态度、目前发生的事件等进行比较和分析。然而,这种方式对因果关系的推断依然存在着两个方面的缺陷。一是从客观上看,被调查对象对他们过去的行为、态度和过去所发生的事件的回答往往容易受到他们的记忆能力和脑中印象的影响。当所询问的现象发生的时间距离调查时间相隔较长,或当人们对过去的行为、态度和事件的印象较浅、记忆不清楚时,他们对调查问题的回答就会带有较大的误差,使得回溯性资料的质量难以保证。二是从主观上看,被调查者所提供的这种回溯性资料中许多关于过去行为、态度及事件的回答,实际上是一种经过了被调查对象目前认识、心理等主观因素的过滤和折射以后的结果,它与过去实际发生的现状、过去的实际行为,特别是过去的认识之间存在着相当的距离。因此,依据这样的资料所做出的因果推断也就会存在较大的偏误。

另一种常见的解决方式是借用数理统计的方法加上主观的定性分析和判断来达到因果关系的推断。比如,最常见的一种分析类型是用统计工具计算出某一变量(比如年龄)与另一变量(比如态度)之间的相关关系,并由此得出其中一个变量导致或引起另一个变量变化的结论。例如得出年龄是导致态度不同的原因的结论。因为通过主观的分析可知,只可能有"人的态度因人的年龄改变而发生变化"的情况出现,而绝不可能有"因人的态度改变而导致人的年龄发生变化"的情况发生。然而,严格地看,调查研究的这种因果关系推断逻辑也不成立。因为事实上研究者在做出这样的分析和推断时,只是在用"具有不同年龄的个人"来作为"研究对象年龄变化"的替代品,而不是研究对象的年龄在发生实际变化。也正是在这一点上,追踪研究提供了较好的解决途径,弥补了一般调查研究所存在的上述不足。因为追踪研究的设计中,正是通过要求对"同一组对象"在前后两个(或多个)不同的时间点上进行调查,收集同一组对象在不同时点的资料,来达到因果分析中"因在前、果在后"的逻辑要求的。

一般横剖调查所具有的单点性特征的另一个局限,在于它对事物发展变化的动态过程的把握同样十分软弱。我们知道，许多实地研究都是纵向的，因为它们通常要求研究者在实地经历一段相当长的时间，正是这种"一段相当长的时间"的要求，使得实地研究常常可以观察现象发展变化的过程。而调查研究只是在一个时间点上收集资料，或者说只是截取社会现象的一个横截面，因此，它通常很难回答有关社会现象发展变化过程的问题。但以若干次横剖调查构成的追踪研究却"是研究随时间所发生的变迁的最好方式"（Earl Babbie，2004:102）。"长时期的追踪调查在探究罕见事件，探究缓慢展开的过程，或是探究一些以未知的模式重复着的复杂过程……都格外能有帮助"（Martha S. Hill，1997）。

　　总之，由于追踪研究具有与实验研究相似的内在逻辑，因此它也具有与实验设计相似的功能，能够较好地用来分析现象之间的因果联系。换句话说，追踪研究具有比一般横剖式调查研究强大得多的因果推断能力。同时，由于追踪研究需要跨越相当长的一段时间，因此它还具有明显的解释现象变化过程的特点，研究者能够较好地用它来探讨和分析某一特定的社会现象或社会事件（经济大萧条、移民搬迁、农民外出打工、知识青年上山下乡等）对人们社会生活的长期影响。因此，探索现象之间的因果关系、研究现象的变迁过程，是追踪研究所具有的最为重要的方法论意义。此外，追踪研究的资料往往具有比一般横切研究所得资料更加高产、更加广泛和更加长期的应用价值。比如美国著名的"国民收入动态追踪研究"（Panel Study of Income Dynamics，简称 PSID）的资料就是如此。在1968年到1995年的28年间，"共有约1200篇以经济学、社会学或人口学领域为主的期刊论文、书籍篇章与报告是以 PSID 调查资料为基础写成"，"PSID 调查已被国家科学基金会列为国家级研究资源之一"。（Martha S. Hill，1997）

二、追踪研究的设计

　　从广义上看，追踪研究是对同一组对象在多个不同的时间点上进行调查、收集资料，然后通过对前后几次调查所得资料的统计分析来探索社会现象随时间发展而发生的变化及其不同现象之间因果关系的一种研究方式。它可以分为首次调查（或称为前期调查）和追踪调查（或称为后续调查）两个部分。狭义上看，追踪研究仅指的是对前期调查过的研究对象在经过一段时间后进行的第二次（或第 N 次）调查，即仅指后续调查。追

踪研究的设计中,要特别注意以下三个关键环节:

(一) 因果假设与特定事件

总的来看,追踪研究的内在逻辑与实验研究十分相似。实验研究中,研究者首先对实验组和对照组进行前测,经过一段时间后,再对实验组和对照组进行后测,并在前后两次测量之间对实验组实施实验刺激。最后,通过分析和比较两组对象前后测所得到的数据,来判定实验刺激(原因变量)的作用及其大小。在追踪研究中,首次调查相当于实验研究中的"前测",追踪调查则相当于实验研究中的"后测",而处于两次调查之间发生的某种社会环境的变化、社会结构的变动,或者特定的社会事件,则往往成为研究者心目中的"实验刺激",即导致社会现象或人们社会行为发生变化的原因。

追踪研究通常用于探讨特定的社会事件或者特定的社会环境变化对某一人群所带来的影响。比如,著名美国社会学家埃尔德等人采用追踪研究的方法来探讨20世纪30年代的"大萧条"对美国家庭和人民的长期影响,就是这方面的一个著名例子(埃尔德,2002)。"大萧条"是美国社会中的一个重大的、影响深远的事件,研究者将其作为原因变量,用它来解释其后几十年中美国家庭和人民生活的一些重要变迁。正是由于追踪研究特别适合于用来探讨社会现象之间随着时间的变化而形成的因果关系,所以,在设计追踪研究时,研究者应该首先明确建立起现象之间相互关联及发展变化的因果假设。而其中作为原因的变量,通常又是特定的社会事件或者特定的社会环境的变化。

(二) 研究对象的选取

追踪研究中研究对象的选取方式因研究的目的、研究对象的特点、研究的条件等方面的不同而有所不同。最好能与实验设计相结合,即通过随机化方法,将对象分成实验组和对照组,这样追踪研究所具有的意义和价值将会更大。理想的选取方式当然是完全随机地抽取,但当研究者将样本的追踪因素考虑进来时,现实各种条件的限制往往会给这种随机抽取带来或大或小的困难和障碍,迫使研究者在选取方式上作出各种改变和退让。完全随机地选取研究对象,虽然可以在第一次调查时获得代表性最高的样本,但在后续调查时其样本能够被完全追踪到的困难也最大。因此,第一次抽样时要综合考虑这两方面的因素。在许多情况下,研究者更看重将来追踪的成功率,因而在选取研究对象时所依据的主要不是随机原则,而是其他能够保证追踪成功率的因素。比如,有的研究者选取研究对象时最重要的条件是研究对象的同意和自愿参与,这种自愿参与的态度有利于研究对象主动提供可靠的联系方式和联系人,这将会对今后的追踪调查打下较好的基础。再比如,埃尔德在介绍奥克兰样本时指出:"样本的挑选基于两个标准:愿意参与研究和预计永久居住于该地区。"(埃尔德,2002:499—500)

(三)研究对象的保持

追踪研究中的一个十分重要的方面是研究对象的保持。即保证后续调查时研究对象仍然能够被追踪到,并愿意继续参与调查。因为,如果后续调查时对象缺失较多,就会对整个研究带来严重影响。然而,一般来说,前后两次或多次调查之间相隔的时间往往较长,最短的也会有好几个月,长的则达到几年甚至十几年。因此为了保证后续调查时对象不会缺失太多,就必须做好保持工作。保持的通常做法是在两次调查之间通过电话、书信、电子邮件等方式与被调查对象进行联系,特别是利用节假日向他们致以简单的问候和慰问。其目的是不断加强和巩固前期调查在被调查对象脑中的印象。笔者此次进行的追踪研究中,也是先采用打电话的方式与被调查对象进行联系,到正式调查时,许多调查对象都能记起电话联系的事情,免去了调查员对调查的过多的介绍和说明,同时也减少了调查的拒访率。此外,还可以每次调查结束后,将研究的基本结果打印成简短的报告寄送给被调查者。这样做一方面可以让被调查者了解调查的进行情况,另一方面则可以使被调查者感觉到他们参与调查的意义和价值。

三、追踪研究实施中应注意的问题

从事追踪研究,除了要按照一般社会研究方式的常见要求进行外,还有一些特殊的环节需要注意。其中,最重要的有以下几点:

(一)首次调查时设计好将来追踪的方式

追踪研究得以完成的最关键环节,是要保证在经过相当长的一段时间(通常会长达几年)后,能方便地追踪到首次调查的全部对象。因此,研究设计时,要将两次(或多次)调查一并进行考虑。即将各次调查看作一项完整的研究项目的一个部分。特别是在进行第一次调查时,要高度注意研究对象联系方式的设计。要根据调查对象的特点、未来调查的方式、间隔时间的长短等因素,制定一组明确的、切实可行的追踪规则,并尽可能设计出多种便于追踪的方式。比如,笔者所进行的三峡移民追踪研究中,首次调查时,就不仅要求被调查对象提供本人的姓名、家庭住址、电话号码,同时还要求提供两个在将来他们搬迁后可以知道其去向和新地址的联系人。本次追踪研究的实践结果表明,联系人的选取是十分重要的一个环节,联系人选取得合适与否,将直接影响到后期追踪的成功率,需要研究者高度注意。一般来说,联系人最好以亲属关系为主,以有可靠的、稳定的工作和生活住址、与研究对象关系密切的人为主。第一次调查时就要求研究对象同时提供这些联系人的姓名、与研究对象的关系,以及他们的工作单位、住址、电话等。

(二)电话号码

现代社会中,通讯工具的发展为我们的社会研究提供了许多便捷。为了追踪调查对象,我们通常会在第一次调查时留下被调查者及其联系人的电话号码。但应该注意的是,电话号码既是我们进行追踪调查时十分重要的工具,同时也是容易失效的一种追踪工具。导致电话这种追踪工具失效的原因,是由于现代社会中人们的流动性大大增加,研究对象常常会因工作、生活等方面的变动或变更而停机或改变电话号码。笔者进行的这次追踪调查中,通过打电话联系发现,原有的电话号码依旧有效的不到30%,而成为空号的超过40%(表明对象已停机),号码错误的超过20%(表明原号码停机后已换了新的机主)。当然,这种百分比的分布与此次追踪调查的对象为农村居民以及县级市居民的性质有关。如果是以大中城市的居民为追踪对象,情况可能会有所不同。

(三)追踪损耗问题

追踪损耗(panel attrition),或称为追踪对象流失,指的是在第二次(或第 N 次)进行调查时,第一次调查时的全部对象中有一部分因去世、搬迁、拒绝再次调查等原因而无法追踪到。可以说,追踪损耗是追踪研究面临的最大问题之一。如果追踪损耗过大,就会对追踪研究的结果带来严重的影响。

一般来说,这种追踪损耗与追踪时间间隔的长短、追踪对象的性质等因素有关。常见的损耗原因有以下几种:一是对象原有的各种联系方式全部失效或者中断;二是对象去世;三是对象已搬离原住址且去向不明;四是对象拒绝再次被访问等。其中,对象原有的各种联系方式全部失效或中断是导致追踪损耗的最主要原因。尽管首次调查中研究者可能会设计几种不同的联系方式,但现实社会生活的复杂性往往会大大超出人们的想象和预料。这种联系方式全部失效的情况对于不同的研究对象可能会有所不同。比如农民给出的联系人通常是与他们具有亲缘关系或地缘关系的人,比如兄弟姐妹、父母、亲戚、邻居等。而城市人给出的联系人中有许多则是他们的朋友或具有业缘关系的人,比如同事等。一般情况下,具有亲缘关系的联系人是最重要的联系人。他们与被调查对象之间通常会保持着比较密切的联系。一旦这些联系人的联系方式失效,很可能导致追踪的失败。另外,对于一个规模较大的普通成年人样本来说,相隔几年以后难免会遇到有少数人去世的情况。还有少数被访者在经过第一次调查后,可能觉得调查与自身利益无关,或者感到调查不会给自己带来什么具体利益,或者因其他原因而会拒绝再次被访问。这种情况在城市居民中可能更容易出现。虽然每一种情况出现的比例或许不是很大,但所有这些因素加起来就会使追踪损耗的比例达到可观的程度。

(四) 追踪损耗的比例问题

一般来说,任何追踪研究都会有不同比例的追踪损耗。梅纳德(Menard)在其著作《纵向研究》中,曾引用了一项对美国青少年吸毒者的追踪研究,该研究在经过八年的周期后,其研究对象损耗了 55%。当然,作者同时也指出,一般来说损耗率决不会总是这么高。(转引自 Alan Bryman, 2001:47)拿笔者进行的这项历时三年的追踪研究来说,追踪损耗的比例为 30%左右。笔者了解到的其他追踪调查的例子是北京大学中国国情研究中心于 2003 年至 2005 年进行的"全国公民思想道德观念调查"。其第一波调查于 2003 年进行,样本涉及全国 31 个省、市、自治区的 7714 位调查对象;第二波调查于 2005 年进行,仅追踪了两个省中半数乡镇级单位内的样本 816 人,实际完成追踪的对象为 542 人,有效追踪率为 66.4%。(严洁,2006)

在进行追踪调查时,追踪损耗的比例最好不高于三分之一。如果追踪损耗超过了三分之一,就很有可能出现这样一种情况:没有被追踪到的那一部分对象或许具有某种共同的特征。换句话说,很可能具有某种特征的一部分人都没有被我们追踪到。因此,被追踪到的总体很可能在某些变量上是有偏的。这样,追踪调查的结果就不能很好地反映原始总体的变化情况,从而影响到对现象之间因果关系的推断。这种情景与问卷调查中的有效回答率所具有的影响完全一样。比如,如果笔者在追踪调查中发现,城市中那一部分没有被追踪到的对象都属于那种货币销号的城镇移民、单位搬迁的移民以及空挂户等,那么,这种追踪损耗带来的影响就必须引起重视。因为,这些损耗掉的移民与大部分已搬迁的移民之间具有某种特征上的差别,这种差别会对我们追踪研究的结果带来一定的偏差。当追踪损耗的比例较大时,研究者要设法弄清楚损耗掉的那一部分对象的特征,并在统计分析时进行补救和调整。

(五)后续调查的形式改变

追踪调查可以进行一次,也可以进行多次。当然,追踪的次数越多,一方面研究的价值会越大,但另一方面调查的经费、人力投入也会越大,调查起来也往往会越困难。特别是相对于一次性的横剖调查来说,多次性的追踪研究的费用往往比较大。为了尽可能减少这种费用,在一些追踪研究中,研究者也尝试着采用电话访问的技术来取代入户访问。比如,美国著名的"国民收入动态追踪研究"就经历了一个从开始使用纸笔问卷的面访方式,到后来改为采用借助电话访问并以纸笔填卷的方式,最后改为采用计算机辅助的电话访问系统(CATI)来进行访问的形式。随着这种访问形式的改变,研究经费的投入明显减少。

参考文献

Babbie, Earl, *The Practice of Social Research*, 10th edition, Wadsworth, 2004.

Bryman, Alan, *Social Research Methods*, Oxford University Press, 2001.

Hill, Martha S.、李唯君:《追踪调查研究的设计议题》,《调查研究》(台湾)1997年第3期。

〔美〕埃尔德:《大萧条的孩子们》(田禾译),译林出版社2002年版。

风笑天:《论社会调查方法面临的挑战》,载《中国社会学年鉴》(1995—1998),社会科学文献出版社2000年版。

严洁:《中国政治学抽样调查中"项目无回答"的分布与成因探析》,北京大学博士学位论文,2006年。

方法论背景中的问卷调查法*

问卷调查法,即以问卷为工具来收集资料的调查方法,是当前最常用的社会调查方法之一。正如英国著名社会学家莫泽所说:"社会调查十有八九是采用问卷方法进行的。"(C. A. Moser & G. Kalton, 1971:45)从目前情况看,在运用问卷法收集资料的调查研究中,还存在着一定的问题。它不仅影响到具体的社会调查研究的效果,还影响到人们对问卷调查法的总体信任感。而造成这一现状的原因,不仅有研究者对具体方法、程序的掌握与运用问题,还有对与这些具体操作方法和程序密切相关的方法论背景的认识问题。

从一般意义上看,问卷调查法有着一套较为固定的

---

* 本文原刊于《社会学研究》1994 年第 3 期。

程序和操作内容。任何一个社会学研究人员（或者社会科学研究人员），只要熟悉和掌握了这套程序及内容，就可以运用它来进行自己的研究。然而，从更深一层的意义上看，问卷调查又有着其特定的方法论背景和基础。如果离开了这种特定的背景和基础，就会在实际运用问卷调查法的时候产生出各种偏差，影响到调查研究结果的可靠性和准确性。大量实践表明，熟悉和掌握问卷调查法的具体程序和操作方法，对于成功地进行一项调查研究来说，仅仅只是必要的，而不是充分的。要提高问卷调查的水平和质量，还必须熟悉和了解它的方法论背景。本文拟就几个与问卷调查法有关的方法论问题作一初步的探讨。

一、问卷调查法的本质

就像特定的社会学理论往往同特定的方法论以及特定的研究方法相联系一样，作为具体方法的问卷调查法也有着与之密切相连的方法论背景或基础。正是这种方法论背景决定了问卷调查法的根本性质，也影响到问卷调查法的应用范围，甚至还影响到它的具体操作方式和步骤。

问卷调查法在本质上是一种实证的方法。这是它在方法论上区别于其他某些方法的一项重要标志。作为一种实证的方法，问卷调查法既有着与众多自然科学方法相类似的逻辑程序，又有着与它们相类似的内容结构。在社会研究中，它是一种从宏观的角度、采取定量的手段、依据客观的验证来认识和说明社会现象的调查研究方式。这种方式与传统的、以个别访谈和实地观察为主要特征，多从微观的角度、采用定性的方法、依靠主观洞察和分析来认识社会现象的调查研究方法，有着明显的区别。

问卷调查法的这种实证性质，决定了它与随机抽样、与统计分析密不可分。或者说，问卷调查法实际上意味着抽样、问卷与统计分析三者之间存在某种必然的、内在的联系。抽样解决的是调查对象的问题，问卷则是进行变量测量和资料收集的工具，而统计分析则是处理这种虽来自于样本却要反映总体的、以问卷形式收集的大量资料的必由之路。作为一种完整的社会调查方法，问卷调查必须同时包括这三者。也可以说，它们共同体现着现代社会调查研究方法的基本特征。

正是在这个意义上，我们说，问卷调查法是且仅仅只是社会研究方法中的一种具体方法，一种有着明显的实证色彩，适于进行大规模的、定量研究的调查方法。

在现代社会中,由于社会发展与社会变迁速度的日益加快,社会不同部分之间的差异日益扩大,社会总体的异质性程度日益增强,社会生活现象也越来越复杂。因此,传统的、以对少数个案的深入观察和访问为主要手段,以定性分析和主观洞察为主要分析方式的社会调查方法,已不能满足人们认识社会现象的需要。社会现实对新的调查方法的出现提出了要求,问卷调查法的产生和广泛应用正是适应了这种要求。同时,电子计算机技术的发展,社会统计指标的建立,多元统计分析方法的完善,也都为问卷调查法的广泛运用提供了必要的客观条件。而问卷调查法的产生和广泛运用,又为社会学研究(以及社会科学研究)从微观走向宏观,从定性走向定量,从思辨走向实证,提供了一条可行的途径,也为人们探索社会现象的奥秘、认识社会现象的规律性提供了一种新的工具。

二、理论与问卷调查法

理论作为人们对外部世界的一种理性认识,在各种经验的社会研究中有着其独特的作用。从方法论角度看,抽象的理论与具体的方法不是彼此分离,而是紧密相连的。"'科学方法'不能简单地被理解成只是对细节的过分注重和不辞劳苦地收集、分析数据资料,而是包含着对理论问题的关注和对通过理论工作来解释社会现象的强调"(Martin Blumer,1984:2)。现实生活中一些问卷调查所反映出来的缺陷和不足,正是由于它们未能对理论与问卷调查的关系、理论在问卷调查中的作用等给予充分注意的缘故。

任何一种形式和规模的问卷调查,都离不开明确的理论框架或理性分析的指引。正是理论及其由理论导出的各种假设,引导着问卷调查走向特定的事实。而如果"没有假设的指引,我们就不知道观察什么,寻找什么,也不知道做什么样的实验来发现日常生活中的秩序"(Peter H. Mann, 1985:46)。目前存在于许多问卷调查中的一个主要问题,就是由于缺少理论框架、缺乏理论分析而形成的目的性差和盲目性大。这种情况最集中地体现在调查问卷的设计及调查结果的分析和解释两个方面。

我们知道,问卷设计是整个问卷调查过程中举足轻重的一环。问卷设计的水平和质量,直接影响到整个调查研究工作的最终成果,决定其质量的高低。如果脱离了理论框架的指导,问卷设计工作往往是漫无边际、没有中心地提问题。其结果既可能缺少某些必要的资料,也可能收集到太多与研究目的无关的资料。一旦缺少必要的资料,则分析工作就难以进行,正确、全面的结论就难以得到;而当与研究目的无关的资料太多,则又会浪费大量的人力、物力和时间,并且给资料的整理和分析工作带来许多不必要的麻烦,有时甚至会使研究者陷于资料的海洋难以自拔。

在对问卷调查资料进行分析时,有无理论框架的指引,其结果也大不一样。当理论框架及研究假设十分明确,变量和指标都十分清楚时,分析阶段的任务也将是十分明确和具体的。验证假设将是资料分析的中心任务,而对结果的深入解释和讨论则将依据假设的证实与证伪来展开。因此,研究的最终结论的获得,相对来说是比较容易的,其逻辑性、条理性也都是十分清楚的。但是,当缺乏理论框架时,研究者往往只能被动地从所得资料中去寻找,即只能靠通常所说的"事后分析"。这种"不管三七二十一,打到网中便是鱼"的指导思想和做法,必然造成资料分析阶段那种在杂乱无章、良莠混杂的资料里"大海捞针"的现象出现。这也正是目前一些低质量问卷调查所走过的道路。因此,无论我们的问卷调查是描述性的,还是解释性的,也无论我们的调查内容如何,规模大小,都必须以充分的理论分析作基础,都必须有明确的理论框架作指导。

三、问卷调查法的效度

对于任何一种研究方法来说,效度都是其面临的一个重要问题。而效度问题对于问卷调查法来说,似乎显得更为突出一些。这首先是由于各种社会调查方法都具有效度较低,信度较高(也即准确性较低,可靠性较高)的特点,问卷调查法自然也不例外;而更重要的是,问卷调查法的特定工具及操作方式,又在较大的程度上加重了这种状况。或者说,问卷调查法更经常地处于低效度的境地中,更经常地面临效度问题的挑战。

一方面,问卷调查法在工具及程序上的高度标准化要求,常常使得原本很复杂的问题流于表面化,即形式的要求导致了内容的肤浅。尤其是问卷这种特定形式的人工化痕迹十分明显,研究者常常难以在问卷的形式中,恰如其分、不偏不倚,且又深入细致、周到全面地去探测和度量活生生的社会现实。削足适履、主观臆断、似是而非、含糊不清的现象,在实际调查所用的问卷中是屡见不鲜的。这是导致一些问卷调查效度不高的一个主要原因。

另一方面,问卷调查法完全依靠问卷、依靠被调查者的自我报告来收集资料。因此，研究者同被调查者及其所处的社会生活背景之间，存在着一定的距离，或者说，是被问卷隔离开了。研究者同被调查者及其生活背景的接触是间接的，研究者往往很难对导致被调查者产生某种思想、行为的背景原因，获得直接的、切身的感受。这同样是造成一些问卷调查效度较低的一个重要原因。无论是纷繁复杂的人类行为，还是千差万别的社会生活现象，当研究者投入其中时所获得的感受，与他们面对一叠问卷表或一堆统计数据时的感受，显然是大不相同的。

正是由于上述两方面的缺陷，使得问卷调查法在效度的挑战面前，常常是显得有些软弱无力。这也是问卷调查法经常受到批评、责难和疑问的原因所在。出路何在呢？笔者认为，要尽可能改变这种状况，要在理想与现实之间架起一座沟通的桥梁，就不能不对问卷调查中的操作化工作给予高度的重视。因为这是提高问卷调查法效度的关键所在，也是更好地发挥问卷调查法作用的出路所在。一些问卷调变结果中所出现的各种偏差，大都与操作化过程中的不足紧密相关；而问卷调查法在实际应用过程中的许多缺陷，也可以通过对操作化过程的进一步改善来得到某种程度的弥补。

操作化的核心是把抽象变为具体。从问卷调查的实际过程来看，它可以分为研究课题的操作化、假设的操作化以及概念的操作化三个层次。研究课题的操作化所要解决的，是如何把一个笼统的、高度概括的研究课题，变成一项（一套）明确具体的研究方案和研究计划，所谓研究设计指的就是这种过程；假设的操作化所要解决的，是如何把来自于理论的抽象命题（研究假设），转化成或分解成若干个可验证的具体假设（工作假设）；而概念的操作化所要解决的，则是如何将抽象的概念转化成一组具体的、可实际观测的指标。在这三个层次中，概念的操作化对问卷调查的影响最为直接，也最为明显，它与问卷设计的工作更是紧密相连。同时，概念操作化过程中的种种失误，也是导致众多问卷调查受到责难的突出原因。因此，要提高问卷调查的效度，首先必须提高概念操作化的水平和质量。而这一目标的实现，在很大程度上依赖于研究者对所涉及概念的理解以及对所涉及的社会生活现象的熟悉和了解程度，特别是从本质上对它们认识和体验的程度。在这方面，研究者值得花大功夫，下大力气。

四、人的因素与问卷调查

人既作为研究主体,又作为研究客体的现实,构成了众多社会科学的一个共同的、带有根本性的特征。这种特征使得这些社会科学明显地与自然科学区别开来。在社会调查乃至在社会研究的过程中,人的因素的影响已是众所周知的事实。而在问卷调查中,这种影响则显得更加直接、更加普遍,也显得更加突出、更加复杂一些。

首先,作为客体的调查对象在年龄、性别、职业、文化程度等方面的特征,以及他们对问卷调查的态度和认识,都制约和影响着问卷调查的适用性和可靠性。

由于不同的人们有着不同的社会背景、不同的生活方式、不同的价值观念和不同的社会阅历,因此,他们对于同一种事物往往会有着不同的反应。而人们对于问卷调查这一事物的认识和了解,特别是作为被调查者的人们对问卷调查本身的态度和反应,可以说是决定问卷调查能否成功的关键因素。任何一项社会调查都离不开被调查者的合作与支持。对于问卷调查来说,这种合作与支持更是不可缺少。因此,如果被调查者顾虑重重、过分担心,或者是漫不经心、过分忽视,都意味着问卷调查的失败。

被调查者自身的各种特征,会使得一项问卷调查的难易程度、完满程度很不一样。比如说在青年人中作一项问卷调查,比起在老年人中作同样的调查,在客观上往往要容易一些,但在主观上却往往要困难一些,这是由于青年人在总体上比老年人具有高一些的文化程度,对新事物(比如问卷调查这样的新事物)的了解往往更多一些,因而他们接受问卷调查、完成问卷调查的客观条件相对好一些。但另一方面又由于他们所具有的特定生理、心理特点,以及他们的处世态度、行为方式,又可能使得他们作为被调查者来说,主观上往往不如老年人那么认真、那么负责。

同样的道理,在很少与笔、与纸打交道的工人、农民中做问卷调查,与在常年只与笔墨书本打交道的学生、教师及其他知识分子中做同样的调查,情形显然是大不一样的。两种情况下所遇到的困难会不同,问卷设计的要求、最合适的调查方式等也会不同。至于在不同文化程度的人群中作问卷调查的差别,自然是最明显不过的了。无论是阅读能力、理解能力还是表达能力,无不受着文化程度的制约。而我国社会中男性公民总体文体程度高于女性公民,城市居民文化程度高于农村居民,文教科卫及行政干部的文化程度高于工人和商业人员,后者又高于服务业人员及农民的现实,理所当然地又使得问卷调查的适用范围在上述几个方面的前者与后者之间,呈现出一种由大逐渐变小的趋势。

其次,作为主体的研究者在问卷调查中所具有的角色特点,也在很大程度上决定和影响着问卷调查的成败优劣。这种角色特点的表现方面之一,是研究者在问卷调查中往往既要从实证性、客观性的要求出发,保持"价值中立",尽可能地减少人为因素的干扰,减少研究过程中的主观成分和影响,以达到如实反映社会现象本来面目的目的;同时,他又要从被调查对象是待定社会背景中的人这一现实出发,充分发挥自己作为研究者的主体能动作用,通过深入体验、主观洞察,以及"投入理解"等等,去贴近调查对象所生活的人文背景,去熟悉和了解他们的心理状况、思维方式、生活习惯和社区意识,以便更好地用问卷去测量他们的行为和态度,去收集相关的资料和信息。面对这样一种既相互对立、又相互补充的角色要求,研究者要力求保持平衡、摆正关系,确非易事。

这种角色特点的另一个表现方面,就是在问卷设计的过程中,研究者往往既要从研究的目的和需要出发,尽可能多、尽可能全面、尽可能详细地提出问题,包括提出一些很复杂的、难以记忆、难以回答的问题;同时,他又要从被调查者的角度出发,去考虑他们填答问卷是否方便,是否容易,是否有利于他们理解和接受等等。简言之,就是既要为自己着想,又要为被调查者着想。这是研究者在问卷设计中必将面对的另一种相互矛盾、相互冲突的处境。而只有妥善地处理好这两方面的关系,问卷调查工作才能收到预期的效果。

五、问卷调查法与调查内容

一种具体的研究方法,如同工具箱中一件特定的工具,总是为着解决某类特定的问题而设计或建立的。对于不同的研究内容,它的适用性也不一样。而各种不同的研究方法,在了解、认识和研究各种社会现象以及人们的各种社会行为方面,也是各有其用处的。问卷调查法作为众多方法中的一种,它的适用范围,或者说它的用武之地,与所调查的内容十分相关。即它的适用范围受着具体调查内容的限制和影响。对于不同的调查内容,它的作用也大不一样。认识到这一点,可以使我们在实际调查研究中少走弯路,同时也可以充分发挥问卷调查法在认识社会中的作用。

一般来说,经验社会学所研究的现象大体上可分成社会的状况、人们的行为等客观事实,以及人们的心理、意向、态度、认识、情感等主观因素两大方面。从理论上看,任何一种方法都可以用来研究这两个方面。但由于每一种具体方法都受着其特定的方法背景(实证的或人文的)、特定的逻辑程序(归纳的或演绎的)、特定的操作方式(结构的或无结构的)等因素的约束和限制,因而在具体的研究领域中它们的运用情况往往不同,对不同研究内容的适用性也往往不一样。

具体地说,问卷调查法由于其明显的实证方法论背景,以假设演绎为主的逻辑程序,结构化、标准化的操作方式,加上它与抽样和统计分析之间的内在联系,以及以个人作为主要分析单位、以精心设计的问卷作为收集资料的工具等众多特点,使得它特别适用于描述一个大总体的状况、性质和特征。正如美国社会学家艾尔·巴比所说:"一个认真抽取的概率样本,加上一个标准化的问卷,可以提供对某一学生群体、某个城市、某个国家,或其他大总体的精确描述。"(Earl Babbie,1989:254)同时,也特别适用于了解、分析和研究社会生活中具有不同背景的人们的行为。然而,对于了解和认识人们行为的动机、人们的思想和感情、人们对现实生活的各种主观感受、人们的各种心理状态等内容,一句话,对于了解人们的内心世界,以及了解人们相互之间各种复杂微妙的关系来说,问卷调查法就不如参与观察、个案研究、深度访谈等方法那么可行,那么有效。

举例来说,在婚姻家庭研究领域中,离婚现象是一个重要问题。对于离婚现象的研究,问卷调查法可以较好地获得有关某一地区离婚者的基本状况,比如离婚者的年龄分布、职业分布、文化程度分布、结婚时间的长短、结识的方式、子女的数目、家庭的规模等等。即可以清楚地描述出与离婚者有关的各种外部特征,并从中归纳出若干特点,使人们对离婚者的状况有一个总体的和综合的认识。尽管在这种问卷调查中,研究者同样也可以通过问卷收集到诸如离婚的主要原因、离婚前后的思想、感情、认识、态度和感受等主观资料,但由于前述的、与问卷调查法有关的几个方面的原因,它在这些涉及个人隐私、秘密和情感,并且通常是被自尊、害羞、戒备、自卑、疑虑等多种敏感的心理因素所包围和掩饰的领域中,常常难以有很大的作为。它在这方面的收效还远不尽如人意,其所得资料往往显得过于粗略、肤浅和牵强。尤其难以使研究者真正把握各种不同的离婚者在情感、人际关系、心理状态等方面所具有的个性特点和细微差别。

总之,任何一种研究方法,总有其特别适用的领域和研究内容,也总有其不大适用的领域和研究内容。对于社会研究中常用的问卷调查法来说,认识到它究竟能干些什么,又不能干些什么;或者说,它适于干些什么,不适于干些什么,是每位研究者应该明确的问题。这同样是提高问卷调查质量和效果的一个重要方面。

参考文献

Babbie, Earl, *The Practice of Social Research*, 5th edition, Wadsworth Inc., 1989.

Blumer, Martin, *Sociological Research Methods*, 2nd edition, Macmillan Publishers Ltd., 1984.

Mann, Peter H., *Methods of Social Lnvestigation*, Basil Blackwell Inc., 1985.

Moser, C. A., and G. Kalton, *Survey Methods in Social Investigation*, 2nd edition, HEB Ltd., 1971.

社会调查方法还是社会研究方法[*]
——社会学方法问题探讨之一

  笔者曾在一篇评述近年来我国社会学研究方法发展状况的论文中,谈到目前该领域所存在的一些不足。其中有一点就是对于社会研究方法、社会调查方法等概念的认识还不够清晰,对于社会研究方法的基本体系的认识还不够全面(风笑天,1995)。这种认识上的不足一方面导致了社会学研究方法的误用、错用和滥用,危害和影响着许多社会研究以及社会调查成果的质量;另一方面也影响着社会研究方法和社会调查方法的教学、研究及交流。没有一种思想认识上的清理工作,实际研究中的各种偏误就不可能减少和避免。本文拟结合国内

---

[*] 本文原刊于《社会学研究》1997 年第 2 期。

外学者的有关论述,对社会研究方法、社会调查方法等有关的概念,对二者的基本体系,以及二者之间究竟有着怎样的联系和区别等问题进行初步的探讨,以弥补这方面的不足。

一、社会学研究方法指的究竟是什么

为了说明探讨本文中心问题的重要性,同时也为了便于进行分析,有必要先提出什么是社会学研究方法的问题。

作为社会学学科体系中重要组成部分的社会学研究方法究竟指的是什么?这一问题看似明确,但实际上却存在着许多模糊不清的认识。尽管社会学恢复以来国内社会学界尚未召开过专门探讨这一问题的学术会议,也没有在社会学的刊物上对此进行讨论(简言之,上述问题并未引起国内社会学界的广泛关注)。但是,它却从一开始就十分客观地摆在每一位社会学者的面前,而我们每一位社会学者的头脑中,也都会或多或少地对这一问题有自己的认识。实际上,近十几年来,国内许多社会学研究者早已通过专门的著作、教材和论文,表达了他们对这一问题的各种看法。

总的来说,社会学研究方法指的是社会学"经验研究"的方法,而不是"理论研究"的方法。在这一点上,不同学者的认识是一致的。国内不同学者相互之间,国内学者与国外学者相互之间,都没有太大差别。只要翻开任何一本社会学概论性的著作,或者任何一本专门的社会学研究方法著作,我们都不难得出这样的结论。

然而,对于这种经验研究方法的具体名称是什么,它的内容、体系和结构又是如何等问题,不同学者之间就存在一定的分歧和差别了。特别是在国内学者与国外学者之间,某些差别就显得更为突出、更为明显。

这里,我们先从社会学研究方法方面的著作所用的名称开始进行分析。

目前国内外社会学界系统介绍(与本文中心内容有关的)社会学研究方法的概论性著作(专门介绍某种具体技术或统计分析方法的著作除外)主要使用下列几种名称:(1)调查方法;(2)调查研究方法;(3)社会研究方法;(4)社会调查方法;(5)社会调查研究方法。实际情况表明,国外学者主要使用前三种名称,即调查方法(survey methods,见 C. A. Moser & G. Kalton,1971;D. A. de Vaus,1986)、调查研究方法(survey research methods,见 Earl Babbie,1991;Floyd J. Fowler, Jr.,1993)和社会研究方法

(methods of social research,见 Peter S. Li,1981;Mark Abrahamson,1983;Guy, Edgley, Arafat & Allen,1987;Kenneth D. Bailey,1987;林南,1990);而国内学者则主要使用后两种名称,即社会调查方法(见水延凯,1988;苏家坡,1988;袁方,1990;苏驼,1990;徐经泽,1994)和社会调查研究方法(见于真,1986;戴建中,1989;宋林飞,1991;郭志刚,1991;何凡兴,1992;等)。

上述情况告诉我们,国内外社会学者在介绍社会学研究方法时所用的具体名称虽然相似,但差异却十分明显:国内的著作仅仅论及"社会调查",而国外著作则论及"社会调查"与"社会研究"二者。这种出现在著作名称上的差异反映出什么问题?它究竟是由于不同学者的个人偏好所致,或是国内外社会、文化及语言等方面的差异所致,还是另有更为重要的原因?为了回答这一问题,必须分别对有关的概念作进一步的分析和探讨。

二、国内学者的"社会调查方法"与"社会调查研究方法"

在讨论国内外学者之间的上述差别之前,我们先看看国内学者所说的"社会调查方法"与"社会调查研究方法"究竟是一回事,还是有所差别?

先看定义。翻开国内出版的每一本社会调查方法著作,一般都有作者对社会调查方法的具体定义。但是从目前情况看,这种定义尚无比较一致的意见。关于这一点,笔者曾在有关文章中作过详细介绍和总结(风笑天,1995;1993),徐经泽教授也曾对此进行过归纳(徐经泽,1994:2—3)。因此,我们只能从它们的实际内涵进行分析和比较。

尽管具体的定义和表述各不相同,但是,只要仔细阅读国内学者的著作,便不难发现,上述两种不同提法的学者所说的却基本上是同一件事情。

在一部分以"社会调查方法"为书名的作者眼里,社会调查方法就是社会调查研究方法。用他们的话说:"社会调查是社会调查研究的简称。"(水延凯,1988:1;苏家坡,1989:1)而在另一部分同样以"社会调查方法"为书名的著作中,无论是大小标题,还是具体论述,作者通篇所谈的也都只是"社会调查研究方法"(见袁方,1990;苏驼,1990)。只不过后者在书中专门对这两个名称或概念作了一定的解释或说明。他们认为,社会调查只是社会调查研究的一个部分,"社会调查与社会调查研究是有区别的。社会调查是一种收集资料的方法……而社会调查研究方法则是一种系统的社会研究方法……它包括两部分或两阶段的内容:1.社会调查;2.研究"(袁方,1990:1—2)。而他们的这种看法,实际上与那些以"社会调查研究方法"为书名的作者的看法又是一致的。比如,使用后一种书名的作者认为:社会调查研究由调查与研究两部分内容组成,"调查是指收集事实、数据,了解情况,占有材料。研究是指从现象中寻求本质,从经验中推导理论"(戴建中,1988:15)。"调查是指用科学的手段和方法去搜集资料,研究是对搜集来的资料进行分析"(何凡兴,1991:1)。

所以说,从定义上看,两类著作并无的大的差别。特别是其中有一点还相当的一致,这就是所有的学者都认为,社会调查或社会调查研究是一种既包括资料收集,又包括资料分析的完整的研究过程。正如有的学者所指出的:"我国学者们在界定社会调查时,除了保留了(社会调查)的原义,即将社会调查定义为搜集资料的一种方法外,往往结合个人经验和要求,将社会调查等同于社会调查研究。"(徐经泽,1994:1—2)

再看内容。纵观国内学者的著作,不难看出,无论是以"社会调查原理与方法"为书名者,还是以"社会调查研究方法"为书名者,它们在主要内容和总体结构方面都大体相似。也可以说,国内"社会学界对社会调查方法体系的认识"基本上"形成了某种共识"(风笑天,1995)。这种共识突出地体现在以下几个方面:

第一,几乎所有这类著作中都将社会调查方法或社会调查研究方法的知识体系划分为方法论、基本方式和具体方法及技术三大部分;第二,几乎所有这类著作中都将社会调查方法或社会调查研究方法的基本方式划分为普遍调查、抽样调查、典型调查和个案调查四种类型;第三,大部分著作中都把问卷法、访问法、观察法、实验法、文献法等作为社会调查或社会调查研究中的资料收集方法;第四,几乎所有这类著作中都遵循着从选题开始,直到撰写调查报告为止的完全相同的逻辑程序;第五,大部分著作中都将社会调查或社会调查研究的全过程划分为选题、准备、调查、研究、总结五个阶段;第六,几乎所有这类著作中都包含着测量、抽样、问卷设计、统计分析这几个关键性内容。

综上所述,尽管不同学者所用的名称不完全相同,定义方式不完全相同,但其内容和体系却是大同小异、基本一致的。这也就是说,不同作者在两种不同的名称下所谈的都是同一件事。由此我们可以得出结论:"社会调查研究方法"——或简称为"社会调查方法"——是国内学者目前普遍认同的概念。

将这一结论与本文第一部分中所提出的问题联系起来,就会很自然地推断出下列结论,这就是:在国内社会学者眼里,"社会学研究方法"就是"社会调查研究方法"(或社会调查方法)。进一步分析的结果,确实证实了这一结论。对此,我们可以从两方面提供例证:

例证之一是,国内众多有影响的社会学概论著作中所介绍的社会学研究方法,基本上都是社会调查研究方法。其中在一些著作里,还将社会学研究方法、社会调查研究方法二者交替使用,将它们视为同一事物(见北京大学社会学系,1987:410;韩明谟,1993:399;郑杭生,1994年:491;杨心恒,1986年:33;宋书伟,1986:163;宋林飞,1987:491)。

而例证之二则是,国内到目前为止所出版的系统介绍社会学研究方法的著作(除去翻译和编译的国外著作以及社会统计学方面的著作以外),全部都是冠以"社会调查方法""社会调查研究方法"等类似名称的著作(详见参考文献中的书名)。有的作者还专门指出:社会学研究方法分为"方法论、一般方法、具体方法和技术几个层次",而其中"社会学的基本研究方法和具体研究方法是研究社会学研究过程中如何运用社会调查研究的一般方法和具体方法获得资料和分析资料的"(苏驼,1989:11—12)。"我们所讲的社会学研究方法,分为两个层次。……第二个层次是指具体的研究方式、技术和工具。这是本书后面要讲的主要内容(即社会调查研究方法)"(戴建中,1988:8—9)。

三、国外学者的"调查方法""调查研究方法"与"社会研究方法"

我们再来看看国外社会学者所用的几种不同名称,以及他们在不同名称下所谈及的内容。

先看概念。首先,就像国内学者把"社会调查方法"等同于"社会调查研究方法"一样,国外学者也常常把"调查方法"(survey methods)等同于"调查研究方法"(survey research methods)。这种情况不仅出现在专门的研究方法著作中,同时,也大量出现在社会学概论性质的一般著作中(见莱特等,1989;波普诺,1989;吉登斯,1990;斯塔克,1990;科塞等,1990;斯梅尔塞,1990;罗伯逊,1992)。并且,持不同名称的学者在各自的著作中,又都不约而同地强调这种方法所具有的几个基本特征,这就是:(1) 主要采用自填式问卷与结构式访问两种方式收集资料;(2) 主要是从一个取自总体的随机样本那里获得资料;(3) 主要以产生数据形式的或定量的资料为目标;(4) 社会中的个人是最常见的资料和信息来源(即调查对象);(5) 资料的分析主要采用统计方法和手段完成。

其次,在他们将这两个概念视为同一事物的同时,有时也表现出对二者含义的某些区分。其中比较明显的一点是,他们更经常地将"调查"(survey)看作社会研究中的一种特定的资料收集方法。比如,"社会调查是对生活在特定地理、文化或行政区域中的人们的事实进行系统的收集"(米切尔,1987:338)。"调查是一种资料搜集方法,调查者通过使用某种工具,从按随机抽样原则选出的调查对象那里获得某种资料"(林南,1987:254)。而较多地将"调查研究"(survey research)看作社会研究诸种方式中的一种研究方式,而不仅仅只是一种资料收集方法。

最后,对于"社会研究方法"(social research methods)这一概念,国外学者的理解则明显比对"调查研究方法"概念的理解更加宽泛一些。用他们的话说,社会研究方法是更为一般性的方法,而调查研究方法则是比较专门性的方法。"调查研究方法涉及社会研究中的一个专门领域"(巴比,1989)。"调查是社会研究方法中的一种方法"(德沃斯,1986:1)。

再看内容体系。仔细阅读国外出版的社会学研究方法著作,笔者发现,冠以"社会研究方法"名称的著作,不管作者是谁,其内容体系相互之间往往大同小异;冠以"调查研究方法"或"调查方法"名称的著作,其内容体系相互之间也大体相同;但是这两大类著作的内容体系之间,却是界限分明,差别明显。换句话说,以"社会研究方法"或类似提法为名称的一类著作,与另一类以"调查研究方法"(或"调查方法")为名称的著作,在内容体系上很不一样。

概括地说,调查研究方法一类著作的内容体系,一般由"概述、程序、选题、抽样、测量、问卷法、访谈法、资料处理、统计分析、调查报告"等部分组成;而社会研究方法一类著作的内容体系,则一般由"科学方法与社会研究、选题、研究设计、抽样、测量、调查、实验、实地研究、文献研究、资料处理、资料分析、研究报告"等部分组成。两相对照,不难发现,后者的内容在总体上比前者要更加宽泛、更加一般性一些;二者之间最突出的差别则是在中间部分,即前者中的"资料收集方法"部分(包括问卷法与访问法),与后者中的"基本研究方式"部分(包括调查、实验、实地研究及文献研究)之间的差别。

上述两方面的分析表明,在社会学研究方法领域,国外学者的情况与国内学者的情况有所不同,他们普遍认同的概念有两个,这就是"社会研究方法"和"调查研究方法"(或调查方法)。对于"这二者是不是一回事"的问题,回答也只能是否定的。即在国外社会学者眼里,调查研究方法(或调查方法)与社会研究方法并不是同一件事。对于这一点,笔者还可以提供几条具体的证据:

证据之一是:凡是以"社会研究方法"等类似名称作为书名的著作,必定有专门的章节介绍调查研究方法,更确切地说,必定是把调查研究作为社会研究的几种主要方式之一,或是几种主要的资料收集方法之一。

例如,巴比认为社会研究有四种主要的观察方式,即实验、调查研究、实地研究和非接触性研究(巴比,1989:178)。他还指出:"调查研究是社会研究者可利用的众多研究工具之一。"(巴比,1989:40)盖伊认为社会研究的基本方式主要有实验、调查和实地研究三种(盖伊,1987:106);林南指出:"在社会研究中有四种普遍采用的资料搜集方法……这四种方法是:观察法、历史文献法、调查法和实验法。"(林南,1987:232)贝利则更直接地将社会研究方法分为"调查研究方法"和"非调查资料搜集技术",而后者则包括实验、观察、文献研究和民俗方法论等(贝利,1986:109、468)。

证据之二是:一些专门介绍调查研究方法的著作所用的书名本身,也直接表明了二者的这种关系。例如,著名英国社会学家莫泽与卡尔顿合写的、自1971年出版以来几乎年年重印的著作《社会研究中的调查方法》(*Survey Methods in Social Investigation*);以及由澳大利亚社会学家德沃斯所撰写的、作为"当代社会研究丛书"之一的著作《社会研究中的调查法》等等,用的都是这类书名。

更有说服力的证据之三是:著名美国社会学家巴比写了两本著作,一本名为《调查研究方法》(巴比,1990),而另一本名为《社会研究方法》(巴比,1989),而二者的内容有很大差别。并且,他还在与这两本书有关的第三本书中谈到后者的来源时说:由于"大部分社会学系都开设包括调查研究,但不限于调查研究的社会研究方法课程,这种课程还讨论有关实验、参与观察、历史方法等方面的内容"。而许多教方法的教师既欣赏他的第一本书(即《调查研究方法》),又不满足于这本书,他们写信给出版社说"你们为什么不让那家伙(指巴比)再写一本更一般的研究方法教科书?"于是,在他的第一本书出版(1973年)两年后(1975年),巴比出版了比前者内容更为广泛、也更为一般性的后一本书(巴比,1986:6)。

既然存在着两个不同的概念,那么,紧接着的问题自然就是:国外学者眼中的社会学研究方法究竟指的是"调查研究方法",还是"社会研究方法"?

从现有资料看,国外学者眼中的社会学研究方法几乎无一例外地都是指"社会研究方法",而不是指"调查研究方法"(或社会调查方法)。关于这一点,我们同样可以从国外社会学概论类著作中找到大量的例证:

著名英国社会学家吉登斯(A. Giddens)在其称为"九十年代教科书"的《社会学》中,将社会学研究方法分为实地研究(他也称之为参与观察)、调查、文献研究和实验(吉登斯,1990:668—679)。

著名美国社会学家斯梅尔塞(N. J. Smelser 也译史美舍)在其《社会学》一书中,将社会学研究方法分为抽样调查、次级分析、实验和实地研究四种(斯梅尔塞,1990:18—21,668—675)。

著名美国社会学家科塞(Lewis A. Coser)等在其《社会学导论》中指出:社会学家"通常使用四种主要方法,这就是调查法、访问法及个案史、参与观察法和实验法"(科塞等,1990:45)。

美国社会学者波普诺(David Popenoe)在其广为流行的《社会学》中,从定量与定性的角度将社会学研究方法分为调查研究、实验、观察、二次分析及比较分析("通常是指涉及一个以上社会体制之间的比较研究")几类(波普诺,1988:59—71)。

美国当代社会学家罗伯逊(Ian Robertson)也在其《社会学》教科书中明确指出:社会学"有四种基本的研究方法,我们可以使用其中的某一种或某几种。这四种方法是:实验、调查、观察研究和利用现有的信息来源"(罗伯逊,1990:43)。

莱特(Donald Light)等美国社会学者在其《社会学》第五版中将社会学研究方法分为调查、实验、人种学方法、内容分析和历史研究法(莱特等,1989:38—50)。

美国社会学者斯塔克(Rodney Stark)在其《社会学》第三版中,从微观和宏观两个角度将社会学方法分为实验研究、实地观察研究和调查研究(斯塔克,1989:80—95)。

· 61 ·

显然,所有这些结果都在反复说明一件事:国外社会学者所说的社会学研究方法,并不是指"调查研究方法",而是指将调查研究包含于其中的"社会研究方法"。

四、问题:"社会调查研究方法"是否就是"社会研究方法"

上述分析表明,国内学者所说的社会学研究方法,是"社会调查研究方法";而国外学者所说的社会学研究方法,却是"社会研究方法"。那么,这二者是否相同呢?这正是本文所要探讨的中心问题。如果二者的内容体系都相同,只是名称不同,那么可以说主要是由于不同社会、文化及语言的差异所致;但是,如果二者不光名称不同,而且内容体系也不同,那么,就有其他原因了。

从目前情况看,国内学者还没有对这一问题进行专门讨论,在国内大多数方法著作中,也没有直接给出明确的答案。但是,有一些学者已意识到这一问题,并在其著作中进行了初步探讨;有的作者也以其他的方式介绍了人们对这一问题的看法,并作出了自己的回答。

例如,苏驼教授指出:要弄清什么是社会调查研究,"这自然会涉及社会调查(social survey)、社会研究(social research)和社会调查研究(social research and investigation)这样几个名词概念之间的区别和联系的问题"(苏驼,1989:1)。他通过比较社会调查与社会研究的特征,从目的上对上述三者进行了区分。他认为:"社会调查主要是为了应用目的进行的调查","社会研究主要是为了科学研究目的的调查","社会调查研究这一用语,更多的是在中国运用的,它和英语中的 social research and investigation 的意思相近,它既包括科学理论研究,又包括实际应用研究。"(苏驼,1989:3—4)

尽管这种按目的对"社会调查"和"社会研究"进行区分的看法是否恰当还值得探讨,但其关于"社会调查研究主要是在中国运用、社会调查研究的含义与社会研究(英文翻译所得)相近"的看法,很好地代表了目前国内社会学界对这一问题的认识。类似的看法如:"人们根据各自的习惯或特定的语言环境,有时将社会调查研究简称为社会调查,有时又将其简称为社会研究","严格说来,当我们提到社会研究的时候,事实上指的是社会调查研究。"(苏家坡,1989:1、16)正因为如此,所以在许多国内出版的著作中,作者们往往交替使用"社会调查""社会研究""社会调查研究"这三个概念,或者说是把这三者看成同一件事物(见宋林飞,1990:38、75、76;李哲夫,1989:30;苏驼,1989:240、360、363)。

唯一例外的是,有一本著作给出了比较明确的,并且是不同的回答。这本著作的作者认为:"社会调查研究是社会研究的一种类型和方式。"同时,它又"不是社会研究的唯一方式"。(袁方,1990:2)笔者认为,这种看法是很有见地的。然而,十分遗憾的是,就连在这本唯一给出明确回答的著作中,也不时地出现把"社会研究"与"社会调查研究"混用、导致与自己的看法自相矛盾的情况(见袁方,1990:79、80、383)。此外,在内容体系和类型划分上,这本著作也还存在着一些值得进一步探讨的地方(如观察法、实地研究等)。

上述情况表明,国内学者在认识上一般认为,社会调查研究方法就是社会研究方法。下面再来看看二者的内容体系是否一致。

概括地说,国内社会调查研究方法一类著作的内容体系,一般由"基本原理和概念、资料收集方法、资料分析和总结"三大块组成,主要内容包括"概述、程序、类型、选题、抽样、测量、问卷法、访谈法、实验法、观察法、文献法、资料整理、资料分析、调查报告"等;国外社会研究方法一类著作的内容体系,则一般由"基本原理和概念、基本研究方式、资料分析与应用"三大块构成,其主要内容包括"科学方法与社会研究、选题、研究设计、抽样、测量、调查研究、实验、实地研究、文献研究、资料处理、资料分析、研究报告"等。

从表面上看,二者体系中所包含的具体内容似乎差别不大,结构也基本相同(或者说二者的构成部件、零件差不多);但是,更为仔细的分析表明:二者之间在内容体系和整体结构上有两点十分重要的差别。一个重要差别是,前者结构中的第二大块为"资料收集方法",而后者则为"基本研究方式";另一个重要差别是,在前者的内容中,实验、文献、观察与问卷、访问一样,并列作为资料收集方法;而在后者的内容中,既不见了问卷法和访问法,同时,实验、文献研究、实地研究也成了与调查研究并列的基本研究方式。

这些重要差别启示我们:国内学者所使用的"社会调查研究方法"的概念,与国外学者所使用的"社会研究方法"的概念,二者似是而非!

五、结论：二者的概念、体系和关系

通过前面的分析，笔者在这里提出下述结论：

第一，国内外学者对社会学研究方法的不同指称，主要不是由于个人偏好所致，也不是由于社会、文化及语言不同所致，而是由于它们各自所具有的不同内涵所致；在国内学者眼里，"社会学研究方法"就是"社会调查研究方法"（或社会调查方法）；而在国外学者眼里，社会学研究方法并不是指"调查研究方法"，而是指将调查研究包含于其中的"社会研究方法"。

第二，由于国内学者在认识上，将社会调查研究方法等同于国外学者所说的社会研究方法，因而不可避免地带来了其内容体系和结构上的某些混乱现象。实际上，国内学者所说的"社会调查研究方法"，既不同于国外学者所说的"调查研究方法"，也不同于国外学者所说的"社会研究方法"；而是一种将这二者的某些内容不分层次地组合在一起所形成的产物。它具有"小帽子，大躯体""不同辈分平起平坐"的致命弱点，即在"社会调查方法"这个"小帽子"下，装着"社会研究方法"这个"大躯体"；以及将本来属于研究方式的实验、文献研究和实地研究，与属于调查研究这种方式中资料收集方法的问卷法和访问法相提并论。

第三，笔者认为，将问卷法、访问法作为社会调查中的资料收集方法，这没有问题。但是，将实验、文献研究和实地研究与问卷法和访问法同等看待，并列作为社会调查中资料收集方法的做法，则是不科学的。这是因为，实验、文献研究和实地研究都和调查研究一样，是一种独立的社会研究方式，它们各自有着自己特定的研究逻辑和过程，也有着各自特定的资料收集方法；而问卷法与访问法则只是两种主要运用于调查研究的资料收集方法，它们与前面三者并不处在同一层次上。因而，作为社会研究方式之一的调查研究方法不应该、也不可能涵盖社会研究方法中其他几种方式的内容。此外，调查研究与其他几种研究方式之间有着下列本质的区别：

实验与调查的根本区别在于对研究的控制。可以说没有控制就没有实验。实验需要控制场景、控制对象、控制操作程序、控制测量方法。简言之，实验是一种需要"人工制造"的研究方式；这和调查研究中那种仅仅只对现实社会现象进行"自然的采集"的做法是大不相同的。

文献研究是一种与社会调查在策略、思路、材料、方式等方面都风格迥异的研究方式。这种方式不接触研究对象,它主要利用第二手资料进行研究,因而具有很明显的间接性、无干扰性;它在具体做法上,也与社会调查有着很大的差别。

最难以与调查研究相区分的是实地研究这种方式。它和调查一样,要深入实地、要接触研究对象、要从研究对象那里收集第一手资料,甚至都要用到访问的方法。但是,应该看到,二者之间存在着一种更为深刻、更为本质的方法论的区别:调查研究本质上是一种"定量"的研究方式;而实地研究本质上则是一种"定性"的研究方式。它与调查研究不仅在逻辑过程和具体程序上差别明显,就是所用的访问方法也有着严格的区分:调查所用的访问是结构式访问;而实地研究所用的访问却是无结构式访问(也称为自由访问或深度访问)。

第四,社会学研究方法(或社会学经验研究方法),指的是社会研究方法,而不是社会调查(或调查研究)方法;社会研究方法包含着社会调查方法,社会调查方法只是社会研究方法的一种类型或方式;社会研究方法与社会调查方法二者虽有着密切的联系,但也有明显的区别;下面的表1和图1,分别从知识体系和研究过程两个不同侧面,揭示出二者之间的某些联系与区别:

表1 社会研究的主要方式简介

研究方式	子类型	资料收集方法	研究的性质
1. 调查研究	普遍调查 抽样调查	统计报表 自填式问卷 结构式访问	定量
2. 实验研究	自然实验 实验室实验	自填式问卷 量表测量 结构式观察	定量
3. 实地研究	个案研究 参与观察	自由式访问 无结构观察	定性
4. 文献研究	内容分析 二次分析 统计资料分析 历史比较分析	目录索引	定量/定性

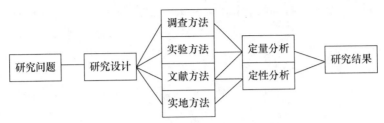

图1 不同研究方式的具体研究过程

第五,目前国内社会学界在社会学研究方法领域存在的这种概念不够清楚、结构和体系比较混乱的状况,是某种中西结合的产物——以毛泽东农村社会调查为代表的传统社会调查方法与现代西方社会研究方法结合的产物。在社会学恢复以前,无论是学术界还是其他领域中,社会调查并不是陌生的概念。但那时人们所了解、所熟悉的只是传统意义上的社会调查,只是以深入实际、通过无结构访问、调查会、蹲点等方法去了解情况,以矛盾分析法、比较分析法等定性分析方法分析问题,最终找出解决办法这一过程的代名词。它与现代社会学的研究方法之间,有着非常大的差别。随着社会学研究在国内的恢复,特别是随着现代西方社会研究方法的逐渐引进和介绍,人们的眼界进一步打开。时至今日,我们也许还会对当时有关社会学中国化的讨论中那种"主要是学习和借鉴西方现代社会学研究方法"的普遍呼声记忆犹新!毋庸讳言,较早翻译成中文的美国学者贝利所著的《现代社会研究方法》(*Methods of Social Research*)、巴比所著的《社会研究方法》(*The Practice of Social Research*)以及中国台湾地区出版的《社会及行为科学研究法》对我国学者了解和认识社会学研究方法的影响很大。应该指出的是,一些研究者在未能仔细研究上述三本著作的基本概念、基本内容以及体系结构的情况下,简单地将它们的内容和结构装配在了"社会调查方法"的帽子下。从而形成了目前这种"小帽子,大躯体""不同辈分平起平坐"的情况。

第六,从仅仅了解传统意义上的"社会调查方法",到强调与之有所区别的"社会学调查方法"和呼吁学习西方的"现代社会调查方法",再到建构起相当于社会研究方法的"社会调查研究方法"——这,就是我们在社会学研究方法领域所走过的认识之路。现在,该是进一步全面地认识"社会学研究方法",进一步清楚地区分"社会调查方法"与"社会研究方法"的时候了。因为,只有认识上清楚了,我们的具体研究才会越做越好;只有"语言"相同了,我们才能更好地同国外同行对话了!

参考文献

Abrahamson, Mark, *Social Research Methods*, Prentice-Hall, Inc., 1983.

Babbie, Earl, *Observing Ourselves*, Wadsworth Publishing Company, 1986.

Babbie, Earl, *Survey Research Methods*, 2nd edition, Wadsworth Publishing Company, 1990.

Babbie, Earl, *The Practice of Social Research*, 5th edition, Wadsworth Publishing Company, 1989.

Bailey, Kenneth D., *Methods of Social Research*, The Free Press, New York, 1982.

De Vaus, D. A., *Surveys in Social Research*, George Allen & Unwin Ltd., 1986.

Fowler, Floyd J., Jr., *Survey Research Methods*, 2nd edition, Sage Publications, 1993.

Giddens, A., *Sociology*, Polity Press, 1990.

Guy, Edgley, Arafat & Allen, *Social Allyn and Bacon*, Inc., 1987.

Light, Donald, S. Keller & C. Calhoun: *Sociology*, 5th edition, Alfred A. Knopf, Inc., 1989.

Li, Peter S., *Social Research Methods*, Butterworth & Co. Ltd., 1981.

Moser, C. A. and G. Kalton, *Survey Methods in Social Investigation*, Richard Clay Ltd., 1971.

Stark, Rodney, *Sociology*, Wadsworth Publishing Company, 3rd edition, 1990.

〔美〕巴比:《社会研究方法》(李银河译),四川人民出版社1987年版。

北京大学社会学系:《社会学教程》,北京大学出版社1987年版。

〔美〕贝利:《现代社会研究方法》(许真译),上海人民出版社1986年版。

〔美〕波普诺:《社会学》(刘云德等译),辽宁人民出版社1989年版。

戴建中:《社会调查研究方法》,人民出版社1988年版。

风笑天:《近五年社会学方法研究述评》,《社会学研究》1995年第1期。

风笑天:《什么是社会调查?》,《青年研究》1993年第2期。

郭志刚等编:《社会调查研究的量化方法》,中国人民大学出版社1989年版。

韩明谟主编:《社会学概论》,中央广播电视大学出版社1993年版。

何凡兴等:《社会调查与研究方法》,红旗出版社1991年版。

〔美〕科塞等:《社会学导论》(杨心恒等译),南开大学出版社1990年版。

李哲夫等:《社会调查与统计分析》,人民出版社1989年版。

〔美〕林南:《社会研究方法》,农村读物出版社1987年版。

〔美〕罗伯逊:《社会学》(黄育馥译),商务印书馆1992年版。

〔英〕米切尔主编:《新社会学词典》(蔡振扬等译),上海译文出版社1987年版。

水延凯等:《社会调查教程》,中国人民大学出版社1988年版。

〔美〕斯梅尔塞:《社会学》(陈光中等译),台湾桂冠图书股份有限公司1990

年版。
宋林飞:《社会调查研究方法》,上海人民出版社1990年版。
宋林飞:《现代社会学》,上海人民出版社1987年版。
宋书伟:《社会学纲要》,山东人民出版社1986年版。
苏家坡:《社会调查理论与方法》,湖南师范大学出版社1989年版。
苏驼主编:《社会调查原理与方法》,湖北科技出版社1990年版。
徐经泽主编:《社会调查理论与方法》,高等教育出版社1994年版。
杨国枢等:《社会及行为科学研究法》,台湾东华书局1981年版。
杨心恒:《社会学概论》,群众出版社1986年版。
于真等:《当代社会调查科学方法与技术》,工人出版社1986年版。
袁方主编:《社会调查原理与方法》,高等教育出版社1990年版。
郑杭生主编:《社会学概论新修》,中国人民大学出版社1994年版。

社会调查方法面临的挑战*

——社会学方法问题探讨之二

在人们认识现实世界、探索所处的社会生活的努力中,社会调查作为一种特殊的工具,发挥着十分重要的作用。它极大地延伸了人们自身的认识能力,架起了一条接近社会世界本来面目、通往认识社会世界客观规律的桥梁。然而,与其他任何一种认识方法或工具一样,社会调查作为社会研究的一种方式,也有着自身的弱点和局限,它在帮助人们认识社会世界的过程中,也面临着各种不同的现实挑战。认清这种局限和挑战,对我们更好地掌握和运用社会调查方法,更加客观地看待各种

---

* 本文原载中国社会科学院社会学研究所编:《中国社会学年鉴》(1995—1998),社会科学文献出版社 2000 年版。原文为《论社会调查方法面临的挑战》。

社会调查的结果,有着十分重要的作用。英国剑桥大学社会学家凯瑟琳·马什曾经指出:"在社会调查这一领域中的实践者必须对自己所做的事情的基本性质、它的局限,以及运用这种特定方法的可能性有一个清醒的认识。"(Catherine Marsh,1979)本文正是本着这一指导思想,试图对社会调查方法所面临的若干挑战作一初步的分析。

一、社会调查方法的基本特征

为了分析的方便,有必要对本文所探讨的社会调查方法及其基本特征作一简要说明。本文所说的社会调查方法,指的是一种以结构式问卷为工具,以自填问卷和结构访问为主要方法,系统地、直接地从一个取自总体的随机样本那里收集资料,并主要通过定量地分析这些资料来认识社会现象及其规律的社会研究方式。(风笑天,1996)这种社会研究方式具有以下几个突出的特征:

第一,一定规模的随机样本。社会调查方法要求从所研究的对象总体中,按概率原则随机选取一部分对象构成样本。调查资料的收集工作仅仅只在所抽取的样本中实施和完成。但其目标则是用以反映样本所取自的总体。根据这一特征,传统意义上所划分出的普遍调查、典型调查以及个案调查就都不属于我们这里所说的社会调查的范畴。

第二,结构式、标准化的资料收集工具与程序。以封闭式问题为主所构成的标准化问卷,是进行社会调查、收集有关社会现象的资料的基本工具。而自填问卷法和结构访问法则是社会调查中收集资料的两种主要形式。这种结构性很强、标准化程度很高、主要依靠对被调查者进行询问的资料收集方式,使社会调查与其他几种社会研究方式,比如实验研究、实地研究和文献研究等等,明显地区别开来。

第三,一个时间点上的横切资料。一次具体的社会调查在时间上往往是单点的(或称为"一次性的")。它对社会现象的考察是横切式的,即从立体的、连续的、不断变动的社会现象和社会过程中,截取某个时点(一段相对较短的时间内)的横截资料,为人们分析社会现象总体各部分之间的相互关系提供极为有用的资料。

第四,主要依赖定量分析。无论是随机样本,还是结构式的资料收集工具,客观上都决定了社会调查中所得到的都是数量化的资料。而对这些资料进行分析的方式,也必须是建立在现代数理统计基础之上,并且依靠电子计算机才能进行的定量分析。研究者的理论素养和分析能力必须渗透在各种统计公式和数据中,合理的结论也只有从严密的定量分析中抽取出来。

社会调查方法的上述特征,既是它自身的内在逻辑结构的体现,也是我们分析它所面临的客观挑战的基础。

二、随机性——样本抽取的挑战

社会调查这种特定社会研究方式的内在逻辑结构,一方面决定了它所依赖、所需要、所利用的资料必须直接来自调查对象,或者说,来自现实社会中那些接受调查的个人;另一方面,也决定了它不是从总体中的所有个体那里收集资料,而只是从总体中的一部分个体那里进行收集。因此,选择能够代表总体的一部分调查对象(一个样本),既是体现社会调查基本特征和优越性的前提之一,也是一项具体的社会调查必须解决的首要问题。

要达到从总体中抽取出一部分能够代表总体的个体的目的,调查者所要遵循的主要原则是:保证抽样的随机性。更确切地说,保证总体中的每一个个体都有同等的被抽中的概率(或机会)。理解这种随机性原则也许并不十分困难,但是,要在实际社会调查的过程中切实贯彻这一原则,在抽样的操作程序和步骤中具体体现这一原则,却也并不十分容易。在这方面,研究者所遭遇的挑战集中体现在下列两个方面:

其一,理论原则与现实条件之间的矛盾。随机抽样的科学原则及其严格的程序要求,具有很强的理想化色彩。而抽样的实际过程又是处于各种现实条件的限制之中的,科学原则与现实条件之间充满了矛盾。从理论上看,要达到抽样的"随机性"要求,必须具备一系列的前提条件。一旦缺乏这些前提条件,抽样的"随机性"就不复存在,社会调查的科学性也就大大降低。然而,现实社会调查中所缺乏的恰恰是其中的某些条件。举例来说,简单随机抽样和系统随机抽样的前提条件之一,是需要有一个清楚明确的抽样框(即一份构成总体的所有个体的名单)。而在实践中,对于一项以某城市全体居民为总体的社会调查来说,抽样框这一前提条件就是无法满足的,因为现实中往往并不存在这样一份包含全市所有居民的名单。正因为这一前提条件不能满足,研究者必须采用其他形式的抽样方法。如果不顾及这一现实,随意采用一些不符合概率原理的变通办法,必然会在实践中产生出一批形形色色的非随机抽样的社会调查来。

同样的,从理论上说,随机抽样必须是纯粹客观的,非立意的。其实质就是要把各种人为的因素、主观的因素,比如研究者的态度、情感、价值、判断等等,全都排除在抽样程序之外。使抽样过程近乎于一种自然界的随机选择状态。然而,这在现实社会调查中往往又是无法做到的。因为整个抽样方案的设计、抽样程序的确定、抽样方法的选择,直到抽样的具体实施,都必须在调查研究者主观意志的参与下完成。因而,在实践上,随机抽样的全部过程始终存在着研究者主观因素进行干预、干扰和影响的可能性。而任何一点对主观因素的"放任自流",都会给抽样中增添非随机的成分。挑战就在于研究者如何清醒地、有意识地、自觉地对自身的主观因素进行有效的限制。对每一种主观的决定,都给出客观的依据。

其二,规模与效率之间的矛盾。概率论对抽样代表性的保证,还基于另一个基本前提:具有一定数量的样本规模。样本规模可以看作是随机抽样方法在量的方面的规定性。不具备一定的规模,即便研究者所采取的是完全随机的抽样程序与方法,也可能产生出偏差很大的样本。

样本规模的确定,基本的标准是统计的需要。在社会调查中,依据样本资料对总体状况进行推断时,所依靠的是统计学的帮助。然而,仅仅满足统计学对样本规模的要求并不成为主要的问题。在大多数情况下,社会调查内在的特征,特别是调查的目标、资料分析的方式等,对样本规模的要求往往大大超过单纯统计学的要求。并且,在其他方面的条件不变的情况下,社会调查的精确性对样本规模的要求也是越大越好。

可是,从实践上看,社会调查在通往扩大样本规模以获得更高准确性的道路上每向前一步,同时也意味着研究者为此所付出的代价(包括时间、人力、经费等)都将增加一分。而后者却又恰恰是调查研究人员所不意愿看到的。众多对抽样方法的改进、改变以及对样本规模的压缩,往往都是出于可行性方面的考虑,出于对抽样或调查的效率的考虑,而较少出于随机性或科学性方面的考虑。正是众多客观条件的限制,使我们在实际社会调查的抽样中,常常不可能向随机性的目标走得足够远。

即使样本规模是确定的,精确性与可行性之间仍然存在竞争,研究者仍然需要在二者之间进行权衡。一个简单但却典型的例子是,多段随机抽样过程中,精确性和代表性的要求,是尽可能地扩大初级抽样阶段(或称初始阶段)的样本规模,而相对缩小次级,特别是末级抽样阶段(或称终极阶段)的样本规模。但可行性和高效性的要求则恰恰相反:尽量缩小初级阶段的样本规模,而相对扩大末级阶段的样本规模。何去何从,研究者将面临多种选择。除了精确性的影响外,样本规模的确定还受到总体规模、总体异质性程度等因素的影响。在各种不同的社会调查中,具体情况千差万别,研究者需要作出许多的选择。而在这种选择的过程中,研究者对随机抽样程序和要求的任何一点疏忽、妥协和放松,同样可能使抽样误入非随机的境地。

三、有效度——概念测量的挑战

美国社会学家艾尔·巴比指出:"调查研究的一般特征是有效度(validity)较低而可信度(reliability)较高。"(Earl Babbie,1986:233)社会调查的这种有效度较低的特征,主要来自于它对社会现象进行测量的方式和效果。有效度较低的实质是,许多社会调查中的测量并不总是在测量它所真正想要测量的东西。可以说,这是社会调查所面临的最为严重的挑战之一。

社会调查与实地观察不同,它不具备研究者"亲眼所见"的特征。从这种意义上说,它对社会现象的测量是间接的——通过询问被调查者而获得。由于有了中介物,由于需要询问(书面的或口头的),交流就不可缺少,概念、语言也就成为必需品,各种挑战也就由此而生。

我们知道,在日常生活中,人们交流时不必对所使用的每一个概念都下十分明确的定义。比如说,当谈到"社会地位""同情心""正义感""疏远"这样一些抽象的概念时,尽管没有十分明确、十分严格的定义,人们却照样可以理解其含义,照样用它们进行交流。可是,在社会调查中(实际上在所有社会研究中),研究者不但必须对这样的概念进行界定,同时,还必须对它们进行操作化处理。否则,他将无法对它们进行测量,调查资料的收集和分析也就无法实现。

而一旦涉及概念的操作化,便会产生出一系列与之相关的问题。操作化是社会调查过程中最为困难,也最为关键的步骤之一。它是调查者从抽象概念走到具体指标这样一条必经之路的"瓶颈"。只有经过了操作化的处理,他对社会现象的探讨才能够从"理论的天空"最终站到"现实的大地"。

通常,研究者需要将经过界定的概念(或变量)操作化为一组可观测的指标,并将指标转化为问卷中的具体问题。一般情况下,一个抽象概念往往具有多个不同的维度(dimensions),其中每一个维度代表着概念内涵中的一个特定的侧面;而每一个维度往往又可以有多个不同的具体指标,每一个具体的指标体现着概念在这一侧面中的特定内涵。因此,从概念操作化的角度看,一个概念可能会有相当多的测量指标。如何选择一组最为全面、最为充分,同时又最为合适、最为经济的测量指标,使它们对概念的测量具有很高的有效度,这对每一个调查者来说都是一种严峻的考验。

考验主要来自三个方面的问题:第一,各种不同的概念在本质上能否完全充分地被测量的问题,或者说,各种变量究竟能够在多大的程度上被测量的问题。对于有些概念,我们能够比较容易地,并且是充分地进行测量。比如对人们的性别、职业、文化程度等概念(也可以说,这些概念的测量能够达到比较高的有效度);但是,对许多更为抽象的概念我们却难于进行充分地、完全地测量。比如对人们的社会地位、价值观、同情心、正义感等概念(这些概念的测量很难达到比较高的有效度)。这启示我们:社会调查中的许多测量往往只具有相对的有效度,即都只是对某一概念的一定程度上的测量。或者说,都只是测量了这一概念的一部分内涵。

第二,社会调查中的各种测量是否真的在测量研究者所要测量的概念的问题。这是测量有效度的本质体现,也是实际社会调查中存在问题最多的方面。举一个实际社会调查中出现的十分简单但却说明问题的例子。同样是了解小学生的"身体健康状况",有的调查中用"身高""体重"两项指标,身高者为优,体重者为优;有的用"体育项目达标数量"来测量,达标项目多者为优;也有的用"请病假次数"来测量,请假次数少者为优;还有的用"老师的评价"为指标,老师评价好的为优……我们能说这些指标不是在测量"身体健康状况"吗?可我们又真的能说它们都是在测量"身体健康状况"吗?

这些指标都与所测量的概念有关,这是事实。但是,"身高""体重"所反映的也许主要是学生身体的"发育状况",而非"健康状况";"体育项目达标数量"也许反映的主要是学生的"体育运动的能力和水平"。这两种指标所实际测量的并非是调查者所希望测量的——这是有效度较低的一种情况。"请病假次数"的确反映的是学生的"健康状况",一般情况下,身体越健康的学生,请病假次数越少;反之则越多。这一指标具有较高的表面有效度。但是,在实际测量中,对于那些实际上生了病,但怕掉了功课却并没有请病假的情况,以及那些虽请了病假,但实际上却并没有生病(而是因其他事情推托为病假)的情况,这一指标又没有能够真正测量出它所应该测量的——这是有效度较低的另一种情况。至于"老师的评价"这一指标,不过是将调查者所应操作化的工作转嫁到老师身上,对于这一"指标",我们只需问一个进一步的问题:老师依据什么来评价?

第三,对同一概念(或变量)的不同测量方法或不同测量指标之间的好坏优劣问题。由于一个概念的测量常常会有多个指标,而一项具体社会调查中,研究者往往因为这样或那样的原因和限制难以运用所有的指标。这样,就会存在一个选择哪一组指标更好的问题。与抽样中的情形十分相似的是:有效度比较高的指标也许往往难于在测量中使用(即不便于测量);而那些在实际测量中十分容易操作的指标却又往往缺乏比较高的有效度。因此,在实际社会调查中常常出现这样一种情况:一些实际上密切相关的变量,在调查资料的统计分析中,却显示出不相关或非常弱的相关的结果。导致这种情况的重要原因之一,就是由于调查者在测量这些变量时,所采用的指标不科学,有效度不高,它们(即这些指标)并没有真正"测量到"它们所应该测量的那些变量。

另外,社会调查在测量上对可信度的要求,也在某种程度上加剧了测量所面临的低有效度的挑战。可信度强调的是测量的稳定性、标准性。为了达到这种要求,调查研究者往往需要尽可能将原本十分复杂、十分深入、十分丰富,并且是相互联系在一起的测量内容,人为地转化为过于简单的、表面化的、粗浅的、零散的和有限的具体指标。正是在这种转化的过程中,测量的有效度被一点点瓦解。比如,参与到学生的学习活动中,通过观察、交谈来"测量"学生的学习态度,往往具有比较高的有效度。但当我们把这种测量变为让学生在问卷表上填答诸如"你上课是否记笔记?""你每周去几次图书馆?"之类的问题时,测量的有效度自然就大大降低了——我们所得到的这一组答案也许离我们实际想要测量的"学习态度"相去甚远!

四、自我报告——资料收集方式的挑战

社会调查在逻辑程序和总体形式上,与自然科学的研究方式比较相似,而二者最大的区别之一是它们收集资料的方式不同。在自然科学研究中,资料收集主要依靠观察,而在社会调查中则主要依靠询问(口头的和书面的)。社会调查所采用的这种依靠对被调查者的询问来收集资料

的方式,连同它所用的工具——问卷调查表,也是它区别于其他几种社会研究方式的主要标志。这种资料收集方式的核心,就在于它完全依赖于调查对象对一组标准化问题的自我报告,而不是对被调查者的行为的直接观察。正是这种有一定形式限制的自我报告方式,使社会调查方法又面临一些新的挑战。

首先,自我报告方式的可靠性依赖于一个不言自明的前提,即被调查者的回答是真实的。只有所有被调查者都如实地向调查者"报告"他们的实际情况,调查所得到资料才能用来反映社会现象,探索社会规律。然而,由于社会调查常常是在被调查者知道自己正在接受别人的调查的情况下进行的。因而,有众多的因素影响着、阻碍着他们真实地回答调查者的询问。换句话说,现实生活中有许多因素客观上总是在削弱着、动摇着自我报告方式的这一根本的前提。因而,有人尖锐指出:"当企图从自我报告中获得有关实际行为的资料时,调查研究者将遭遇到严重的问题,无论自我报告的可信程度多么高。"这是因为,自我报告方式"始终存在这样一个问题:人们在现实中的行为是否如同他们所说的那样"(J. A. Black & D. J. Champion,1976:371)。有关这方面的情况,笔者也曾在另外两篇论文中作过比较详细的探讨(风笑天,1986;风笑天,1994)。这里只略作补充。

比如说,自填问卷是这种自我报告方式的主要形式之一。它具有的一大特点是匿名性高。通常,我们是把匿名性高作为社会调查方法的一大优点看待的,实际上,这种匿名性也是一种双刃剑:一方面,它有利于减轻被调查者的心理压力,便于被调查者真实填答问卷。然而,这种作用往往是调查研究人员所"设想"的一面,或者说所期望的一面。这种作用的另一面是,它同样也"有利于"减轻"社会规范"对被调查者填答问卷行为的约束:正因为自填问卷是匿名的,所以被调查者同样更容易掩盖、隐藏其真实情况,这种匿名性也同样"有利于"他们将编造的、不真实的回答提供给调查者。已有的社会心理学实验也表明,正是在匿名的情况下,人们往往更容易发生"失范"的行为。

其次,即使被调查者真实回答问题,自我报告方式所得到的资料与实际情况之间,依然有可能存在一定距离。这是因为自我报告方式的使用隐含着另一个潜在的假定或前提:对于任何一项研究目标来说,回答者都具有充分的共同词汇、共同概念和语言,或者具有共同的衡量标准,因而向他们提出对他们每一个人都具有同样含义的问题是可能的。然而,这一假定对实际社会调查中的有些问题却是不成立的。举个简单但却十分普遍的例子：当我们问"你们家的住房条件怎样？"给出的答案是"1. 非常好；2. 比较好；3. 一般；4. 比较差；5. 非常差"。也许，一些选择"一般"的回答者，其实际住房条件比那些选择"比较好"的回答者的实际情况还要好。因为人们各自心目中的衡量标准并不一致。如果说这种缺陷还可以通过一些客观的指标，比如"你们家的住房共有几间？""总面积共有多少平方米？""是单独厨房还是公共厨房？"等的测量，来印证和弥补的话，那么，对于像"你们夫妻之间的感情如何？"这样的问题，回答者所给出的回答与他们实际情况之间的差别就难以估计了。不同的人对同一问题的理解很可能有差异，他们对同一问题的衡量标准也会有差异，而他们的回答正是在这种种差异的情况下作出的。这也就是说，调查者得到的回答是一回事，被调查者的实际意思或者实际情况则可能是另一回事。越是概念较抽象、含义较广泛、界限较模糊、指称较笼统的问题，这种差别就越大。

再次，自我报告方式中"说的"和"做的"是否一致的问题。不可否认的是，自我报告方式所获得的资料往往只是被调查者在填答问卷时，或者接受访问时"所说的"，它与回答者在现实生活中实际"所做的"之间，常常有可能不一致。尤其是对一些类似"在……情况下，你将怎么做？"这样的问题，我们在用调查结果去推断未知的现象时，一定不要忘记这只是被调查者所说的。这种"说的"和实际将"做的"之间，究竟会有多大的距离呢？我们当然不能一概而论。但下面的例子也许能给我们一些启发。①

这是西方社会学家做过的一项实验。他们从某大学中随机抽取了两个班的学生作为样本，样本容量分别为50人和60人。然后，他们将两个样本分别安排在两个不同的教室。对其中50人的那个样本，他们进行了一次匿名的问卷调查。在问卷中，他们问道："如果你在参加一次考试时，发现试卷上的题目有的简单得不可思议，有的则十分荒唐，十分可笑。而老师对此不作任何解释。在这种情况下，你会怎么办？"答案包括：1. 毫不犹豫地认真完成；2. 有一定犹豫，但还是认真完成；3. 不能肯定我会怎么做；4. 要求弄清是怎么回事；5. 拒绝执行，除非得到清楚的解释和说明。

---

① 该例子来自一位澳大利亚社会学者在北大社会学系讲学时所发的材料。

与此同时,在另一间教室里,另外60名学生就正在进行着一场上述问卷中所描写的那种考试:试题有的简单得令人怀疑,如"7+4=?";"哪几天上午10点有社会学课?"等等,有的又显得十分荒唐可笑,比如,"在考试时,你应该找出:1.你最喜欢的答案;2.黄颜色的答案;3.政治上倾向于'左'派的答案"等等。

问卷调查和考试结束后,社会学家们得到了下列结果:

接受问卷调查的50名学生中,表示毫不犹豫地完成和虽有一定犹豫但还是认真完成的(即回答前两种答案者)没有一人;不能肯定会怎么做的有3人;没有填写的1人;要求弄清楚是怎么回事和不弄清就不做的有46人。

而实际进行考试所得的结果却是:60个学生全都顺从地完成了考试!其中52人答出了全部正确的答案,8人给出了全错的回答(也许是一种变相的拒绝回答)。并且,在给出正确答案的52人中,有的相当认真地把试卷中印错的字改过来,有的还指出某些试题出得不正确(考试中并没有要求这样做)。这一实验结果充分表明了人们在假设情况下所说的,与他们在真实情况下所做的之间,存在着多么大的差距!

南斯拉夫萨格勒布大学布里舍里奇教授在其《社会学原理》一书中,也曾谈到这一问题。他写道:"一个人对设想的情况同对实际遇到的情况作出的反应并不相同。人在预想的、设计的环境中的表现是一个样,而在实际环境中又是另外一个样。比如,有人问我,假定在公共场所有人打我该怎么办,我对这个问题的回答是一回事,而在实际上我遇到这种情况时的做法又是另外一回事。"(布里舍里奇,1986:28)

以上两例都说明这样一个事实,人们所说的与实际所做的并不完全一样。而当涉及个人利害关系时,就更是如此。这也是人们提出"回答者在现实中的行为是否如同他所说所那样"这类问题的缘故。

最后,作为特殊事件的调查访问本身会对回答者的心理和行为产生一定影响的问题。对于结构式访问这种口头报告的形式来说,被访问者从一开始就是以一种"特殊的"心情、"特定的"思想准备进入到调查访问的过程中的。因为调查访问毕竟不是人们日常生活中的普通事件,人们在日常生活中的闲谈、交往与接受陌生的调查人员的询问,是两种有着内在差别的"社会情景"和"社会经历"。人们对它们所作出的反应必然是很不一样的。诚如克林格所指出的:"调查方法的一个潜在的而非现实的弱点是,调查访问可以使被调查者暂时脱离其社会生活背景。这种脱离将使调查结果失效。接受访问在被调查者的日常生活中是一种特殊的经历,这种经历与日常生活之间的差别,将导致被访者以一种不自然的方式与访问者交谈和互动。"(Kerlinger,1986:387)

除了这种反应性问题外,自填式问卷或结构式访问中所普遍采用的封闭式问题的形式,无形中也限制和影响了被调查者对问题的回答。削足适履的答案经常导致强迫选择、无中生有(指对不知道、不了解的问题的回答)等情形的发生。导致所得的资料非常表面化、简单化,很难深入被调查者的思想深处,尤其难以感受到回答者思想和行为的整体生活背景。而"当失去了作为整体的态度和行为时,态度和行为各自的含义及重要性就会被误解"(Blumer,1956:683—90)。可以说,在理解人们行为和态度的整体方面,社会调查远不如实地研究那么有力。

五、相关关系——解释能力的挑战

对于描述一个较大规模的总体的状况来说,社会调查无疑是最好的方式。它的迅速、广泛以及定量概括的特征,可以很好地为我们描绘出一幅总体状况的图画。但是,人们对外部世界的认识不会只停留在弄清状况"是什么"或"怎么样"上。为了探讨社会现象发生、发展和变化的规律,探讨不同社会现象相互之间的内在联系,人们必须不断地去寻求现象背后的原因,寻求不同现象之间的因果关系。正如尼斯贝特所指出的:"社会学的基本目标与科学的基本目标大体相似——发现和解释。发现社会行为的基本事实和事实之间的联系是社会学的第一个目标。解释事实之间的联系是第二个也是更重要的目标。科学就是按照这两个目标前进的。"对于这样一种更为深刻、更为重大的认识目标来说,社会调查同样面临严重的挑战。

挑战主要来自于社会调查方法在时间上的一次性特征。正如前面所指出的,社会调查所收集的往往是社会现象在某个时间点上的横切资料。这种横切资料天生地带有一个致命的弱点——难以区分不同现象在时间上的先后顺序。我们从社会调查中所得到的,常常是被调查对象"当时的特征""当时的行为"和"当时的态度"。就像是一张平面的照片,很难表现出现象所实际具有的立体特征。

这种单时间点特征的一个直接后果就是,社会调查被普遍地看作某种"相关性"的研究方式,而不是"因果性"的研究方式。马什指出:社会学者在运用社会调查的方法来研究社会现象时,"经常提出两个变量间关系的问题。这两个变量间为什么存在一种相关?研究工作正是通过逐步地探讨处于模型中心的关系,通过思索,通过提炼他们的思路,通过一次次地排除和加入变量而不断展开"(Catherine Marsh,1982:85)。的确,从社会调查所获得的这种抽掉时间框架的"事实"中,人们往往比较容易发现不同现象相互之间的"共变"特征,而比较难发现它们之间的"因果"特征。这也就是现实社会调查中,相关分析相对"繁荣",而因果分析则相对薄弱的客观原因之一。

然而,不可否认的是,简单地建立起两个变量之间的相关,并不等于解释它们为什么相互联系,以及它们是如何地相互联系。更不等于它们之间的关系就一定是某种因果关系。从发现两个变量之间具有相关关系,到说明这一关系是某种因果关系,其间还存在着一段相当的距离。比如,当调查发现,女人比男人更看重家庭的价值,或者说,发现"性别"这一变量与"对家庭价值的认同"这一变量相关时,并不等于建立起对"为什么女人比男人更看重家庭的价值"的解释,也并不等于说明了"性别"是导致人们对"家庭价值"认识不同的原因。同样的,当调查发现老年人比青年人更加保守时,也并不意味着对变老是怎样使人变得保守作出了合理的解释。困难的并不是指出哪两个变量相关,而是指出它们为什么相关,它们是如何的相关,以及说明它们之间是否具有因果关系。

将社会调查与实验作一比较,可以帮助我们从另一种角度来认识社会调查在解释能力上所面临的这种挑战。

可以说,实验是直接针对"原因"和"结果"来进行的。在实验中,研究者先通过操纵或调制实验刺激,使自变量发生变化,然后观察这种操纵出的变化在因变量上产生了什么效果。在概率法则所定义的范围内(即采用随机指派的方法将实验对象分配到实验组和控制组),实验者可以肯定,他在因变量上所观察到的变化均来自于他在操纵自变量上所做的一切。或者说,他从对前者的操纵和对后者变化的观察中,就可以发现二者之间存在的某种因果关系。

而社会调查则是间接地围绕"变量间的关系"来进行的。在社会调查中,研究者所做的只有测量:无论是对作为自变量的现象(或者说原因变量),还是对作为因变量的现象(或者说结果变量),都是如此。而且,这种测量还是同时的。我们可以用图1、图2来概括社会调查与实验之间的这种差别:

图 1　　　　　　　　　　　　　　图 2

尽管社会调查也不断地被用来建立自变量与因变量之间的联系,但是,它在建立自变量与因变量之间的时间次序和排除其他的假象方面,常常不如实验那么有力。比如,调查研究者可能推测变量 X 对变量 Y 具有某种因果效果。如果他想检验这一点,他就必须在大量不同的对象中去测量 X 和 Y,并且从变量 X 与变量 Y "共变"的事实中,去推断原先的假设是真的。但是,与实验者所不同的是,他不能排除这样一种可能性,即存在着一个先于 X 和 Y 的第三变量,导致了二者的共变。在实验中,实验者知道这种关系在技术上是无可怀疑的。因为他确切地知道是什么导致了变量 X 上所发生的变化——是他操纵的结果。但是,调查者通常无法知道 X 是如何对 Y 产生影响的。他既可能是直接影响 Y 的,也可能是通过某种中介变量来影响 Y 的。

另外,社会调查中对外在变量或竞争假设的控制与实验中的控制方式也大不相同。实验主要是通过随机化或其他直接的控制程序,使得外在变量成为常量。或者说,实验是先采取措施,控制外在变量的干扰,"净化"实验的环境,"孤立出"准备验证的自变量与因变量。而社会调查则无法"事前"做到这一点,它只能事先对某些外在变量进行预料,并在问卷或访问中测量那些外在变量。然后再在资料分析中对这些外在变量施行统计控制程序,以求排除这些外在变量对因变量的影响。因此,社会调查中的因果推断过程是一个"事后的",非常间接的,主要通过对总体中业已存在的变化进行严格比较、从中抽出推断的过程。但是,"在最终的分析中,我们不能绝对地保证我们已控制了所有可能影响这种相关的因素,也许一些未被测量的因素实际影响着这种相关"。我们"不能解决这样一种逻辑的困难,即我们所发现的任何关系都可能被另一个未被测量的因素的作用所解释"。(Catherine Marsh,1979)

社会调查作为人们认识社会现象及其规律的一种方法,已走过了漫长的发展道路。随着人们对社会现象认识活动的准确性、概括性和确定性要求的提高,社会调查方法还会进一步发展。在现实生活中,每一项具体的社会调查往往都会由于这样或那样的原因,而存在一些不够完善的地方。这并不奇怪。它可以说是社会调查所面临的各种现实挑战的一种证明。重要的是,运用社会调查方法的研究者一方面要清楚地意识到自己的调查在各种挑战面前作出了哪些让步和妥协,从而在看待和陈述调查结果时保持客观、清醒的头脑,留有充分的余地;另一方面,则是要通过科学的设计、周密的实施和精确的分析,来努力克服社会调查方法所面临的各种挑战,尽可能减少实际运用中的让步和妥协,尽可能地提高社会调查结果的质量。在这种努力的过程中,最为关键的四个环节是:(1)如何根据现实社会生活的客观条件,严格贯彻样本抽取的随机性原则;(2)如何通过科学的操作化程序,提高社会测量及问卷设计的效度;(3)如何巧妙地设计和控制资料的收集过程,克服自我报告方式所存在的弊端;(4)如何利用多种统计分析方法和同一时点的横切资料,将相关分析推向因果分析。

参考文献

Babbie, Earl, *The Practice of Social Research*, 4th edition, Wadsworth Publishing Company, 1986.

Black, J. A. & D. J. Champion, *Method and Issues in Social Reseach*, John Wiley & Sons, Inc., 1976.

Blumer, "Sociological Analysis and the Variable," *American Sociological Review*, Vol. 21, No. 6, 1956.

Kerlinger, F. N., *Foundations of Behavioral Research*, CBS College Publishing, 1986.

Marsh, Catherine, "Problems with Surveys: Method or Epistemology?" *Sociology*, Vol. 13, No. 2, 1979.

Marsh, Catherine, *The Survey Method: The Contribution of Surveys to Sociological Explanation*, Allen & Unwin, 1982.

〔南〕布里舍里奇:《社会学原理》(贾春增等译),东方出版社1986年版。

风笑天:《方法论背景中的问卷调查法》,《社会学研究》1994年第3期。

风笑天:《问卷调查中阻碍合作因素浅析》,《社会科学评论》1986年第8期。

风笑天:《现代社会调查方法》,华中理工大学出版社1996年版。

〔美〕科塞等:《社会学导论》(杨心恒等译),南开大学出版社1990年版。

社会学研究方法：走向规范化与本土化所面临的任务[*]

　　社会学学科在中国的恢复和发展，已经走过了四分之一个世纪。二十五年，在漫长的历史进程中，不过是短短的一瞬。然而，对于恢复重建后的中国社会学来说，则是一段值得特别珍惜和纪念的时光。这不仅因为社会学是随着整个中国社会的改革开放而获得新生，同时也因为它是伴随着中国改革开放的发展而逐渐成长和成熟。回顾二十几年来我们所走过的道路，认真总结学科发展的经验教训，对于进一步提高我国社会学研究的水平具有重要意义。

　　社会学研究方法既是社会学知识体系中最为重要

---

[*] 本文原刊于《华中师范大学学报》2005年第6期。

的基础支柱之一,同时也是社会学相对于其他社会科学来说最具特色和优势的学科领域。二十几年来,我国社会学研究者在学习和应用社会学研究方法方面进行了大量的实践,取得了丰富的成果(风笑天,2000)。当然,我们也应看到,目前社会学界整体的研究方法水平,还处在一个相对低的发展阶段,与社会学方法所应发挥的巨大作用还十分不相称。正是由于研究方法方面的局限,广大的社会学研究者还不能非常科学有效地探索和分析转型中的中国社会所提出的各种现实问题。同时,研究方法方面的局限也在一定程度上成了影响我国社会学学科顺利发展的瓶颈。针对这一状况,本文主要从规范化和本土化两个方面,分析和探讨进一步提高我国社会学研究方法水平所面临的主要任务。

一、社会学研究方法的规范化及其意义

社会学恢复重建二十几年来,我们在研究方法方面经历了"学习""实践""提高"等不同阶段。在恢复初期的"学习"阶段,对西方社会学研究方法的关注和引进成为最主要的任务之一。这种补课的结果,是为封闭将近三十年的中国社会学打开了一个全新的了解现代社会学研究方法的窗口。人们从这个窗口中所看到的与长期以来自己所熟悉和了解的,有着巨大的差别。在"实践"阶段,社会学者从事经验研究的热情空前高涨,他们积极尝试运用西方社会学的问卷调查方法来研究中国社会中的各种社会现象,探讨各种社会问题。使用"抽样""问卷"方法来收集资料的调查研究十分普遍,成为这一阶段社会学研究的主要特征。在"提高"阶段,社会学者们开始反思十几年来在社会学研究方法应用中所存在的问题,开始意识到对西方社会学研究方法的学习和运用不能只注意到表面的东西,在应用上也不能只是机械地照搬照抄,而要从科学性的角度真正理解和掌握社会学研究方法的基本原则及程序要求。

社会学的责任是要发现并解释社会世界中客观存在的规律性。而社会学研究方法作为社会学者探索社会世界奥秘的工具和手段,在这一过程中具有十分重要的作用。与各种科学的方法一样,社会学研究方法也必然受着科学一般规律及固有特征的制约和影响。其中,对研究方法的规范化要求就是这种制约和影响的一个重要体现。

本文所说的社会学研究方法的规范化,指的是在具体的社会学经验研究中,研究者要自觉遵循前人通过多次反复实践所总结出的、相对成熟

的普遍性原理、原则、方式、方法及技术。这种相对成熟的普遍性原理、原则,以及方式、方法和技术,正是构成社会学研究方法知识体系的基本内容。具体来说,无论是探寻现象之间因果关系的逻辑,还是从总体中抽取样本的概率抽样原理;无论是概念操作化的程序和方式,还是问卷设计的原则与方法;直至当面访谈、电话访谈的技巧、参与观察的技术、调查数据的编码、录入、清理程序等等,都已形成了一些科学的、固定的、有相当规范的知识体系。正是依靠这种规范化的原理、原则、方式、方法和技术,每一项具体的社会学研究才有可能最大限度地接近社会世界的本来面貌,才有可能揭示出隐藏在大量社会现实背后的本质规律性。

社会学研究方法的规范化除了要求社会学研究者在研究的过程中必须遵循科学的原则和程序、不能随心所欲、不能我行我素以外,还具有另一个重要的含义,这就是,任何一项具体社会学研究的程序、方法及其成果,都必须接受整个社会学研究共同体的检验和评价。而进行这种检验和评价所依据的,也正是源于科学基本原则和程序的规范化研究方法。因此,在一定意义上,社会学研究方法的规范性是衡量社会学研究整体水平高低的一项重要指标。没有相当程度的社会学研究方法的规范化,提高社会学研究水平就只能是一句空话。所以,在认真评价现有研究现状的基础上,深入探讨社会学研究方法的规范性问题,是进一步提升我国社会学研究水平的一项重要措施。

二、社会学研究方法的本土化及其意义

本文所说的社会学研究方法的本土化,指的是在应用规范的、具有普遍性的社会学研究方法时,要充分考虑到中国社会的具体国情,要根据中国社会独有的政治、经济、文化等因素对这种一般性的研究方法进行适当的调整、改造、补充和完善。就像马克思主义的基本原理一定要与中国革命的具体实践相结合一样,社会学研究方法的普遍性原理、原则、方法和技术,也一定要与中国社会和文化的具体现实相结合、相适应。这可以说是社会学研究方法本土化的最基本含义。

之所以在强调社会学研究中具有普遍适用的、规范化的方法的同时,又强调这种方法对中国国情和社会文化的适应性,主要是因为,社会学研究具有明显的、不同于自然科学研究的特征。这种不同的特征是由社会学研究的对象、内容、过程和特点所决定的。实际上,作为探索社会现象

的工具的社会学研究方法,其自身也包含着一定的社会与文化特质。特别是由于社会学研究的对象是现实社会中的人,是人们的社会行为,是由人和人的社会行为所构成的社会现象。而人又是一种具有特定社会历史和文化传统特征的社会性动物。不同的社会历史和文化传统决定了生存于这个社会中的人所具有的不同的行为方式,也决定了他们对于同一种研究工具和研究方法所具有的不同反应(这一点在使用问卷调查、量表测量、当面访问等方法的过程中表现得特别明显)。所以,我们在学习和运用作为科学探究工具的社会学研究方法时,应该充分注意到这种工具所受到的具体社会的政治、经济、文化的影响和制约,通过一定形式的本土化工作,使这种方法更好地为我们认识社会世界的各种规律服务。这就是我们强调社会学研究方法本土化的主要意义。

实际上,我国的社会研究者长期以来一直都在进行着社会学研究方法的本土化工作。他们在具体的社会研究实践中创造了各种各样的、不同于一般性、普遍性的研究方式、研究方法和研究技术,这些同样是我们所应珍视的重要财富。无论是从毛泽东等老一辈革命家对中国社会的研究中,还是从费孝通等老一辈社会学研究者对中国社会的研究中,我们都可以学习到许多符合中国国情、适应中国社会和文化的研究方法和技术,吸取到许多成功的、有效的研究经验。

三、提高社会学研究方法水平所面临的主要任务

为了进一步提升我国社会学研究方法的水平,我们要从社会学研究方法的规范化与本土化要求出发,努力解决好以下几个方面的问题。

(一) 经验研究与社会学理论之间的关系

在社会学研究中,理论和方法都不是孤立的、不是相互分离地存在的。它们在解决某种特定的社会学问题的过程中一起形成并紧密相连。研究方法应该总是在其所说明的问题和与之相关的理论背景中来发挥作用。因此,我们可以说,社会学研究方法只能是理论背景中的方法;同时,也只能是问题背景中的方法。既脱离理论,又脱离问题的方法并不是社会学者追求的目标。将经验层次的具体研究与相对抽象层次的社会学理论进行连接,建立联系,同样是社会学研究方法规范化的一个重要特征。

二十多年来社会学研究的实践表明,"经验研究与社会学理论的相互

分离,是我国社会学研究中最具潜在性影响的弱点。正是由于许多经验研究缺乏与理论的衔接,不可避免地形成了一些低水平、低层次的重复研究,以及一些缺乏系统性、理论性、累积性的零散研究。这种状况不仅影响到社会学经验研究的质量和发展,它还影响到社会学理论研究的发展"(风笑天,2000)。而社会学研究方法规范化的一个目标,就是要将研究过程中在研究设计、资料收集、资料分析等各个方面的科学性、规范性,最终落实到揭示和解释社会现象所具有的客观规律上面来,落实到对社会学相关理论的构建与检验上面来。

从社会学研究方法的角度开展经验研究与社会学理论之间关系的探讨至少可以包括这样一些主要问题:比如社会学理论与经验研究之间的内在联系是什么、社会学理论如何为社会学经验研究提供概念框架和进行指导、经验研究如何以社会学理论作为自己的出发点和归属点、研究者如何从经验研究结果中归纳出、抽象出具有社会学理论内涵的概念和命题、如何提高社会学经验研究的理论价值、如何建构连接社会学理论和经验研究的一般性桥梁等等。在这方面,西方社会学中广泛运用的各种中层理论及其与经验研究之间的密切联系,值得我们下功夫、花力气去学习、去琢磨、去实践。

(二)定量方法与定性方法的特点和适用性

定量方法和定性方法是我们探讨社会现象时可以采取的两种不同的视角和途径。从社会学研究方法的角度看,定量方法与定性方法本身并无好坏优劣之分,关键在于方法的运用要与所要探讨和回答的问题相适应。应该看到,定性研究方法与定量研究方法除了在具体操作程序上、实际应用范围上有较大不同以外,二者的方法论基础更是导致二者不同的内在因素。因此,从方法论角度研究和探讨定性研究与定量研究的本质特征,探讨二者所基于的特定假设、二者所遵循的特定逻辑,特别是二者所能够回答的问题类型,将是今后社会学研究方法领域中一项重要的任务。

除了从大的方面对定量方法与定性方法进行区分和探讨外,还应该对社会学研究方法体系中各种具体研究方式和方法的特点及其适用范围进行探讨和分析。通俗地说,就是要弄清楚社会学研究的"工具箱"中,各种不同的研究工具所具有的本质"特点"和"功能"是什么,弄清楚它们在社会学研究的实践中各自能做什么,不能做什么。这种探讨对于我们在实际研究中恰当地运用各种不同的研究方法有着至关重要的作用。比如,在定量方法中,变量测量特别是操作化的问题是十分关键的"瓶颈"之一,社会学界对此方面的讨论还不够充分,这种不充分实际上正是大量具体的社会学定量研究质量不高的重要原因;同时,对资料处理,特别是对统计分析方法的正确运用也还没有引起足够的重视,导致实际应用中分析的水平不高,也还存在许多的问题;而定性方法方面的研究就相对更加欠缺一些。虽然相对于定量研究方法来说,定性研究方法本身显得更为灵活,其程序相对不是那么严格,研究者个人的主观性作用相对较大。但是,这并不意味着定性研究就可以随心所欲,完全凭研究者个人的喜好和经验,毫无章法可循。实际上,同样作为经验研究重要途径和方式的定性研究既有着其特定的方法论、特定的逻辑程序,同时也有着其特定的资料收集与分析方法、特定的研究技术和技巧。所有这些并不是一学就会、一用就行,而是需要不断探索,不断总结。

特别重要的一点是,无论每个社会学研究者自己是偏好于或习惯于采用定量的研究方式,还是定性的研究方式,他都应该对两种方式各自所具有的特点和不足保持清醒的认识,对两种不同的方式所能回答的问题的性质具有明确的认识,对衡量两种不同的经验研究的规范性、科学性所采用的标准有明确的认识。只有在坚持两种研究方式规范化的同时,注意到它们在本土实践中的各种障碍和局限,才能更为有效的运用好它们。

(三) 理想状态与现实条件之间的矛盾

如果可以把社会学研究方法的规范化看作是一种理想的取向的话,或许就可以把社会学研究方法的本土化看作是一种现实的取向。社会学研究方法不仅是一种理论知识,同时也是一种实践性很强的知识,它的一个基本特质就是要面对现实。换句话说,研究方法是一种与具体的社会学经验研究紧密相关的知识,其价值也实际体现在各种具体的社会学经验研究之中。

应该注意到这样一种矛盾现象,社会学研究方法的规范化在一般原理上、基本程序上以及具体方法技术上对研究者所提出的要求,往往是一种理想的状态,而社会学研究者在实际研究中对各种方法的具体应用则往往是现实的。二者之间存在着差距,存在着矛盾。虽然对理想状态的探讨是基础,但对现实状态的探讨则更为综合。一个研究者不了解、不掌握社会学研究方法的各种基本程序,不懂得、不学会社会学研究中的各种具体的方法和技术,显然是做不好社会学的经验研究的。但是,如果不懂得将各种规范的方法技术与现实社会中的各种制约条件联系起来,同样也是做不好社会学经验研究的。因此,有必要认真探讨各种社会学研究方式和方法在中国社会和文化环境中的适用性和局限性,探讨它们在中国人心理上所可能产生的各种反映,并在此基础上对研究方法进行调整、改进和创造,使之能好地接近中国社会的现实,接近中国人的社会生活和心理世界。

举例来说,城市入户调查一直是许多社会学研究课题所面临的任务和所采取的方法。但随着整个中国社会的急剧变迁,特别是随着社会心理、社会规范以及社会信任机制的变迁,社会中人与人的关系也随之发生变化。城市入户调查的抽样和实施变得越来越困难。各种教科书中的理想模式越来越难以在实践中得到贯彻和落实。其结果是导致城市入户调查资料质量的下降。因此,探讨如何改进抽样方法、如何减少入户调查的困难,以及如何增加多种城市调查的途径,就是这方面值得认真探讨一个重要问题。

(四) 经验研究论文的规范化要求

规范的且符合本土现实的社会学研究方法的主要目标,是要为创造出接近客观现实的知识提供可靠的保障。而作为研究成果的论文则是这种努力的直接反映。各种学术刊物所发表的社会学研究报告和经验研究论文不仅仅是社会学者研究观点和研究结论的交流,同时还包括对产生这些观点和获得这些结论的方法的交流。因此,对学术论文的探讨和分析中,不仅应有对作者观点和结论的评价和商榷,同时还应包括对作者获得这些结论的方法和资料的评价和商榷。这是一种促进和提高社会学经验研究质量和水平的有效机制,也是一种规范的知识辨析、知识积累、知识建构的有效机制。应大力提倡实事求是的科学精神,注重科学研究过程中的累积性,规范研究论文发表的程序性和形式要求。特别是要鼓励通过正常的学术商榷和交流,弄清科学方法的本质要求和实际应用中所存在的问题,使研究者不断从实践和交流中提高自己的研究方法水平。

要强调经验研究论文发表的规范性要求,这是目前较为薄弱且尚未引起足够重视的一个方面。笔者认为,经验研究的论文必须有专门的"研究方法"或"研究设计"部分,要清楚地向读者介绍研究的总体、样本抽取方式、资料的收集过程、变量操作化的方法、测量的指标等内容。这种对研究方法的专门介绍,"不是教条,不是框框,也不是'洋八股',而是科学研究论文的必备条件,是其结论成立的前提和依据,也是研究者科学精神和科学态度的一种体现。它既可以在一定程度上约束研究者的研究行为,同时也可以使读者和同行切实地了解作者所得研究结论的正确性、普遍性和适用性"(风笑天,2003),这种对研究报告的规范要求,是社会学知识的交流、累积和创造的前提条件,也是衡量和判断一项具体研究的价值和意义的重要标准。在这方面,学术刊物的作用十分关键,也十分重要。因为它对论文的取舍,不仅是一种筛选,更是一种评价,也是一种导向。

(五)研究方法的教学与训练

促进社会学研究方法的规范化的另一个重要途径,是加强社会学研究方法的教学与训练。目前各高校社会学系在本科生、研究生教学中所开设的社会学研究方法课程,无疑是提供这种途径的一个基本方面。但现在的问题是,各校各系基本上是各自为政,整体水平参差不齐。同时,一些学校的社会学系在研究方法方面的师资相当欠缺,再加上各社会学系的方法教师相互之间缺少有关教学方式、教学方法的经验交流和集中培训,从而在一定的程度上影响到这种规范化知识的传授。特别值得注意的是,社会学专业研究生的方法训练尤为重要。因为研究生不同于本科生的一个主要特征是他们要学习做研究。而社会学研究方法的教学与训练水平将会直接影响到作为社会学新生力量的研究生的研究基础和研究能力。

除了正规的学校教学训练外,由全国社会学学会组织对中青年社会学教师和研究人员进行定期或不定期的集中培训,也是促进研究方法水平提高的一种有效途径。回顾我国社会学恢复重建后二十多年的发展过程,我们可以很清楚地看到,社会学恢复初期举办的几期社会学讲习班、培训班,以及90年代中期由福特基金会资助的几期社会学研究方法高级培训班,在促进整个社会学研究队伍的社会学研究方法水平的提高方面所发挥出的十分积极、十分有效的作用。因此,在新的世纪中,我们应该继续坚持这一有效的形式,设法创造条件,争取每隔一段时间(比如两年甚至一年)举办一期这样的培训班。

(六)研究方法的研究和交流

实践与认识、应用与研究,两个方面相辅相成,缺一不可。对于提高社会学研究方法的水平来说,亦是如此。加强高校中的社会学方法教学与训练,可以为这一任务的实现提供一种好的基础;而加强对研究方法本身的研究以及加强研究方法方面的学术交流,则同样是达到这种提高的非常有效的途径。

一方面,我们要有目的地针对社会学研究方法本身的内容进行研究,即把研究方法当作研究对象来开展研究。这种研究是一种非常基础性的工作,也是一种非常重要的工作。要像研究各种社会学理论流派那样来研究各种社会学研究方式,要像探讨各种社会问题那样来探讨各种社会学研究方法。这种对研究方法的研究,既要有纯粹的方法论的探讨,也要有具体的、面对现实的各种研究方式、研究方法、研究技术的探讨。在这方面的一个突出标志,就是要有专门针对方法问题(而不是社会学具体问题)进行的经验研究。除了要加强对方法本身的探讨外,还要加强对方法应用问题的探讨,特别是对方法应用过程中的障碍以及结合实际克服这些障碍的方法探讨。社会学的学术刊物中应该加强社会学研究方法方面的栏目,而国家社会科学基金、教育部社会科学基金的项目指南中也都应该有专门的社会学研究方法方面的课题。

另一方面,我们要进一步巩固和加强社会学研究方法的学术组织,积极举办探讨社会学研究方法方面的学术会议,达到及时总结、广泛交流的目的。中国社会学学会社会学研究方法专业委员会自1992年成立以来,组织和开展的全国性学术活动还不多,也没有形成较规范的学术年会制度。换句话说,目前它还没能发挥出它应有的作用,需要积极巩固和加强建设。另外,在过去的二十几年中,社会学界的学术会议年年都有,但是,社会学研究方法方面的学术会议却只召开过两次(1986年与1996年),这种状况远远满足不了日益壮大的社会学研究队伍在研究方法方面进行总结与交流的需要,这也在一定程度上影响了社会学经验研究水平的提高。

强调对研究方法的研究和交流,除了可以直接促进研究方法水平的提高外,还具有另一个十分重要的作用,即可以引导社会学研究者自觉增强自己的方法意识和方法素养。因为"正是这种素养能够使我们明白,对各种不同的研究问题应该采用什么样的方法,为什么要用这种方法,以及采用这种方法的好处和局限。这种素养还能使我们在思考所研究的现象和问题时,自觉地从探讨的可行性、设计的周密性、方法的合适性等角度来进行综合判断,从而有效地帮助我们从问题走向答案"(风笑天,1999)。

(七)研究方法的基本建设与资料积累

如同一个学科的发展需要一些基本的建设和积累一样,社会学研究方法领域的发展同样需要一些基本的建设和积累。这种基本的建设和积累除了前面所谈到的教学、训练、研究与交流以外,还可以考虑通过开展一些大规模的建设项目来促进。笔者建议,在这方面,可以考虑开展两个重要的建设项目:

第一,一个重要建设项目就是建立起"全国综合社会调查"制度。这是一个需要精心策划和组织的大型研究项目。也可以说是整个社会学界的一项大型的基础工程。它的规划建设和具体实施将涉及社会学研究方法的方方面面,也将会大大促进和提升我国社会学研究者的研究方法水平。美国从1972年开始,就建立了这种全国性的综合社会调查,即著名的 GSS(General Social Survey)。这一大型调查成为美国社会学界,以及整个社会科学界开展各种研究的一项主要的数据来源。在这方面,我们可以积极借鉴美国等发达国家的经验,开始探讨并尝试建立我国的综合社会调查,并逐步从方法上、实践上、制度上完善这一调查。从而为整个社会学界,乃至整个社会科学界提供进行各种研究的科学的数据资料。

第二,在此基础上,加强和开展社会学经验研究数据库建设。任何科学都是累积性的。对于社会学研究来说,经验研究数据库的建设是一项相当基础的工作,也可以说是衡量社会学学科发展水平的重要指标。我国社会学恢复以来的短短二十几年时间内,全国各地大大小小的经验研究,特别是各种类型的社会调查早已是成千上万,但是,令人特别遗憾的是,到目前为止社会学界还尚未建立起一个像样的、可供社会学界共享的数据库。几乎所有的调查数据都是"一次性"的,一旦某个具体课题完成,其数据也就不知去向,再也无人问津。造成了社会学研究领域中极大的浪费现象。而这种浪费现象的直接后果,就是一方面使得大量的社会学经验研究停留在低水平重复的阶段,另一方面也使得社会学界很难利用数据资料从纵向发展的视角来认识整个社会的变迁。

可以说,规范的、科学的"全国综合社会调查"与"全国社会学研究数据库"制度的建立和实施,将是我国社会学研究方法水平提升到一个新的阶段的重要标志。与这两个大型项目的建设相配合的是,国家社会科学基金应为"全国综合社会调查"设立专门基金,而在每年的课题申请立项规定中也应相应规定课题数据的共享制度和具体实施措施。

参考文献

风笑天:《社会学者的方法意识与方法修养》,《社会学研究》1999年第2期。
风笑天:《社会学方法二十年:应用与研究》,《社会学研究》2000年第1期。
风笑天:《结果呈现与方法应用:141项调查研究的解析》,《社会学研究》2003年第2期。

中 编

方法研究

我们从哪里出发:论社会研究中的
文献回顾*

社会研究的过程一般是从选择研究问题开始,经过文献回顾、研究设计、资料收集和资料分析,最后得出研究结果。在这一过程中,相对于其他的几个环节,文献回顾往往是一个很不起眼,并常常被一些研究者(特别是缺乏经验的研究者)所忽视的环节。即使是在一些专门介绍社会研究方法的著作中,这一环节的内容也经常被放到非常次要的位置。有时作者只用一两段文字简单带过,有时作者甚至对这一环节内容更是只字不提。值得思考的问题是:对于从事社会研究来说,文献回顾的环节真的是那么的不重要、真的是那么的可有可

---

* 本文原刊于《华中师范大学学报》2010年第4期,原文为《论社会研究中的文献回顾》。

无吗?

在笔者多年的社会研究实践和社会研究方法教学的过程中,经常遇到一些学生和研究者关于如何选择研究问题,特别是如何选择一个有意义的研究问题,以及如何提高社会研究课题的价值等方面的提问。在思考这些的提问过程中,笔者感到,这些提问既与研究问题的选择相关,但更与文献回顾的工作相关。特别是这些提问实际上揭示了一个在本质上更为深刻的问题。这就是:"我们的社会研究,究竟该从哪里出发?"从表面来看,任何一项具体的社会研究都开始于对研究问题的选择。这并不错。但实际上,作为研究起点的研究问题选择,可能只是整个研究过程最初阶段的具体目标或最终成果,而这一阶段中所包含的众多具体内容可能在很多方面都超出了它所能概括的范围。这些内容更多的与文献回顾相关。因此,有必要对文献回顾的工作给予特别的重视。笔者认为,研究者对文献回顾的重视程度以及文献回顾工作的质量,无论是对于选择有价值的研究问题,还是对于有效地开展具体的社会研究,都有着明显的影响。而要提高具体社会研究的水平和质量,提升社会研究的意义和价值,研究者也必须认真思考和弄清楚下列这些与文献回顾有关的问题:"社会研究过程中的文献回顾究竟指的是什么?""在具体的社会研究中,为什么一定要进行文献回顾?""文献回顾对于社会研究究竟具有什么样的意义?""文献回顾与社会研究之间的关系如何?"探讨和回答这些问题就是本文的目标。

一、文献回顾的概念及其类型

文献回顾,即英文中的"literature review"(也译为"文献考察""文献探讨"或者"文献评论""文献综述")指的究竟是什么? 这是首先需要探讨的问题。总的来看,虽然不同的学者对于文献回顾概念的具体定义并不完全一样,但在基本内容上却相差不大。例如,美国学者芬克教授认为,"文献回顾是一种对现存的,由研究者、学者和实际工作者所产生的大量著述进行识别、评价和解释的系统、明确和再现的方法"(Arlene Fink,1998:3)。另两位美国学者戴维和萨顿教授也认为,文献回顾是对"通过识别和查找现存公开发表的、与研究者感兴趣的主题有关的研究和理论"所得结果进行评价的过程(David & Sutton, 2004:365)。同样,美国学者杜里教授则认为,文献回顾是"对与某一主题相关的研究进行分析,以识别该领域中一致的结果或者解决其中的矛盾"(David Dooley,2001:346)。笔者对文献回顾概念也作过类似的理解:所谓文献回顾,"指的是对到目前为止的、与某一研究问题相关的各种文献进行系统查阅和分析,以了解该领域研究状况的过程。或者说,就是一个系统识别、寻找、考察和总结那些与我们的研究有关的文献的过程"(风笑天,2009:58)。

从目前情况看,虽然不同学者的定义都十分明确,但在不同学者的具体介绍中,却又反映出作者们对文献回顾实际上存在着不同理解的状况。其表现是,在不同的研究方法著作中,文献回顾常常被作为不同的内容在研究方法的不同部分,以及在研究过程的不同阶段进行介绍。比如,在有的研究方法著作中,文献回顾是放在研究的准备阶段,与研究的一般程序、选择研究题目等内容一起介绍;而在另一些研究方法著作中,则是将文献回顾放在研究的结束阶段,与撰写研究报告或研究计划书等内容一起介绍。这正如美国学者纽曼教授在其方法教材中所指出的:"在许多有关社会研究的教材中,作者将人类作为实验对象的争议和对研究更高层次的政治关注放在一章中,而将如何进行文献回顾和撰写最终研究报告放在另一章中。"(纽曼,2007:122)(只有很少的方法著作在前后两个部分中对文献回顾都有介绍)由于将文献回顾放在研究方法的不同部分时,作者所介绍的具体内容差别很大,这往往会给初学者造成理解的困难,并常常形成一定程度的混淆。因此,笔者认为,首先需要对文献回顾的概念进行必要的澄清和区分。

总体上看,目前各种社会研究方法著作中对文献回顾的介绍呈现出"在同一个概念和名称下,指称了两件虽然密切相关、但又并不完全相同的现象"的状况。它反映出目前学术界对文献回顾存在着两种不同的理解。概括地说,其中一种理解是指围绕某一主题,对相关的现有文献进行系统搜索、查找、阅读、分析的过程;而另一种理解则主要是指以总结和综述的形式将上述过程的结果表达出来。从本质上看,前一种理解是将文献回顾看作一种特定的"过程";而后一种理解则是将文献回顾看作这种过程的文字"结果"。简言之,一种是"作为过程的文献回顾",另一种是"作为结果的文献回顾"。或者说,一种是需要研究者去"做"的文献回顾(doing the literature review),另一种则是需要研究者去"写"的文献回顾(writing the literature review)。前一种理解的文献回顾通常是在研究的选题阶段进行介绍,或者是在研究程序一节中,将其作为"选择研究问题"之后、"研究设计"之前的一个单独阶段进行介绍;而后一种理解的文献回顾则通常是在撰写研究报告或者研究计划书(proposal)阶段进行介绍。正如笔者曾经指出的,在社会研究的报告中,往往会有一个以"文献回顾"命名的部分。"但研究报告中的文献回顾实际上是对选题阶段所做的大量查阅和分析工作所进行的总结"(风笑天,2009:58),而不是这种查阅和分析工作的过程本身。

笔者认为,前面所列举的各种定义实际上都非常清楚地指明,文献回顾是一个既包括对相关文献进行查找、阅读和分析,又包括对这些文献进行归纳、总结和评论的完整过程。而"作为结果的文献回顾"只是这一过程中的一个部分,尽管这一部分中所涉及的许多具体表达方面的内容和写作技巧也十分重要,但前期大量的文献查阅和分析、归纳过程,以及大量的评价和思考才是文献回顾概念最为基本,也最为重要的内涵。这种"作为过程的文献回顾"的工作也是后期这种结果表达的基础。因此,我们不能被一些方法著作中仅仅在撰写研究报告部分对文献回顾进行介绍的表面的现象所迷惑。应该正确理解文献回顾的全部内涵,并在实际社会研究中将更多的注意力放在文献回顾的前期过程上。当我们切实做好了文献回顾前期过程的工作,也就为我们在撰写研究报告阶段将文献回顾的结果体现出来打下了坚实的基础(当然,恰当的、合适的文献回顾表达方式也是应该注意的,这里笔者只是特别强调前期文献查阅和分析过程的基础性、决定性和重要性)。正因为如此,本文也主要关注"作为过程的文献回顾",后文中若无特别说明,文献回顾的概念均指的是这种内涵。

除了上述所探讨的对文献回顾的两种不同理解外,对于"作为过程的文献回顾"的理解和介绍上也还存在着一些偏差。其中最主要的偏差是将文献回顾仅仅看作是一种搜索文献资料的方法和技术的倾向。一些研究方法著作在介绍文献回顾的内容时,往往更多地将注意力放在介绍文献的各种类型,放在说明在哪里可以找到相关文献、有哪些不同的查找文献的方法,以及如何有效地查找文献等技术性的问题上。而对于社会研究中文献回顾的地位或作用是什么、在社会研究中为什么要进行文献回顾、文献回顾对于一项具体的社会研究来说究竟具有什么样的意义、文献回顾与具体的社会研究之间又有着什么样的关系等问题则重视不够。其结果往往会造成初学者相对关注外在的操作性内容、忽视内在的实质性内容,从而很难从根本上把握文献回顾的关键,并获得对所关注领域中前人文献的整体理解。

二、社会研究中文献回顾的意义

如果将文献回顾仅仅看作是整个社会研究过程中的一个具体的、技术性的操作环节,一个程序化的、机械的操作步骤,而看不到这一环节或步骤对于整个研究所具有的关键意义,那么,不仅很难真正做好文献回顾,同时,文献回顾也起不到对社会研究的应有作用。对于社会研究者来说,应该明白的重要问题是:社会研究中为什么要进行文献回顾?或者说,文献回顾对于社会研究来说究竟具有什么样的意义?笔者认为,文献回顾的目的或者文献回顾对社会研究的意义主要体现在以下几个方面:

(一)将研究的问题置于社会知识累积的体系中

社会研究"是一种以经验的方式,对社会世界中人们的行为、态度、关系,以及由此所形成的各种社会现象、社会产物所进行的科学的探究活动"(风笑天,2009:4)。其主要目的,是要了解和认识各种社会现象的状况,探讨不同社会现象之间的内在联系,揭示社会现象发生和发展的规律。简言之,就是要建立有关社会世界的结构和运行规律的知识。尽管每一项具体的社会研究都怀着同样的目的,但是,却没有一项社会研究能够单独完成这一使命。因此,作为一种科学的探究活动,社会研究同样具有科学所要求的系统性和累积性特征。任何具体的社会研究也都必须将自己的研究问题置于社会知识累积的体系之中。正是在这一点上,文献回顾体现出其所具有的特殊意义。

文献回顾既是科学研究方法的基本规范,也是科学知识积累的内在要求。虽然每一项具体的社会研究都开始于对研究问题的选择,但每一项新的社会研究课题产生,无不依赖于其他研究者的已有发现和眼光。文献回顾正是研究者在选择研究问题过程中,建立起目前的研究与从前的研究之间的联系的关键途径。"文献回顾基于以下两个假设:知识是积累起来的,以及我们从他人的成果中学习并在他人的成果基础上建立起我们自己的研究"。而研究者开展文献回顾的主要目标之一,就是要"建立与发展中的知识之间的连接","并且告诉读者这个研究在整个知识领域内的地位及含义"。(纽曼,2007:122—124)

文献回顾的过程,可以帮助研究者明确自己的研究问题和研究计划是如何建立在与这一主题有关的整个知识背景的框架中的。其最重要的意义在于强调"每一项研究都应该把现有知识当作它的出发点,然后以此为基础进行研究"(丹斯考姆,2007:41)。同时也"通过回顾文献来显示其研究是对现有知识的一种补充"(丹斯考姆,2007:47)。通常我们在探讨一项研究问题的意义或价值时,总是会从理论和实践两个方面来考虑。但实际上,当我们从建立有关社会世界的知识的角度来看,这二者是统一的。一项社会研究的价值主要体现在"对知识缺口的细致理解、前人提出问题中的不足、资料搜集方法的欠缺、或对结果解释的欠妥"等方面,"因此,文献综述就成了一种用来说明如何以及为什么这一切可以做得更好的工具"。(洛柯等,2009:65—66)一种用来说明现有的研究问题可以如何有效地填补这种知识体系中的缺口、如何可以成为前人研究发现的后续工作的工具。

(二)为研究者参与有关某一研究领域或研究主题的对话奠定基础

围绕一个特定的研究主题(比如社会分层,或者职业流动),往往会有许多的研究者在不同时期、不同地区、针对不同对象和不同的具体问题,开展不同的研究进行过探讨。他们所得出的各种研究结果和研究发现,以及在此基础上得出的各种理论解释,实际上构成了一场围绕这一主题的持久的、连续的、跨越时空的、多侧面的,并且存在多种声音和多种观点的学术讨论。其中的每一项具体社会研究及其结果,都可以看成是研究者参与这场学术讨论的一个发言,是关于这一领域或主题中某一具体内容的一种声音和一种观点。正如美国学者洛柯教授所说:"学科内的研究领域是作为正在进行中的对话存在于那些做学术研究的人之间。一个领域已经出版的文献构成了这些对话的记录。"(洛柯等,2009:59)文献回顾可以将现有的研究放到历史与理论的脉络之中,提供进一步研究的背景,说明目前的研究与以往的研究之间的联系。同时,文献回顾也从现有文献中找出趋势和争论。正是这些联系和脉络,将参与这一主题讨论的学者连接了起来。

因此,任何一个对这一领域和主题感兴趣的新的研究者,在开展对这一领域或主题中的某个具体问题的社会研究之前,都必须首先做好文献回顾的工作。即首先要去阅读和分析以往的研究者在这一领域中的研究,特别是要阅读和分析那些经典的、重要的、有影响的研究者,以及那些所做研究与自己的研究问题最为密切的研究者所做的研究。要去认真倾听他们关于这一主题的发言、争论和对话。"看看它们已经说了些什么

(什么时候、由谁以及在什么样证据的基础上说的)……直到理解了对话的历史和目前的状况为止"(洛柯等,2009:59)。当我们认真做好了这种文献回顾的工作,完全清楚了以前的研究者们关于这一主题的各种发言,我们实际上也就具备了亲自参与到这种长长的对话中,发表自己的看法(当然,是基于经验研究证据的看法),并让自己的声音被讨论这一问题的其他人听到的基础。认真扎实的"文献综述将与读者一道分享那些早已完成的与本研究紧密相关的其他研究成果;它能使研究超越时空就相关问题进行对话;它为确定研究的重要性提供了一个框架,也为与其他相关研究成果进行比较提供一个基准"(克雷斯威尔,2006:24)。

(三) 帮助研究者熟悉和了解本领域中已有的研究成果和发现

熟悉和了解前人已有的研究成果,是一项研究能够创新的前提。通过系统的文献回顾,研究者可以比较全面地了解本领域中的研究状况,特别是已取得的研究成果和发现。这种了解对于帮助研究者选择和确定合适的研究课题具有十分重要的作用。它将研究者自己的研究放到现有一系列研究和发现的背景中去,便于他们确立自己的研究在该领域中的位置。文献回顾还能帮研究者认识到自己的工作对增加人们的认识,对学科理论的发展,或对实际问题的解决所具有的特定意义和贡献。

对于文献回顾在社会研究中的这种意义和作用,我们可以通过各种社会研究基金申请书的要求来进一步说明。思考一下,为什么所有的社会研究基金课题申请书中,都往往首先要求申请者对与所申请课题相关的现有文献进行回顾?实际上,这种要求的主要目的,就是要申请者非常熟悉和了解该研究领域的过去和现在,非常熟悉和了解该研究领域的最重要成果,同时也非常熟悉和了解该研究领域中前人研究还存在的局限和不足。文献回顾通过总结和概括,可以整合该领域中已有研究结果所反映的最重要的"已知"和"未知","共同点"和"差异点",以及"误区"和"不足"等等。正如有学者指出的:"文献的考察使你能够理解哪些是已知的,同时也使你能够了解现有的知识体系中哪里还存在一定的漏洞和薄弱环节。"(Morse & Richards,2002:169)申请者也正是通过文献回顾来说明自己的研究的必要性和创新性,说明自己选择的研究问题所具有的重要意义。即申请者必须列举具体的事实证明,对于自己所所提出的研究问题来说,现有文献中几乎找不到有针对性的研究结果,先前的研究者也没有提供明确的答案。

（四）为研究者提供可供参考的研究思路和研究方法

通过文献回顾，我们可以了解到以前的研究者在探索该问题领域时所采取的各种不同的研究角度，不同的研究策略，所采用的各种具体研究方法，以及所使用的研究工具和手段。这些研究角度、研究策略和研究方法，代表了以前的研究者所尝试过的各种不同的探索道路。无论其成功与否，结论如何，都为我们在自己的研究中确定研究视角、进行研究设计以及选取研究方法提供了一种借鉴和参考的框架。"这些文献为你提供了该领域有关研究方法的知识，也提供了有关理论及应用方面的内容"（洛柯等，2009：60）。特别是以前的研究者是如何切入你所关注的主题，如何收集回答你的问题所需要的资料等等。文献回顾的结果，既可以使我们在一种与先前研究稍微不同的框架中来重新安排自己的研究，也可以帮助我们去探讨这一问题的一些新的方面。同时，"文献回顾是研究者呈现研究逻辑的重要过程"（简春安等，1998：100），文献回顾通过将研究的问题与分析的框架、资料的性质等紧密联系起来，可以清楚地呈现出研究设计的内在逻辑。研究者通过评价前人研究中各种各样的研究设计的成功之处，就十分便于在自己的研究中进行借鉴。有了前人研究的这些帮助，研究者在自己的研究过程中就能够避免走弯路，还能够有所创新。

此外，文献回顾还可以帮助研究者发现和利用现有研究中对某些关键变量的操作化方法和测量指标，前人研究中所用的样本类型，前人在测量某些关键概念或变量时所使用的工具和量表等等。通过仔细地阅读每一篇相关的文献，我们可以寻找到那些与自己的研究紧密相关的部分，特别是那些真正对自己开展研究有参考价值的关键点。比如，前人研究中所用研究方法的效果、利弊得失，以及这些方法与自己研究的适合性等等。当然，对于前人研究中与自己的研究相同的概念或变量，要进行仔细的检查和比校，不要想当然地认为只要名称相同，其内涵就一定相同，因而自然是可比的。特别是要搞清楚在各个不同的研究中，同一名称的概念是如何操作定义的，又是如何测量的。因为，常常存在着这样的情况，在不同的研究者所做的研究中，同一名称的概念，实际上却意味着两种不同的内容。

（五）为研究者提供理解和解释研究结果的背景资料

文献回顾的另一个重要意义是它在客观上给我们提供了一种与所探讨的研究问题或领域有关的背景资料。这种背景资料既是研究者在选择研究问题时的参考框架，它同时也是研究者在对自己的研究结果和研究发现进行解释时所依据的一种大的背景。这种大的背景不仅可以解释研究者的研究问题是从哪里来的，可以解释研究问题在这一领域中处于什么位置，它也可以解释目前研究的结果和发现对以往这一领域知识的具有什么样的补充或修正意义，可以解释目前研究的结果和发现对于这一领域中知识的积累，以及对关于这一主题的长长的对话来说所具有的特定意义。此外，任何一项社会研究都可能会产生出一些研究者未曾预料的结果，或者产生一些与研究者所期望的结果有所不同，甚至完全相反的结果。而要正确地理解这些结果，合理地解释这些结果，都离不开前期文献回顾过程所给予我们的这种背景资料。当我们回到前期文献回顾中所梳理出的某些研究结果和发现，当我们将以往各种不同的研究结论重新进行综合、归纳、分析、比较时，目前研究中这些未曾预料的、与预期不一致的、看似矛盾的，以及难以解释的结果所蕴含的意义或许就会凸显在我们的眼前。

三、文献回顾与社会研究的关系

文献回顾在整个社会研究过程中处在什么位置？它和整个研究过程中的哪些部分关系最为密切？实际上，从上述有关文献回顾的意义探讨中，我们不难找到回答这些问题的具体答案。概括地说，文献回顾处于一项研究全过程中的最初阶段，它和研究问题的选择以及研究的设计这两个部分之间的关系最为密切。我们可将文献回顾与社会研究之间的关系用图1简要地展示出来。

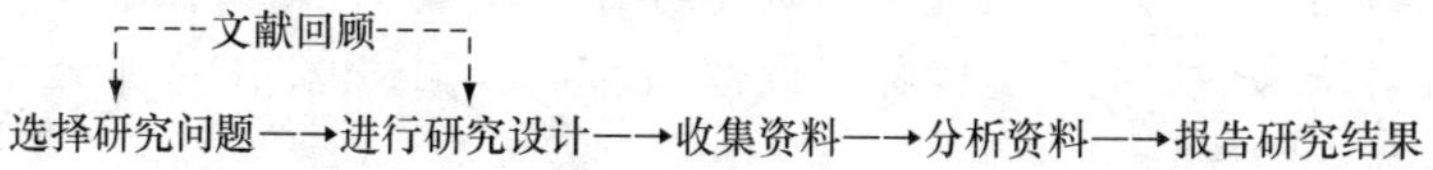

```
          ┌----文献回顾----┐
          ↓                ↓
选择研究问题──→进行研究设计──→收集资料──→分析资料──→报告研究结果
```

图1　文献回顾及其与社会研究程序的关系

如前所述，所有具体的社会研究都起始于研究问题的选择。而文献回顾则正是选择研究问题的重要途径之一。一方面，对某个领域感兴趣的研究者,常常会在阅读该领域的其他研究者的论文和研究报告的过程中,在梳理不同学者对这一主题的各种观点所形成的长长对话过程中受到启发,发现值得探讨的问题。现实中许多社会研究问题的产生和确定,就是研究者在阅读、分析这些专门文献的过程中,找到需要弥补的缺陷而产生的。另一方面,研究者头脑中那些可以发展成为研究题目的最初的灵感,也有很大一部分来自于各种文献。"作为研究问题的想法、灵感和火花,常常可以从学术著作和教科书的内容中,从报纸杂志的文章和标题中,以及从学习笔记和谈话记录中采摘到。尤其是各种社会科学的报纸杂志,常常成为这种灵感、火花和想法的重要来源地"(风笑天,2009:48)。因此,在一定意义上可以认为,文献回顾是与选择研究问题同时进行的。

文献回顾虽然会对一项研究的各个部分都提供有用的信息,但它特别与研究课题的选择密切相关。通过阅读和评论,将帮助研究者识别与自己的研究主题相关的发现。理解和组织这些发现,将帮助研究者为自己的研究问题提供推动力,即提供那些导致、引导研究者进入到一个特定的研究问题的力量或因素。从实际过程来看,文献回顾与选择研究问题这二者之间往往存在着一种交叉影响、相互促进的作用,使得研究问题的选择呈现出一种由宽到窄、由模糊到清晰的层层深入的过程。在很多情况下,研究者最初可能由某种自己感兴趣的现象引起好奇,也可能由阅读某种文献引起对某一问题的注意。当他试图对此现象或问题进行一项系统的社会研究时,他会首先去围绕这一现象或问题领域开展相对宽泛的查阅文献工作;在这种文献查阅的基础上,研究者初步确定自己的研究主题,并围绕这一主题展开新一轮内容更为集中、焦点更为明确的文献查阅;而这种专门的文献查阅的结果,就进一步帮助研究者最终形成明确具体的研究问题。这一过程表明,通过广泛查阅和系统阅读,从而了解和熟悉同一研究领域的现状和主要研究成果,对于研究问题的选择,以及研究问题的明确化具有明显的作用。此外,文献回顾还能"使我们知道所要研究的题目是否以前已被研究过?研究的结果如何?碰到何种难题?先前的研究对未来的研究又有何种建议?"(简春安等,1998:100)即可以使我们避免重蹈覆辙。

除了对研究问题的选择有明显作用外,文献回顾还对研究的设计有着重要的影响。研究设计是研究者针对研究问题,对所要采取的研究视角、研究思路、研究方法和具体技术事前做出的一种考虑。其目标是为找到回答研究问题的答案而制定出切实可行的操作方式。从程序上看,研究设计通常发生在研究问题确立之后。似乎与帮助研究者确定研究问题的文献回顾没什么关系。但实际上,无论是研究问题的确立,还是研究设计的考虑,都与文献回顾联系十分紧密。从上述对文献回顾各种意义的分析中,我们不难发现,文献回顾不仅与选择研究问题同时进行,在一定程度上也与研究设计有一些交叉。很多情况下,研究者的研究设计实际上也是从文献回顾就开始考虑的。研究者往往是在阅读以往的研究者所发表的各种研究结果的同时,就在关注他们探讨问题的特定视角、他们所采取的研究方式、他们收集和分析资料时所采用的研究方法和具体技术。而在这种关注中,研究者也会主动地思考自己的研究应该或者可以采用什么研究方式、方法和技术的。

总之,在整个社会研究过程中,文献回顾处在研究最初期的位置上,或者说,文献回顾是研究者在进行一项研究的早期阶段所遇到的具体和实际问题。正如纽曼所指出的:"无论你采用的是社会科学中的哪种方法,对某个问题进行累积性知识的回顾,都是研究过程中基础性的早期阶段。"(纽曼,2007:122)在这个阶段中,与文献回顾关系最为密切的两个环节分别是选择研究问题和开展研究设计。换句话说,文献回顾的过程发生在从选择研究问题开始,到进行研究设计为止的这两个阶段。也正是因为文献回顾与这两个对整个研究来说至关重要的环节密切相关,密不可分,其对整个研究所具有的重要意义也就不难理解。我们之所以在研究的开始阶段要去系统查阅,并认真分析那些与我们感兴趣的研究问题密切相关的文献资料,是因为它们对我们的研究有着十分重要的影响。更直接地说,是因为它们在很大程度上决定着我们的研究应该从哪里出发。因此,文献回顾并非可有可无,也并非可轻可重,而是社会研究的早期阶段最为重要的任务之一。无论是对于提升具体社会研究项目的价值,还是对于提高社会研究者的研究水平,文献回顾都是一个值得特别重视的关键环节。

笔者在美国一些大学作访问学者时经常看到的一种现象也可以给我们一些启示:一般来说,研究生入学的头两年中,需要根据院系导师的研究方向,选择自己感兴趣的研究领域。在选定某个研究领域后,这个方向的导师们往往会给学生开列一份包括该领域最经典和最重要文献的目录,这种目录通常会包含一两百篇(部)论文和著作。在两年中,研究生除了选修专业的基础课程外,另一项重要的任务就是阅读这些文献。两年后的博士资格考试(doctoral qualifying examination)就是针对这些文献。只有通过资格考试后,才能成为博士候选人,才能进入做博士论文的阶段。当时笔者对美国大学研究生培养的这种做法并不太在意,现在回想起来,多少有些明白其中的道理:他们要求研究生前两年所做的,实际上就是本文所论述的文献回顾的工作。他们这样做的逻辑是:每个学生的研究工作都是从阅读、理解和总结这些文献开始的。你要从这个领域中选择自己的研究题目,就必须先认真阅读和了解这个领域中前人最重要的研究成果。而当你对该领域中最重要的前人研究成果以及该领域中各种学者关于这一主题的对话都了解得清清楚楚时,你也就知道还有哪些问题值得进一步研究了。这样选出的研究问题在研究的意义和研究的创新上自然就容易得到保证。

最后,我们通过一个实际的例子来简单展示文献回顾在社会研究中的重要意义,展示文献回顾对研究问题提出、研究思路确定、研究方法选择所具有的决定作用,同时也说明文献回顾与选题和研究设计之间的紧密关系。两位美国研究者对"兄弟姐妹数量与儿童智力发展"之间的关系感兴趣,在确定他们自己的研究问题之前,他们通过对至少50多篇相关的重要文献进行了系统回顾。他们发现,"1987年,Galton就指出了长子具有智力优势。但是在家庭结构的各个方面,只有兄弟姐妹数量一直被研究发现是不利于孩子的智力获得的,或者更一般地说,是不利于'孩子质量'的"。同时,关注这一主题的"大多数研究者都同意,兄弟姐妹数量和智力发展之间存在着统计上的负向关系。这一研究发现不仅在美国的数据中得到确认,而且在法国、苏格兰,以及英国的关于在校生的大规模调查中得到确认"。"对于这个结果,目前有两种解释。其中较为普遍的解释认为这种关系是因果的……第二种解释则认为,它们之间的关系是虚假的"。(Guang Guo & Leah K. VanWey,1999:169—171)

这首先表明,对于这两位研究者所关注的主题,前人已做过很多的研究,得到了很多的研究结果(他们所列举的文献或许只是其中最重要的一部分)。其中有些结果得到了反复的验证,而有些则受到了质疑。换句话说,关于这一主题,有很多的研究者都发了言,他们的研究所得出的各种观点之间,既有一致的,也有不一致的。正是在认真听取关于这一主题的长长的对话过程中,这两位研究者发现,"就数据而言,几乎所有关于兄弟姐妹数量与孩子质量之间关系的证据都来自基于截面数据的常规回归分析,因而对统计关系的因果解释经常受到质疑。而另一种可能的解释是,统计发现的兄弟姐妹数量与孩子质量之间的负向关系是虚假的,这种关系是由其他因素导致的,或者是由与兄弟姐妹数量高度相关的其他因素,如家庭的社会经济地位,家庭遗传,或者家庭总的智力环境等等共同导致的"(Guang Guo & Leah K. VanWey,1999:170)。

正是在这种背景下,他们确定了自己的研究问题,以及为回答这一问题所制定的研究策略和研究方法:"在本研究中,我们通过兄弟姐妹研究以及对相同个体的重复测量研究来检验兄弟姐妹数量对孩子智力发展影响的后一种解释。"(即兄弟姐妹数量与孩子智力发展之间的关系是虚假的)(Guang Guo & Leah K. VanWey,1999:170)而他们所寻求的回答,实际上也是对有关这一领域中科学知识的一种积累或补充。当他们利用相关数据资料,通过专门的研究,在控制"诸如家庭智力环境、家庭价值体系以及家庭遗传等无法测量的影响因素"的条件下,发现"兄弟姐妹数量与智力发展之间的负向关系消失了,这就对以往研究中发现的负面关系的因果解释提出了质疑"(Guang Guo & Leah K. VanWey,1999:169)时,他们实际上也为人们更好地认识和理解这一问题提供了一种新的知识。

参考文献

David and Sutton, *Social Research: The Basics*, Sage Publication, Inc., 2004.
Dooley, David, *Social Research Methods*, 4th edition, Prentice Hall, Inc., 2001.
Fink, Arlene, *Conducting Research Literature Reviews*, Sage Publication, Inc., 1998.
Guo Guang, and Leah K. VanWey, "Sibship Size and Intellectual Development: Is the Relationship Causal?" *American Sociological Review*, Vol. 64, No. 2, 1999.
Morse & Richards, *Readme First for a User's Guide to Qualitative Methods*, Sage Publications, Inc., 2002.
〔英〕丹斯考姆:《做好社会研究的10个关键》(杨子江译),北京大学出版社2007年版。
风笑天:《社会学研究方法》(第三版),中国人民大学出版社2009年版。
简春安等:《社会工作研究法》,台湾巨流图书公司1998年版。
〔美〕克雷斯威尔:《研究设计与写作指导:定性、定量与混合研究的路径》(崔延强译),重庆大学出版社2006年版。
〔美〕洛柯等:《如何撰写研究计划书》(朱光明、李英武译),重庆大学出版社2009年版。
〔美〕纽曼:《社会研究方法:定性与定量的取向》(郝大海译),中国人民大学出版社2007年版。

论参与观察者的角色[*]

实地研究是社会研究中一种十分重要的定性研究方式。这种研究方式的最基本的特征是研究者必须深入实地,近距离、长时间地生活在被研究的群体和社会背景中,与被研究对象面对面互动,主要通过参与观察和无结构访问的方式来收集资料。而作为实地研究中最基本方法的参与观察,则是一种对研究者要求很高的资料收集方式。这种方式不仅要求研究者深入到所研究的对象的生活背景中,而且还要求研究者实际参与研究对象日常生活和各种活动,并在这种参与的同时进行观察。正是因为参与观察所具有的这种特征,因此,所

---

[*] 感谢陈飞强读者在来信中关于观察者身份的有价值的提问,正是他的提问引起了笔者对这一问题的关注和研究。本文中的观点和不当之处完全由笔者个人负责。本文原刊于《华中师范大学学报》2009年第3期。

有采用参与观察方法的研究者,都将不可避免地面临一个非常现实的问题:在观察过程中,研究者应该采取什么样的现场角色?

要回答上述问题,必须首先明白另一个更为基本的问题:研究者在参与观察中可以采取的角色有哪几种?每一种具体角色的要求和限制是什么?当我们查阅现有的各种社会研究方法著作时,不难发现,在现有的介绍社会研究方法的著作中,作者们基本上都谈到了参与观察者的现场角色问题。但十分遗憾的是,目前不同的学者对于参与观察中的现场角色的划分却互不相同,甚至对同一角色概念的界定也不完全一样。因而,无论是对于研究者正确了解和认识实地研究方式,特别是正确了解和认识参与观察方法,还是对于研究者在实际社会研究过程中正确地应用这些方式和方法,这都是一个不小的障碍。本文的目的,就是希望通过对现有的各种角色划分方式和角色定义进行系统的比较和分析,来探讨和澄清这一问题。

一、现有的角色划分及其界定

各种社会研究方法的著作一般都会在介绍实地研究和参与观察时,提及研究者的角色问题。从笔者所查阅的著作看,这些作者都对参与观察者的角色进行了讨论和划分。各种划分中既有相似和相同的,也有不一致的。总的来看,有关研究者现场角色的各种观点可归结成三大类,即"四种角色说""三种角色说"以及"两种角色说"。

(一)"四种角色说"

布瑞曼(Bryman)在其著作《社会研究方法》中指出:关于实地研究者的角色划分问题,引用最为广泛的是戈尔德(Gold,1958)关于参与观察者角色的分类,这一分类可以排列成一个涉入和疏离于社会背景中成员程度的连续体。这个连续体中的角色有以下四种:

完全参与者(complete participant)。根据戈尔德的说法,完全参与者扮演着社会背景中的一个完全真实的角色,而其真正的作为研究者身份则不被其他人所了解。因此,他是一个隐蔽的观察者。作为观察者的参与者(participant-as-observer)。这一角色与完全参与者一样,但社会背景中的人们知道研究者作为研究者的身份。研究者与人们进行正常的互动,参与他们的日常生活,在这种互动和参与中进行观察。作为参与者的观察者(observer-as-participant)。在这一角色中,研究者主要是一个访问者,虽有一些观察,但却不会包含任何的参与。有关警察部门的人类学研究经常采取这种类型的角色。因为出于法律的考虑以及会干扰正常警务的原因,进行参与的机会非常少。完全的观察者(complete observer)。研究者不与背景中的人们互动。人们根本就不知道研究者的存在。

这四种角色所排成的连续体如图 1 所示:

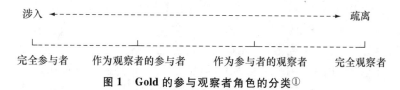

图 1　Gold 的参与观察者角色的分类①

而根据戈尔德的论文,四种角色的分类最早是江克(Junker)在 1952 年的一篇论文中提出的:"江克提出了社会学者进行田野工作的四种理论上可能的角色,其范围从完全参与作为一个极端到完全观察作为另一个极端。在二者之间,作为观察者的参与者靠近前者,而作为参与者的观察者则靠近后者。"(Gold,1958)

纽曼(Neuman)在其著作中所介绍的也是江克(Junker,1960)的四种角色的划分,其内容是:完全的观察者(complete observer)。例如,研究者藏身于单面镜之后,或是以一个"不易被看穿的角色"出现,如偷听的守门人。进行观察的参与者(observer as participant)。例如,从一开始大家都知道研究者的存在,但他与田野对象的接触相当有限。进行参与的观察者(participant as observer)。例如,研究者的身份是公开的,但他是成员的亲密朋友。完全的参与者(complete participant)。例如,研究者的举止与会员无异,且分享局内人才知道的秘密消息。同时,纽曼也指出,田野角色以连续体的形式排列,主要根据研究者与成员间分离或涉入的程度而定。在某个极端,田野角色是置身事外的局外人;在另一个极端,田野角色则是一个亲身涉入的局内人。(纽曼,2007:471)

对于这四种角色界定和解释得最为明确、划分也最为清楚的是罗布森(Robson),他在《现实世界研究》一书中指出:

完全的参与者的角色要求研究者涉入背景中,隐藏他是观察者的角色,尽可能自然地行动,寻求完全成为群体的成员。作为观察者的参与者的角色,是完全参与角色的一个可行的替换。从一开始群体成员就知道

---

① Alan Bryman, *Social Research Methods*, 2nd edition, Oxford University Press, 2004, p. 301.

观察者就是一个观察者。然后,观察者努力与群体中的成员建立密切的关系。这种角色意味着观察者既可以在活动中通过参与进行观察,也可以通过向群体成员询问来了解正在发生的事情的各个方面。作为参与者的观察者的角色不参与背景中的活动,但是研究者的身份对于被研究对象来说是公开的。这样的一种情形是许多进行系统观察的研究者所渴望的。但是,任何一个身份公开的研究者是否能够不参与现场中的活动还是一个问题。因为他的角色已经是包括他在内的更大的群体中的一员了。而完全的观察者的角色既不参与背景中的活动,他作为一个研究者的身份也不为背景中的人们所知晓。(Robson,2002:314—319)

罕默斯利和阿特金森(Hammersley & Atkinson)参考江克对戈尔德所列的田野角色系列的修改,提出了另一种四点的角色系列。

完全参与者:研究者从一种充分参与的位置来进行研究。例如,从一个教师的位置来研究学校生活,或者从一名警官的位置来研究警察的工作。作为观察者的参与者:研究者承担一种他的研究所感兴趣的群体中的成员的角色,并且在研究的过程中像一个成员那样生活。这种角色的一个例子是研究者为了研究科学知识的建构,就作为研究助理到一个化学实验室工作。作为参与者的观察者:研究者花一定的时间与一个群体生活在一起,尽管他也涉入某种仪式或事件,但却不是一个全职的参与者。这种角色的一个例子是人类学者到巴布亚新几内亚的一个村庄生活两年,被邀请参与当地大量的民俗活动与日常生活。完全的观察者:这种角色的研究者不是一个参与者。当然,哪怕只是出现在周围也会产生影响。所以,所有的研究者都参与了他们所出现的环境中的情景。但是在这种角色中,研究者并不正式地承担群体中的一个角色,而只是作为研究者。

他们同时指出,完全的参与者角色提供了一种隐蔽的机会,尽管在大多数情况下并不要求隐蔽的方式。从角色系列向完全观察者一端移动,包含了一种对公开的研究者身份的必要性的增加。在任何研究项目中,研究者很可能在不同的时段要在这个角色系列中来回变化,除非他们完全隐蔽因而必须严格按他们参与的角色行事。(David & Sutton,2004:108)

从以上四个最常见的"四种角色说"的介绍中,我们可以看到,总体上,"四种角色说"的一致性很强。不同作者所列出的四种角色不仅名称相同,而且实际内涵的界定也基本一样,相差不大。基本上都是沿着最早由江克（Junker,1952）提出,戈尔德（1958）、江克（1960）不断修改的分类框架,逐步完善和补充的。

（二）"三种角色说"

查姆布里斯和斯卡特在其著作中提出了一种参与观察者的三种角色的分类,这三种角色的含义及其解释是:

完全参与的角色（complete participation）。这种角色完全按照场景中的一个真实成员角色来行动。最常见的是,这种研究是隐蔽的或秘密的。其他成员都不知道这个研究者正在进行研究。参与和观察混合的角色（mixed participation/observation）。大多数研究者采取一种在现场包括某些主动地参与的角色。通常他们至少会将自己的研究兴趣告诉一部分群体成员,然后他们参与足够的群体活动以发展与群体成员的关系,获取群体成员所经历的直接感觉。完全观察的角色（complete observation）。在这种角色中,研究者试图在事件发生时观察它们,而不会主动地去参与事件。（Chambliss & Schutt,2003:166—168）

而甘斯（Gans）也提出了相似的三种角色:

完全的参与者（total participant）。研究者完全涉入所研究的背景中,一旦情景显现时,他必须马上恢复研究者的立场,写下记录。参与的研究者（researcher-participant）。研究者参与一种情景但只是部分卷入,因而他能够在整个情景发展过程中充分地作为研究者工作。完全的研究者（total researcher）。这种角色强调在情景中进行观察但没有参与,就像出席一个公共集会或者坐在公共汽车里观察身边的情形那样。当采取这种角色时,研究者不参与到事件的过程中。他同时指出,这些角色可以同时存在于任何项目中。换句话说,在实地研究过程的不同阶段可以采用三种不同的角色服务于不同的目的。（Bryman,2004:301—302）

阿德勒和阿德勒（Adler & Adler）则建议了另外的三种角色:

完全的成员,即研究者皈依田野并且"本土化",作为一个完全忠实的成员,研究者经历和其他人一样的情绪,而且必须在离开田野后才能重新回到研究者的角色。积极的成员,是指研究者承担起成员的角色并且经历与成员相同的感觉,像成员那样参与活动。研究者维持着高水平的信任,同时还能定期地退出田野。边际成员意味着研究者保持自己与研究对象之间的距离;或者由于研究者的观念或是由于对成员行为的不适应造成了限制。（纽曼,2007:471）

北京大学袁方教授主编的《社会研究方法教程》一书中认为,完全观察者实际上是局外观察者,因而其认为参与观察者主要有三种角色。

完全参与者的角色实际上就是间谍的类型。在整个观察的过程中,被观察群体的成员都相信他是这一群体中的一个成员,一点也不知道他是一个观察者。作为观察者的参与者则是这样的一种观察角色,它要求观察者既能够成为群体的一员,又能在不暴露研究者身份的情况下询问问题。这是一种要求研究者采取虚伪的角色的情形。例如,装作一个体验生活的作家或进行采访实习的记者等等。但作者同时也指出"在实际社会研究中,采取这种角色进行参与观察的并不多见"。作为参与者的观察者指的是这样的一种角色,他的研究者的身份是被所研究和观察的群体知道的,他是以这种公开的身份参与到被研究群体或社区中进行观察的。(袁方,1997:343—347)

北大教材中的三角色划分如果加上完全观察者,实际上与前面的"四种角色说"相似。真正属于"三种角色说"划分的只有其他三种。如果将这三种划分与前一部分中的"四种角色说"划分相比较,可以发现,这两种分类中,都包含完全参与者角色和完全观察者角色,它们的含义也基本相似。这两种分类中唯一的差别是,"四种角色说"中的中间两种角色变成了"三种角色说"中的一种角色。

(三)"两种角色说"

巴比(Babbie)在其著名的《社会研究方法》一书中,只划分出两种主要的角色:完全参与者和完全观察者。"完全参与者可能是研究情境下的真正参与者(例如校园示威活动的参与者)或可假装是真正的参与者。在任何事件中,如果你们扮演完全参与者的角色,就要让人们仅仅视你们为参与者,而非研究者"。而"完全观察者则是在任何情况下观察社会过程都不成为其中一部分……例如坐在公共汽车站观察附近十字路口行人违规穿越马路的行为"。虽然他也在书中谈到这是两个极端的角色,但他却没有进一步指出在这两个极端角色之间还有哪些角色。(巴比,2000:362—364)

但两位纳克米亚斯(Nachmias & Nachmias)则认为,在参与观察中,研究者要么采取完全参与者的角色,要么采取作为观察者的参与者的角色。而没有其他的角色。

在完全参与者这种角色中,观察者成为他所感兴趣的群体中的一个参与的成员,而不向这一群体揭示出他们的真实身份或研究者目标。或者说,观察者是完全隐蔽的。研究对象不知道自己在被观察,研究者也企图成为所观察的群体中的一员。完全参与者尽可能地在他所感兴趣的和他所能接近的各个日常生活领域中与被观察者发生互动。他们所举的例子是,有研究者对一群预言地球毁灭的人进行的研究。这一群体的性质使研究者意识到,如果他告知这群人他的研究者身份,他们就不会允许他观察他们的活动。因此,完全参与被证明是使得对无法接近的群体或者那些不为外界所知的群体的生活侧面进行研究成为可能的基础。

而作为观察者的参与者角色,即观察者参与到被观察群体的活动中,但告知被观察群体自己的真实身份和研究的目标。当研究者采取这一角色时,他会告知所研究的群体自己正在进行一项研究项目。研究者作出成为群体积极成员的长期承诺,并努力与这一群体的成员建立起密切的关系,这一群体的成员后来就成为提供信息者和回答者。他举的例子是,一个研究者进行一项关于警察训练的研究。他先找到警察长官说明自己的身份和研究目标,获得允许后进入到一个警察组织中。在参与观察中,他也不隐瞒自己的身份和学术目的(Nachmias & Nachmias,2000:258—260)。

笔者在《社会学研究方法》一书中,也列出了两种角色。一种是作为观察者的参与者角色,这种角色是指研究者的身份对于所研究的群体来说是公开的,同时,研究者又被这一群体所接受,允许他参与他们的成员关系和群体活动,使研究者能够进行观察和研究。这种方式的典型例子是怀特所作的《街角社会》。另一种角色是作为参与者的观察者,或隐蔽观察者,即研究者将自己的真实身份隐藏起来,而以所观察社区或群体中一个真实成员的身份去参与其中并进行观察。这是一种要求研究者采取虚伪角色的形式。(风笑天,2005:259—260)

在上面这三种"两种角色说"的看法中,两位纳克米亚斯的看法相当于在前面"三种角色说"的划分中将完全观察者角色去掉。而巴比的看法则是将"三种角色说"划分中的两个极端角色中间的那个角色去掉。笔者的划分中,作为观察者的参与者角色与前面各种划分中的同一角色含义一样,但后一种角色实际上是将作为参与者的观察者角色等同于完全参与者(隐蔽的观察者)角色。所以,与两位纳克米亚斯的看法相同(但是,需要特别说明的是,笔者在书中使用"作为参与者的观察者"的概念来代表完全参与者的做法,现在看来是不妥的,应该直接用完全参与者的概念)。

二、不同角色划分框架的差异分析

上述三种角色划分框架总共 11 种具体划分方式中,只有完全参与者的角色是所有划分方式都一致包含的一种角色,并且在所有划分方式中其含义也十分一致。三种角色划分框架中的差别都集中在另外几种角色上。概括起来,主要存在这样两种差别:一是"四种角色说"的两个极端之间有两种角色,而"三种角色说"的两个同样的极端之间却只有一种角色;二是"三种角色说"和"四种角色说"都有完全观察者角色,而"两种角色说"却没有完全观察者角色。下面对这两种差别逐一进行分析。

在"四种角色说"中,作为观察者的参与者和作为参与者的观察者这两种角色的研究者身份都是公开的,这是它们的相同点,二者之间的区分主要是参与程度的不同:前者参与多,后者参与较少,或者参与非常有限甚至不参与;而在"三种角色说"中,处于两个极端之间的角色具有身份公开,同时也参与现场活动的特征。换句话说,它实际上相当于"四种角色说"中的作为观察者的参与者(即参与较多者)。笔者认为,"四种角色说"中的"作为参与者的观察者"角色不应成为参与观察中的一种角色。最主要的原因就是它并不参与背景中的活动。罗布森也对这一角色能否成为参与观察中的一种角色表示担心:"任何一个身份公开的研究者是否能够不参与现场中的活动还是一个问题。"(Robson,2002:319)同样的,布瑞曼也指出:"一些作者对基于'作为参与者的观察者'角色的研究是否真的能作为实地研究提出疑问,因为对于实地研究方法所要求的融入背景这一关键部分来说,某种情景很可能是不能控制的。即对于研究者在背景中既要不参与,又要进行提问和观察是否可能提出疑问。"(Bryman,2004:301—302)因此,笔者的结论是,相比较而言,这两种角色划分框架中,"三种角色说"更为合理。

再比较"三种角色说"(包括"四种角色说")与"两种角色说"之间的差异。这两种划分框架之间的差异主要体现在有或者没有"完全观察者"这一角色上。从前面各种包含这一角色的划分中,我们可以看出,所谓完全观察者角色,指的是研究者不仅完全不参与现场的活动,他们的身份也往往不为背景中的人们所知晓。对于这样一种角色应不应该属于参与观察的问题,有必要回顾一下所谓参与观察究竟指的是什么?

查阅各种著作关于参与观察的定义,几乎毫无例外地都会提到"参与到被观察的背景中""参与到被观察对象的生活中""参与到群体成员的活动中"这样的字眼。简单地说,参与到背景中、参与到观察对象的生活中是参与观察方法的本质特征。而将完全不参与现场活动、不参与背景中人们的日常生活的完全观察者角色作为参与观察中的一种,显然是不太合适的。这也正如布瑞曼所指出的,"大多数作者都认为,由于参与的缺失,完全观察者的角色不应该作为参与观察"(Bryman,2004:301)。因此,笔者认为,相比之下,不包含完全观察者角色的"两种角色说"比包含这种角色的"三种角色说"(及四种角色说)对参与观察者的角色划分更为合理。

之所以存在众多不同的划分,同时导致不同角色界定之间存在一些混淆,一个根本的原因是,划分的框架与基本概念的内涵之间存在着冲突。特别是由于现有的"四种角色说""三种角色说"所采用的划分框架与参与观察的概念之间存在冲突和不一致,从而错误地将本不应该属于参与观察的角色,纳入到参与观察中所导致。

三、双维度划分框架下的角色类型

笔者认为,上述最具代表性的"四种角色说"划分框架(江克及戈尔德)实际上是一种单维度的框架,即仅仅以研究者涉入背景的程度作为标准。却忽视了另一个同样重要的维度——这就是研究者的身份是否显露。应该看到,"研究者涉入程度"与"观察者采取的身份"是两件虽然密切相关但却并不完全一样的事情。纽曼指出,"研究者的涉入程度取决于与成员的交流、田野场景的特性、研究者的个人感受,及其扮演的田野角色。许多研究者随着在田野中时间的延续,也从连续体局外人的那端过渡到局内人的这端"(纽曼,2007:471)。换句话说,研究者"扮演的田野角色",只是决定和影响"研究者涉入程度"的一个因素。研究者扮演的角色有真实和虚伪之分,而他涉入的程度则是没有这种区分的。

当我们对所有上述划分都按照这种新的、包含两个维度的框架来进行分类时,就可以非常清楚地看到上述三种不同划分之间的本质差别。

详见表1、表2、表3。

表1 "四种角色说"

研究者的身份		是否参与背景中的活动	
		参与	不参与
研究者的身份	公开	作为观察者的参与者	作为参与者的观察者
	隐蔽	完全的参与者	完全的观察者

表2 "三种角色说"

研究者的身份		是否参与背景中的活动	
		参与	不参与
研究者的身份	公开	作为观察者的参与者	
	隐蔽	完全的参与者	完全的观察者

表3 "两种角色说"

研究者的身份		是否参与背景中的活动	
		参与	不参与
研究者的身份	公开	作为观察者的参与者	
	隐蔽	完全的参与者	

现有的"四种角色说"和"三种角色说"中所涉及的"观察"实际上不在同一个层面上,它们实际上超出了参与观察的范畴。我们知道,观察作为人们收集资料的一种具体方式,可以按观察的地点分为实验室观察和实地观察。而实地观察中又可以根据研究者是否参与所观察的背景,特别是是否参与背景中人们的日常生活活动再分为参与观察和局外观察。所谓参与观察,实际上指的是研究者要与背景中的群体成员进行交往、发生互动、一定要进入现场的活动中。那种不参与现场活动,不和背景中的群体成员发生交往和互动的观察,只能作为局外观察。因此,参与观察只是实地观察中的一种方式。实地观察既可以是参与的,也可以是不参与的。与实地观察相对应的是实验室观察;而与参与观察相对应的是局外观察。

由于局外观察不参与背景中的活动,不涉及研究者身份,所以谈不上观察者的角色问题。只有参与观察才存在研究者的现场角色问题,才存在研究者的真实身份是否让被观察群体所知晓的考虑和选择。因此,应该将不具备参与特征的观察形式排除在参与观察之外。这样一来,真正的参与观察者的现场角色划分问题就非常清楚了。这种划分的关键因素就是研究者的身份是否公开。正是根据这一标准,我们可将参与观察者的现场角色分为两种,即隐蔽的观察者和公开的观察者。由于二者在现场的身份不同,因此,他们涉入背景及群体的程度不同,受到的观察限制不同,获得的资料和体验不同,应用的范围也不同。

在整个观察的体系中,我们所划分的隐蔽观察者角色和公开的观察者角色,只是相对于参与观察来说的一种更小的划分。为了让大家对这一点有一个更清楚的认识,我们列出观察的整体划分及其相互之间的具体关系,详见图2。

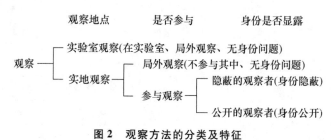

图2 观察方法的分类及特征

四、局外观察、参与观察及其应用

根据上面的分析和结论可知,社会研究中的实地观察可以根据研究者是否参与到被观察群体的日常生活中而分为局外观察和参与观察两大类。而在参与观察中又可根据研究者身份是否为观察对象所知晓,进一步分为隐蔽的观察和公开的观察两种。由于这三种不同的观察方式所具有的各种特征的不同、所受到的局限的不同等原因,在实际社会研究中应用的范围也不一样。有的情景中他只能采用参与观察中的某一种角色;有的情景中只能采用参与观察两种角色中的某一种;还有些情景中研究者则可以采用上述三种角色中的某一种。

例如,当一个研究者希望观察房地产公司售楼处工作人员的推销方式。此时他一般就只能采取参与观察中"隐蔽的观察者"的角色,因为他要完全参与到售楼处工作人员的实际工作中,要在与售楼处工作人员的面对面交往和互动中来进行观察。所以,不仅局外观察的方式行不通,就是采取参与观察中"公开的观察者"角色也不行。他只能要么通过招工成为一名临时的售楼工作人员(虚假身份),要么把自己装扮成买房的顾客(虚假身份)来达到参与观察的目的。

又比如,假设一个研究者打算观察农村妇女的育儿方式。此时,采取局外观察的方式也不合适。因为局外观察的方式限制了她近距离参与和观察农村妇女的家庭生活的需要。但是,她可以在参与观察的两种不同方式中进行选择:她既可以选择"公开的观察者"角色(真实身份),即告诉观察对象她是一名研究人员;她也可以选择"隐蔽的观察者"角色,即将研究者的真实身份隐藏起来,而装扮成当地某家居民的亲戚(虚假身份),或者装扮成当地计划生育部门的工作人员(虚假身份)来进行参与观察。

再比如,一个年轻的研究者希望观察大学生的学习生活,以了解当今大学生的学习动力和就业倾向。那么,他可以采取下列三种不同的观察方式中的一种。

其一,他可以采取实地观察中的局外观察(非参与观察)方法,每天到大学校园(公共场景)去溜达,到学生自习的教室(对于学生来说也是公共场景)去坐着看书,到图书馆的阅览室(公共场景)去翻杂志。这种局外观察方式的特点是:公共场景,没有参与,没有互动,不存在身份问题。他在所研究的群体和场景中只是陌生的过路者和局外人。他不打扰、不影响被观察的对象,也不被观察对象所意识到。这种局外观察只能从他所看到的表面现象中去猜测。因此得到的信息非常有限。

其二,他也可以采用参与观察中的"公开的观察者"的角色,通过事先联系,进入到一个院、系或班级中,作为一个研究青年问题的研究者(真实身份),参与大学生们的各种活动和日常生活。这种观察方式的特点是:公开的观察,有身份问题,有互动,可参与各种场景,无场景中特定角色的行为要求和限制。但他在所研究群体的眼里是一种外来人,他参与观察所得到的往往是在"霍桑效应"影响下的结果,看到的是人们有被观察的感觉和意识后所表现的行为。

其三,他也可以通过关系和事先的安排,将其作为刚入学的新生中的一员(虚假身份),进入一个系、一个班级、一个宿舍,参与学生的全部活动。这种观察角色的特点是:隐蔽的观察,有身份问题,有互动,可参与各种场景,但在场景中有特定角色的行为要求(表现要像个大学生),同时行为也受到角色规范的制约(要上专业课、要回答老师的问题等等),他在所研究群体的眼里和场景中被看成是局内人。这种角色所看到的现象和人们的表现相对真实。

上面的例子揭示出，不同的观察场景决定着研究者所能够采取的观察方式和观察者的角色。而不同的观察方式和观察者角色对观察者的要求不同，他们所受到的观察限制不同，得到的观察结果也不一样。研究者要根据研究目标和特定的观察场景，来决定和采用合适的观察方式和观察者角色。

参考文献

Bryman, Alan, *Social Research Methods*, 2nd edition, Oxford University Press, 2004.

Chambliss, Daniel F. & Russell K. Schutt, *Making Sense of the Social World: Methods of Investigation*, Pine Forge Press, 2003.

Matthew, David & Carole D. Sutton, *Social Research: The Basics*, Sage Publications, 2004.

Frankfort-Nachmias, Chava & David Nachmias, *Research Methods in the Social Sciences*, 6th edition, Worth Publishers and St. Martin's Press, 2000.

Gold, Raymond L., "Roles in Sociological Field Observations," *Social Forces*, Vol. 36, No. 3, 1958, pp. 217-223.

Junker, Buford, *Field Work*, University of Chicago Press, 1960.

Junker, Buford, "Some Suggestions for the Design of Field Work Learning Experiences," in Everett C. Hughes, et al., *Cases on Field Work*, hectographed by The University of Chicago, 1952, Part III-A.

Robson, Colin, *Real World Research*, 2nd edition, Blackwell Publishing, 2002.

〔美〕巴比:《社会研究方法》(邱泽奇译),华夏出版社2000年版。

风笑天:《社会学研究方法》(第二版),中国人民大学出版社2005年版。

〔美〕纽曼:《社会研究方法:定性和定量的取向》(郝大海译),中国人民大学出版社2007年版。

袁方主编:《社会研究方法教程》,北京大学出版社1997年版。

你的收入是多少:对社会调查中收入测量方法的研究[*]

一、研究问题及其意义

收入既是衡量人们社会经济地位的重要指标,也是社会研究中最为重要的分析变量之一。在著名社会学家布劳、邓肯关于美国职业结构的经典研究中,收入就是他们所构建的"社会经济地位指数"(SEI)中两个基本的变量之一。在社会分层研究、职业声望研究、社会流动研究等众多领域中,收入都是最重要的基本变量。而"在由政府资助的调查所收集的统计资料中,也许没

---

[*] 本文原刊于《社会科学研究》2006年第3期,原文为《社会调查中不同收入测量方法的特点及其应用》。

有什么比收入更为普遍存在,或者比收入更为普遍地与大量重要的政策问题相关的"(Jeffrey C. Moore, Linda L. Stinson, and Edward J. Welniak, Jr. 1998)。从更广泛的意义上看,收入是研究各种社会现象及社会问题的社会调查中必问的个人背景资料之一。

然而,我们该如何测量人们的收入呢?从理论上说,对人们收入的最为精确、最为客观的测量是进行收入登记或记账。然而,对于绝大多数社会研究者来说,这种方法在现实中常常是做不到的。就是对于国家统计部门长期以来一直使用的住户记账方法,也有统计工作者根据基层调查的反复实践认为其"应该完成历史使命了"(胡少中,2003)。那么,在实际社会调查中,研究者是如何测量人们收入的呢?从目前情况看,社会调查中比较常见的收入测量方式有两种:一种可以称为自报法(或自填法、填空法),即由被调查者根据自己的实际收入情况向调查员报告具体的收入数字,或者由被调查者自己在问卷中询问收入问题后面的横线上直接填写收入的具体数字;二是区间法(或区间选择法),即研究者事先准备好一组划分不同收入的区间或范围,被调查者根据自己的实际情况选择代表其收入的那个区间作为回答。

在实际调查中,不同的研究者往往采用不同的方法:有的习惯采用填空法,有的则偏爱区间法;就是在同样采用区间法的研究者中,各人所设置的区间范围、区间数量、区间大小等又互不一样。值得注意的是,众多研究者虽然在社会调查中一直在采用各种具体的测量方法,但是对于"不同的收入测量方法在实际运用中各自具有什么样的特点?特别是具有哪些缺点和不足?""对于同一组对象,当我们采用不同的收入测量方法时,所得到的结果是否会有显著的不同?""在实际应用中,不同的方法(或者不同的设置)会出现什么样的问题?""如果不注意这些问题将会给调查带来什么样的偏差和后果?""要克服这些偏差,在实际应用时应注意什么?"等问题,却很少有人去认真思考和进行探讨。

潜在的问题是,如果以不同的方式进行调查时会得出有显著差别的结果,或者不同的测量方式所具有的弱点和不足会对测量结果产生极大的影响,那么,一旦研究者在社会研究中采用了不恰当的测量方式而得到不合理的收入数据时,就不仅会在描述性研究中给人们认识和了解社会现象带来一定的偏差,同时也会在解释性研究中由于加入了收入变量而使得统计分析的模型变形,最终导致对变量之间的各种关系及社会现象规律的解释和说明遭到曲解。因此,无论是对于描述性研究来说,还是对于解释性研究来说,研究者都应该重视社会调查中对收入这一变量进行测量的方法。

英文文献中,美国人口普查局的专家曾对调查中收入测量的质量进行过专门的研究,但他们将主要的注意力集中在调查中的无回答现象及其对收入测量质量的影响上(Pat Doyle, Elizabeth Martin, and Jeffrey Moore, 2000)。杰弗里·穆尔等人探讨了收入调查中由回答者认知因素所导致的回答误差的数量和性质,以及导致回答者产生这些误差的认知基础问题。他们认为,"无回答的比例是衡量收入测量质量的两个典型指标之一"(Jeffrey C. Moore, Linda L. Stinson, and Edward J. Welniak, Jr. 1998)。德国学者约克·佩德·施赖普勒也利用德国社会经济追踪调查(SOEP)的资料,对收入调查中的无回答现象进行了分析,研究得出结论,认为对于收入调查的质量来说,十分重要的一点是要将"拒绝回答"与"不知道"两种情况加以区分(Jörg Peter Schräpler, 2004)。

国内文献中,一些统计学者探讨了如何利用概率统计方法来估计或避免敏感性问题,特别是收入问题调查中所存在的偏差(李维亚、杜志芬,1993;孔圣元,1997;朱伟忠,2001),但从实践角度看,这些探讨对于社会调查中收入测量的实际运用来说,存在着可行性相对较差的缺陷。另外,这些研究对社会调查中测量收入所使用的具体形式的特点和不足等问题则没有涉及。文献回顾表明,目前尚未有人依据经验调查的数据来对社会调查中不同收入测量方法的效果及特点进行专门探讨。

尽管收入调查会涉及被调查者认知因素、心理因素,以及无回答比例的影响,但本研究不打算讨论这些方面的问题,而只将讨论的焦点集中在不同的测量工具对回答结果的影响上。换句话说,本研究的目标是通过收集和分析采用不同收入测量方法所得到的实际数据,来比较不同的收入测量方法各自的特点,探讨对于相同的对象采用不同的测量形式所得结果的异同,并对实际调查中应该如何正确运用收入的测量方式提出操作性建议。

二、研究设计

本研究的基本逻辑与实验设计相似,即选择几组完全相同的对象,分别采取几种不同的测量方法进行调查,然后比较和分析不同测量方法所得到的结果。这里之所以选择多于两组调查对象,是因为除了要比较填空法与区间法两种方法的效果外,笔者还希望进一步对区间法中不同区间设置的效果进行比较。

本研究所用数据来自笔者 2004 年在全国 12 个城市对 1786 名在职青年进行的一项调查。该调查采用多段随机抽样的方法,在每个样本城市选取相同的 15 种职业,从中抽取 150 名年龄在 18—28 岁的青年职工。该调查共发出问卷 1860 份,收回有效问卷 1786 份,有效回收率为 96%。总的样本的设计和抽取方式详见笔者相关论文中的介绍(风笑天,2005)。

要进行这种比较的前提条件之一,就是要保证用于比较的几组对象是相同的,即各组对象本身在各种特征上不存在先天不一致的情况。这是我们的第一个任务。

(一)建构四组完全相同的对象

为了获得四个基本相同的子样本,笔者在调查设计中采用了随机化分发问卷的方法。笔者事先将调查问卷设计成四个不同的版本(问卷中的问题完全一样,但部分问题的答案形式或填答形式不同),每一种版本印制的数量相同(各占四分之一)。在将问卷邮寄到各个调查城市之前,将每个城市的 160 份问卷均按 1、2、3、4 四种版本一份一份地交叉排列。各地调查者并不知道该问卷有四种版本。所以,问卷的发放完全处于一种随机化的状态中。最后汇总统计的结果也表明,收回的 1786 份有效问卷中,四种版本的问卷数量分别为 448、445、447、446 份,分布非常的均匀。

由于我们采取了随机化的方法来分组,因此,虽然我们事先并不能清楚地知道这四个组的对象在各种特征上的具体分布状况,但我们可以推测这种分布应该是基本相同的。对实际调查数据进行样本分析的结果完全证实了我们的推测。下面是对样本中四组对象在性别、年龄、文化程度、婚姻状况、是否独生子女等个人基本背景特征上的百分比分布和差异显著性检验结果,见表 1。

表 1　四组对象的个人背景分布及检验　　　　(%)

		甲组	乙组	丙组	丁组	显著性检验
性别	男	45.5	50.1	47.2	44.6	$P=0.370$
	女	54.5	49.9	52.8	55.4	

(续表)

		甲组	乙组	丙组	丁组	显著性检验
年龄	18—21 岁	12.0	10.9	11.1	11.3	$P = 0.763$
	22—25 岁	46.3	47.8	42.5	45.1	
	26—28 岁	41.8	41.3	46.4	43.5	
	（均值）	（24.6 岁）	（24.7 岁）	（24.8 岁）	（24.7 岁）	（$P = 0.688$）
文化程度	初中	6.0	7.2	8.3	6.3	$P = 0.878$
	高中	29.5	26.2	27.7	28.2	
	大专	28.2	31.7	28.2	30.5	
	本科以上	36.2	34.8	35.8	35.0	
婚姻状况	未婚	74.1	74.6	74.3	69.1	$P = 0.191$
	已婚	25.9	25.4	25.7	30.9	
是否独生子女	是	34.2	33.0	36.2	35.0	$P = 0.781$
	否	65.8	67.0	63.8	65.0	
样本规模	(n)	(448)	(445)	(447)	(446)	

表 1 的结果表明，我们采用随机化方法所得到的四个组的对象，在各种个人背景特征上几乎完全一样（对城乡背景、职业等特征的交互分析以及对其他问题的交互分析也得到同样结果，只是由于篇幅原因，此处未列出），卡方检验（以及 F 检验）的结果表明，四组对象之间不存在明显差异。这即是说，我们可以在一定程度上把四组对象看作完全相同的四个复制品。

正是根据这一结果，我们可以有下列直接的推论：样本中的四组对象总体上具有相同的心理特征，对于完全相同的问题，比如每月的收入，四组对象总体具有完全一样的心理反应分布，即具有共同的回答倾向，他们回答这一问题的诚实程度和比例是相同的，无论是哭穷还是夸富，四个组之间都不存在显著差别。正是由于随机化方法的运用，使我们有效地控制了各种变量（虽然我们自己也不知道究竟控制了多少种特征或变量，但我们却能肯定地知道，我们实际上控制了一切变量）。这是本文展开分析的最重要基础之一。

（二）四种不同的测量方法

有了四个完全一样的对象组，只是为我们的特殊实验建立了基础。

接下来的任务就是要对不同的组给予不同的"实验刺激"——使用不同的测量方法。在实际研究中，除了按填空法和区间法分为两组外，考虑到区间法中还有其他一些方面因素的影响，故进一步将区间法分为三种。这样，研究中总共设计了四种不同的测量方法，分别用在四个组中。

区间法第一组测量方法的设计。笔者先依据2000年和2002年在湖北四个城市进行同类调查所得到的青年收入分布的结果，确定了区间法第一组（以下简称为甲组）的测量形式如下：

你每月的收入（包括各种奖金、补贴）在下列哪个范围内？

1. 400元及以下   2. 401—500元   3. 501—600元
4. 601—700元   5. 701—800元   6. 801—900元
7. 901—1000元   8. 1001—1100元   9. 1101—1200元
10. 1201—1300元   11. 1301—1400元   12. 1401—1500元
13. 1501—1600元   14. 1601—1700元   15. 1701元以上

这一组范围的特点是起点较低，400元，间距很小，100元，区间数量很多，共15组。目的是希望得到比较精确地测量结果。

区间法第二组（乙组）的设计在整体上与甲组相同，只是测量的整体范围向右移动了一格，另外，将每一区间的端点由1—0改为0—9。其具体测量形式是：

你每月的收入（包括各种奖金、补贴）在下列哪个范围内？

1. 500元以下   2. 500—599元   3. 600—699元
4. 700—799元   5. 800—899元   6. 900—999元
7. 1000—1099元   8. 1100—1199元   9. 1200—1299元
10. 1300—1399元 11. 1400—1499元   12. 1500—1599元
13. 1600—1699元 14. 1700—1799元   15. 1800元以上

进行这种改变的目的主要是想检验这样的假设：回答者或许会选择在整体中比较合适的位置作为答案，而不管自己实际收入处于什么位置。如果是这样，那么就会发生这样的情况：调查者所设计的整体范围的位置，将会对回答者的填答结果产生一定影响——当研究者所设计的整体范围向右移动一格时，其调查结果也将跟随这种范围向右移动一格。

第三组（丙组）与前两组相比，变化主要体现在分组的区间大小上。它将前两组中100元的间隔，改为200元的间隔。这种改变是想检验匿名程度对回答的影响，即是否区间越大，回答者回答的真实性会相应提高。区间越小时，测量就越精确，但对于回答者来说，其收入的真实值暴露得就越清楚。而当区间范围越大时,收入值就越模糊,相对而言匿名性也就越大。当然,由于间隔加大,相应的带来了区间数量和整体区间范围的变化——比前两者的区间数量减少了,但所覆盖的范围更大了。其具体形式是:

你每月的收入(包括各种奖金、补贴)在下列哪个范围内?

1. 300元以下　　　　2. 301—500元　　　　3. 501—700元
4. 701—900元　　　5. 901—1100元　　　6. 1101—1300元
7. 1301—1500元　　8. 1501—1700元　　9. 1701—1900元
10. 1901—2100元　11. 2101—2300元　12. 2300元以上

第四组(丁组)则是采用填空法的形式:

你每月的收入(包括各种奖金、补贴)大约有多少元?_____

为了从另一个侧面反映四种测量方法的结果之间的一致性状况,我们对四组对象同时询问了他们每个月的消费数量。四组题目的答案形式与上述收入测量的形式完全一样,只是为了避免形成固定的回答倾向,四组都轮换采用了其他组的测量形式(即甲组采用丁组的测量形式,乙组采用甲组的测量形式,丙组采用乙组的测量形式,丁组则采用丙组的测量形式)。

三、结果与分析

(一) 相同的对象与不同的结果

笔者首先采用单因素方差分析的方法(ANOVA),比较了四组对象的调查结果,见表2:

表2　四组对象收入测量结果的单因方差分析

	均值	标准差	N	F 检验
甲组	1089.82	451.214	437	
乙组	1140.66	481.891	439	$P=0.000$
丙组	1177.27	621.580	440	
丁组	1331.10	845.412	428	
总体	1183.89	624.266	1744	

表 2 显示,四组不同测量形式所得到的结果之间存在着明显的差异:它们的均值从 1090 元到 1331 元不等,最大差别范围达到 240 元以上。标准差也相应地由 451 元到 845 元不等,差别范围更是达到 394 元。F 检验的结果则表明,四组子样本中所出现的这种均值差异,已经超出了由抽样误差所造成的可能范围。

如果这一结果是确定无疑的,那么,它对社会调查方法来说,将是一种严重的挑战:因为这一结果实际上意味着,四个不同的研究者,采用完全一样的抽样方法,从同一个总体中随机抽取几乎完全一样的样本进行有关收入方面的调查时,其结果会根据他们所采用的具体测量形式的不同而明显不同。这一结果对问卷调查方法的可靠性、准确性都提出了质疑。因为如果情形真是如此,社会调查就与变魔术别无两样了。

同样的测量方法所得到的四组消费结果是否也是如此呢?详见表 3:

表 3　四组对象每月消费测量结果的单因方差分析

	均值	标准差	N	F 检验
甲组(丁组收入方式)	784.37	554.716	418	
乙组(甲组收入方式)	751.81	399.257	441	$P = 0.761$
丙组(乙组收入方式)	776.17	380.181	447	
丁组(丙组收入方式)	770.85	497.502	426	
总体	770.64	461.732	1752	

表 3 结果表明,尽管四组样本的消费均值上(以及标准差上)也存在一定的差异,但一方面这种差异的范围很小(消费均值最大相差仅 32 元,标准差相差仅 175 元),另一方面 F 检验的结果也表明,四组之间不存在显著的统计差异,样本均值的差异主要是由随机抽样的误差所导致的。

(二) 原因分析

为什么采用完全相同的测量方法在四组对象的消费上没有产生显著差异的结果,而在收入上却产生了明显差异的结果呢?问题究竟出在何处?为了探索产生差异的原因,我们先来看看四组收入测量结果的频率分布图(当然也可以看四组的频率分布表,为节省篇幅且为了更加直观,以频率的条形图展示），见图1至图4：

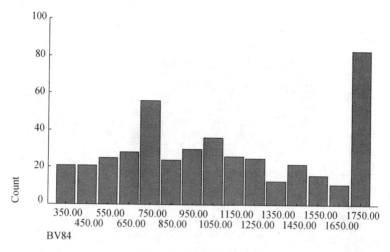

图1　甲组收入分布图

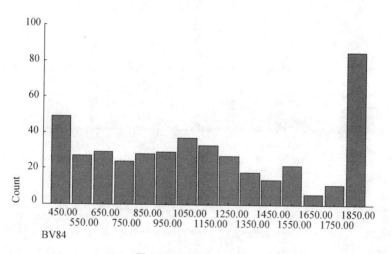

图2　乙组收入分布图

从图1至图3中我们看到，三图最右边都有一个十分突出的矩形条，这是调查中采用区间法测量收入时最容易产生的一种现象。因为区间法总有一个最低的组别和一个最高的组别，比如说400元以下、1700元以上，500元以下、1800元以上，300元以下、2300元以上等等。所有收入低于或高于这些数字的被调查者都只能选择端点项。当分组不合适时，聚集在端点组（特别是高端点组）的个案数目就会很多，上述情况就

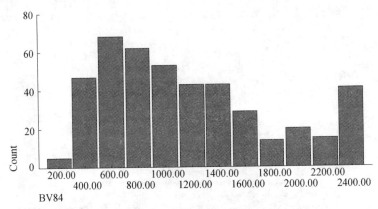

图 3 丙组收入分布图

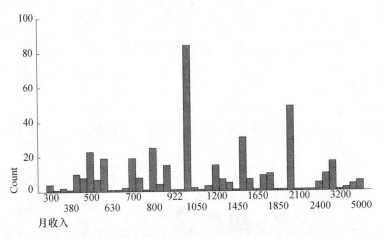

图 4 丁组收入分布图

必然出现。我们将这一现象称作区间法的"端点堆积"现象。可以看出，在甲组和乙组中，端点累积现象十分严重，其比例都接近20%。丙组的累积比例也接近了10%。同时，乙组图中左边也出现了端点堆积现象。堆积比例也超过了10%，其原因显然是由于端点提高后造成的端点堆积现象。

从图4中，我们看到的分布则与前三者大不相同，图4的分布十分零散且无规律。但特别醒目的是在若干整数点上，比如1000元、2000元以及1500元，累积的个案很多（矩形条很突出）。我们将这一现象称作填空法的"特殊整数点堆积"现象。矩形条很细是因为不同取值的数目太多的缘故。

通过观察四组的矩形图,我们猜测,或许是由于区间法的"端点堆积"现象导致了四组收入均值的明显差异。因为甲、乙、丙组都存在一部分最高收入者的收入并不清楚的情况,并且无论他们的收入是 2500 元、2800 元,还是 3000 元、4000 元,在编码统计时都是分别采用 1750、1850、和 2250 来代替的。这样做实际上缩小了调查对象的真实收入情况。因此,我们需要采用替代的办法,将区间法三组中的"端点堆积"现象还原为正常分布情况。而由于四个组之间不存在显著差别,所以,我们可以采取某种替代的方法来恢复这一部分对象的实际收入水平。

(三)数据调整

为进行这种替代,先列出四组累计百分比的分布。见表 4:

表 4　四组分收入段的累计百分比

月收入段	甲组($n=437$)	乙组($n=439$)	月收入段	丙组($n=440$)	丁组($n=428$)
350 元	4.8				1.6
450 元	9.6	11.2	400 元	11.8	4.2
550 元	15.3	17.3	500 元		11.4
650 元	21.7	23.9	600 元	27.3	17.5
750 元	34.6	29.4	700 元		22.9
850 元	40.0	35.8	800 元	41.4	30.8
950 元	46.9	42.4	900 元		35.3
1050 元	55.1	50.8	1000 元	53.4	55.8
1150 元	61.1	58.3	1100 元		56.8
1250 元	66.8	64.5	1200 元	63.2	60.3
1350 元	69.8	68.6	1300 元		61.9
1450 元	74.8	71.8	1400 元	73.0	63.1
1550 元	78.5	76.8	1500 元		70.6
1650 元	81.0	78.1	1600 元	79.5	72.2
1700 元以上	100.0	80.6	1700 元		74.5
1800 元以上		100.0	1800 元	82.7	76.9
			1900 元		77.3

(续表)

月收入段	甲组($n=437$)	乙组($n=439$)	月收入段	丙组($n=440$)	丁组($n=428$)
			2000 元	87.3	88.8
			2100 元		89.0
			2200 元	90.7	89.3
			2300 元以上	100.0	89.5
			2400 元以上		100.0
月收入均值	1090	1140		1178	1331
调整后均值	1265	1295		1260	1331

实际操作中,我们先用丁组最后 9.3% 的对象(即最高收入的 41 人)的实际收入来恢复丙组最后 9.3% 的对象的收入水平。比如,丁组中,最后 41 个对象的收入分布是:2400 元的 1 人,2500 元的有 10 人,3000 元的有 17 人,3200 元的 1 人,3500 元的有 2 人,4000 元的 4 人,5000 元的 6 人。而丙组中最后 41 个对象的收入则全部都是用 2400 元来统计的。由于四个组的对象在所有特征方面是基本相同的,因此,用 2400 来统计时,显然实际上降低了丙组的均值水平。我们通过下列计算对此进行调整。

先计算出二者这一部分对象的收入总额和差距如下:

$$\begin{aligned}丁组 - 丙组 &= (2400 \times 1 + 2500 \times 10 + 3000 \times 17 + 3200 \times 1 \\&\quad + 3500 \times 2 + 4000 \times 4 + 5000 \times 6) - (2400 \times 41)\\ &= 134600 - 98400 \\ &= 36200\end{aligned}$$

即丙组最高部分对象实际上少算了 36200 元。这样,丙组的平均值上相应少了:

$$36200 \div 440 = 82.27 \text{ 元}$$

因此,应该在丙组的均值上加上这一部分均值。这样,丙组调整后的收入均值为:

$$1177.27 + 82.27 = 1259.54 \text{ 元} \approx 1260 \text{ 元}$$

采用完全一样的方法,推算出乙组和甲组调整后的收入均值分别为:

乙组　$1140.66 + 153.87 = 1294.53$ 元 ≈ 1295 元

甲组　$1089.82 + 175.17 = 1264.99$ 元 ≈ 1265 元

这样,四个组实际的均值分别为:1265、1295、1260、1331;四组之间的最大差距范围大大缩小,仅为 71 元。

（四）相同的对象与相同的结果

虽然我们可以看到,调整之后四组之间的均值差异缩小了(由原来的241元减少到现在的71元),但我们仍然不知道,调整后的这种差异是否具有统计意义,即究竟是由于随机抽样误差造成的,还是由于这四个组实际测量结果上存在着明显差别所造成的。为此,我们还需要进行单因素方差分析。我们将前三组累积部分的数据用丁组的数据进行替代,然后进行单因素方差分析,结果如表5:

表5 调整后四组收入的单因方差分析结果

	均值	标准差	N	F检验
甲组	1264.99	838.986	437	
乙组	1294.53	830.198	439	$P = 0.572$
丙组	1259.55	847.400	440	
丁组	1331.45	845.659	428	
总体	1287.82	840.655	1744	

表5的结果表明,当我们通过调整,将区间法的"端点堆积"现象化解掉时,四组测量结果之间的统计显著性差异也随之消失了。方差分析的结果表明,四组测量结果基本相同,相互之间不存在显著的差异。

表5的结果同时还表明:(1)当区间向右位移一格时(即测量方式由甲组变成乙组时),均值略有增加(30元左右),说明不同区间的起始点和结束点,可能对回答结果具有一些小的影响,但并不会完全向右增加一格的大小(100元);(2)当间隔的大小变动不太大时(由100元变为200元),对均值的影响不大(与甲组相比,丙组均值基本上也没有位移);(3)填空法的均值最大,标准差也最大,分布的跳跃性和离散程度都比较大。

四、结论与讨论

（一）研究的结论

研究表明,社会调查中两种常用的收入测量方法具有不同的特点:区间法的优点是测量结果的分布比较均匀,同时由于匿名程度相对较高,回答者填答的心理压力相对较小。其主要缺点是容易出现"端点堆积"现象，特别是当区间覆盖的总体范围不够大时，这种堆积现象就更为严重，并会给测量结果带来较大的误差；填空法设计简单，所得结果的分布相对接近现实，但测量结果的跳跃性较大、整体分布不均匀，容易出现"特殊整数点堆积"现象。同时，由于匿名程度相对较低，回答者的心理压力相对较大，所以回答率会有所降低。

研究还表明，对于同一组对象，当我们采用不同的收入测量方法进行调查时，所得到的样本收入均值常常会存在显著的差别。造成存在这种显著差别的主要原因，是区间法所具有的"端点堆积"现象的影响。只有在区间法不存在"端点堆积"现象的前提下，两种收入测量方法所得的收入均值之间才不会存在显著的差别。

（二）有关问题的讨论

区间法"端点堆积"问题。研究发现，"端点堆积"现象是使用区间法时非常容易出现的一个问题。特别是在高收入部分，由于数据相对分散，跨度非常大，而区间数量有限，"端点堆积"现象更容易产生。比如本次调查中，三组区间法高收入部分的堆积比例分别为 19.0%、19.4% 和 9.3%。被调查对象收入差别范围越大、区间所覆盖的总体范围越小时，区间法存在堆积问题的可能性就越大，对收入均值的估计误差也越大。本研究的消费测量中，虽然区间总的覆盖范围没有变，但由于对象实际消费分布的区间范围相对较小，所以端点堆积的比例均在 5% 以下，对样本均值的影响不大。这一结果启示我们：要正确运用区间法，必须采取措施消除"端点堆积"现象。

区间法测量结果的影响因素。对于区间法来说，起始点与终结点的确定、区间间隔的大小、闭区间数目的多少、全部闭区间所覆盖的总体范围大小等因素，都可能对测量结果产生一定影响。而上述这些因素相互之间又存在一定的联系和制约关系。这种关系可以简单表示如下：

高端点 − 低端点 = 全部闭区间所覆盖的总体范围 = 区间间隔的大小 × 闭区间数量

通常，样本收入的整体范围是一定的，比如本研究中的 300 元到 5000 元，研究者的任务就是设计出合适的区间间隔和区间数量。区间的间隔太大，区间数目过少，则区分不精确，有时甚至会失去区分作用，如，本研究中，若按 500 一档划分，则第二档 500—1000 元就占了近 50% 的比例，达不到区分的效果;反过来,如果区间间隔小,为了兼顾到整体范围,就只能增加区间数量,而这就会增加填答的负担,有时也会增加测量误差。端点定得不恰当,就会造成堆积现象;区间间隔越小,测量相对精确,但同时也会导致整体区间范围较小,容易形成端点堆积现象。并且,区间数量也往往越多,不利于回答者选择;而当区间间隔增大时,总体区间覆盖的范围同时扩大,区间数目相应减少,既可以帮助消除端点堆积现象,同时又便于回答者填答。但问题是当区间间隔增大时,测量的精确性相对减小,同时,区间间隔增大时,匿名程度也会相应增大,回答的偏误可能会有所增加。

在本研究中,甲组:1700元 – 400元 = 1300元 = 100元 × 13
乙组:1800元 – 500元 = 1300元 = 100元 × 13
丙组:2300元 – 300元 = 2000元 = 200元 × 10

甲乙两组虽然起始点与终结点有所不同,但区间间隔相同、区间数目相同,因而区间所覆盖的总体范围相同。相比之下,丙组虽然闭区间数目少于前两者,但由于其区间间隔大,所以其覆盖的总体范围要大于甲乙两组。全部闭区间所覆盖的总体范围越大,"端点堆积"现象往往就越小。故丙组的"端点堆积"状况明显好于甲乙两组。

填空法"特殊整数点堆积"问题。研究发现,填空法中最容易出现的一个问题是"特殊整数点堆积"现象。也可以说,填空法具有某种"整点效应"——在某些特定的整数点上,比如1000元、2000元等,往往会出现超出正常比例的堆积现象。造成这一现象的原因,主要是回答者中往往会有一部分人"有意或无意地""自觉或不自觉地"将自己实际略多于(或少于)这些整数点的收入"简化为"这一整数点。这种"特殊整数点堆积"现象对数据分布的影响较大,在进行统计分析时,也会由于这些特殊整数点的个案数目过多而影响到分析的结果。此外,对于这一现象,也很难采用其他方法对数据进行调整。

(三)实际应用的建议

关于两种测量方法的选择。客观上,每个被调查对象都有确定的、明确的收入数字,比如说468元,2317元,或者5729元等。从理论上说,或者从理想状态看,我们可以通过询问被调查对象得到这些数字。但是,实际调查中我们所得到的很可能是400元,2000元,或者5000元等。有哪些因素使我们得不到客观的、准确的数字呢?一种情况是,被调查者自己也不确切地知道其收入的准确数字(这可能是大多数人的实际情况)。对于这种情况,两种方法都无法得到正确的结果。另一种情况是,面对调查,回答者受到心理因素的影响,有意识或无意识地谎报数字(这也是相当一部分人的实际情况)。对于这种情况,填空法所带来的心理压力相对较大,因而其面临回答率较低的风险也更大一些。比如本研究的统计表明,填空法在收入测量中无回答比例为4%,在消费测量中无回答比例为7%;而区间法中无回答比例则相对较小(收入中无回答比例在2.5%以下,消费中无回答比例在1%以下)。这还是对相对来说不太在意的青年职工的调查结果,笔者估计,对普通成年居民进行调查时,填空法与区间法之间在无回答比例方面的差距可能会更大。因此,在这方面区间法要优于填空法。

从前面对两种方法所具有的特征的比较来看,填空法所得到的分布实际上是较差的,即是较难反映总体实际分布状况的。同时,表1中丁组的标准差最大,也反映出其分布的离散程度最大。因此在这方面,填空法也不如区间法。另外,虽然当我们采用区间法时,也存在着"端点堆积现象"的风险,然而,这种"端点堆积"现象是可以通过合理的设计来减小和消除的。而填空法的"特殊整数点堆积"现象却无法通过设计的手段来加以消除。所以,综合上述分析,笔者认为区间法要优于填空法。在实际研究中,笔者建议采用区间法,但同时要避免区间法的缺陷。

关于区间法的设计建议。在社会调查中测量人们的收入时,为了避免区间法的缺陷,使区间法达到较好效果,笔者建议:

第一,在设计具体的收入区间、收入范围之前,先采用填空法在试调查中收集和了解所调查总体人们收入状况的大致分布。然后根据这种分布的状况来设计正式调查所用区间法的整体区间范围及其端点、区间间隔等。

第二,对于区间法的最大缺陷——"端点堆积"现象,设计时可采取两种方法来解决:

一种是不均匀的区间法。即根据试调查结果所显示的收入分布状况,设计出大小不等的区间间隔,完全依据实际收入分布的结构来设置区间及其范围大小。这种设计的思路可以称为"非统一性区间设计"。实际上,人们习惯的思维方式是将前述"总体区间所覆盖的范围=区间间隔的大小×闭区间数量"公式中的"区间间隔的大小"变量看作是统一的。然而真正合适的方式则是:区间间隔的大小具有非统一性,即有的区间间隔大、有的区间间隔小。正是区间间隔的非统一性将带来测量和分布的合理性。这种非统一性可以在不增加区间数目的前提下,通过不一致的区间间隔(而不是统一的区间间隔)来达到既较好地反映不同收入段的比例分布,又在有限的区间中覆盖整体范围的目的。比如,在本研究中,合适的区间划分方式可以是:

1. 400元及以下
2. 401—500元
3. 501—700元
4. 701—900元
5. 901—1100元
6. 1101—1400元
7. 1401—1700元
8. 1701—2000元
9. 2001—2500元
10. 2501—3000元
11. 3001—4000元
12. 4000元以上

这样设计时,区间数目相对较少(12个),覆盖范围相对较大(4000 - 400 = 3600元,覆盖了对象实际收入范围的93.6%),分布也非常均匀,每一区间的百分比基本上在5%至15%之间。得到这一结果的主要功劳应归功于区间间隔不断变化(从100元、到200元、到300元、到500元和1000元不等)。

另一种是将区间法与填空法结合起来使用。即在一般分布上,采用上述区间法设计,而在区间法高端的端点上则采用填空法设计。比如在本研究中,可以按下列方法来设置:

1. 400元及以下
2. 401—500元
3. 501—700元
4. 701—900元
5. 901—1100元
6. 1101—1400元
7. 1401—1700元
8. 1701—2000元
9. 2001—2500元
10. 若在2500元以上,请填写具体数字_____元

这样做的好处是,总的区间数目更少,但对于高收入的人的测量又相对准确,不会形成端点堆积现象。

第三,在设计区间法时,除了列出所有区间外,最好还增加"不回答""不知道""不适用"三个答案。这样设计的理由是:与其让那些不愿回答、不知道该如何回答,以及实际上不应该回答的人去乱填答,还不如将他们明确归类。其中,那些不愿回答和不知道该如何回答者的数据,在有的情况下还可以通过采用某种替代技术进行弥补(通过计算与他们有着相同社会背景,即有着相同职业、年龄、文化、性别、级别的人的收入均值来替代)。

最后需要说明的是,本研究的数据和结果是以城市在职青年为调查对象得到的,对于一般城市居民或更广泛的总体是否同样适用,或许还需要进一步的实验证据。

参考文献

Doyle, Pat, Elizabeth Martin, and Jeffrey Moore, "The Survey of Income and Program Participation (SIPP) Methods Panel: Improving Income Measurement," working paper 234, 2000, http://www.sipp.census.gov/sipp/workpapr/workpapr.html.

Moore, Jeffrey C., Linda L. Stinson, and Edward J. Welniak, Jr., "Income Measurement Error in Surveys: A Review," www.census.gov/srd/papers/pdf/sm97—05.pdf.

Schräpler, Jörg Peter, "Respondent Behavior in Panel Studies-A Case Study for Income Non-response by Means of the German Socio-Economic Panel (SOEP)," *Sociological Methods and Research*, Vol.33, No.1, 2004, pp.118-156.

风笑天:《已婚独生子女独立生活能力的实证研究》,《中国青年研究》2005年第9期。

胡少中:《基层人员谈居民收入调查》,《中国统计》2003年第10期。

孔圣元:《敏感性问题的问卷调查模型研究——"随机变量和"模型》,《统计研究》1997年第3期。

李维亚、杜志芬:《随机化回答技术在城镇职工非工资收入调查中的应用》,《数理统计与管理》,1993年第2期。

朱伟忠:《对收入调查的一种设计方法》,《江苏统计》2001年第6期。

社会调查中答案顺序对调查结果的影响*
——来自一项大规模调查的经验证据

一、研究背景与问题

社会调查是以问卷作为收集资料的基本工具,来研究人们的行为、态度和特征的一种最常见的社会研究方式。根据使用问卷的方式的不同,一般分为自填式问卷调查和结构式访问调查:前者是将问卷发送到或者邮寄到被调查对象手中,被调查对象自行填答完后收回或邮寄回;后者则是由访问员依据问卷当面或通过电话向被调查者提问,然后根据被调查者的回答来填写(风笑天,

---

* 本文原刊于《华中师范大学学报》2008 年第 2 期。

2005)。问卷使用方式的不同,导致问卷设计的要求和难度也不一样。对于自填式问卷调查来说,由于它完全依赖于问卷自身的书面语言(而不是调查员的口头语言)来与被调查者发生互动、进行引导、实现沟通。因而,问卷设计中的各个方面,比如提问的语言、问题的形式、答案排列等等,都有可能对被调查的回答造成影响(风笑天,2002)。

一般情况下,调查研究人员主要以封闭式问题,特别是选择式的封闭式问题来构成调查问卷。因此,问卷中的绝大部分问题都会涉及答案的设计。这种设计主要包括两方面工作:一是答案的内容确定。它需要保证所列出的答案既在内容上与问题相呼应,同时还要达到穷尽性和互斥性的要求。二是答案顺序的排列。即如何安排多个不同答案的先后顺序。从目前情况看,大多数研究者都会充分注意到答案设计的前一个方面,而往往会忽视后一个方面。这一现象反映出一种较普遍的认识:似乎只要将所有答案都列出了,回答者就会以同样的注意力来阅读这些答案。或者说,所有答案对回答者的刺激和影响是一样的。

然而,人们阅读文本的方式和习惯却是有一定规律的。比如说,人们都是从左到右、从上到下依次进行阅读的,而不是随意的、随机的和杂乱进行的。那么,在"人们有规律地阅读方式"与调查问卷中"答案设计的不同顺序"这二者之间,有无内在的、有规律的联系呢?换句话说,在自填式问卷调查中,对于同样的调查问题,如果答案排列的顺序不同,会不会对被调查者的回答产生影响?这就是本文所关注的中心问题。具体地说,笔者希望探讨的是:如果答案排列的顺序对被调查者的回答有影响,那么,是什么样的影响?这种影响有没有什么规律?如果有规律,这种规律又是什么?在调查实践中,我们可以采取什么样的办法来减小这种影响?

对于上述这些与自填式问卷调查密切相关的问题,目前国内尚没有进行专门的研究,也没有明确的结论。即使是各种社会研究方法、社会调查方法的教科书中,也基本上没有对这方面问题的介绍和讨论。本文的目标正是希望利用大规模调查①的数据资料,对上述问题进行经验的探讨,以弥补目前学术界这方面存在的不足。

---

① 本研究所用数据来自笔者2004年在全国12个城市对1786名在职青年进行的一项调查。该调查采用多段随机抽样的方法,在每个样本城市选取相同的15种职业,从中抽取150名年龄在18—28岁的青年职工。该调查共发出问卷1860份,收回有效问卷1786份,有效回收率为96%。总的样本设计和抽取方式详见笔者相关论文中的介绍(风笑天,2005)。

二、研究设计

要对不同答案排列顺序的回答结果进行比较的前提条件之一,就是要有至少两组完全相同的对象。将不同答案排列顺序的问卷分别用于这两组对象,就可以比较他们所得到结果之间的差别。因此,建构两组完全相同的对象,就是我们的第一个任务。

为了获得两组基本相同的对象,笔者在调查设计中采用了随机化分发问卷的方法。即事先将调查问卷设计成两个不同的版本(实际上笔者共设计了四个不同的版本,本研究所用到的数据只包含两个不同的版本,即甲组版本和乙组版本,它们分别由问卷中的版本1和版本2、版本3和版本4两两构成)。这两种版本问卷中的问题完全一样,但部分问题的答案顺序有所不同。每一种版本问卷印制的数量相同(各占1/2)。在将问卷邮寄到各个调查城市之前,将每个城市的160份问卷都按四种版本一份一份地交叉排列。并且,各地调查者并不知道该问卷有几种不同的版本。所以,问卷的发放完全处于一种随机化的状态中。

由于我们采取了随机化的方法来分组,因此,虽然我们事先并不能清楚地知道这两个组的对象在各种特征上的具体分布状况,但可以推测这种分布应该是基本相同的。对实际调查数据进行样本分析的结果完全证实了我们的推测。在收回的1786份有效问卷中,两种版本问卷数量均为893份(四种版本的问卷数量分别为448、445、447、446份,分布非常均匀),而下面对样本中两组对象在性别、年龄、文化程度、婚姻状况、是否独生子女等个人基本背景特征上的百分比分布统计和差异显著性检验的结果也再次证明了这一点(见表1)。

表1 两组对象个人背景特征的百分比分布及差异的显著性检验 (%)

		甲组	乙组	差异显著性检验
性别	男 女	47.8 52.2	45.9 54.1	$P = 0.418$
年龄	18—21岁 22—25岁 26—28岁 (均值)	11.4 47.1 41.5 (24.6岁)	11.2 43.8 45.0 (24.8岁)	$P = 0.326$ $(P = 0.285)$

(续表)

		甲组	乙组	差异显著性检验
文化程度	初中 高中 大专 本科以上	6.6 27.9 29.9 35.5	7.3 28.0 29.3 35.4	$P = 0.948$
婚姻状况	未婚 已婚	74.4 25.6	71.7 28.3	$P = 0.201$
是否独生子女	是 否	33.6 66.4	35.6 64.4	$P = 0.371$
样本规模[a]	(n)	(893)	(893)	

注：a 此处为甲乙两组总的样本规模，但每一交互分类中，两组有效样本数与此略有不同。

表1的结果表明，我们采用随机化方法所得到的两组的对象，在各种个人背景特征上几乎完全一样（对城乡背景、职业等特征的交互分析以及对其他个人背景问题的交互分析也得到同样结果，只是由于篇幅原因，此处未全部列出）。卡方检验（以及 F 检验）的结果表明，两组对象之间不存在明显差异。这即是说，我们可以在一定程度上把两组对象看作完全相同的两个复制品。

正是根据这一结果，我们可以有下列直接的推论：样本中的两组对象总体上具有相同的心理特征，对于完全相同的问题，两组对象具有完全一样的心理反应分布，即具有共同的回答倾向，他们回答问题的诚实程度和比例也是相同的，两组之间不存在显著差别。这是本文展开分析的最重要基础之一。

三、结果分析

为了探索答案不同顺序对回答结果的影响，笔者在问卷中对36个问题进行了两种答案顺序的不同排列，形成了甲乙两组不同的调查结果。通过对甲乙两组问卷结果进行的对比分析发现，总的来看，对于问卷中的不同问题，不同答案顺序的影响不一样。在有些类型的问题上，不同答案排列顺序对调查结果没有影响；而在另一些类型的问题上，不同答案排列顺序对调查结果却具有十分明显的影响。下面是这种比较分析的差异检验结果汇总(见表2)。

表2　调查问题及其两种答案顺序调查结果的比较与差异检验汇总表

调查问题及分类	有无差异	调查问题及分类	有无差异
事实问题		**程度问题**	
1. 你和第一个男(女)朋友如何相识		18. 你和父亲关系怎么样	有
2. 你和爱人如何相识		19. 你和母亲关系怎么样	有
3. 谁对你找第一份工作帮助最大		20. 父亲是否理解你	有
4. 工作以来你遇到的最大困难在哪方面		21. 母亲是否理解你	有
5. 你第一份工作的获得方式	有	22. 你是否理解父亲	有
行为问题		23. 你是否理解母亲	有
6. 你上网经常做什么		24. 你能否胜任目前的工作	有
7. 你遇到困难主要找谁帮忙		25. 你对目前工作是否熟悉	有
8. 你在家里做哪些家务		26. 你是否已经适应目前工作	有
认知问题		27. 你觉得自己工作能力如何	有
9. 你认为找一个好工作主要靠什么	有	28. 你对目前的工作是否满意	有
10. 你认为成人的标志是什么	有	29. 你是否安心目前的工作	有
11. 与父亲谈得最多的方面是什么	有	30. 你觉得自己在领导眼中印象如何	有
12. 与母亲谈得最多的方面是什么	有	31. 你觉得自己在同事眼中印象如何	有
13. 与好朋友谈得最多的内容是什么	有	32. 你觉得自己的言行是否像成人	有
14. 参加工作以来最大收获是哪方面	有	33. 你觉得自己是否具备成人素质	有
15. 你工作中的压力来自哪个方面	有	**评价问题**	
16. 你觉得好朋友最重要帮助是什么	有	34. 个人能力特点自我评价量表	有
17. 参加成人教育学习的动机是什么	有	35. 个人工作生活状况自我评价量表	有
		36. 个人心理特征自我评价量表	有

表2的结果表明,从总体上看,在具有两种不同顺序答案排列的36个问题中,有28个问题(占78%)的两种回答结果之间存在显著差异,只有8个问题(占22%)的两种回答结果之间不存在显著差异。这一结果提示我们,在调查问卷中,不同答案顺序对调查结果的影响是比较普遍存在现象,值得引起研究者重视和注意。

通过认真分析这36个问题的类型与两种答案顺序的回答之间差异检验结果,笔者发现了下列规律:(1)对于客观性的事实问题、行为问题,不同答案排列顺序的影响不大;(2)对于主观性的认知问题、程度问题、评价问题,不同答案排列顺序的影响明显。下面我们逐一列举实例进行说明(尽管笔者在问卷中设置了多达36个题目用来进行这种比较,但考虑到文章的篇幅,每一方面只能举出一个题目的结果作为例子来说明。实际调查结果中其他题目的情况与所举例子的情况基本一致)。

(一)事实问题

问卷中的事实性问题,指的是那些以了解被调查者在某方面的具体事实为内容的问题。比如,"你和第一个男(女)朋友如何相识""谁对你找第一份工作帮助最大""工作以来你遇到的最大困难是哪方面"等等。下面以"在你找到第一份工作的过程中,谁对你的帮助最大"为例来说明。问卷中的问题和答案是:

在你找到第一份工作的整个过程中,谁对你的帮助最大?

1. 父母　　　　2. 家里亲戚　　　3. 父母的熟人朋友
4. 老师和学校　5. 兄弟姐妹　　　6. 兄弟姐妹的熟人朋友
7. 邻居　　　　8. 自己的同学朋友
9. 没人帮助,完全是我自己应聘找的

其中,甲组(样本分组中用1.00表示)答案的排列如上,乙组(样本分组中的2.00)的答案排列则是将甲组4、5、6位置上的答案分别与1、2、3位置上的答案进行对换。表3是两组回答的汇总统计及其差异显著性检验的结果。

表3 对于"找工作中谁对你帮助最大"的
问题两组结果的交互分析及检验

谁的帮助最大 * 样本分组 Crosstabulation

% within 样本分组

		样本分组		Total
		1.00	2.00	
谁的帮助最大	父母	29.9	26.0	28.0
	家里亲戚	12.8	14.7	13.8
	父母的熟人朋友	6.7	6.3	6.5
	老师和学校	12.2	13.6	12.9
	兄弟姐妹	2.7	3.9	3.3
	兄弟姐妹的熟人朋友	1.2	1.0	1.1
	邻居	3	3	3
	自己的同学朋友	5.6	6.7	6.2
	没人帮助,自己	28.5	27.3	27.9
Total		100.0	100.0	100.0

Chi-Square Tests			
	Value	df	Asymp. Sig. (2-sided)
Pearson Chi-Square	7.789(a)	8	0.454
N of Valid Cases	1774		

注: a 2 cells (11.1%) have expected count less than 5,The minimum expected count is 2.99.

表3对两组调查数据的分析表明,尽管进行了位置对换,两组对象回答的结果之间并不存在显著差别。换句话说,对于这样一类事实性问题,不同答案排列顺序对调查结果没有什么影响(实际上,个人背景问题同样也是这种事实性问题,因而前面表1的结果同样说明了这一结论)。

在表2所列的5个事实问题中,有一个出现了显著差异。即对于"你第一份工作的获得方式"的问题,两种不同的答案顺序得到的结果之间有显著差异。之所以会出现差异,笔者分析,这可能与被调查者在实际获得第一份工作的过程中,同时会有几种方式在共同起作用的情况有关。比如,许多人的工作很可能是通过"自己应聘"与"家人帮助"相结合而得到;另一些人则可能是由"家人帮助"与"朋友帮助"共同起作用而得到的。而回答者在判定和选择几种同时起作用的因素之一时（问卷中要求只选择一个答案），主观的认识和判断在其中起了十分重要的作用。因而这种事实性的问题在一定程度上演变成了主观认知和判断的问题。有关答案顺序对这种主观认知和判断型问题的影响，笔者将在下面进行探讨。

（二）行为问题

问卷中的行为问题，指的是那些以了解被调查者"做了什么"以及"怎么做的"等为主要内容的问题。比如，"你上网经常做什么""你在家里做哪些家务""你遇到困难主要找谁帮忙"等。在本文中，我们以"你上网经常做什么"为例来说明。问卷中的问题和答案是：

你平时上网最经常做什么？（选两项）
1. 聊天　　　　2. 了解时事新闻　　　3. 了解教育、科技知识
4. 玩游戏　　　5. 浏览娱乐体育节目　6. 查找职业、财经信息
7. 收发邮件　　8. 获得生活常识　　　9. 其他

其中，甲组答案的排列如上，乙组答案排列则同样是将答案4、5、6的位置分别与答案1、2、3的位置进行对换。表4是两组回答的汇总统计及其差异显著性检验的结果：

表4　对于"你上网经常做什么"的问题两组结果的
比较分析与差异检验　　　　　　　　　　　（%）

上网的活动类别	甲组	乙组	差异检验
1. 聊天	24.6	22.2	
2. 了解时事新闻	35.9	32.0	
3. 了解教育、科技信息	18.6	18.8	
4. 玩游戏	18.6	20.8	
5. 浏览娱乐体育节目	18.0	20.0	
6. 查找职业、财经信息	12.8	11.0	
7. 收发邮件	20.4	20.5	
8. 获得生活常识	10.6	14.6	*
9. 其他	3.8	3.6	

注：* 表示 $p<0.05$；其他未注明者，表示 $p>0.05$。

表4的结果同样表明，尽管我们将答案的排列顺序进行了变换，但两

组对象回答的结果除了在一个方面略有差异(相差4%)以外,其他方面都不存在显著差别。这也即是说,对于这样一类客观行为问题,不同答案排列顺序对调查结果也基本上没有什么影响。

(三) 认知问题

问卷中的认知问题,指的是那些以了解被调查者对某方面事物的主观看法和认识为内容的问题。比如,"你认为找一个好工作主要靠什么""你工作中的压力来自哪个方面""你认为成人的标志是什么"等等。这里,我们以"你认为找一个好工作主要靠什么"为例来分析。问卷中的问题和答案是:

你认为找一个好的工作主要靠什么?
1. 个人能力强、素质好 2. 有文凭、学历高 3. 懂外语、会计算机
4. 有一定的工作经验 5. 有熟人、关系、路子 6. 靠机遇、运气
7. 所学的专业热门 8. 其他(请指明)_____

其中,甲组答案的排列如上,乙组答案排列同样是将答案4、5、6的位置分别与答案1、2、3的位置进行对换。表5是两组回答的统计比较及其差异显著性检验的结果:

表5 对于"找好工作主要靠什么"的问题两组结果的交互分析及检验

好工作靠什么 * 样本分组 Crosstabulation

% within 样本分组

		样本分组		Total
		1.00	2.00	
好工作靠什么	个人能力强、素质好	59.4	46.3	52.8
	有文凭、学历高	15.1	10.0	12.6
	懂外语、会计算机	1.6	2.0	1.8
	有一定的工作经验	6.0	12.0	9.0
	有关系、熟人、路子	8.8	14.8	11.8
	靠机遇、运气	5.6	11.3	8.5
	所学的专业热门	2.7	3.0	2.9
	其他	0.7	0.6	0.6
Total		100.0	100.0	100.0

(续表)

	样本分组		Total
	1.00	2.00	
Chi-Square Tests			
	Value	df	Asymp. Sig. (2-sided)
Pearson Chi-Square	72.289(a)	7	0.000
N of Valid Cases	1773		

注：a 0 cells（0%）have expected count less than 5,The minimum expected count is 5.49。

从表5的结果中，我们可以清楚地看到，与前述两种情况明显不同的是，两组回答之间差异十分显著：在甲组回答中，排在1、2、3位置的答案的比例，基本上都明显高于乙组的比例（此时乙组的这些答案分别排在了4、5、6的位置）；而甲组排在4、5、6位置的答案的比例，则全部低于乙组的比例（此时乙组的这些答案分别排在了1、2、3的位置）——这说明，当我们把排在4、5、6位置的答案与排在1、2、3位置的答案进行对换后，回答者的选择结果也发生了明显改变。换句话说，不同答案顺序对于认知问题的调查来说，影响非常明显。

（四）程度问题

问卷中的程度问题，指的是那些以了解被调查者对某一现象或某种客观状况所具有的主观看法或态度的不同程度为内容的问题。比如，"你对自己目前从事的工作是否满意""你对自己人际关系方面的状况是否满意""你的父亲是否理解你"等等。由于人们的主观看法或态度往往具有程度上的差异，所以调查中这类问题的答案通常采用的是李克特形式的五级评价，如"非常满意、比较满意、一般、不太满意、很不满意"，或者"非常理解、比较理解、一般、不太理解、很不理解"等等。我们希望探讨的是，当答案顺序从"非常理解"到"很不理解"的排列，改变为从"很不理解"到"非常理解"的排列，或者从"非常满意"到"很不满意"的排列，改变为从"很不满意"到"非常满意"的相反顺序时，两组回答结果有无显著变化。下面以"父亲是否理解你"这一问题的统计结果为例来说明，见表6。

表6 "父亲是否理解你"的交互分析及检验
好工作靠什么 * 样本分组 Crosstabulation

% within 样本分组

		样本分组		Total
		1.00	2.00	
与父母理解情况-父亲是否理解你	非常理解	26.0	13.0	19.5
	比较理解	43.6	41.0	42.3
	一般	21.1	26.4	23.8
	不太理解	7.0	14.7	10.8
	很不理解	2.3	4.9	3.6

Chi-Square Tests			
	Value	df	Asymp. Sig. (2-sided)
Pearson Chi-Square	76.767(a)	4	0.000
N of Valid Cases	1770		

注:a 0 cells (0%) have expected count less than 5, The minimum expected count is 31.50。

从表6结果中可以看出,当答案从"非常理解"到"很不理解"排列(即正向陈述)时,其所得结果中的正向比例(即答案1和答案2)高于乙组;反之,但当答案是从"很不理解"到"非常理解"排列(即反向陈述)时,乙组所得结果中的中间答案以及负向答案的比例(即答案3、答案4和答案5)高于甲组。卡方检验结果表明,这种差异是显著的。这一结果说明,当程度的答案方向改变时,调查所得结果也存在明显不同。当然,笔者对前面表2中全部程度问题的考察结果显示,这种差异的范围相对来说还是不太大的。究其原因,笔者分析可能与程度答案的数目只有五个有一定关系。

四、小结与讨论

本文利用大规模调查的数据资料进行经验比较分析,结果表明,在"人们有规律地阅读方式"与问卷中"答案设计的不同顺序"二者之间,存在着某种内在的、有规律的联系。换句话说,在自填式问卷调查中,对于同样的调查问题,如果答案排列的顺序不同,就有可能对被调查者的回答产生影响。从本研究所分析的各类问题来看,这种影响是一种比较普遍存在的现象,值得研究者重视和注意。答案排列的顺序对被调查者的回答产生影响的基本规律是:对于客观性的事实问题、行为问题,答案的不同顺序对调查结果不具有明显影响;但对于主观性的认知问题、程度问题,以及评价问题,不同答案顺序所得结果之间有着明显的不同,特别是第一个答案的影响更为突出(即更容易被回答者选中)。

这一研究结果对社会研究中广泛运用的、以封闭式问题为主要形式的问卷调查提出了一定的挑战。同时,它也对调查研究者的问卷设计工作以及对使用问卷收集资料的质量提出了更高要求。每一位问卷设计者、每一个运用社会调查方法收集资料、从事社会研究的人,都不能无视这一问题的存在。

现在的问题是:在实际调查中,我们可以采取什么样的办法来减小这种影响呢?笔者认为,为了消除不同答案顺序对调查结果的上述影响,研究者在设计调查问卷时,最好能为一套调查问题及答案设计出多个不同的版本。在每一种版本的问卷中,所提出的问题、所给出的答案以及问题的前后顺序等完全一样,只是问卷中一部分问题的答案排列顺序有所不同。这部分问题就是以询问被调查者对社会现象的认知、判断、评价,以及态度等为内容的主观性问题,包括各种量表。具体来说,对于这样一类问题的答案排列,笔者建议可采取下列两种方式进行操作:

一是采用随机化方法。比如,某个问题共有 6 个答案。我们先按任意顺序对答案进行排列,并将答案分别标记为 1、2、3、4、5、6。然后,在 6 张相同的小纸条上分别写上"1""2""3""4""5""6"这六个不同的号码;再将六张小纸条折叠后放进一个纸盒中,设计者随机地从中依次取出这六个号码,假设所取出的号码的先后顺序是 3、2、5、1、6、4,那么,版本一中这一问题的答案排列顺序也就是 3、2、5、1、6、4。然后,研究者再将小纸条放回盒子中,重新抽取一遍,并根据所抽取的另一种号码顺序来再次安排答案的前后顺序,作为第二个答案排列的版本。这样就可以根据需要形成多种不同版本的答案安排顺序。

二是采用轮换的排列方式。上述方式虽然很好,但具体操作时不免有些麻烦。作为一种替代的方式,问卷设计者可以采用轮换的排列方式来进行。具体做法是:先以随机的方式列出第一种答案安排的版本。然后,直接将答案排列的顺序进行轮换。比如,假设某个问题共有 8 个答案,设计者随机地将它们分作四行排列。即第一行为答案 1 和答案 2,第二行为答案 3 和答案 4,第三行为答案 5 和答案 6,第四行为答案 7 和答案8。以这种排列作为版本一。然后,将第一行的答案放到最后一行(即放到第四行),而将第二行、第三行和第四行的答案依次提前作为第一行、第二行和第三行,并以这种排列作为版本二。同样做法可形成版本三和版本四。

最后,对于程度问题的答案,比如"非常熟悉、比较熟悉、一般、不太熟悉、很不熟悉"等等,由于它们具有方向性,因而五个答案不能按上面的方法来随意地调整相互之间的位置。为了消除这种形式的问题所带有的答案顺序的影响,设计者可采取将一个版本的答案按正向排列,而另一个版本的答案按反向排列的方法进行设计。由于两种排列顺序的影响可以相互抵消,从而达到最终消除单一排列顺序对回答结果影响的效果。

参考文献

风笑天:《社会调查中的问卷设计》,天津人民出版社2002年版。
风笑天:《社会学研究方法》,中国人民大学出版社2005年版。
风笑天:《已婚独生子女独立生活能力的实证研究》,《中国青年研究》2005年第9期。

社会调查中的"中间答案":
设置与否的差别研究*

　　社会调查是众多社会科学研究中应用最为广泛的一种研究方式。在社会调查过程中,研究者用问卷作为工具来测量人们的行为、态度和社会特征。因此,问卷设计是研究者一项非常重要的设计任务。在设计测量被调查者的态度、主观评价等方面内容的问题时,研究者常常会面临这样一种选择:问题的答案设计究竟是采用没有中间答案的偶数形式,还是采用有中间答案的奇数形式?举例来说,对于下列问题:

　　请问你是否赞成"一方是独生子女就可以生育二胎"的政策?

---

* 本文原刊于《广西民族大学学报》2013年第1期。

研究者在设计问题的答案时,可以有两种方式:

一种是设计成没有中间答案的偶数形式。

比如,"1. 赞成 2. 不赞成";

或者,"1. 赞成 2. 比较赞成 3. 不太赞成 4. 很不赞成"。

另一种是设计成有中间答案的奇数形式。

比如,"1. 赞成 2. 中立 3. 不赞成";

或者,"1. 赞成 2. 比较赞成 3. 无所谓 4. 不太赞成 5. 很不赞成"。

现实生活中,人们对事物的态度客观上是会存在程度上的差别的。相对来说,上述第一和第三两种答案过于简单化,不利于了解被调查者在态度程度上的不同差别。第二和第四这两种形式的答案则体现了态度程度上的差别。本文中以这两种形式的答案为例来进行讨论。

我们先看看在现实的社会调查中,研究者采用的是哪一种形式的答案设计呢?实际考察的结果表明,现实社会调查中两种形式的答案设计都有被研究者所采用。比如,孙秀林等在研究上海新白领的政治态度与政治参与时,采用的各项测量指标都是有中间答案的五点设计,如"1. 非常同意 2. 比较同意 3. 一般 4. 不太同意 5. 很不同意""1. 根本不信任 2. 不太信任 3. 一般 4. 比较信任 5. 完全信任"等(孙秀林等,2012)。而邢占军等人在研究党政干部心理工作环境与幸福感之间关系时,所使用的美国学者设计的"工作内容问卷"(JCQ)中的答案形式就是没有中间答案的四点设计,即"1. 非常同意 2. 同意 3. 反对 4. 非常反对"(邢占军等,2010)。采用不同形式答案的研究者对调查结果的报告也是各自报告各自的。很少有研究者对为什么采用奇数形式或采用偶数形式的答案设计进行说明,更没有研究者去关注两种不同设计所得结果之间有无差别的问题。

其次,我们再看看现有的社会研究方法教科书中对两种答案形式又是如何介绍和说明的。笔者考察了国外流行的几本社会研究方法的教材,包括巴比的《社会研究方法》、纽曼的《社会研究方法:定性和定量的取向》、贝利的《现代社会研究方法》,结果发现,巴比的书中没有专门讨论这一问题,但在他所列举的例子中,则都是既有奇数形式的答案设计,也有偶数形式的答案设计。例如,属于前者的如"你认为美国对于联合国财政上的支持是:1. 过高 2. 正好 3. 太低";属于后者的如"美国是否应该派遣军队支持联合国的维护和平行动?1. 非常同意 2. 大部分同意 3. 大部分不同意 4. 非常不同意"(巴比,2000:217)。

纽曼在其教材中介绍李克特量表时说道:"选项应该要维持偶数平衡(例如,如果有'非常同意''同意',就要有'非常不同意''不同意')。"他同时指出:"关于是否要在显示方向的类别(例如,'不同意''同意')之外,再提供中性类别(例如,'不知道''未决定''没意见'),研究者之间有很大的争议。"(纽曼,2007:252)(笔者认为,"不知道"的答案与另外两个答案不同,似乎不应作为中间答案看待)而他书中同样既有奇数形式的例子,也有偶数形式的例子。比如,属于前者的有"很容易、一般、很难""一直都是、大部分时候是、有些时候是、很少是、从不是"。属于后者的有"定期、常常、不常、从来没有""非常同意、同意、不同意、非常不同意、不知道"(此处"不知道"往往作为缺省值处理,而不是程度上的一个答案)(纽曼,2007:359—360)。

贝利在其教材的"回答种类安排形式"一节中专门谈到了定序变量的答案问题。他指出,"一个定序量表的种类则往往较具主观性,必须由研究人员来确定","他决定在最低和最高之间将会有多少种类,同时,一般来说,他要给这些种类提出中间项"。但他接着列举的"普遍使用的回答量级"中,则也是既包括奇数形式的答案设计,如"强烈同意/同意/中立/不同意/强烈不同意/不能回答"(此处"不能回答"往往作为缺省值处理,而不作为态度上的一个层次),也包括偶数形式的答案设计,如"肯定真实/往往真实/难得真实/从不真实/不知道"(此处"不知道"也往往作为缺省值处理,而不作为评价上的一个层次)(贝利,1986:177—178)。

上述两方面的状况表明,目前学术界中对两种答案设计方式都有采用。但对"这两种不同的答案形式所得到的调查结果之间是否存在差别",以及"如果存在差别,那么这种差别具有什么样的特征""这种差别的范围有多大""这种差别对调查的结论会产生什么样的影响""在实际调查设计和结果分析中研究者又应该如何应用不同的答案形式"等一系列问题尚缺乏探讨。这一状况对于提高社会调查质量来说无疑是一种很大的缺陷。本文的目标正是希望利用大规模调查所得到的经验数据,对上述问题进行一些初步的探讨。

一、研 究 设 计

为了经验地探讨和回答上述问题,笔者采用了与实验设计相似的基本逻辑,即选择两组完全相同的对象,在调查问题完全相同的问卷中,分别采取两种不同的答案设计,在较大规模的两个相同样本中进行调查,然后比较和分析不同测量方法所得到的结果。显然,要进行上述比较的前提条件之一,就是要保证用于比较的两组对象是相同的,即两组对象本身在各种特征上不存在先天不一致的情况。然而,现实社会中是找不到两组完全相同的对象的。因此,如何找到或"制造出"这样的两组对象,就是我们的第一个任务。

(一) 两个相同样本组的建立

本研究所用数据来自笔者 2007 年在全国 12 个城市对 2357 名在职青年进行的一项调查。该调查采用多阶段随机抽样的方法,在每个样本城市中选取相同的 15 种职业;再从这些职业中总共抽取 200 名左右、年龄在 18—31 岁的青年职工。更为详细的样本设计和抽样过程可参见笔者相关论文中的介绍(风笑天,2009)。该调查共发出问卷 2460 份,收回有效问卷 2357 份,有效回收率为 96%。

为了在一次调查中获得两个基本相同的子样本,笔者在调查设计中采用了随机化分发问卷的方法。笔者事先将调查问卷设计成两个不同的版本:问卷中的所有问题完全一样,但部分问题的答案形式不同,一部分采用奇数答案形式设计,另一部分则采用偶数答案形式设计。每一种版本问卷印制的数量相同(各占二分之一)。在将问卷分发邮寄到各个调查城市的调查者手中之前,笔者将每个城市的 200 份问卷均按两种版本一份一份地交叉排列。并且,整个操作中十分重要的一点是,各地负责调查的研究者并不知道该问卷有两个版本。所以,调查问卷的实际发放完全处于一种随机化的状态中。最后汇总统计的结果也表明,在收回的 2357 份有效问卷中,两种版本的问卷数量分别为 1168 份和 1189 份,比例相差不到 2%(从表 1 中还可以看出,两个样本在其他各项指标的分布上也非常的均匀)。

由于我们采取了随机化的方法来分组,因此,尽管我们事先并不能清楚地知道这两个组的对象在各种特征上的具体分布状况,但我们可以推测这种分布应该是基本相同的。对实际调查数据进行样本分析的结果完全证实了我们的推测。表 1 是对样本中两组对象在性别、年龄、文化程度、婚姻状况、是否独生子女等多种个人基本背景特征上的百分比分布和差异显著性检验的结果。

表1 两组对象的个人背景分布及差异的显著性检验 （%）

		甲组	乙组	显著性检验
性别	男	48.0	48.8	$P=0.711$
	女	52.0	51.2	
年龄	18—21岁	15.8	16.7	
	22—27岁	61.0	56.8	$P=0.101$
	28—31岁	23.2	26.5	
	（均值）	（24.9岁）	（25.1岁）	（$P=0.211$）
文化程度	初中	7.3	8.4	
	高中	25.3	27.2	
	大专	26.3	26.9	$P=0.339$
	本科	37.0	34.4	
	研究生	4.1	3.1	
婚姻状况	未婚	70.1	67.2	
	已婚	29.3	32.2	$P=0.326$
	离婚	0.6	0.6	
是否独生子女	是	41.2	38.0	$P=0.119$
	否	58.8	62.0	
城乡背景	城市	52.8	53.4	
	镇	26.4	25.5	$P=0.889$
	乡村	20.8	21.1	
是否与父母同住	是	63.0	62.0	$P=0.640$
	否	37.0	38.0	
样本规模	(n)	(1168)	(1189)	(2357)

注：青年职业的答案类别有15项之多，为节省篇幅，没有在上表中列出，其差异的显著性检验结果 $P=0.945$；说明两类样本在职业分布上几乎完全相同；表中列出的样本规模是总的数目，每一项分类统计中会有少量缺省。

表1的结果表明，我们采用随机化方法所得到的两个组的对象，在各种个人背景特征上几乎完全一样（对城市分布、职业分布等特征的交互分析以及对其他问题的交互分析也得到同样结果，只是由于篇幅原因，此处未列出），卡方检验（以及 F 检验）的结果表明，两组对象之间在各种特征上不存在显著差异。这即是说，我们可以在一定程度上把这两组对象看作完全相同的两个复制品。

正是根据这一结果，我们可以有下列直接的推论：样本中的两组对象总体上具有相同的心理特征,对于完全相同的问题,比如"你是否赞成父母替子女去相亲"等等,两组对象总体上也具有完全一样的心理反应分布,即具有共同的回答倾向,他们回答这一问题的诚实程度和比例是相同的,无论是赞成或是反对,两个组之间都不存在显著差别。正是由于随机化方法的运用,使我们有效地控制了各种变量(虽然我们自己也不知道究竟控制了多少种特征或变量,但我们却能肯定地知道,我们实际上控制了一切变量)。这是本文展开分析的最重要基础之一。

(二) 两种不同的答案设计方法

有了两个完全一样的对象组,只是为我们的特殊实验建立了基础。接下来的任务就是要对不同的组给予不同的"实验刺激"——在不同的组中使用不同的答案设计方法。本研究中总共有九个题目采用了两种不同的答案设计方法,这九个问题是:

你是否赞成父母替子女去相亲?
对你的爱人,你父母满意吗?
你爱人与你父母之间的关系如何?
你与父亲之间的关系怎样?
你与母亲之间的关系怎样?
日常生活中,你遇到烦恼或心情不好时,会和父亲交谈吗?
日常生活中,你遇到烦恼或心情不好时,会和母亲交谈吗?
日常生活中,你父亲遇到烦恼或心情不好时,会和你交谈吗?
日常生活中,你母亲遇到烦恼或心情不好时,会和你交谈吗?

这九个题目中,涉及态度问题的一个,涉及评价性问题的四个,涉及事实性问题的四个。对它们的答案设计分别采用无中间项的四个答案形式和加上一个中间项的五个答案形式。两个版本的问卷中两种答案形式交叉设计,即每一个版本中都既有四个答案的形式,也有五个答案的形式。具体做法是甲版本问卷中某些问题用的是四个答案时,乙版本问卷中对应问题则用五个答案;甲版本问卷中的另一些问题用的是五个答案时,乙版本问卷中对应问题则用的是四个答案。这样做可以有效避免回答者形成答题偏好和填答惯性。

二、结果与分析

表2是两组调查对象对这九个问题的回答百分比及其分布的统计和比较。

表2 两组调查对象对九个问题的回答及其分布统计 （%）

	答案	甲组	乙组
1. 你是否赞成父母替子女去相亲？（未婚者回答）	非常赞成	2.3	1.4
	比较赞成	12.8	4.3
	无所谓		32.8
	不太赞成	47.0	28.1
	很不赞成	37.9	33.4
	样本规模(n)	(813)	(793)
2. 对你的爱人，你父母满意吗？（已婚者回答）	非常满意	36.4	35.2
	比较满意	55.4	48.3
	一般		12.0
	不太满意	7.9	2.6
	很不满意	0.3	1.8
	样本规模(n)	(343)	(383)
3. 你爱人与你父母之间的关系如何？（已婚者回答）	非常好	35.7	35.0
	比较好	59.1	47.8
	一般		14.9
	不太好	5.0	1.0
	很不好	0.3	1.3
	样本规模(n)	(342)	(383)
4. 你与父亲之间的关系怎样？	非常好	52.7	52.9
	比较好	33.6	40.9
	一般	11.8	
	不太好	1.2	5.4
	很不好	0.8	0.8

(续表)

	答案	甲组	乙组
	样本规模(n)	(1164)	(1186)
5. 你与母亲之间的关系怎样?	非常好	66.8	67.8
	比较好	27.7	29.3
	一般	4.9	
	不太好	0.5	2.8
	很不好	0.1	0.1
	样本规模(n)	(1164)	(1186)
6. 日常生活中,你遇到烦恼或心情不好时,会和父亲交谈吗?	每次都会	5.2	3.2
	多数情况下会	30.9	22.4
	一半的情况下会		21.2
	少数情况下会	33.8	25.2
	基本不会	30.1	28.0
	样本规模(n)	(1158)	(1185)
7. 日常生活中,你遇到烦恼或心情不好时,会和母亲交谈吗?	每次都会	13.8	11.5
	多数情况下会	37.0	28.8
	一半的情况下会		20.6
	少数情况下会	30.6	23.2
	基本不会	18.6	15.9
	样本规模(n)	(1159)	(1179)
8. 父亲有烦恼或心情不好时,会和你交谈吗?	每次都会	5.4	3.2
	多数情况下会	24.0	18.8
	一半的情况下会		16.8
	少数情况下会	36.5	28.1
	基本不会	34.2	33.0
	样本规模(n)	(1155)	(1178)
9. 母亲有烦恼或心情不好时,会和你交谈吗?	每次都会	13.2	11.9
	多数情况下会	40.6	34.3
	一半的情况下会		20.0
	少数情况下会	28.7	20.1
	基本不会	17.5	13.7
	样本规模(n)	(1155)	(1180)

表2的结果首先一致表明,当采取两种不同数目的答案形式时,调查结果会出现十分明显的分布差异。总体上,依据调查问题性质的不同,两

种形式的答案之间的分布总差距(即增加中间答案时"吸引"的回答者比例,或者说,去掉中间答案时"流走"的回答者比例)从5%左右直到33%左右。这一结果启示我们,调查问卷设计中,不能忽视态度问题答案形式中有无中间答案的影响。

如果将表2中的九个问题按性质分为态度性问题(第1题),评价性问题(第2、3、4、5题)和事实性问题(第6、7、8、9题),那么可以看到,态度性问题两种回答之间的差距最大,达到33%左右;事实性问题的两种回答之间的分布差距也比较大,大约在17%—21%之间;而评价性问题的两种答案形式之间的分布差异相对较小,大约在5%—15%之间。这一结果说明,问卷设计中对各种程度问题的答案采用有无中间答案的两种数目的设计时,对态度性问题调查结果的影响最大,对事实性问题调查结果的影响次之,对评价性问题调查结果的影响相对较小。

仔细对比表2中两种形式的答案比例之间的差别,可以看出,有无中间答案对两个极端回答的影响相对较小,基本上两者差别都在3%之内;但对两个"比较级"的回答则有明显影响。这也即是说,中间答案的出现主要"吸引了"没有中间答案的问卷中两个"比较级"的回答(或者说,取消中间答案主要"增加了"有中间答案的问卷中两个"比较级"的回答)。这是本研究中一个值得注意的发现。

结合三种问题类型来进一步比较和分析两种答案分布之间的差异,我们还可以发现,三类问题差异分布的特征是不同的。态度问题中,中间答案所"吸引的"主要是一部分反向的(即不赞成的)回答者(大约20%),而"吸引"正向回答者的比例只有10%左右;这似乎暗示,中间答案的出现,为一部分原本持不太赞成态度的回答者提供了相对含糊同时也"相对安全"的回答方式。而在事实性问题中,中间答案"吸引"的两个方向的比例基本相当;评价性问题中,中间答案"吸引"正向的回答者的比例相对较多(大约在3%—12%),而"吸引"负向回答者的比例则相对较少(仅2%—4%)。这又似乎在暗示,当没有中间答案时,原本属于一般评价的回答,相对较多地"流向"了正面的评价。

三、小结与讨论

本研究采用实验研究的逻辑,利用大规模社会调查所得的经验数据,对问卷设计中有关态度、评价问题的答案设计的两种方法进行了探讨。

研究结果表明,调查中采用没有中间答案的偶数形式与采用有中间答案的奇数形式这两种不同的答案设计方式所得到的调查结果之间存在明显的差别。这种差别的大小依据问题性质的不同而有所不同,其范围大约是5%—33%。相对来说,评价性问题两类答案设计所得结果之间的差别较小,而态度性问题和事实性问题两类答案设计所得结果之间的差别较大。同时,中间答案的出现主要"吸引"的是没有中间答案的问卷中两部分"比较级"的回答者,而对两个极端回答者的影响不大。其"吸引"的程度和方向又依问题性质的不同而有所不同。总的来说,态度问题中,中间答案所"吸引"的比例最大,尤其是对否定方向的回答者;事实性问题中,中间答案所"吸引"比例也较大,但两个方向的比例相当;评价性问题中,中间答案所"吸引"的比例最小,且主要是对肯定方向的回答者"吸引"较多,对否定方向回答者"吸引"的比例则较少。

根据本研究的结果,笔者觉得有两个方面的问题值得进一步探讨。

一方面是对两类答案形式的评价和应用问题,也可以说是"中间答案"的意义和作用问题。有中间答案或者没有中间答案这两种答案形式各有什么优缺点?问卷设计中是应该,或是不应该提供中间答案?笔者认为,无中间答案的偶数形式可以促使每一个回答者都明确地表明自己的态度、评价及其程度(属于"不知道""不能回答"等情况者除外)。这是其主要优点。但这种偶数形式的答案忽略了人们的态度存在"不偏不倚"的中立状况的可能,具有"强迫"那些持有中立态度的被调查者在"非此即彼"的情景中做出选择的不足。而有中间答案的奇数形式则兼顾到了客观现实的情况,从这方面来说,有中间答案的奇数形式具有优点,比较可取。但另一方面,奇数形式的答案设计又往往存在着一种为回答者提供可以隐藏其真实态度的机会和空间的可能。在这方面,奇数形式又不如偶数形式。

面对这种客观存在的差别和影响,社会研究者在实际调查设计和结果分析中又应该如何应用这两种不同的答案形式呢?依据本研究的结果,笔者认为,对于两类答案差别较大的态度性问题,特别是比较敏感的态度性问题,以及事实性问题,研究者可以考虑用偶数形式的答案设计,以便可以相对"硬性"地要求回答者表明自己的态度或迫使他做出明确反应。避免一部分回答者利用中间答案"隐藏"自己的态度倾向的做法。但在这样设计的同时要注意对结果的分析。当研究者在偶数答案设计的后面加上"不知道"或"不能回答"等答案时,如果发现选择这种答案的人数多得不太正常,那么,这种答案实际上同样起到了"隐藏"被调查者态度倾向的作用。因此,宁愿不设此答案。虽然这样做的结果可能会导致少数人不填答此题,但即便如此,由于对这部分人进行编码统计时的结果与其选择"不知道"或者"不能回答"的结果相同,都是作为缺省值处理,而不会计入统计分析的样本中。而对于差别相对较小的评价性问题,以及不敏感的态度性问题、事实性问题,则尽可能采用有中间答案的奇数形式,以便全面反映不同回答者的程度差别。特别是在对被调查者如实回答问题具有较大把握的时候,我们更倾向于采用有中间答案的奇数形式。

另一方面是与两种不同的答案形式有关的认识论问题。两种不同的答案设计所形成的这种差别对调查的结论会产生什么样的影响?换句话说,对于同一群人采用两种不同的答案设计方法,就会得到两种不同的态度结果。那么,哪种结果更接近客观现实呢?要回答这一问题,实际上意味着回答这样两个相关的问题:(1)"中间答案"所指示的是不是一种现实状态?即在现实社会生活中,人们对事物的态度、看法、评价等等,是否会存在着中间答案所指示的那种状态?(2)如果存在这种状态,那么研究者在调查中通过中间答案所得到的结果是不是准确反映了这种现实状态?

如果认为现实中人们的态度根本就不存在中间状态,即人们的态度只会有倾向性,要么激进,要么保守;要么赞成,要么反对;没有中间性。那么,偶数形式的答案设计就是最为恰当的。但如果认为现实中人们的态度的确存在中间状态,即的确有人既不激进,又不保守;既不赞成,又不反对。那么,有中间答案的奇数形式就是恰当的。

在笔者看来,现实社会中人们对某一问题的态度、看法、评价等等,客观上是会存在中间状态的。因此,中间答案是符合现实状况的,问卷设计时应该增加中间答案。但同时对于第二个问题,笔者认为中间答案的调查结果可能并不能准确地反映现实中具有中间态度的人的比例。因为,调查中得到的中间答案的结果,既可能反映了一部分客观存在的中间态度者的状况,即有一部分人的确对某一问题没有倾向性的态度;但同时也可能为另一部分人提供了隐藏自己态度的机会和场所。因此,社会调查中所得到的中间答案的结果,很可能是前一部分具有不偏不倚的态度的人与后一部分"隐藏"了其态度和倾向的人所共同形成的比例。本研究的结果为我们认识两种答案设计之间的差别,以及这种差别对调查结果的影响提供了清楚的依据。特别是对于采用偶数答案方式设计的调查结果与实际社会中人们的主观态度、客观行为、状态评价之间的可能差距，以及采用奇数答案方式设计的调查结果与实际社会中一部分人将自己的主观态度、客观行为、评价状态"隐藏"于中间答案的可能性，这些都是我们在看待各种调查结果和研究结论时应特别注意的一个方面。

最后，本研究所可能存在的局限性问题。本研究虽然发现两种答案设计方式所得结果之间的差别是客观存在的，但是，本研究结果本身却无法区分二者之间的这种差别所体现的"谁是谁非"。因为我们无法知道，究竟是无中间答案的偶数设计结果人为地将本来有中间态度和评价硬性分成"非此即彼"？还是有中间答案的奇数设计为那些本来有倾向性态度和评价的被调查者提供了"隐藏"其真实态度、观点和评价的"空间"？如何从中间答案中区分或排除这些"隐藏者"，将是今后一项十分重要的研究课题。这一问题非常值得我们设计出新的研究方案，收集新的经验证据进行更深入的探讨。此外，本研究得出结论时所依据的九个问题的性质是否具有普遍意义也需要注意，特别是态度测量的问题仅有一个题目，数量实在太少了，所以在接受相关结论时其可靠性尤其值得考虑。

参考文献

〔美〕巴比：《社会研究方法》（邱泽奇译），华夏出版社 2000 年版。

〔美〕贝利：《现代社会研究方法》（许真译），上海人民出版社 1986 年版。

风笑天：《独生子女父母的空巢期：何时开始？会有多长？》，《社会科学》2009 年第 1 期。

〔美〕纽曼：《社会研究方法：定性与定量的取向》（郝大海译），中国人民大学出版社 2007 年版。

孙秀林、雷开春：《上海新白领的政治态度与政治参与》，《青年研究》2012 年第 4 期。

邢占军、张燕：《党政领导干部心理工作环境与主观幸福感关系的初步研究》，《南京社会科学》2010 年第 2 期。

高回收率更好吗[*]
——对调查回收率的另一种认识

一、一个意外的提问

2005年8月,美国社会学协会(ASA)第100届年会在费城召开。在分组会议上,宣读了一篇由笔者与合作研究者们(美国教授及其博士生)合写的论文。论文报告完后,在场的一位美国学者提出了一个这样的问题:"你们的研究报告指出,调查的回收率为96%,请问,回收率怎么会有这么高?"

这一提问让笔者感到十分意外。国内学者——包括笔者——以往所进行的一些调查,回收率达到90%以

---

[*] 本文原刊于《社会学研究》2007年第3期。

上可以说是相当常见的现象(实际的统计结果证实了笔者的印象,具体情况可参见本文第三部分的内容)。更为重要的是,在笔者(以及国内许多同行)看来,调查回收率的高低,是衡量一项调查质量高低的主要标准。而在实际从事社会调查的过程中,努力追求高回收率也早已成为许多国内同行的共识和行动。难道高回收率有什么不好吗?难道我们不应该追求高回收率吗?高回收率有什么不正常吗?正是这种意外的感觉以及由此所带来的一系列疑问,促使笔者对调查中的回收率问题进行了重新思考,并对调查回收率或高或低的现象背后所具有的深刻含义进行了分析。本文的目的就是围绕这一看似简单、实际上却关系重大的方法论问题谈谈笔者新的认识,以就教于学界同行。

二、调查回收率及其意义

社会调查中的回收率(response rates,也称作回答率或应答率)指的是"调查者实际调查的样本数与计划调查的样本数之比"(风笑天,1987),也就是社会调查过程中研究者成功完成调查询问的个案数占计划完成的样本总个案数的百分比。它通常包括自填式问卷调查中的问卷回收率和结构式访问调查中的访问回答率。回收率的计算方法是:

$$回收率 = \frac{实际完成询问的个案数}{计划完成的样本总个案数} \times 100\%$$

比如,一项调查从总体中抽取了400名调查对象作为样本,研究者采用自填问卷的方法收集资料,发出问卷400份,实际收回问卷380份。那么,根据上述公式计算,该项调查的回收率为:

$$(380/400) \times 100\% = 95\%$$

同样,如果研究者采用的是结构式访问的方法来收集资料,而在实际访问400名调查对象的过程中,有10位调查对象由于地址错误、外出打工、生病住院等客观原因而无法接触到,还有10位调查对象拒绝接受访问。结果,实际完成访问的对象为380人,回收率亦是95%。

实际调查中,由于收回的问卷里还可能会有一部分不合格的问卷,所以,真正严格意义上的调查回收率(也称为有效回收率)指的是通过对问卷的审核,剔除那些填答不全或明显乱填的废卷后所剩下的问卷数(即有效问卷数)占样本总个案数的百分比,即:

$$（有效）回收率 = \frac{实际完成询问的有效个案数}{计划完成的样本总个案数} \times 100\%$$

比如，通过审核发现上述调查中所收回的 380 份问卷里，有 20 份不合格的废卷，将这些废卷剔除，该项调查的有效回收率就只有

$$[(380-20)/400] \times 100\% = (360/400) \times 100\% = 90\%$$

由于最终进入数据分析的问卷数目是有效问卷数，因而，一般情况下研究者在研究报告中向读者报告的应该是有效问卷数和有效回收率。如无特别说明，本文中的调查回收率也指的是调查的有效回收率。

对于社会调查而言，回收率最常见同时也是最基本的方法论意义在于：它是决定和影响调查样本代表性的重要因素。"回收率是受访者样本代表性的一项指标"（巴比，2000：331），"它是反映抽样调查结果对总体的代表性程度的重要指标之一"（风笑天，1987）。调查研究中，研究者虽然可以通过科学的抽样设计，达到从总体中抽取具有代表性的样本的目的，然而，这种抽样所得到的样本的代表性并不能最终反映调查结果的代表性。因为抽样所得样本对总体的代表性是一种处于调查开始之前的衡量指标。在进行调查的过程中，会有许多因素导致抽样样本中部分个案的缺失或失效，使得最终完成调查的样本只是抽样样本中的一个部分。而由于"未回答者通常与问卷的回答者有着相当的差别，他们通常是一些由于受教育程度低而看不懂问卷的人、一些年事已高而无法回答问卷的人，或者是一些流动性较大而无法找到的人"（Nachmias & Nachmias, 2000：208），所以，当调查的回收率较低（即未回答者的数量较大）时，调查结果的总体代表性就会受到明显的影响和破坏。这方面最著名的例子是美国《文学文摘》杂志关于美国总统选举的调查。该杂志在 1936 年的总统选举调查中收回了 200 多万份调查表，其收回的问卷规模可谓巨大。但是，相对于其所发出的 1000 多万张调查表来说，200 万的数字依然只是很小的一部分。正是这种 20% 左右的回收率（以及研究者在抽样框方面的失误），彻底葬送了《文学文摘》杂志的这次调查结果，也最终导致了这家杂志社的关门。回收率过低而影响到调查结果质量的另一个著名例子是美国学者海蒂关于美国女性的性调查。尽管这项著名调查的有效样本规模也达到了 4500 份，但相对于其发出的 10 万份问卷来说则小得可怜（回收率仅为 45‰），其研究结果因此遭到学界猛烈批评。也正因为如此，"在调查研究中，回收率是研究者的一大担心"（Neuman, 1994：239）。

那么，可接受的回收率，以及很好的回收率的标准是什么呢？对此学

界目前还没有统一的认识。纳克米亚斯等人指出:"要确定一种可接受的回答率标准并不是一件容易的事情,因为科学家在最低回答率的标准上意见不一致"(Nachmias & Nachmias,2000:213)。美国社会学者巴比提出过一个简单的等级规则:"要进行分析和报告撰写,问卷回收率至少要有50%才是足够的,要至少达到60%的回收率才算是好的;而达到70%就非常好。"但他同时也明确指出:"要记住,以上数据都只是概略指标,并没有统计上的基础。"(巴比,2000:331)

尽管没有统一的衡量标准,但笔者认为,一般情况下,如果无回答的比例超过样本总量的1/3,即回收率低于样本总量的2/3时,调查结果就有可能出现大的偏差。因此,当一项调查的回收率低于这一比例时,研究者有责任对未回收的调查对象所具有的基本特征及其所带来的误差进行分析和说明。因为这种误差在相当大的程度上将决定和影响调查研究结果的推广范围以及推广中的偏差范围。由于回收率所代表的样本才是真正的样本,或者说才是得出调查结果时实际用到的样本,因此,即使在抽样样本具有很好代表性的情况下,调查回收率的高低仍然影响调查结果的代表性。正是这种由回收率所代表的调查样本的大小,成为衡量一项调查结果所具有的代表性的最终指标。也正是在这种意义上,我们说,调查的回收率越高越好。

三、目前国内社会学界调查回收率的状况

正是基于上述认识,研究者在调查中一般都会尽可能地追求更高的回收率。国内社会学界调查回收率的状况也很好地说明了这一点。笔者对《社会学研究》最近两三年来(2004年第2期—2006年第3期)所刊登的、利用抽样调查数据(1项网络调查除外)撰写的全部研究论文中的回收率进行了统计,其结果表明,在最近两年半的时间内《社会学研究》共发表了利用抽样调查所得数据撰写的研究论文27篇(涉及20项调查)。其中,说明了回收率的19篇,没有说明回收率的8篇(其中有4篇通过其他方式了解到或计算出其回收率)。在最后得到的总共23篇(属于16项调查)有回收率统计的报告中,2篇(属于同一调查)的回收率为60%左右,1篇为76%,3篇为82%—90%之间,其他17篇(属于11项调查)的回收率都超过90%,特别是其中两项全国范围的大规模调查(样本量均在6000份左右)的回收率更是达到了99.2%和99.9%(见表1)。

表1 2004—2006年《社会学研究》刊发的抽样调查报告的回收率统计

序号	年份及期号	样本规模（有效份数）	有效回收率（%）	抽样方式（未标出者为随机抽样）
1	2004年第2期	383	93.4	配额抽样（非随机）
2	2004年第2期	338	84.5	判断抽样（非随机）
3	2004年第4期	6193	99.2*	
4	2004年第4期	280	无说明***	偶遇抽样（非随机）
5	2004年第5期	526|420|422	无说明***	判断、偶遇抽样（非随机）
6	2004年第5期	6193	99.2*	
7	2004年第6期	1004	55.9	
8	2004年第6期	496	99.2	
9	2004年第6期	812	59.9	
10	2004年第6期	1039	94.5	偶遇抽样（非随机）
11	2005年第6期	3824	76.3	
12	2005年第1期	303	89.1	偶遇抽样（非随机）
13	2005年第2期	6193	99.2*	
14	2005年第2期	976	91.2	判断抽样（非随机）
15	2005年第3期	5894	99.9	
16	2005年第3期	3293	82.3**	
17	2005年第4期	1004	59.9	
18	2005年第4期	3183	84.2	
19	2005年第5期	5894	99.9	
20	2005年第6期	203	无说明***	偶遇抽样（非随机）
21	2005年第1期	3365	无说明***	无抽样说明
22	2006年第2期	913	91.3	
23	2006年第2期	5894	99.9	
24	2006年第3期	561	93.5	配额抽样（非随机）
25	2006年第3期	5894	99.9	
26	2006年第3期	973	97.3	
27	2006年第3期	5894	99.9	

说明：*原文未直接给出回收率，系笔者根据报告中同一调查的相关资料计算得到。

**原文未直接给出计划样本数，系笔者根据原文中相关信息计算得到。

***原文未给出计划样本数，无法计算回收率。

上述统计说明,目前国内社会学界所进行的调查研究,绝大部分(70%左右)的回收率都在90%以上。如果那位提问的美国学者了解到这样一种十分普遍的高回收率状况,或许会更加大惑不解。然而,值得我们思考的问题是:他为什么会对这种较高的回收率感到不可思议?特别是,为什么会以一种对高回收率表示怀疑和将高回收率看作缺点的方式来提问?

四、GSS:调查回收率的一个参照

为了回答上述问题,我们先来看看美国社会调查方面的一些情况。在美国,有一项专门为服务全体社会科学的学者和学生利用而设计的全国范围的大型抽样调查——综合社会调查(General Social Survey,简称GSS)。它由芝加哥大学的"全国民意研究中心"(NORC)具体负责实施。从1972年到1993年,GSS基本上每年进行一次。调查采用入户访问的方式进行。每次调查的样本都是单独抽取的,样本规模大约在1900—2500份之间。后来由于调查经费紧张,从1994年开始,改为双年调查一次,样本规模则相应增加了大约1倍,即在3800—4100份之间。1972年开始第一次GSS调查时,访问表格很短,仅仅由20个问题组成。从1973年开始,该调查得到美国国家科学基金的资助,问卷变成上百个问题。根据芝加哥大学NORC的统计,目前至少有7000份利用GSS的调查数据写成的研究报告发表。此外,GSS的数据资料还经常用在大学本科生和研究生的教学中,也经常被新闻媒体利用(Dorsten & Hotchkiss,2005:350)。那么,这样一个著名的调查的回答率情况如何呢?从1972年到2002年,GSS在长达30多年的21次调查中,访问了将近4.4万位回答者,调查的回收率却始终比较稳定,基本上都处于70%—80%之间(最低的2000年和2002年是70%,最高的1993年是82%),全部21次调查的平均回收率为76%(见表2)。

表2　不同年份GSS的样本规模和回收率

年份	计划调查样本规模*(份)	回收的有效样本规模(份)	回收率(%)
1972		1613	N/A
1973		1504	N/A
1974		1484	N/A

(续表)

年份	计划调查样本规模*（份）	回收的有效样本规模（份）	回收率(%)
1975	1960	1490	76
1976	1999	1499	75
1977	1987	1530	77
1978	2070	1532	74
1980	1932	1468	76
1982	2385	1860	78
1983	2024	1599	79
1984	1865	1473	79
1985	1942	1534	79
1986	1934	1470	76
1987	2425	1819	75
1988	1923	1481	77
1989	1971	1537	78
1990	1854	1372	74
1991	1945	1517	78
1993	1959	1606	82
1994	3836	2992	78
1996	3821	2904	76
1998	3726	2832	76
2000	4024	2817	70
2002	3950	2765	70
合计		43698	

注：此表参见 Dorsten,Linda Eberst & Lawrence Hotchkiss,2005:350。

说明：*最初几年无回收率统计。表中计划调查样本规模系笔者根据表中有效样本规模和回收率数据计算得到。

将表 2 GSS 统计结果与表 1 国内调查回收率状况的统计结果相比较，我们就不难看出二者之间的差别，同时也就不难理解那位美国学者为什么会有如此的疑问。这给我们提出了这样几个值得思考的问题：首先，为什么在长达三十年的时间范围内，GSS 的回收率基本上没有什么大的波动？其次，为什么这种回收率的范围始终集中在 76% 左右？最后，作为美国社会调查方面的著名机构，芝加哥大学 NORC 的专家们显然明白高回收率对调查所具有的重要意义,但他们为什么不努力或不将调查的回收率提得更高些? 与这几个问题密切相关,同时也更为本质的问题则是:调查中的高回收率何以可能或不可能? 换句话说,有哪些因素在影响或决定着调查回收率的高低?

五、高回收率何以可能或不可能

为了更好地提出这一问题,我们可以先看看国内调查与美国 GSS 调查之间的差异。在前面表1所列出的国内各项调查中,有两项以全国范围居民为总体的抽样调查与美国 GSS 调查的背景十分相似(其中一项是 2001 年对全国 12 个省及直辖市总共 73 个区县的 6193 位城乡居民的抽样调查,另一项是 2003 年对全国 28 个省、自治区、直辖市总共 92 个区县的 5894 位城镇居民的抽样调查)。同时,这两项调查恰恰又是目前国内大规模抽样调查中回收率最高的两项,其回收率分别为 99.2% 和 99.9%。

与美国 GSS 调查的回收率两相对照,反差似乎太强烈了。为什么同样是全国范围的、以普通居民为对象的抽样调查,美国的回收率仅达到 75% 左右,而中国的样本规模还远大于 GSS 的样本,回收率则接近 100%? 或许我们对此能够找出多种不同的解释:比如,中美两国的文化传统和社会心理导致两国居民对调查的态度不同、对调查的接纳程度不同;或者,中国的调查能够通过官方的途径得到基层政府的支持,等等。但是,一方面,所有这些可能的解释都还有待经验证据的证明。比如,对于"中国的调查能够通过官方的途径得到基层政府的支持"这种解释来说,表1所统计的回收率超过 90% 的 10 项调查中,通过一定的官方途径、得到基层政府支持的调查可能只有 1 项。同时,国外有文献指出,即使是有着政府官方背景和资源基础所进行的大规模调查,同样也会遭遇到比较高的无回答比例。例如,2000—2001 年度的英国"综合家户调查"(General Household Survey,简称 GHS)的无回答比例是 33%,即该调查的回收率只有 67%;而 1999—2000 年度的英国"家庭消费调查"(Family Expenditure Survey,简称 FES)的无回答比例更是达到了 37%,即这一调查的回收率只有 63%(David & Sutton,2004:181)。另一方面,笔者认为,即便存在上述各种可能的解释,我们也不能忽视实际调查过程中所可能存在的其他方面的、同样重要的原因。

在影响调查回收率高低的各种因素中,人们比较熟悉的是调查方式的影响。一般来说,采用入户方式进行的结构式访问调查的回收率往往最高,其次则是自填式的问卷调查;而采用邮寄方式进行的调查以及采用电话访问方式进行的调查,回收率(或应答率)往往是最低的。[①] 这也是为什么只要经费、时间等条件允许,研究者通常都会采用入户访问或自填问卷的方式进行调查的重要原因。然而,即便同样是入户访问调查,还有一些其他方面的因素会影响回收率。这些因素主要包括调查对象的性质、调查抽样的方式、调查的工作量、调查人员的努力程度,以及调查资料的质量要求等等。

第一,在其他条件相同时,调查对象是城市居民还是农村居民,是青年人还是中老年人,回收率会大不一样。一般而言,农村居民相对比较朴实,受教育程度较低,待人更为热情厚道,对调查员的接纳程度相对较高,对调查往往会比较重视。因而,以农村居民为对象的调查,其回收率往往会比同类的城市居民调查要高。相反,城市居民文化程度相对较高,且见多识广、比较精明,而待人相对比较冷漠,戒备心较强,对调查员的接纳程度及对调查的关注、重视程度也较低。因而,调查要获得较高的回收率自然会更为困难。而同样是在城市居民中做调查,也往往会呈现出城市越大调查越困难、调查的回收率越低的趋势。国外的调查也有类似情况发生。比如日本家庭社会学学会于1998年进行了日本第一次"全国家庭调查"(National Family Research,简称 NFR),其样本规模达到10500份,而回收率只有66.15%。在谈到回收率较低的原因时,研究者特别指出:"在大城市和低年龄层中的回收率低,这与其他社会调查出现的问题相似。"(石原邦雄,2000)

第二,在其他条件相同时,调查的抽样方式是随机抽样还是非随机抽样,是一次性抽样还是多阶段抽样,是简单随机抽样还是分层随机抽样或整群随机抽样,对回收率的影响也各不相同。随机抽样程序的严格实施与调查的回收率似乎具有天然的反比关系。这是因为"随机抽样的科学原则及其严格的程序要求,具有很强的理想化色彩。而抽样的实际过程又是处于各种现实条件的限制之中的,科学原则与现实条件之间充满了

[①] 当然,也有特殊情况。例如,2003年有研究者以电话访问的方式所进行的一项有"SARS"社会心态的调查,借助当时暂时的封闭性的社区生活状态下的特殊情境及被访者急于与外界沟通的特殊心态之便利,获得了较高的应答率。

矛盾"(风笑天,2000:177)。真正严格的随机抽样在具体实施中肯定会遇到一些无法获取调查的个案。越是严格地按随机抽样的方案去寻找和调查每一个对象,调查的难度就会越大,现实中面临的不可能情况就会越多,较高的回收率也往往越不容易达到。比如,本文开头所提到的笔者的那项调查,其获得较高回收率的原因,除了大部分调查对象为农村居民、采用的又是入户访问的方式以外,还有一个重要的原因就是其采用的是以村(居委会)为单位的整群抽样,即对所抽中的村(居委会)中的所有居民户进行调查,这种方法在获取调查对象上比其他抽样方法显然相对容易一些。同时,在实际调查中,又由于实施上的客观困难(如有的居民不在家)而放弃了样本的完整性,导致实际调查的样本并不是严格意义上的整群抽样样本(或者说,其实际的整群样本要大于调查的整群样本)。这样看来,96%的高回收率实质上是在牺牲了样本抽取严格性的条件下得到的。

另外,表1的统计结果也从另一个侧面反映出随机抽样方式的这种影响。在表1统计的总共20项调查研究中,明确为非随机抽样方式的高达9项,加上1项抽样方式不明的,共有一半的调查没能实现随机抽样。这种结果的出现显然不是研究者不知道或者不愿意采取随机抽样的方法所导致。其中的原因,除了一些客观上的困难外,保证调查的可行性和获得较高的回答率(即避免过低的回收率)恐怕也是一个重要的考虑因素。总之,抽样方式的随机性、抽样调查实施中的严格性与调查的高回收率之间存在着一定的矛盾。实际从事调查研究的学者往往会有这样的切身体会:我们在抽样方法的随机性或者在具体实施的严格性方面稍微做出一点点"退让",往往就会为调查的"顺利"实施和完成带来极大的现实性和可行性。

第三,回收率还与调查的总工作量、调查资料的质量要求以及调查人员的努力程度等因素密切相关。调查的总工作量由调查样本的规模、样本分布的范围、调查每一个个案所需时间三者的乘积构成。不难理解,无论是样本规模的扩大,或是样本分布范围的扩大,还是调查每一个个案所需时间的增加,都会增大调查的总工作量。而在其他条件不变的情况下,一项调查的总工作量越大,它要获得高回收率的难度也往往越大。另外,一个不容忽视的客观事实是:任何调查最终都是由调查员具体完成的。影响调查回收率的因素中,调查员对调查(包括实地抽样和具体访问)的实施其实是最为关键的因素。在面临各种调查和抽样困难时,调查员的努力程度以及由此所形成的处理困难的方法,既直接影响到调查资料的质量,又影响到调查的回收率。严格按照抽样方案或调查计划的程序要求、不折不扣地执行调查和抽样方案,往往可以获得较高质量的资料,但同时需要花费调查员更多的时间、精力、体力和耐心。因而在调查的效率和质量面前,作为普通人的调查员会有着不同的处理方式。据笔者有限的了解,正是实地调查中调查员在面临各种困难时的种种"临时处理",帮助一些调查(包括笔者以前从事过的某些调查)达到了相对较高的回收率。调查员的这种"临时处理"可能包括下列一些情况:遇到样本户拒访或无人在家时,临时改为就近方便抽取邻居家庭;为了节省时间(免得再次登门)或方便调查,将入户后的随机抽取临时改为谁在家或者谁愿意接受调查就调查谁;因调查工作量太大,调查员为加快进度,有意识地跳过问卷中的若干问题不问并代为填答;问卷中有些问题不易为被访者理解,或者调查起来比较困难,调查员主动代为填答以保证问卷的完整性,等等。应该认识到,越是困难的情况下,调查员所看重和关心的越是"完成一份问卷",而不是"严格执行调查或抽样的要求"。前者的结果是较高的回收率,后者的结果才是调查资料的高质量。

概括地说,在由调查的总工作量、调查员的努力程度以及对调查资料的质量要求这三者与调查回收率所构成的相互关系中,调查的总工作量和对调查资料质量的要求往往与调查回收率的高低成反比,而调查人员的努力程度则与调查回收率成正比。在其他条件相同的情况下,一项调查的总工作量越大、对调查资料质量的要求越高、调查人员的努力程度越低,调查的回收率就会越低。特别是对调查资料的质量要求与对高回收率的要求常常在客观上形成冲突并相互制约。而任何一项调查的研究者都无一例外地要在这样一种不可兼得同时又相互制约的关系面前做出自己的选择。

六、高回收率更好吗?

分析了调查中的高回收率何以可能或不可能的各种影响因素,我们就不难回答高回收率是不是更好的问题了。表面上看,回收率越高,调查样本的代表性越大。因此,当然是回收率越高越好。但是,这只是一种理论上的回答。如果加上现实的因素,或许过高的回收率并不一定是件好事。这是因为,在现实社会中,要获得高质量的高回收率并不是一件容易的事情。现实中的社会调查总是会遇到这样那样的困难和挑战。在这些困难和挑战面前,为了保证调查的高回收率,研究者最经常采取的做法就是在调查对象抽取、调查访问实施等操作环节中进行若干改变或替换,以一种易于进行的方式来实施。而正是这些改变和替换,虽然保证了较高的回收率,却在不知不觉中降低了调查资料的质量。

　　回到前面提出的两个问题。笔者认为,在长达近三十年的时间内,美国 GSS 调查的回收率没有大的波动,说明这种调查在客观上具有某种内在的规律性:只要调查的总体、对象、程序、方式、方法等条件不发生改变,调查的回收率就是一种相对稳定的事物。换句话说,如果在同一个社会中采用同样的方法进行类似的调查研究,正常的回收率的范围就是相对稳定和可以预知的。一旦调查的回收率超出了这种正常的范围(无论是显著地低还是显著地高),那么就一定是有某种特殊的条件发生了改变。至于为什么 GSS 调查回收率的范围一直稳定在 76% 左右,笔者的理解是:这是因为在美国那样的社会中,这种调查中调查员对于调查的实施具有相当大的自主性。是冒着较低回收率的风险严格执行研究设计的要求,还是为保证较高的回收率而采取各种变通的方式开展调查,是每一位研究者和调查员都必须面临和选择的问题。笔者认为,虽然相对较低但却真实可靠的回收率,比相对较高但却不够真实、不太可靠的回收率更有价值。无论是相对于过低的回收率(如 50% 以下),还是相对于过高的回收率(如 90% 以上),76% 的回收率或许正是 GSS 调查质量优良的一种客观标志。有的美国学者在评价 GSS 调查时指出:该调查"能达到如此高的回收率,就是全国民意研究中心(NORC)的调查小组才能与奉献精神的极好证明"(Dorsten & Hotchkiss,2005:350)。为什么 76% 左右的回收率就是"如此高的"回收率?为什么要特别强调调查小组的"才能与奉献精神"?细细品味这段话的意思,我们不难明白:如果不是调查人员的才能与奉献精神,GSS 调查的回收率可能还会更低。

　　正是由于十分了解严格执行随机抽样和实地调查所必然面临的许多客观障碍和所必然造成的回收率下降的现象,所以,当听到高回收率时,有经验的研究者就会很自然地对调查实际实施的严格性提出疑问。这就是那位美国教授为什么会以一种对高回收率表示怀疑和将高回收率看作缺点而提问的主要原因。在他眼里,过高的回收率实际上意味着调查过程的不严格性,其结果则是调查资料的低质量。

七、寻求高回收率与高质量的平衡

　　如何正确看待调查的回收率？笔者认为,这要以一项调查的全部结果质量为标准来衡量。高回收率只是衡量调查结果质量的一个指标,尽管是一个比较重要的指标；另一个更为重要、同时与回收率密切相关的指标则是调查实施过程的严格性以及调查所得资料的质量。追求高回收率只是提高调查质量的一种努力,并不是保证调查质量的一种充分条件；而且在某些情况下,对高回收率的片面追求,有可能形成调查过程的不严格,造成低品质的资料,从而极大地伤害调查结果的质量。因为在实际调查过程中,无论采用什么样的抽样方法和调查方法,总是会有一部分被调查者由于外出、生病、搬迁、语言不通等原因而无法接受调查,更有一些被调查者会以各种方式和理由拒绝接受调查。任何一个实际从事过调查研究(特别是当过调查员)的研究者,都会对实际调查过程中所存在的各种现实困难深有感受。从一定意义上说,调查达不到100%的回收率是绝对的；要保证调查过程的严格性、保证调查资料的高品质,达不到非常高的回收率也是很正常的。

　　总之,样本的完整与资料的质量是我们在调查中应该同等关注的两个问题。作为研究者,我们要在"高回收率"和"高质量"两个方面同时下功夫。一方面要设法尽可能地提高回收率,另一方面也要尽可能地防止和避免低质量的高回收率。当高回收率与高质量不可兼得的时候,研究者的任务就是要在"高质量的低回收率"与"低质量的高回收率"之间,寻找到最佳的平衡点,达到调查研究的最佳效果。在这方面,我们或许应该记住巴比教授的忠告:"明显不存在回收偏差比有偏差的高回收率重要得多。"(Babbie,1986:221)特别是当对高回收率的追求有可能造成低质量资料的情况下,这种提醒就显得更加重要。

　　对于如何才能做到高回收率与高质量平衡的问题,目前并没有可以依据的答案。但笔者认为,要做到这一点,最为关键的一环是要提高调查员的工作质量。实际上,一项调查中大量的制约因素都是客观的,或者说都是难以改变的(比如调查的目标、调查的内容、抽样的方法、样本的性质、样本的规模等等)。真正可以发生变化的影响因素则主要是建立在调查员的工作态度和工作能力基础上的调查员工作质量。这也是调查研究中,研究者十分注意调查员培训、调查员报酬、调查督导和检查等工作的根本原因。这些方式都是从不同的方面在为提高调查员的工作质量做出努力。但是,研究者往往会忽视另一个重要的因素:调查员是普通人。作为普通人,他不可能超出某种生理的和心理的极限达到研究者所期待的工作质量。笔者多次遇到这样的情况:一些受过系统的社会调查训练、具有多次调查实践经验(即有很好的工作能力)、做事认真负责(即有很好的工作态度)的调查员,用自责和内疚的语气对笔者说:由于调查任务实在太大,为了完成调查,后来只好马虎应付了。这样的结果必然是回收率保证了,资料的质量却下来了。针对这一现象,笔者从自己的调查实践中总结出一点具体操作方法上的心得,提出来供广大同行参考。

笔者的基本指导思想是将调查员当作普通人。从这一前提出发,将调查员的日平均工作量以及在一项调查中的总工作量都限定在一定的范围内,从生理和心理上保证调查员的工作质量。笔者提出的调查员日平均工作量的标准是:一般规模的问卷(半小时左右的访问工作量),调查员每天完成的数量最好定在 4—6 份的范围内。而调查员的总工作量标准是:对于一般中小规模的调查来说,最好限制在 30 份问卷的范围内,对于较大规模的调查也应该限制在 50 份问卷的范围内。无论是超出了日平均工作量,还是超出了调查的总工作量,都有可能带来调查质量的下降。

由于受到每人日平均工作量和总工作量两个因素的限制,所以,研究者在研究设计中,要以这两个条件为基础,对调查的时间和调查员规模进行相应的计划和调整。具体做法是:研究者先根据调查的样本规模和调查员日平均工作量,计算出一项调查所需要的总的工作日数量;然后,结合上述调查员的总工作量标准来决定合适的调查员数量以及集中调查的时间长短。以笔者前面谈到那项调查为例,其样本规模比较大,达到 1500 份,按人均日工作量 5 份计算,共需要 300 个工作日。对于这 300 个工作日如何分配调查员数量和集中调查的时间,又会有多种不同的选择。比如可以用 10 个调查员做 30 天,或者用 20 个调查员做 15 天,或者用 30 个调查员做 10 天,还可以用 60 个调查员做 5 天等等。在其他条件相同的前提下,比较可取的方案是第三种,而第一种、第二种和第四种都不可取。原因是,第一种方案不仅集中调查的时间太长(这样会带来严重的生理疲劳和心理疲劳),更重要的是每个调查员的总工作量太大(每人为 150 份,大大超出上述标准,即超出了普通人的生理和心理极限);第二种虽然在时间上有所缩短,但每个调查员的总工作量仍然大大超出上述标准(每人为75份);而第四种虽然调查的时间最短,每个调查员的总工作量也最小(每人为25份),但会因所需的调查员数量过多而带来一系列新的问题,如组织与管理的难度加大,调查员人数过多还增加了调查员能力差别控制的复杂性,等等,以致从另一个方面大大增加调查的偏差。

参考文献

Babbie,Earl, *The Practice of Social Research*, 4th edition,Wedsworth, Inc. ,1986.

Matthew, David & Carole D. Sutton, *Social Research*:*The Basics*,Sage Publications Ltd. ,2004.

Dorsten,Linda Eberst &Lawrence Hotchkiss, *Research Methods and Society*,Pearson Education,Inc. ,2005.

Nachmias,Chava Frankfort & David Nachmias, *Research Methods in the Social Sciences*, 6th edition, Worth Publishers,2000.

Neuman,W. Lawrence,*Social Research Methods*, Allyn and Bacon,1994.

〔美〕巴比:《社会研究方法》(邱泽奇译),华夏出版社2000年版。

风笑天:《论社会调查方法面临的挑战》,载中国社会科学院社会学研究所编:《中国社会学年鉴(1995—1998)》,社会科学文献出版社2000年版。

风笑天:《浅谈当前抽样调查中的若干失误》,《天津社会科学》1987年第3期。

〔日〕石原邦雄:《日本家庭研究动向及日中家庭研究课题》,《社会学研究》2000年第6期。

再谈样本规模和调查回收率*
——对《应答率的意义及其他》一文的回应

笔者的一点学习心得,在很短的时间内就得到了同行的关注,深感欣慰。编辑部转来的《应答率的意义及其他》一文(以下简称《应》文)对拙文(以下称为"笔者的前文")提出了一些不同意见。本着学术探讨的目的,笔者给出以下回应。

一、笔者前文质疑的究竟是什么?

《应》文一开始就写道:笔者的前文"对中国目前社会调查中的高回收率提出了质疑,指出由于严格执行随

---

* 本文原刊于《社会学研究》2007 年第 6 期。

机抽样和实地调查所必然面临的许多客观障碍和所必然造成的回收率下降,所以,过高的回收率实际上意味着调查过程的不严格性,其结果则是调查资料的低质量"。在其论文提要中,"应文"作者也写道:笔者的前文"对中国社会调查质量的质疑也缺乏足够的事实依据"(郝大海,2007)。

笔者前文的内容真的如上所述吗?这不符合事实。事实是,笔者前文的内容既没有"对中国目前社会调查中的高回收率"(现状)提出质疑,也没有"对中国社会调查质量"提出质疑,更没有"指出"上文中所指出的那一句结论。

首先,笔者将前文的提要完整照录,读者可看看笔者前文论述的究竟是什么:

> 论文由美国学者的质疑引入对调查回收率所具有的方法论意义的探讨,并结合国内外的研究实例,对调查回收率的衡量标准及其依据提出了自己的看法。作者指出,一方面,调查回收率所代表的实际样本的大小,是衡量一项调查结果所具有的代表性的最终指标,因而回收率越高越好。但另一方面,由于实际调查中存在着许多制约和影响回收率的因素,如果不切实际地单纯追求高回收率可能会影响到调查资料的质量,因此回收率并非越高越好。研究认为,样本的完整与资料的质量是我们在调查中应该同等关注的两个方面。既要尽可能地提高回收率,也要尽可能地防止和避免低质量的高回收率。(风笑天,2007)

实际上,笔者前文主要是针对自己以往认识中(当然也可能包括其他研究者认识中)存在的"回收率越高越好"的片面看法提出的质疑。论文集中探讨的是"美国学者为什么会对高回收率提问""高回收率是否比低回收率更好""有哪些因素影响着调查回收率的高低""应该如何正确看待调查回收率"等问题,研究的结论所回答的也是"回答率是否越高越好"的问题。关于这一点,读者无论是从笔者前文的大小标题、论文提要,还是从整篇论文的立论和论述中,都不难看清。笔者对"回收率越高越好"的看法进行质疑,与《应》文所说的"对中国目前社会调查中的高回收率"(现状)的质疑,或者"对中国社会调查质量"的质疑显然并不是一回事。

其次,在笔者前文第六小节的最后一段中,明明白白地写着这样一段文字:

正是由于十分了解严格执行随机抽样和实地调查所必然面临的许多客观障碍和所必然造成的回收率下降的现象,所以,当听到高回收率时,有经验的研究者就会很自然地对调查实际实施的严格性提出疑问。这就是那位美国教授为什么会以一种对高回收率表示怀疑和将高回收率看作缺点而提问的原因。在他眼里,过高的回收率实际上意味着调查过程的不严格性,其结果则是调查资料的低质量。(风笑天,2007)

我们如果不怕麻烦地加上这一段叙述中的主语(括号中部分),读者对这段话的意思可能会看得更加清楚:

正是由于(那位美国教授)十分了解严格执行随机抽样和实地调查所必然面临的许多客观障碍和所必然造成的回收率下降的现象,所以,当(他)听到高回收率时,(他)就会很自然地对调查实际实施的严格性提出疑问。这就是(他)为什么会以一种对(笔者的)高回收率表示怀疑和将(笔者的)高回收率看作缺点而提问的原因。在他眼里,过高的回收率实际上意味着调查过程的不严格性,其结果则是调查资料的低质量。

其实,即使不像这样增加叙述中的主语,读者也会很清楚地从笔者前文的上下文中看明白这段话的含义。但《应》文作者却通过极不恰当地从上述文字中抽出两句话,一字不差地按在笔者的头上,从而构造出一种并不存在的"笔者'指出'的看法",并由此作为其质疑的出发点。《应》文作者的这种立论方式在学术研究中显然是很不合适的。

二、笔者对调查回收率的定义与福勒的定义是否不同?

《应》文作者在列举了笔者前文中关于调查回收率的定义以及福勒关于应答率的定义后指出"比较以上有关调查回收率的两个定义,发现对于调查回收率的分母,存在一些差异。前者是'计划调查的样本数',后者是'从总体中抽取的所有人,包括那些虽被抽中但因拒绝、语言问题、疾病或者缺乏易得性而没有应答的人'。由于前一个定义没有对'计划调查的样本数'给出进一步的说明,不知道计划中是否也包括了'没有应答的人'"(郝大海,2007)。

笔者前文真的没有"给出进一步的说明"吗?《应》文作者真的"不知

道计划中是否也包括了'没有应答的人'"吗？这同样不符合事实！

事实是，就在笔者给出调查回收率的定义及计算方法的下面，紧接着就不厌其烦地对调查回收率的含义和计算方法进行了举例说明：

> 比如，一项调查从总体中抽取了400名调查对象作为样本，研究者采用自填问卷的方法收集资料，发出问卷400份，实际收回问卷380份。那么，根据上述公式计算，该项调查的回收率为：
>
> （380/400）×100% = 95%
>
> 同样，如果研究者采用的是结构式访问的方法来收集资料，而在实际访问400名调查对象的过程中，有10位调查对象由于地址错误、外出打工、生病住院等客观原因而无法接触到，还有10位调查对象拒绝接受访问。结果，实际完成访问的对象为380人，回收率亦是95%。（风笑天，2007）

如果说，《应》文作者仅凭笔者定义中文字的表面意思还有可能产生不同的理解的话，那么，当读到上面这一段专门例举的、如此详细的具体例子后，还能说"不知道计划中是否也包括了'没有应答的人'"吗？！

笔者所说的"由于地址错误、外出打工、生病住院等客观原因而无法接触到"的人，以及"拒绝接受访问"的人，与福勒定义中的"那些虽被抽中但因拒绝、语言问题、疾病或者缺乏易得性而没有应答的人"不一样吗？任何一个实事求是的读者不难看出，笔者前文对调查回收率的理解和说明与福勒的定义完全一致。笔者定义中的"计划调查的样本数"，实际上包括了"由于地址错误、外出打工、生病住院等客观原因而无法接触到"的对象，也包括了"拒绝接受访问的对象"。《应》文作者面对笔者前文中如此清楚明白的说明，却依然说笔者没有"给出进一步的说明"。这种故意的视而不见，即使不是别有用心，也至少是学术探讨中一种极不负责任的做法。

因此，可以确认的第一点是：笔者前文中对调查回收率的定义和理解是清楚的和确切的。并且，如果《应》文作者同意福勒关于应答率的定义的话，他也不应该对笔者的定义和解释产生疑义。

三、笔者是否"误读"了样本规模的含义？

《应》文在提要、第三节开头以及结语中三次重复地、十分明确地指出:笔者对"国内调查回收率过高的看法,只是对样本规模含义误读的结果"(郝大海,2007)。这是《应》文作者质疑笔者前文的焦点所在。笔者真的"误读"了样本规模的含义吗?

首先看看笔者关于样本规模的定义与其他学者的定义之间有无不同。

在笔者撰写的两本方法教材中,笔者对样本规模给出的定义都是:"样本中所含个案的多少"(风笑天,2005a:78;2005b:147)。

中国大百科全书社会学卷中的定义是:"样本内所含单位的数量"(中国大百科全书社会学卷编委会,1991:20)。

北京大学袁方教授主编的《社会研究方法教程》中的定义是:"样本内所含个体数量的多少"(袁方,1997:224)。

《应》文作者自己的教材中给出的定义是:"样本中所包含元素的数量"(郝大海,2005:38)。在《应》文中所给出的定义是:"调查样本中所包含的被调查者数量"(郝大海,2007)。

仅从定义来看,以上定义的含义基本一致,不能说笔者的定义对样本规模的含义有什么"误读"。实际上《应》文作者也没有指出笔者在定义上的"误读"。其指出笔者"误读"的内容和依据,主要体现在其所列举的一项调查实例上:①

《应》文作者指出:"不难看出,'高文'作者在计算调查回收率时,对5900这个数字的确切含义发生了误读。……可以认定使用GSS2003数据的研究论文给出的5900,应该是没有计入无应答数量的样本规模,因此,GSS2003的回收率不应该据此被计算成99.9%。"(郝大海,2007)

笔者前文中所理解的"5900"就是CGSS2003调查的样本规模,就是"计划调查的总的个案数",或者说,是抽样设计所抽取的总个案数。也即是福勒定义中的"从总体中抽取的所有人,包括那些虽被抽中但因拒绝、语言问题、疾病或者缺乏易得性而没有应答的人"。

笔者对该调查中"5900"这个数字的这种理解错了吗?

先来看看笔者是依据什么作出这种理解的。正如《应》文作者所说,从采用这一调查数据发表的 5 篇论文的样本介绍中,读者所能看到的都

---

① 需要说明的是,由于《应》文许多地方将这种讨论直接具体化到CGSS2003调查,所以,尽管笔者主观上并不愿意如此进行讨论,但作为回应,笔者也只能被动地陷于对这一具体调查的讨论中。不过,在讨论有关这一调查的具体问题之前,笔者还是首先声明:本文对该调查中任何问题的讨论,只是针对该具体问题,而不涉及对该项调查总体质量的评价。

只有"按抽样方案抽取了5900位城镇居民,实际完成样本5894个"这样的陈述。笔者的确是按照前述关于样本规模的定义,并根据"抽取了5900"这样的陈述而将"5900"作为CGSS2003调查的样本规模的。

事实上,笔者对5900的这种理解并没有错。请看下面由中国人民大学统计学系统计科学研究中心为该项调查撰写的《抽样设计、抽样框和样本抽取过程的说明》中对5900这一数字的来源、含义的具体说明:

> 由于调查的结果主要是估计各种比例数据以及比例数据之间的比较,所以在调查样本量的确定上是以估计简单随机抽样的总体比例 P 时的样本量为基础。在95%的置信度下按抽样绝对误差不超过3%的要求进行计算,需要抽取样本量:
>
> $$n_0 = \frac{u_\alpha^2 p(1-p)}{d^2}$$
>
> 这里 d 为抽样绝对误差取0.03,u_α 在置信度为0.95时为1.96,$p(1-p)$ 最大取0.25。由于采用多阶段的复杂抽样,设计效应 deff 一般会在2和2.5之间,我们把 deff 定为2,这样需要的样本量就为2000个。
>
> 综合考虑精确度、费用以及调查实施的可行性等因素,以及以往若干全国社会调查的经验;再加上考虑到在调查实施中通常会存在一部分户内找不到,或没有合格调查对象以及各种原因造成的无回答等情况,根据对回答率的估计,需要将上述样本量适当扩大为2380个。
>
> 这个样本量是对全国精度而言的,由于我们的抽样还要满足沿海、中、西部和省会城市直辖市不同区域的对比,对不同区域总体估计精度的要求,所以样本量要求在此基础上相应扩大。考虑到总体分为沿海、中、西部和省会城市直辖市这四个层,我们把样本量初步确定在 $2380 \times 4 = 9520$ 个。
>
> 除此之外,考虑到北京、天津和上海三大直辖市的特殊地位,我们给每个城市的市区分别增加160个住户样本。本期调查的总样本量为 $9520 + 160 \times 3 = 10000$。这10000个样本不仅能满足对总体的估计,而且也能满足对抽样框各自总体的估计,所以是比较合适的样本量。
>
> ……
>
> 考虑本次调查的具体内容,在10000个样本中,欲实现城市样本

数与农村样本数的对比约为6000∶4000。

……

最终抽样单元中城市样本与农村样本的对比为5980∶4020,基本满足总样本量在城乡分配上的要求。①

在该中心提供的另一份《抽样框和抽样过程说明》文件中,最后一段的表述是:

最终抽样结果是,共计抽出125个区县(初级抽样单元),二级抽样单元中街道数与乡镇数的对比为295∶205,对应的三级抽样元中居委会与村委会的对比为590∶410,对应最终抽样单元中城市样本与农村样本的对比为5900∶4100,基本满足总样本量10000在城乡分配上的要求。②

上述抽样说明中的"再加上考虑到在调查实施中通常会存在一部分户内找不到,或没有合格调查对象以及各种原因造成的无回答等情况,根据对回答率的估计","总样本量为$9520+160×3=10000$个","对应最终抽样单元中城市样本与农村样本的对比为5900∶4100"等内容,不是清清楚楚地告诉我们:5900是"考虑了各种原因造成的无回答情况"后所确定的城市调查的样本规模吗?笔者的理解与抽样设计中的定义和说明完全一致,怎么就成了"误读"了呢?

因此,可以确认的第二点是:不仅笔者对样本规模的定义与其他学者的定义是一致的;笔者对"应文"所列举的CGSS2003调查项目中的样本规模——5900的定义和理解也是清楚的和确切的。笔者并没有"误读"这一样本规模的含义。

四、为什么不能按《应》文的方式来计算样本规模?

其实,《应》文作者之所以认为笔者"误读"了5900,依据的并不是前述的样本规模定义,而是依据其在《应》文中提出的对样本规模的新定义和计算方式(即第一种方式)来判断的。笔者认为,《应》文作者的这种定义和计算方式是不正确的,不能按这种方式来定义和计算样本规模,主要

---

① 详见中国人民大学社会调查中心网页,CGSS2003中抽样方案。
② 详见中国人民大学社会调查中心网页,CGSS2003相关文件。

理由有三。

第一，按这种方式定义和计算的并不是样本规模。让我们来分析《应》文中唯一一段关于样本规模的论述（括号中是笔者的提示）：

"在制定抽样方案时，首先要确定样本规模，即确定调查样本中所包含的被调查者数量"（为防止产生误解，请记住，这里的"被调查者数量"是福勒定义中所说的"所有的"被调查者，也即是《应》文作者下面所说的"所有预先选定的被调查者"）。由于在调查执行中无法百分之百地调查到所有预先选定的被调查者，因此，根据是否计入调查中的无应答数量，样本规模可以有两种取值方式。如果不计入无应答数量，那么样本规模只是依据研究需要和经费预算确定的一个理论值。（注意，《应》文作者在这里变换了概念，这句话中的"样本规模"已不再是前面定义中的那个"样本规模"了。他将前述定义中的样本规模变成了一个规模更小的"理论值"。这句话也成为他否定5900作为样本规模的依据）而在调查执行中，对于那些无应答的被调查者，需要使用备选的替换样本来补足（注意，"备选的替换样本"是并不包括在前述样本中的另一个样本！这就为他得出比"理论值"更大的"样本规模"提供了可能），这样实际调查的被调查者数量（注意，这里又一次偷换了概念，将前述的"样本规模"用"实际调查的被调查者数量"来做了替换。正是因为有了这样的替换，他在后面就可以名正言顺地去计算这种新的样本规模了）就要大于样本规模的理论值。（两个正数之和当然要大于其中之一）如果制定抽样方案时，事先计入了无应答数量，那么就要设定一个大于研究需要的被调查者数量的样本规模。在调查执行中，那些由于无应答而减少的被调查者数量，就会使成功完成调查的人数接近研究需要的被调查者数量。

《应》文作者在上述论述中所说的"样本规模的两种取值方式"，实际上定义了两个不同的"样本规模"：其中的第二种方式（即所谓计入无应答数量方式）所定义的是前述几个定义中所说的样本规模；而其第一种方式（即所谓计入无应答数量方式）所定义的并不是前述几个定义中所说的样本规模。它实际上是将原有样本规模的概念做出改变，并增加了另一个样本后，在这两个样本中的"实际发生的访谈数量"！这样一种"实际发生的访谈数量"与上述这段论述的开头所定义的样本规模，在含义上已有明显的不同。它再也不是福勒定义中的"从总体中抽取的所有的人"。

第二，调查中样本元素有无回答的问题与样本规模的大小无关。

样本规模是属于"抽样"范畴中的概念，而不是属于"实地调查过程"中的概念。如果要介绍或讨论有关样本规模的内容，各种研究方法著作的作者们（包括笔者和"应文"作者）都只会在介绍和讨论抽样问题的地方去介绍和讨论它。并且，所有的作者在介绍如何计算样本规模大小时，涉及的也往往只是诸如总体的变异程度、可接受的置信水平、允许的误差大小等因素。至于样本中的个体在实际调查过程中是否能接触到、是否完成了调查等，均与样本规模无关！换句话说，样本规模是研究者在实地调查开始之前，为解决如何选取有代表性的调查对象这一问题时，所做出的计划和决定之一。只有在抽样设计中才会涉及样本规模的问题。至于样本中的这些被抽中的个体最终完成调查的情况（比如问卷收回或未收回、访问成功或不成功、电话有应答或无应答等），并不是样本规模所关注和探讨的问题。

第三，按这种方式定义的样本规模是抽样设计时所无法确定的。

正如《应》文作者所说，所有调查的样本规模都是研究者在调查开始之前决定的，"从调查执行的发生流程看，无论是邮寄问卷，还是当面或电话访谈调查，都先要制定抽样方案。而在制定抽样方案时，首先要确定样本规模，即确定调查样本中所包含的被调查者数量"。所以，样本规模是在实地调查开始前确定好的和已知的。并且，样本规模一旦确定后，它"所包含的被调查者数量"，无论是800，还是1000，也都是确定不变的。不管实际调查过程中无应答的人数是200，还是300，都不会使这个数字发生任何改变。但是，按照《应》文定义的第一种样本规模，即"实际发生的访谈数量"，却是一个在实地调查前无论如何都无法确定、无法知道的数字，一个必须要到实地调查结束后才能知道的数字。因此，按这种方法来定义和计算"样本规模"（即实际发生的访谈数量）是任何一种抽样设计都无法设计出来的！

正是由于《应》文作者不恰当地将"样本规模"的概念变换成"实际发生的访谈数量"，不恰当地在有关"样本规模"的讨论中引入"实地调查过程"的内容，同时又将调查回收率的定义和计算掺杂在样本规模的讨论之中，因而形成了对样本规模含义的不正确理解，做出了对样本规模含义和计算的不正确划分。

五、CGSS2003 的样本规模究竟是多少？

这本应是一个十分简单的问题。因为对于任何一项调查研究来说，这都是研究者事先必须确定的。但现在由于《应》文作者的不正确理解和不同计算方法，也由于调查单位所提供的信息有一定差别，使得这一问题得答案变得有点复杂了。

先来看看我们已有的两个数字：5900 和 8430。下面是它们的来源和含义。

5900。这本来是该项调查的样本设计单位根据研究方案的要求，考虑了大约 20% 的无回答比例以及众多其他因素后确定的计划调查的总样本规模（详见前述的 CGSS2003 调查抽样方案）。但是，由于实际调查中研究者针对无应答现象补充了大量的替换样本，因而 5900 最终演变成了 CGSS2003 调查中"通过使用替换样本后成功完成访问的总数量"，即由计划中的"分母"，变成了实际中的"分子"。所以，它在客观上已不再是原有的样本规模。

8430。这是《应》文作者根据 30% 的无应答比例和 5900 个成功访问的数量推算出来的"实际发生的访问数量"，也即是他所说的"计入了无应答数量后的样本规模"。根据前面笔者的分析，无论从定义上，还是从其实际内涵上，这个所谓的"计入了无应答数量后的样本规模"并不是真正意义上的"样本规模"。它只是 CGSS2003 调查中"实际发生的访问数量"，而不是"从总体中抽取的所有对象"。

笔者在这里根据相关信息，再给出与 CGSS2003 样本规模相关的另外两个不同的数字：8850 和 7662。下面是这两个数字的含义及来源。

8850。这是笔者根据香港科技大学社会科学部社会调查中心网页① 上公布的"在抽取户样本时，应至少多抽取 50% 的备用样本"的抽样说明，按多抽取 50% 的备用样本计算得到的[计算方法：5900 ×（100% + 50%）= 8850]。笔者认为，这是该调查实际的"计划调查的总样本规模"。如果该调查将备用样本全部调查完，那么我们可以将它看作实际的样本规模。但遗憾的是，在实际调查中，研究者是按照"当 5900 的预定目标达到时，调查就结束了"的方式进行的，因此，当达到 5900 个成功访问

---

① http://www.ust.hk/%7Ewebsosc/survey/GSS2003c4.html.

的个案时,多抽的50%的备用样本是否全部调查完我们并不知道。所以,如果8430是"实际发生的访谈数量",那么,8850就没有用完,因而它也不能作为真正意义上的样本规模。

7662。这是笔者根据香港科技大学社会科学部社会调查中心网页上公布的"访问成功率为77%"的信息计算得到的(计算方法:5900/77% = 7662)。根据前述的调查方式,这也是《应》文作者所定义的那种"计入了无应答数量后的样本规模",也即《应》文所说的"实际发生的访谈数量",因而它也不是我们所要寻找的样本规模。

上述分析表明,尽管我们总共找到了四个相关的数字,但它们中一个也不是我们所希望找到的CGSS2003的样本规模!值得思考的是:对于一个看起来如此简单的问题,我们为什么却会陷于这样一种十分尴尬的境地?

下面,让我们来设想另一种情况:如果CGSS2003的研究者在整个调查中,始终把依据严格的抽样设计所确定的5900户作为样本规模,不再另外抽取备用的替换样本,在实际调查访问过程中也不进行样本替换。这样,调查中同样出现了30%的无应答现象,即访问失败了1770户,最终得到的成功访问的数量为4130户。那么,无论是回答样本规模的问题,还是回答调查回收率的问题,一切都非常简单,一切都非常清楚:

样本规模为5900;调查回收率(按笔者的定义 = 访问成功的数量/计划访问的数量;按福勒的定义 = 应答者数量/抽取的所有的人) = 4130/5900 = 70%。

虽然有人可能会说,4130这个有效样本数量比通过使用替换样本补充后的5900少了一点,但似乎也够了。更关键的是,它不仅能使调查的工作量大大减少,或许还能使得调查的总偏差变得更小。

六、在研究报告中应该怎样报告样本规模和调查回收率?

《应》文作者为了说明笔者不仅对CGSS的样本规模发生了"误读",而且对其他调查的样本规模也发生了"误读",专门打电话询问了一些调查的负责人,得出了《应》文中的统计表。对表中10项随机抽样调查的样本规模和回收率进行了再次分析后,《应》文作者认为,由于缺乏"与实际发生的访谈数量有关的数据",总共10项大型调查中,只有4项调查"可以计算出调查回收率"。"其他几位调查主持人均报告,各项调查在执行过程均发生过样本替换,但没有保留样本替换的相关资料,因此无法提供准确实际发生的访谈数量"。因而无法计算回收率。这也即是说,这几项调查的研究者虽然已经用调查数据发表了论文,但是,他们实际上连自己所做调查的样本规模是多少都不知道!他们在论文中对抽取的样本数目、回收的问卷数目等所作的描述,也都不能用来说明他们调查的回收率。《应》文作者认真询问当事人的做法,是一种实事求是的态度。但笔者的疑问是:为什么只询问他们"有没有替换样本的情况",而不直接询问他们"你们的样本规模是多少"?)问题是:这能说得过去吗?

让我们实际看看这些作者是如何表述自己的样本规模和回收率的(请注意说明中的黑体字部分):

(1) 中国社会结构变迁调查。"我们采用多阶段复合抽样的方法,从全国 3300 个市县级抽样单位**抽取了 73 个市/县/区的 408 个居民委员会/村民委员会的 6240 名 16—70 周岁的居民进行调查**","**最终获取的有效样本为 6193**"(陆学艺,2004:363;李春玲,2005:18)。

(2) 北京市社会网络与健康调查。"**按照简单随机原则获得 1677 个住宅地址作为调查样本。……最终成功访问了 1004 位** 18 岁以上的在职或退休的城市居民"(张文宏,2005)。

(3) 长春市居民入户问卷调查。"具体的抽样方案是:从吉林省长春市的 5 个区中,每个区抽取 4 个街道(总共 20 个街道),每个街道抽取 5 个居民委员会(总共 100 个居民委员会),每个居民委员会抽取 5 个家庭**(总共 500 个家庭),每个家庭访问 1 人,总共组成 500 个样本。……调查过程中有 2 个家庭无法访问**,资料的整理过程中又发现有 2 份问卷大部分没有回答,因此实际统计样本数为 496 个"(张海东,2004)。

(4) 转型时期中国大陆城市居民的阶层意识调查。"**共发放调查问卷 830 份,回收有效问卷 812 份,有效回收率为 90%**①"(余红、刘欣,2004)。

(5) 性社会学全国抽样调查。"**结果有效应答率是 76.3%(3824 个样本)**"(潘绥铭,2004)。

(6) 全国综合社会调查(城镇部分)(GSS2003)。"本次调查利用 2000 年进行的第五次全国人口普查数据,采用 PPS 抽样从省级单位抽到社区,再在每个社区以系统抽样抽取 10 个调查户,用 Kish 表每户抽取 1

---

① 该百分比计算有误,原文如此。

人作为调查对象。调查对象为18—69岁的成年人;**共抽取5900人**。调查方式为入户面访,**实际完成问卷5894份**。经过数据清理,最后样本量为5894"(冯仕政,2006)。"采用PPS与分层设计的抽样方法**共抽取了5900位城镇居民,实际完成样本5894个**"(刘精明、李路路,2005)。

(7) 中国单位调查。"原定的调查计划是**在10个城市中抽取10个单位,再在每个单位中抽取40个个人**。……这次调查**共获取3293个有效问卷**"(王天夫、王丰,2005)。

(8) 当代中国社会变迁、社会意识与社会流动调查。"**共发放问卷3780份,回收有效问卷3183份**"(许欣欣,2005)。

(9) 福建二市县居民入户问卷调查。"再从各个乡镇中按随机方法各抽取4个行政村,每个行政村再按随机方法**抽取25个18岁以上村民,共1000人**……**本次调查共成功访问村民913人**。其间,每个村大约成功访问20至25人"(胡荣,2006)。

(10) 湖北三城市居民入户问卷调查。"**本次共发放问卷1000份,回收有效问卷973份**"(慈勤英、王卓祺,2006)。

笔者多少有点替这些作者感到冤枉,他们的说明中明明有样本规模,明明可以计算回收率(有的甚至已经说出了回收率的多少),可是被《应》文作者用不正确的标准一衡量,他们的样本规模就变得不再是样本规模了,他们的回收率也不再是回收率了。问题是:这些作者都会承认这一点吗?

关于报告中对样本规模的报告问题,我们还可以发现一个非常奇怪的现象:从CGSS2003调查结束直到今天发表的《应》文出现之前的几年时间内,无论是从已经发表的论文中,还是从主持该调查的单位网站上所公布的调查基本情况中,全都看不到这次调查的样本规模是多少!所有这些地方能看到的,都只有"抽取了5900个样本"这样的说法!我想,如果不是《应》文作者通过质疑的文章告诉我们,恐怕不仅仅是笔者,所有读者可能都不会知道,在"预定样本规模"5900的背后,有着8430这样一个"实际样本规模"的数字!

因此,笔者在此要问一句:造成这一现象的原因,究竟是由于那些论文的作者、调查的主持者不愿意向读者告知这一描述调查情况的基本数据?还是由于他们自己本身就不知道有8430这样一个样本规模的存在?另外,这一状况反映的究竟是这些研究者不重视样本规模的问题,还是反映了评价者对样本规模的认识上存在偏差?

实际上,《应》文作者推算出的8430这一数字,可能连"实际发生的访问数量"都不是。因为作者计算这一数字时所依据的"30%无应答比例"本身并不可靠。在《应》文中,作者写到"相关资料显示,在GSS2003中,因为各种原因访谈未成功的比例大约是30%(边燕杰,李路路,蔡禾,2006,第108页)",光看这一句话,读者可能会觉得这个30%是客观的、清楚的、明确的。但实际上这一"相关资料"究竟是如何"显示"的呢?下面是这一资料的原文照录:

> 这次上海的调查,在第一批入户名单400户中,因为各种原因访问未成功的占47%(全国的情况,综合各地督导的经验大概是30%),其中拒访和访问中途拒访的正好是100户,占样本数的25%(见表5-1)。[①]

这里的30%仅仅是来自于"各地督导的经验",而不是客观的、清楚明确的访问统计! 我们可以相信根据这样的数字推算出来的结果吗?

还有,《应》文表中"严格回收率"的提法,实际上是《应》文作者没有底气的表现:因为他自己也知道,在表中四项可以计算"严格回收率"的调查中,其他三项调查的回收率都不是按他所提出的方法来计算的。读者可以看到:在有"严格回收率"记录的四项调查中,另外三项的"访谈被调查者数量"全部都是"计划访谈数量",即表中"样本规模"一栏中的数字与"访谈被调查者数量"一栏中的数字完全一样(北京市社会网络与健康调查中的1004为笔误,应为1677)。唯独只有CGSS2003一项调查的这两个数字不一样! 如果《应》文作者真的对自己的算法有信心,他就应该在表中的"访谈被调查者数量"一栏中,大大方方地写上"样本规模"的字样,而在表中现在"样本规模"的一栏中,大大方方地写上"预先确定的理论值"。这样就更加符合他所提出的样本规模的含义及其计算方式。他之所以不能这样写,主要原因就是其他几项调查的"样本规模"事实上都不可能被标为"预先确定的理论值"!

在结束本文前,笔者再次主张:不管我们的实际调查做得是好是差、严格或不严格、科学或不科学,质量高或不高,研究者都应如实地、清楚地、详尽地在报告中告诉读者自己是如何做的。这是研究者起码的一条

[①] 边燕杰、李路路、蔡禾主编:《社会调查方法与技术:中国实践》,社会科学文献出版社2006年版。

行为规范,也是科学共同体中的一条基本原则。

参考文献

边燕杰、李路路、蔡禾主编:《社会调查方法与技术:中国实践》,社会科学文献出版社 2006 年版。

慈勤英、王卓祺:《失业者的再就业选择——最低生活保障制度的微观分析》,《社会学研究》2006 年第 3 期。

风笑天:《高回收率更好吗?——对调查回收率的另一种认识》,《社会学研究》2007 年第 3 期。

风笑天:《社会学研究方法》(第二版),中国人民大学出版社 2005 年版。

风笑天:《现代社会调查方法》(第三版),华中科技大学出版社 2005 年版。

冯仕政:《单位分割与集体抗争》,《社会学研究》2006 年第 3 期。

郝大海:《社会调查研究方法》,中国人民大学出版社 2005 年版。

郝大海:《应答率的意义及其他》,《社会学研究》2007 年第 6 期。

胡荣:《社会资本与中国农村居民的地域性自主参与——影响村民在村级选举中参与的各因素分析》,《社会学研究》2006 年第 2 期。

李春玲:《断裂与碎片》,社会科学文献出版社 2005 年版。

刘精明、李路路:《阶层化:居住空间、生活方式、社会交往与阶层认同——我国城镇社会阶层化问题的实证研究》,《社会学研究》2005 年第 3 期。

陆学艺:《当代中国社会流动》,社会科学文献出版社 2004 年版。

潘绥铭:《性社会学基本命题的实证》,《社会学研究》2004 年第 6 期。

王天夫、王丰:《中国城市收入分配中的集团因素:1986—1995》,《社会学研究》2005 年第 3 期。

许欣欣:《社会、市场、价值观:整体变迁的征兆》,《社会学研究》2005 年第 4 期。

杨伟民:《当前中国的社会保险在社会分层中的作用》,《社会学研究》2005 年第 5 期。

余红、刘欣:《单位与代际地位流动:单位制在衰落吗?》,《社会学研究》2004 年第 6 期。

袁方主编:《社会研究方法教程》,北京大学出版社 1997 年版。

张海东:《城市居民对社会不平等现象的态度研究——以长春市调查为例》,《社会学研究》2004 年第 6 期。

张文宏:《城市居民社会网络资本的阶层差异》,《社会学研究》2005 年第 4 期。

中国大百科全书总编辑委员会《社会学》编辑委员会:《中国大百科全书(社会学卷)》,中国大百科全书出版社 1991 年版。

社会调查中的无回答与样本替换[*]

社会调查是"一种采用自填式问卷或结构式访问的方法,通过直接的询问,从一个取自总体的样本那里收集系统的、量化的资料,并通过对这些资料的统计分析来认识社会现象及其规律的社会研究方式"(风笑天,2009:6)。在这种应用非常广泛的社会研究方式中,存在一个十分常见的现象,这就是研究者所抽取的样本中的对象往往不可能百分之百地成功接受调查。"很少有抽样调查的回答率能达到100%,这就是说,大多数调查或多或少都会抽到一些搜集不到数据的单元(如个人或住户)。如果那些被抽到但没有搜集到资料的单元系统地不同于那些被抽到且搜集到数据的单元,那么调查结

---

* 本文原刊于《南京大学学报》2010 年第 5 期。

论便会在一定程度上存在无回答①误差的影响"(拉弗拉卡斯,2005:4)。这也即是说,在研究者所抽取的样本中,实际上包含着两个部分:回答者的部分和无回答者的部分。十分显然的是,样本中无回答者的部分越大,样本调查的结果对总体的代表性存在偏差的可能性也就越大。正如福勒教授明确指出的:"从被选择的样本中收集资料失败的比例过高是调查误差的主要来源。"(福勒,2004:40)因此,如何解决调查中的无回答问题,也是社会调查方法面临的主要挑战之一。

面对调查中不可避免的无回答现象,国内学术界最常见的处理方法就是通过样本替换②来对其进行补救。例如,有研究者对国内社会学界一些调查项目执行过程的主持人进行了专门了解,结果发现,"调查主持人均报告,各项调查在执行过程中均发生过样本替换"(郝大海,2007)。该研究者也认为,"从目前国内调查实践看,相当多的调查对无应答单位采用了替换处理"(郝大海,2008)。值得思考的是,对于提高调查的回答率,从而减少调查偏差的目的来说,样本替换是最好的选择吗?除了进行样本替换,还有哪些无回答的处理方式值得注意?在不同的调查方式中,无回答的表现形式以及最合适的处理方式是否有所不同?无回答偏差在整个调查偏差中处于什么位置?替换样本的使用可能存在怎样的风险?什么样的情况适合使用替换样本,什么样的情况并不适合?对这些与社会调查中的无回答、样本替换以及调查偏差密切相关,国内学术界又很少关注的问题进行初步探讨,就是本文的主要目标。

一、无回答的内涵及其表现形式

为了更好地探讨上述问题,有必要首先对调查中的无回答概念及其在不同调查中的表现形式进行简要分析。由于调查具体方式以及无回答现象的多样性,因而学者们对无回答概念的界定和表述也存在一定的差别。在肯德尔和巴克兰主编的《统计术语词典》中,无回答指的是"在抽样调查中,由于某种原因(死亡、缺席、拒访等)而无法从指定的个体处获得信息"的情形(Kendall & Buckland,1960:200)。显然,他们的无回答定

---

① 无回答,即英文中的"nonresponse",也译为"无应答"。本文中二者含义相同。
② 样本替换,即英文中的"sample substitution",也译为"样本替代"。本文中二者含义相同。

义主要指的是单位无回答①。亨利教授在《实用抽样方法》一书中认为,无回答指的是"未能从样本成员中得到有效的回答。在被调查人拒绝回答某一特定问题,拒绝参与调查,或无法与被调查人取得联系的时候就会发生无回答问题"(亨利,2008:51)。按照他的这种界定,无回答实际上可分为三类:一类为项目无回答;一类为主观性的单位无回答;另一类为客观性的单位无回答。而莱斯勒和卡尔斯比克两位教授在《调查中的非抽样误差》一书中则指出,"调查中最明显的问题之一是不能从所有的样本单位及问卷中的所有问题获得有用的数据,我们称这类问题为'无回答'"(Lessler & Kalsbeek,1997:113)。显然,他们的无回答定义同样包含了单位无回答和项目无回答两种类型。其中,单位无回答"是指被调查单位没有接受调查","这里谈及的单位指的是应用于抽样、数据采集或数据分析的单位"(Lessler & Kalsbeek,1997:113)。总结上述各种定义可以认为,被抽取到调查样本中的单位没有成功接受调查,就是本文所探讨的(单位)无回答。

对于上述含义十分明确的无回答概念,在实际社会调查中会由于调查方式的不同,而在具体表现形式上有所不同。比如,在入户面访调查中,无回答的表现形式就可能既包括所抽取的样本户地址不存在、样本户为空户(即无人居住户)、样本户地址为非住户机构等抽样框偏差造成的不适合,也包括调查期间因被调查对象外出、生病住院等造成的无接触,还包括由有身体残疾或智力障碍等造成的被调查对象无能力,以及由被调查对象拒绝参与调查所造成的拒访等;在邮寄调查中,其表现形式则相对简单,即所有的无回答都是以调查问卷没有寄回的形式表现出来的。但在实际上,这些无回答中同样可能有因地址错误而没收到问卷造成的、有因被调查者在调查期间不在家造成的、有因被调查者语言不通或文化程度太低而看不懂问卷造成的、还有因被调查者不愿接受调查造成的等多种情况。研究者虽然在邮寄调查中不能像入户面访调查那样可以明确区分哪些单位是不适合、哪些是无接触、哪些是无能力回答、哪些是拒绝回答,但实际上其主要类型依然可归结为与上面相似的四类;在电话调查中,无回答的表现形式则主要包括电话号码为空号、电话号码为非住户号

---

① 调查中的无回答现象一般分为"单位无回答"(unit nonresponse)和"项目无回答"(item nonresponse)。前者指样本中的调查单位(对象)无回答;后者则指的是调查单位(对象)对问卷中的一部分问题(即项目)无回答。本文主要探讨单位无回答问题。因此,若无特别说明,文中的无回答均指的是单位无回答。

码等不合适情况,电话多次无人接听、电话为自动录音装置等无接触情况,接电话的对象语言不通、无法交流等无能力情况,以及对象接听后挂断电话等拒答现象等。

上述分析表明,不同调查方式中所表现出的具有不同特征的无回答现象,实际上都可以归结为四类:由抽样框偏差所造成的样本对象"不适合"、由特定调查方式和客观条件所造成的与样本对象"无接触"、由被调查对象的特定原因造成的"无能力"接受调查,以及由被调查对象主观上拒绝参与调查所造成的"拒答"。上述四类的划分与 Groves 在其著作《调查方法论》中所总结的三类无回答十分相近。他的总结是:"(1)未能提出调查的请求(如"未接触",没能找到样本单位,邮寄调查中邮件被退回);(2)被拒绝(如已经联系到的个体拒绝了调查请求);(3)没有能力接受调查(如已经联系到的个体不懂问卷使用的语言)。"(Groves,2004:170)本文的划分与他的分类之间的唯一区别,是在他的分类中,将抽样框偏差造成的"不合适"与调查方式造成的"无接触"合并为一类。但笔者认为,不合适与无接触两种情况所造成的无回答现象不仅从来源上有着明显的区别,在处理方式上也有所不同,故将二者分开可能更好。

二、无回答现象与调查偏差

当调查中遇到无回答现象时,研究者采取样本替换方法的主要动机是为了减少无回答者的比例,以提高调查的回答率,从而减少调查样本所带来的偏差。由于无回答包含了上述四类不同的形式,而它们对调查偏差的影响不尽相同。因此,为了更清楚地认识无回答与调查偏差之间的联系,有必要对调查的各种偏差及其来源有一个整体的了解。

根据基什(Kish)教授的看法,调查偏差的来源可分为抽样偏差与非抽样偏差两大类。前者主要包括抽样框偏差;后者则包括观察偏差和非观察偏差(Kish,1997:583)。值得注意的是,抽样框偏差发生在抽样设计的阶段,它主要包含未覆盖和不合适两种。① 所谓"未覆盖",即"遗漏"了本来应该属于抽样框的一部分个体;而"不合适"则正好相反,即包含了

---

① Kish 教授的著作中将遗漏即未覆盖,作为非观察偏差中的一类。笔者认为更合适的分类是将其放在抽样框偏差中。实际上,他在书中 592—593 页的具体论述中也是将其与抽样框问题一起讨论的。

本来不应该属于抽样框的一部分个体；这两方面的偏差所反映的都是抽样总体(抽样框)与目标总体之间的一致性问题。与抽样偏差相对应的非抽样偏差则发生在调查实施和资料处理的阶段，它指的是在调查数据的收集和处理过程中所出现的问题。这种非抽样偏差还可再分为观察偏差和非观察偏差两类。观察偏差是由于不正确地获得和记录观察值所引起的，即一方面"是在观察进行中引起的，包括访问、列举、计数或计量；这些是回答偏差。另一类是为数据处理偏差，它产生于办公室数据处理、编码、列表和计算中"(Kish,1997:584)。而非观察偏差则是由无回答引起的。这种无回答的主要来源包括无法接触、无能力回答和拒绝回答等。笔者在基什教授分类的基础上对调查中各种偏差进行了归纳整理，具体分类见图1。

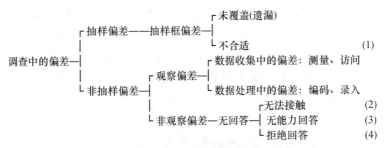

图1 调查中的偏差来源分类

　　根据前面关于无回答概念的界定以及在不同调查方式中表现形式的描述，可以看出，本文所讨论的无回答现象除了主要包括图1中作为非观察偏差的无回答的三种来源外，同时也包括了作为抽样框偏差来源的不合适(即图1中标有1、2、3、4的几个来源)。因此，社会调查中实际上也存在着两种不同性质的样本替换。一种样本替换所针对的是那些在样本抽取后发现并不适合作为调查对象的个体(如入户调查中样本户为无人居住的空户、样本户地址为非住户机构等，以及电话调查中的空号、非住户号码等)；另一种样本替换则是针对调查实施阶段出现的那些无法接触、无能力回答以及拒绝回答的个体。对于前一种情形，样本替换是可以采用的。但对于后一种情形，样本替换就有可能是不合适的(这一点将在下文中详细讨论)。对不同替换目标的区分同时也提示我们，样本替换问题既与实地调查阶段相关，也在一定程度上与抽样设计阶段有关。

三、无回答的处理方式

莱斯勒和卡尔斯比克在其著作中讨论了解决无回答问题的一些方法。其中最主要的有:降低无回答数量;替代;估计潜在的偏差;对无回答进行补救(具体有外推法、在无回答单位中进行次级抽样、加权调整、直接替代、模型推断)等(Lessler & Kalsbeek,1997:175)。由于笔者关于无回答来源的分类与现有研究者的看法有所不同,因此,在无回答处理方式上,也有一定的补充。概括地说,对于前述各种类型的无回答现象,研究者可以采用的处理方式通常有下列几种。

第一种处理方式是放大样本。即研究者在抽样设计阶段将无回答的因素考虑进去,根据以往调查的结果和经验,对无回答的比例进行预先估计,并适当增加样本容量,以保证最终有回答的样本对总体有足够的代表性,从而保证样本调查的结果在推论总体时能达到预定的精确性和可靠性。例如,在一项大型调查的样本设计中,研究者确定样本规模时,先是以估计简单随机抽样的总体比例 P 时的样本容量为基础。"在95%的置信度下按抽样绝对误差不超过3%的要求进行计算",需要抽取的样本容量为1067。"由于采用多阶段的复杂抽样,设计效应 deff 一般会在 2 和 2.5 之间,我们把 deff 定为2,这样需要的样本量就为2000个。综合考虑精确度、费用以及调查实施的可行性等因素,以及以往若干全国社会调查的经验;再加上考虑到在调查实施中通常会存在一部分户内找不到,或没有合格调查对象以及各种原因造成的无回答等情况,根据对回答率的估计,需要将上述样本量适当扩大为2380个"(风笑天,2007)。

这种处理方式的特点是不需要在调查过程中使用替换样本,而只是对所抽取的原始样本实施调查。如果在实际调查过程中,无回答比例与事先预计的比例比较接近,那么,样本调查结果推断总体时的精确性程度和可靠性程度就能够达到预期的目标。从本质上看,这种处理方式也可以理解为是将替换样本放到了最初设计抽取的样本中。它实际上相当于用规模较大的样本来获取(事先确定的)规模较小的样本所具有的代表性。当然,实际调查中的回答率依旧是决定这种代表性程度高低的关键因素。

第二种处理方式是转化无回答。即在调查的实施过程中,积极加强对无回答个体的转化工作,努力减少无回答的数量。这种转化的工作既包括让调查员在不同时间反复上门,或在不同时间多次拨打电话,或者多次寄送催促信函。也包括对拒绝回答者进行耐心的解释和说服工作。研究者通过这些工作,一方面可以更多地创造和增加与那些无接触者的接触机会,提高接触率。另一方面,可以更多地将拒绝回答者转化成为回答者。以此来增加调查中的回答者比例,降低调查中的无回答比例,达到提高调查回答率的目的。

第三种处理方式是进行样本替换。即在调查的实施过程中,遇到无回答个体时,采用其他个体对其进行替换。具体的操作方法有两种:一是预先抽取出一部分调查单位(对象)作为备用样本,当调查中遇到无回答情况时,用备用样本中的对象对无回答的对象进行替换;二是预先并不抽取备用样本,而只是制定出某种替换的原则或方式。当调查员在实地调查中遇到无回答情况时,就按照此原则和方法抽取新的对象作为无回答者的替换。比如,"遇到家中无人、拒访等情况而无法对样本中的对象进行调查时,则选取样本户左边的第一户作为对象进行调查",或者"遇到所拨号码为空号,或者为应答机等情况而无法进行调查时,则拨打原号码最后一位加上 1 所构成的新号码"等,就是这种替换原则和方法的例子。

第四种处理方式是调查后的统计修正。即在调查结束后,通过统计的方法,来估计和修正无回答所造成的潜在偏差以及对无回答结果进行补救。这方面的具体内容在基什以及莱斯勒和卡尔斯比克的著作中都有专门的讨论,本文不作探讨。但需要指出的是,由于许多情况下这种统计修正需要获得调查总体的相关统计资料,而现实中一方面这种总体的统计资料常常不能获得或者资料过于陈旧。另一方面,这种"可以得到的总体成员的特征,并不一定直接与那些对当前的研究很重要的变量有关"。因此,即使可以通过加权等方式进行修正,这种做法也是"假定回答者和无回答者是没有差异的,充其量无非是对某些比例过低的群体所做的补偿而已"(亨利,2008:52)。

总之,在调查前通过对无回答比例的预估来扩大样本规模,在调查过程中加强对无接触者和拒答者进行转化或者进行样本替换,在调查结束后对无回答的结果进行统计修正,是研究者用以减少无回答现象及其影响的几种主要方式。

四、不同来源的无回答与样本替换的运用

上述对无回答问题处理方式的归纳中,我们可以看到,样本替换的方

法只是研究者处理无回答问题的方式之一。虽然有好几种来源的无回答都可以采用样本替换的方法处理,但实际上这些样本替换的方式、意义和必要性却并不是一样的。换句话说,并不是每种来源的无回答都适合采用样本替换的方法。

首先,对于由抽样框偏差中的"不合适"所导致的无回答,研究者可以有两种方法来处理:一是在这种不合适造成的无回答数量占原始样本规模的比例很小的前提下,直接从样本中去掉这些无回答的个案。这是处理这种情况的无回答的最合适方式。二是依据同样的概率抽样原则和抽样方法从总体中再抽取一部分样本户来对这部分无回答户进行替换。第一种方法的结果实际上相当于更加准确地界定了原始的抽样规模,而不会对调查回答率带来影响。比如:假定研究者最初抽取了规模为 1000 户居民的样本进行调查,结果有 100 户因地址不存在,或者是无人居住户,或者是非住户机构等不合适原因形成了无回答。由于这些"住户"并不符合调查对象的性质要求,有的甚至根本就不存在于调查对象的总体中。因此,研究者可以直接从样本中去掉这 100 户,而不需要进行样本替换处理。这样,实际调查的样本规模就只有 900 户。此时计算调查的回答率时,分母就不是 1000,而是 900。而如果按第二种方法,对不合适的 100 户对象进行替换后,在计算调查的回答率时,分母就还是 1000。特别需要注意的是,对于抽样框偏差中无回答所采取的样本替换与下文中的样本替换在含义上有一定差别。由于此时原样本中需要被替换的对象,是本来就不应该属于抽样总体的个体,因而这种替换实际上更应该看成是在样本规模为 900 的基础上所进行的一次补充抽样。

其次,对于因与调查对象"无接触"(比如多次拨打电话无人应答、被抽中的调查对象外出打工不在家等等),以及因调查对象"无能力"(比如年龄过大、语言不通、身患残疾等)所造成的无回答(二者也即亨利定义中所界定的客观性无回答),研究者所能采取的方式或许就只有进行样本替换了(尽管样本替换的结果与原始样本的结果并不会相同)。这主要是因为,无接触和对象无能力所造成的客观无回答结果,与抽样框偏差中的不适合所造成的无回答结果有一点类似,就是在调查结果统计中,他们往往都是作为缺省的个案或无回答的个案来对待的(因为客观上研究者无法从他们身上获得资料)。因此,在处理方式上也与不合适处理中的方法类似。除了直接将他们作为无回答进行统计外,还可以对他们进行样本替换。但应该注意的是,由于此时被替换的对象是原始样本中符合目标总体要求,并且实实在在存在的对象,只是由于各种原因无法从他们身上获得信息资料。因此,此时的样本替换与上述不适合中的样本替换有所不同:此时的样本替换一方面必须是作为增加了样本规模的方式来进行回答率的统计(比如说,样本规模不是900,而是1000);另一方面它不是作为原始抽样基础上的补充抽样,而是实实在在的样本替换。这种替换始终存在着由于替换者与被替换者所具有的本质不同所带来的偏差。因此,此时的样本替换可以说并不是合适的办法,而是一种没有办法的办法。

最后,对于由被调查者拒绝参与调查和拒绝回答问卷所造成的无回答现象(即亨利定义中所界定的主观性无回答),主要有转化与替换两种处理方式。即既可以通过反复上门、多次联系和耐心解释,将拒答者转化成为回答者;也可以采用替换样本的方法,直接用新的被调查者来替换拒答者。拒答是社会调查(特别是入户访问调查)中造成无回答的最主要原因,它对调查结果所造成的影响也最大。因此,要特别重视对它的处理。笔者认为,对拒答现象最好的处理方式是通过反复的联系和耐心的说服工作,努力将拒绝回答者转化为回答者,而不是简单地对他们进行样本替换。这一方面是因为样本替换存在着一定的风险(将在下面集中分析);另一方面也是因为对拒答者进行样本替换实际上并不能提高调查的回答率。因为在进行了样本替换后,我们在计算调查的回答率时,不能只在分子中加入新获得的回答数量,同时还应该在分母中加入全部的替换样本数量。比如,原始样本为1000人,调查中因各种情况出现了300个拒答,此时的回答率为70%。如果调查员根据某种规则,对这300个拒答者进行了样本替换,结果又成功完成了200个调查,再次失败了100个。那么,此时的回答率并不是(700 + 200)/1000 = 90%,而应该是(700 + 200)/(1000 + 300) = 69.2%。这也即是说,研究者进行样本替换的结果并没有提高调查的回答率,因而也并没有改善调查样本的代表性。

总之,对于由抽样框偏差中的"不合适"所导致的无回答,我们可以采用样本替换的方法;对于因与调查对象"无接触"以及因调查对象"无能力"所造成的无回答(即客观性无回答),我们就只能采取样本替换的方法;而对于由被调查者拒绝参与调查和拒绝回答问卷所造成的无回答(即主观性无回答),则最好不采用样本替换的方法。

五、不同调查方式中的无回答处理

由于社会调查中几种不同的资料收集方式具有各自不同的特点,它们在无回答来源方面的状况也不一样。因此,在不同的调查方式中,处理无回答问题的策略和方法也有所不同。

对于邮寄调查来说,由于在通常情况下研究者并不知道哪些被调查者寄回了问卷、哪些被调查者没有寄回,因而其无回答的实际原因(是不合适、无接触,还是无能力、拒答)研究者并不清楚。所以,对于无回答的处理不能盲目进行替换,有时甚至不可能进行替换。此时最合适的,同时也是绝大多数研究者在实际调查中所采取的处理方式,就是向被调查对象多次邮寄催促信函,或者通过电话进行提醒(如果有联系电话的话)。许多研究表明,催促信函和电话提醒对提高邮寄调查的回收率(即回答率)具有十分明显的效果。例如,美国一项邮寄问卷调查的结果表明,研究者发出问卷后第一批寄回的问卷只占样本的46.2%,研究者发出第一封提醒信件后又收回12.2%,发出第二封提醒信件和问卷后再寄回8.8%,最后打电话通话后又寄回10.1%。两次催促信件和一次电话提醒总共帮助收回了31.1%的问卷,使问卷总的回收率达到了77.3%(贝利,1986:227)。笔者也曾进行过一次邮寄问卷调查,按时回收与催促后回收的情况与这一结果也十分相似:在规定时间寄回的比例为62.5%,发出催促信件后又寄回21.1%,最终回收率达到83.7%(风笑天,1999)。正如贝利所指出的,如果不使用催促信和电话提醒,邮寄调查"一般可望得到的回答率不超过50%或60%,而有跟踪,人们便可望得到70%或80%甚至更高的回答率"(贝利,1986:226)。

对于电话调查来说,或许扩大抽样库以便进行样本替换才是最好的处理方法。"所谓抽样库,就是一组完整的电话号码。调查员就是用这一组电话号码来得到调查最终要求完成的访谈人数(最终样本)"(拉弗拉卡斯,2005:31)。或者说,抽样库是抽样框中的一组实际的电话号码,调查员正是依靠它来和被调查对象进行联系。而之所以要扩大抽样库,则主要是因为一般电话调查中由于不适合、无接触和拒答所造成的无回答比例远远高于其他调查方式,也远远超过研究者所能接受的范围。例如,"格罗夫斯和卡汉在他们很有创造性的美国本土RDD(一阶)抽样调查中,最终完成的访谈即样本量是1700,但总共处理的电话号码(即呼叫单)有13000个,而这些电话号码一共被拨了44000次(即有44000个处理结果)"(拉弗拉卡斯,2005:92)。这也就意味着,研究者所完成的1700个电话调查,实际只占他们所准备的13000个电话号码的13%,而更是只占调查员实际呼叫的次数44000的4%。如此大量的未完成调查的电话号码和呼叫次数,正是电话调查中需要大量备用样本,或者说需要进行大量的样本替换的原因。

而对于入户访问这种面对面的调查方式来说,虽然其中的无回答类型包括了不适合、无接触、无能力回答、拒绝回答等多种情况,但其中最主要的则是拒绝回答的问题。正如有学者所指出的"迄今为止的所有调查,构成无回答问题的最主要因素是拒绝回答"(Groves & Lyberg,1988;转引自拉弗拉卡斯,2005:103)。因此,研究者的处理方式虽然也有调查前的抽样设计(在预估无回答率的基础上扩大样本规模)、调查中的无回答转化和样本替换、调查后的统计调整补救等等,但笔者认为,通过积极预防以及努力做工作来尽量减少无回答,而不是进行样本替换,是入户访问这种调查方式中最为合适,同时也是最为重要的无回答处理方式。至于为什么不主张进行样本替换,笔者将在下面进行探讨。

总之,根据调查方式不同,无回答的处理方式不一样。概括地说,电话调查主要采用扩大备用样本规模的方式;邮寄调查主要采用多次邮寄催促信函,或者通过电话进行提醒的方式;面访调查则主要以调查员多次上门、多次联系、耐心解释和说服工作来减少无回答为主,而不是以替换样本为主。

六、样本替换所面临的风险

对于调查中因拒答造成的无回答现象,为什么最好不采用样本替换的方法?问题的关键在于样本替换并不能减少由无回答所带来的调查偏差。在理论上,如果无回答现象是完全随机出现时,这种无回答就可以完全忽略。"如果这两个部分在分布上是完全随机的,则无应答部分在所调查问题上与应答部分相比不存在系统性的差别,这时,无应答的影响仅相当于减小了样本规模。如果两个部分在分布上不是随机的,而是存在系统性差别,即两个部分的统计量的期望值是不等的,则以应答部分推断总体参数时就会存在偏差"(郭志刚等,1989:58)。虽然有学者的研究表明,"当引起无回答的原因与所需统计并不相关时,无回答误差并不存在"(Groves,2004:183)。但是在实际上,研究者往往并没有办法去判定他们面对的无回答究竟是不是完全随机的。相反,如果一定要认为调查中的那些无回答是完全随机造成的,则往往会显得十分牵强。

一旦无回答的出现不是随机的,那么,作为无回答处理方式的样本替换就面临一系列的风险。基什明确指出:"虽说替代常常天真地被作为一种解决方法提出来,但通常其帮助很小,实际上还可能使事情更糟。"虽然"通过预期采用增加样本容量,我们常常能使现场调查相当地便利",但是,"使用替代来减少无回答偏差与容量控制完全不同。为此目的当替代者仅仅用更多的类似在样本里已经有的回答的个体来置换无回答时,替代是无效的"(Kish,1997:626)。对无回答进行样本替换的风险主要表现在以下几个方面:

首先,常见的替换方式往往破坏了随机抽样的原则。在入户调查中,研究者通常会事先规定,并告知调查员各种替换的原则和方法。比如,"遇到样本户不在家或拒绝参与调查时,抽取该住户右边第一户作为替换",或"抽取该住户对门户作为替换"等等。尽管从可行性上看,这种替换简便易行,也似乎具有随机性。但实际上,当使用这类替换方法时,就"在一定程度上破坏了随机性"(施锡铨,1999:201)。研究者如果要确保抽样的随机性,就只能将这些情况记作"无回答",而不能进行替换处理。同时,如果在实际调查中,调查员在选取替换对象时,自觉不自觉地倾向于用与回答者类似而不是与无回答者类似的个体来替换无回答者,那样造成的偏差就会更大。

其次,样本替换的做法往往会使得访问员放弃减少无回答的各种努力。样本替换的做法在某种程度上给了调查员某种临时处置的权限,使得研究者对调查质量的控制变得更为艰难。由于样本替换简单可行,所以,调查员在实际调查中往往会在两个方面放松努力:一是当遇到调查对象不在家、电话无人接听等无接触情况时,样本替换处理方式的存在往往会使调查员从提高调查完成率和提高工作效率的角度考虑,选择进行样本替换,而不是选择多次地上门、反复地拨打电话,提高与原始样本中对象的接触;二是当遇到调查对象拒访时,调查员也容易轻易地放弃对推断总体来说代表性更高的原始对象的说服和转化工作,而选择代表性相对较低、偏差可能更大,但却更容易完成调查的替换对象。正如有的学者所指出的:"替代法存在的风险是:由于提供了备选单元,访员可能就不会像'没有捷径'时那样努力去联系指定的样本单元"(洛尔,2006:165)。而另一个可能更为严重的后果则是:"由于可以采用替代,使调查人员放松了对无回答追踪的努力,结果可能使得回答率比不采用替代时所期望的回答率还要低。"(Lessler & Kalsbeek,1997:192)

再次,样本替换往往并不能在实质上降低无回答误差。样本替换的实质是以总体中新的个体来替换原来样本中的无回答个体,以此保持研究者所希望达到的样本容量,从而达到降低无回答偏差的目的。但是,一方面,样本替代虽然可以达到研究者所希望达到的回答者数量,却并不能提高调查的回答率;另一方面,样本"替代降低无回答偏差的程度取决于替代单位与被替代的样本单位间在各个方面整体的相似程度"(Lessler & Kalsbeek,1997:191)。而调查中对(主观)无回答进行样本替换后,研究者并不能保证这些新的对象与原来的对象之间的整体相似性(实际上他们也不清楚二者究竟在多大程度上相似)。因此,样本替换后来自无回答的偏差的大小也难以估计。考虑到实际调查中的替换者与被替换者之间往往会在许多方面有所不同,特别是替换者往往更接近于原来的回答者而不是拒访者。所以,样本替换的结果依旧不能降低无回答带来的偏差。

最后,样本替换的做法往往导致初期调查的结果被掩盖。目前国内调查中所进行的样本替换有一个特点,这就是研究者通常并不记录和报告有关样本替换的情况。"一些调查研究主持人也没有保留样本替换的相关资料"(郝大海,2007)。这种使用了替换样本但是并不进行报告的做法,容易掩盖其初期调查的实际状况。因为,从调查最终出现的相对较高的"回答率"中,我们看不到在没有进行样本替换的情况下,调查所达到的实际回答率状况;我们也没有办法判断,在调查的过程中所使用的替换样本——不管是随机替换还是非随机替换——究竟产生了怎样的影响。正因为如此,美国公共舆论研究协会(AAPOR)关于替换样本使用的规定中专门提出了对替换的报告原则:"任何替换的使用都必须被报告。首先,无论使用了哪种替换原则都必须备有说明文件。第二,替换的数量以及性质必须要报告。应该区分户间替换和户内替换,但是应该保证两种替换都得到了报告。第三,所有被替换的个案在最后的编码中都必须被说明。……同样的,户内的替换也需要记录放弃的个案以及增加的个案,并且在另外的替换记录程序中记录下替换数等相关信息。被访者的选择程序必须清晰无误地规定并且被严格执行。这些程序的变动很可能形成替换,如果这样则它们也应该被记录下来。"(The American Association for Public Opinion Research,2008:10—11)

七、结论:努力减少无回答而不是进行样本替换

在不可避免的无回答现象面前,研究者首先应区分不同的无回答现象,以便有针对性地采取相应的处理方式。对于实际调查中最常见的入户访问方式来说,除了由于被调查者无能力的原因所造成的无回答可考虑样本替换的方法外,对于更多的由于无接触,特别是由于拒访所造成的无回答,则应该积极地采取多种方式进行转化工作,努力增加接触和减少无回答。而不是通过简单地使用备用样本来进行样本替换。这是因为,从本质上说,只有减少原来样本中的无回答数量,才会直接减少由无回答所带来的调查偏差。这也是为什么亨利教授提醒研究者"在处理无回答问题时,我们首先应考虑的问题是如何最大限度地减少无回答"的缘故。(亨利,2008:132)

事实上,在学者们所提出的应对无回答的建议和方式中,往往更多地强调事先的通知、反复的联系、对拒访者的转化工作、训练访问员争取被调查对象的合作等等,而不是建议人们去准备一份备用样本或进行样本替换。比如,福勒教授对于在电话调查和当面访谈调查中减少无回答的建议只有两条:"与选定的个人进行联系和赢得他们的合作。"而为了做好这两点,他非常详细地提出了"集中在晚上和周末多打电话""为访谈者提供弹性进度表""先寄一封预告函""提供关于研究项目目的的精确信息""确保调查任务和使用的措施不会对回应者产生不利的影响""找到得力的访谈员,让他们明白回应率的重要性"等一系列具体措施(福勒,2004:47)。与此同时,研究者们在调查实践中也是身体力行。比如,在无回答面前,他们会有多次的电话联系(在电话调查中一个号码要在不同时间经过多达10次的呼叫才能定为无联系)、反复的上门(在面访调查中一个对象要在不同时间经过至少三次以上的上门才能定为无法联系),以及对拒访的对象所进行的耐心的转化工作等等。同样的,从美国人口普查局的"当前人口调查"(CPS)中,我们也可以了解到,他们关于无回答的处理方式同样是重在事前的预防措施,而不是进行样本替换和事后的统计加权处理(U. S. Census Bureau, 2006)。

总之,对于调查中的无回答现象,比较合适的做法是先按照正规的抽样设计,将可能的无回答比例考虑进去,计算出相对大一些的样本容量。同时,也是更重要的,是在实地调查的过程中,尽量采取措施,在转化和减

少无回答数量上下功夫,最大限度地对由无接触和拒绝回答等原因造成的无回答现象进行转化,以此来保证足够的回答率,而不是采用样本替换的方法来补充样本。对于提高社会调查的质量来说,这同样是十分重要的一环。

参考文献

Groves & Lyberg, "An Overview of Nonresponse Issues in Telephone Surveys," in Groves, Biemer, Lyberg, Massey, Nicholls & Waksberg, eds., *Telephone Survey Methodology*, New York: John Wiley, 1988, pp.191-212.

Groves, R. M., et al., *Survey Methodology*, Hoboken: John Wiley & Sons, 2004.

Kendall & Buckland, *A Dictionary of Statistical Terms*, 2nd edition, London: Oliver & Boyd, 1960.

〔美〕Kish:《抽样调查》(倪加勋译),中国统计出版社1997年版。

〔美〕Lessler, J. T. & W. D. Kalsbeek:《调查中的非抽样误差》(金勇进主译),中国统计出版社1997年版。

〔美〕Lohr, S.L.:《抽样:设计与分析》(影印版),中国统计出版社2002年版。

"The American Association for Public Opinion Research," *Standard Definitions: Final Dispositions of Case Codes and Outcome Rates for Surveys*, 5th edition, Lenexa, Kansas: AAPOR, 2008.

U. S. Census Bureau, "Current Population Survey: Design and Methodology," Technical Paper 66, October, 2006.

〔美〕贝利:《现代社会研究方法》(许真译),上海人民出版社1986年版。

风笑天:《我们的研究方法水平可以打几分?》,《华中理工大学学报》(社会科学版)1999年第3期。

风笑天:《现代社会调查方法》(第四版),华中科技大学出版社2009年版。

风笑天:《再谈样本规模和调查回收率——对〈应答率的意义及其他〉一文的回应》,《社会学研究》2007年第6期。

〔美〕福勒:《调查研究方法》(孙振东等译),重庆大学出版社2004年版。

郭志刚等:《社会调查研究方法》,中国人民大学出版社1989年版。

郝大海:《抽样调查中的无应答替换与应答率》,《统计与决策》2008年第11期。

郝大海:《应答率的意义及其他——对中国"高"调查回收率的另一种解读》,《社会学研究》2007年第6期。

〔美〕亨利:《实用抽样方法》(沈崇麟译),重庆大学出版社2008年版。

〔美〕拉弗拉卡斯:《电话调查方法》(沈崇麟译),重庆大学出版社2005年版。

施锡铨:《抽样调查的理论和方法》,上海财经大学出版社1999年版。

利用网络工具提高追踪调查成功率的方式与途径*

一、社会流动与追踪调查的成功率

追踪研究作为纵贯研究(longitudinal research)方式中设计最为严格的一种,在研究者探索复杂的社会现象、回答各种社会理论与实践问题,特别是探索社会现象之间的因果关系的过程中,具有明显的优势和十分重要的作用(风笑天,2009)。追踪研究通常由首次调查(也称为基线调查、前期调查等)和追踪调查(也称为后续调查)两个大的部分所构成。后续的追踪次数可以由一次到数次不等。研究者通过利用在多个不同时间点

---

* 本文原刊于《江苏行政学院学报》2014年第2期。

上进行截面调查所得到的资料,可以更加方便地,也更加严格地分析和解释现象之间的因果联系。同时,这种资料也可以更为方便地用来描述社会现象的发展和变化过程。

然而,追踪研究所具有的上述突出优势是建立在它的操作和实施过程远比一般的横剖调查更为困难的基础之上的。这种困难最为集中地体现在对调查对象的追踪成功率上。与普通的横向调查研究仅仅依据一次性的资料有所不同的是,追踪研究必须通过收集至少两个时间点上的资料才能进行分析。而这两个时间点的调查对象最好能完全相同,至少是不能有大的相差。换句话说,后期追踪调查时的调查样本要与前期基线调查的调查样本保持基本一致。而要做到这一点所依靠的就是追踪调查中的成功率。因此,提高追踪调查的成功率一直是采用追踪研究方式的社会研究者不断努力的方向和目标。

"由于追踪调查在国内刚刚起步,因而关于追踪调查本身的理论和研究较少,目前这方面基础性的工作,可查询到的仅有风笑天教授(2006)关于追踪调查的概括性综述、郝令昕教授等(2010)关于发展中国家追踪调查的研究性综述,以及邱泽奇教授主持的'中国家庭动态追踪调查'项目组(2011)关于追踪调查中家庭拒访行为的研究"(梁玉成,2011),而专门探讨追踪调查成功率问题的论文则仅有梁玉成博士的一项研究。该项研究利用中国疾病与预防控制中心、美国北卡罗来纳大学人口研究中心和美国国家营养与食物安全研究所(The National Institute of Nutrition and Food Safety)合作开展的中国健康与营养调查(CHNS)所收集的8次追踪调查的数据,定量地探讨了影响追踪成功率的若干因素,研究"证实了作者提出的中国追踪调查中追踪损耗的城乡差异假设、生命周期假设和社会转型假设"(梁玉成,2011)。但该研究对于追踪调查的实践中如何从操作层面提高追踪成功率的问题则没有涉及。

尽管在追踪研究的首次调查中,研究者可以根据条件,采用入户访问、电话访问、发放自填、邮寄自填、集中填答等多种不同的资料收集方式。但在后续的追踪调查中,要再次使用这些方式却都有着这样或那样的局限或者前提条件。比如,入户访问虽然是实践中最常见的追踪调查方式,但其前提是调查对象的空间位置不会发生改变。当样本中的对象发生流动时,这种入户访问式的追踪调查就会遭遇到极大的困难甚至失败。笔者对搬迁前后的三峡农村移民所进行的追踪研究就十分明显地体现出这一点。尽管首次调查时笔者采取了多种方法以保证将来能再次联系并访问到被调查对象(比如,除了留下他的姓名、住址、电话外,还让其留下两个将来能联系到他、知道他将来搬迁去向的亲戚朋友的姓名、电话、住址等)。但等三年以后我们再去进行追踪调查时,依然出现了许多无法找到原来调查对象的情况。因为在三年的时间里,一些当时留下各种信息的联系人都已经不知去向了,有的乡镇甚至因为原来联系人所填地址上的住房早已经被夷为平地、原来的住户或联系人的家庭被整体拆迁等情况,造成连三年前调查的地点都找不到,更不用说进行入户调查了。而原来留下的电话号码中,有一些已经成了空号,另一些则已经换了新主人,因而都无法进行联系。一旦原有的各种联系方式都成为毫无作用的资料时,研究者也就会因此而无法进行追踪调查。

现实情况是,我国改革开放以来所发生的巨大的社会变革过程,造就了非常普遍的社会流动现象。各种类型的调查样本也常常因为流动和变迁而给研究者带来了进行追踪调查的困难。比如,大学生样本中的调查对象因毕业而到外地工作、农村居民样本中的调查对象因外出打工而离开家乡等等。所有这些空间的流动和变化,使得将居住地点作为联系和追踪途径的方式不再可靠。与此同时,目前我国居民中电话特别是手机的普及以及更换电话号码方便性,又常常让那些完全依赖于用电话号码作为联系方式和追踪手段的研究者遭遇到意想不到的失败。

尽管社会的发展所带来的社会流动的增加,给追踪研究带来了新的困难和挑战。但我们也应该认识到,社会现代化的发展同时也给研究者开展追踪研究带来了新的工具、新的途径和新的机遇。特别是现代社会中互联网的应用越来越广泛、手机通讯越来越普及、QQ群聊天等多种新媒体形式也不断涌现。在这种大背景下,探索追踪研究中后续调查的新形式,特别是探讨如何利用多种不同的现代通讯工具、采取多种不同的网络手段、通过多种不同的途径和方法来增加追踪调查的成功率,对于应对社会流动增加带来的追踪调查困难,提高追踪研究的数据质量和研究效果,无疑都具有十分重要的实践意义。本文的目标正是希望基于笔者所进行的一项中学生追踪研究的实践,总结利用网站调查、电子邮件、QQ群、手机、固定电话等多种现代通讯工具和网络手段提高追踪调查成功率的新方式和新途径。

二、追踪研究项目的基本情况与追踪的困难

笔者所进行的这项追踪研究项目,是一项关于当代城市中学生向成人过渡及其影响因素的研究。该研究的目标是希望通过进行历时四年的追踪调查,收集反映当代城市中学生向成人过渡和生命历程发展状况的详细资料,并对与这一青年成长和发展进程相关的因素进行探讨。该项目于 2010 年 5 月首次对南京市中学生的一个随机样本进行了前期调查。至今已经进行了三次追踪。四次调查的基本情况如下:

2010 年 5—6 月,基线调查。被调查对象为南京市普通高中的二年级学生。调查样本采用分层多阶段整群抽样的方法获得。资料收集采用自填式问卷的方式进行。即派调查员到每一个调查学校,在学校老师的帮助下,将所抽中的调查班级的全体学生集中起来。调查员对调查目的和要求等事项进行必要说明后,当场发放调查问卷,学生当场独立填答,并当场回收。第一次调查时的样本规模为 1027 人。有效回收 987 人(少数学生因调查当天不在学校而未能调查到,但在后续追踪调查中会继续追踪),有效回收率为 96.1%。

2011 年 7—8 月,第一次追踪调查。此次调查时,被调查对象已经是刚刚经历了全国"高考"的高中毕业生。由于此时被调查者已经离开原来的学校,部分被调查对象无法当面接触,因而调查采取的是当面自填问卷(对于能够当面接触者)和电子邮件自填问卷(对于无法当面接触者)两种方式进行。此次调查的主要目的是以联系被调查者、更新被调查者的联系方式、以防被调查者"丢失"为主,因此调查内容十分简单。这次调查成功追踪到的样本规模为 891 人,追踪成功率为 86.8%。

2012 年 5—10 月,第二次追踪调查。此次调查时,被调查对象大部分已经进入高等院校,成为大学一年级的学生。并且,被调查对象已经散布在全国各地(少数甚至已经身处国外),因而当面调查的方式已不再适用。调查主要为采用电子邮件调查法。调查追踪成功的样本规模为 790 人,追踪成功率为 76.9%。

2013 年 6—10 月,第三次追踪调查。此次调查时,大部分调查对象已经是大学二年级的学生。调查主要采用网站式问卷调查法,辅之以电子邮件调查法。此次调查追踪成功的样本规模为 749 人,追踪成功率为 72.9%。

四次调查样本的情况如图1。

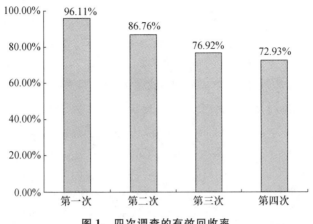

图1　四次调查的有效回收率

现在看来,尽管第一次调查(即基线调查)进行得十分顺利,但接下来的三次追踪调查则显得困难重重。其中最主要的困难体现在以下两个方面:

首先,调查者面临被调查对象将发生空间流动,因而出现对象"丢失"的困难。基线调查后的第二年,这批学生进入高三,即将高中毕业。理想的追踪调查方式是在他们毕业离校前进行。但是,高三这一年中,这些学生一直处于"高考"冲刺前的关键阶段。如果不顾及这些学生的实际利益去开展调查,既不人道也不现实。因此,本研究项目在这一年中不能也没有开展调查。但是,从后续调查的连续性和将来追踪的成功性考虑,如果这一年中完全不进行调查,由此带来的隐患不仅仅是事隔两年后,这些学生可能已经淡忘了第一次调查时研究者所作的说明和接受调查的经历;更为重要的是,两年后研究者很有可能完全找不到这些学生了——因为他们高考后就会离开原来的中学,甚至离开南京,各奔东西。而一旦失去了与他们进行联系的方式和途径,后续两年的追踪调查就可能成为泡影。

其次,即使可以获得他们新的联系方式,但后续的两次追踪调查也再不可能采取第一次调查那种集中的、面对面的自填问卷的方式了。因为在以后的两年中,样本中的调查对象已经散布在国内的各个城市、少数人甚至分散到了世界上的不同国家。如何在无法当面接触的情况下对这些学生进行有效的追踪调查,成为了该项研究中最本质、同时也是最大的困难。不解决这个难题,就无法顺利达到追踪研究的整体目标。

三、利用网络、手机等工具进行追踪调查的实践及其效果

首先,针对上述第一个困难,笔者采取了在被调查对象高考结束后再次来到他们所在中学,利用他们回校取高考成绩单的机会,与他们进行当面接触的方法,对被调查对象进行了一次简单的调查。这次调查的重点不在于内容,而主要在于收集他们今后的联系方式。除了最常见的手机号码、家庭电话号码外,特别重视了对各种网络联系方式,如邮箱地址、QQ号码等的收集,以保证在后续调查中可以与被调查对象取得联系,避免样本对象的丢失。同时也可以帮助研究者在后续的追踪调查中,利用手机和网络等工具,开展多种形式的网络调查,来突破时间和空间对调查对象产生的分隔和限制。

与此同时,为了在后续的两年中保持调查的"温度",笔者又采取了在2011年元旦、2012年元旦以及2013年元旦都给被调查对象发送电子贺卡、慰问信(Email和短信)、前期调查结果和慰问金(充值手机话费)的做法,以保持和加强追踪调查在他们心目中的印象,避免遗忘,同时也加强与被调查对象的感情联系,为后续追踪调查打下基础。

尽管研究者采取了上述方式来联系和保持被调查对象,但由于这种联系主要是单方面的、无反馈的,缺少与被调查者的互动。因此,在后续追踪调查中,样本中的被调查对象能否全部顺利地联系到、他们是否都愿意合作,以及在不见面的条件下如何让他们方便地填答问卷、如何顺利地回收问卷等,依然是摆在研究者面前的难题。为了解决这些难题,笔者在实践中采取了利用手机、家庭电话、电子邮件、QQ聊天、网站调查等多种不同的通讯和网络工具,多途径配合开展追踪调查的做法,取得了较好的追踪效果。

(一)手机在追踪调查中的作用和使用方式

随着我国社会经济和科技的进步,居民中手机的使用已经越来越普遍。据报道,2012年全国手机用户已达到了10亿左右。[1] 在这种背景下,或许一个很自然的联想是,是否可以通过手机来进行追踪调查?遗憾

---

[1] 见 http://scitech.people.com.cn/h/2012/0303/c227887—834051247.html。

的是，回答是否定的。手机的普遍使用，并不能给社会调查带来直接的效果。即使是采用"计算机辅助调查系统"软件的帮助，研究者也很难直接利用手机来进行问卷调查。因为在现实社会生活中，要被调查对象花一二十分钟时间，通过手机来接听来回答调查者提出的一系列调查问题，这种方式是很难想象的。

手机虽然不能作为调查的直接性工具，但却可以成为追踪调查中联系被调查对象以及辅助追踪调查的重要工具和手段。在对南京中学生的追踪调查中，笔者就充分地利用了手机的功能，有效地帮助研究者提高了追踪的成功率。具体来说，手机在追踪调查中的作用主要体现在以下两个方面：

一方面，保持与被调查者的联系。研究对象的保持是追踪调查中一个重要的环节。现代社会中，手机通讯的发展为追踪调查提供了诸多便捷。与家庭电话相比，手机为个人专用，能够直接高效地联系到被调查者本人。对于调查中学生来说，家庭电话可能会遇到家长的拦截。当然，由于被调查对象的流动造成手机号码变更的几率较大，因而调查中要及时获取被调查者的最新手机号码。课题组在每年元旦以邮件的形式给被调查者发送贺卡、慰问信以及简要调查报告的同时，都会恳请更换手机等联系方式者提供最新的联系方式，以便于课题组随时与他们保持联系。当更新整个手机号码库后，研究者以短信的形式给被调查者发送祝福和感谢信，并为被调查者充值一定数额的手机话费，以强化被调查者对于项目的记忆。每次调查问卷中，我们还会专门设置手机号码一栏，并提示核对完全后会充值话费作为感谢，以不断更新被调查者的联系方式。

另一方面，调查过程中及时与被调查者沟通的重要工具。在调查初始阶段，研究者利用手机短信向被调查者发送问卷填答邀请，简要告知调查目的、方式、奖励等内容。手机短信的显著特点在于即发即收，能让被调查者以最快的速度接收到追踪信息，并且冒犯性较小，可接受性强，容易使被调查者接受。在调查的中期阶段，部分被调查者可能由于其他原因未能及时填答问卷。研究者可通过拨打他们的手机号码，与被调查者直接进行语言沟通，催促被访者及时完成填答。在调查的后期阶段，研究者在整理数据时，若对被调查者的个别回答有疑问，可以通过短信或电话的形式，及时与被调查取得联系，询问与核实被调查者的具体情况，提高数据的真实性、准确性。当然在具体的调查过程中，需要把握好拨打电话的时机和频率，不能对被调查者造成大的干扰，否则将影响追踪的成功率。在第三次追踪调查研究中,通过拨打被调查者手机催促其完成问卷,有效地提高了问卷回收率,约增加问卷回收率15%左右。

(二) QQ 聊天工具在追踪调查中的作用和使用方式

伴随着互联网技术的快速发展,即时通讯软件的使用日益普及。根据 CNNIC 第 32 次互联网报告,截至 2013 年 6 月,全国即时通信网民规模达 4.97 亿。① 在所有的即时通讯软件中,腾讯 QQ 软件的使用频率最高,2009 年腾讯 QQ 用户占有率达 97.4%;使用者以青年人为主,20—29 岁占 40.2%。② 与手机相类似,QQ 工具并不能给追踪调查带来直接的效果。即我们不可能利用 QQ 工具进行大规模的结构式访问来获取第一手问卷资料。其在追踪调查中的主要作用也是联系被调查对象,辅助追踪调查,以提高追踪成功率。笔者在此次追踪调查中,充分地利用 QQ 工具的相关功能,取得了较好的效果。具体来说,QQ 工具在追踪调查中的作用如下:

首先,便于保持与被调查者的稳定联系。使用 QQ 与被调查者联系的前提,在于基线调查时要收集被调查者的个人 QQ 号码和班级 QQ 群号。加上研究者建立的专用项目 QQ,以项目名称命名,并以项目身份申请加被调查者为好友或成为 QQ 群成员,取得对方验证后,形成 QQ 联系平台。相比手机,QQ 工具一些更好的优点:由于个人 QQ 号和 QQ 群号相对固定,更换频率低,因此 QQ 工具比手机号码更加稳定。同时,由于 QQ 工具的使用费用远比手机费用低,因而使用者登录的频率往往比手机使用更高,联系机会也就更多。另一方面,由于 QQ 具有即时性和交互性等显著特点,研究者在该平台向被调查者传输的追踪调查信息,被调查者只要登录,即可接收到。及时的 QQ 状态更新以及日常交谈(如节日问候、考试鼓励、生活关心等)更是帮助研究者拉近了与被调查者的距离,有助于强化被调查者对于追踪项目的记忆,保持调查的"温度"。此外,腾讯 QQ 附属的 QQ 邮箱,具有邮件接收的提醒功能,被调查者能够第一时间接收到调查信息;不过小部分被调查者易忽视 QQ 邮箱的功能,影响调查消息的送达。

QQ 群在追踪调查中也发挥着重要的作用,特别是当基线调查采取整

---

① http://tech.163.com/13/0717/13/9407BUV900094NSI.html.
② http://www.cnnic.net.cn/hlwfzyj/hlwxzbg/sqbg/201206/t20120612_27463.htm.

群抽样时,效果更加明显。QQ 群一般是以业缘、地缘、学缘等联系的虚拟共同体,包含现实群组内大部分成员;在 QQ 群组内部,群成员一般以真实姓名作为显示名称。因而研究者可利用 QQ 群寻找之前没有联系到的被调查者或者无法成功加为好友的个案,以完善追踪样本。要注意的是,在调查过程中,最好不要在 QQ 群内直接留言或者共享调查问卷,前者容易被群内成员岔开话题,后者则常常会被忽略。

其次,便于调查过程中加强与被调查者的沟通。即时通讯软件能够帮助使用者实时地传递文字信息、文档、语音以及视频等信息流。因此,研究者可以使用 QQ 文件传输的功能向被调查者传输问卷。同时,QQ 具有的交互性便于研究者与被调查者互动,说服被调查者完成问卷调查,并适时解答被调查者的疑惑。QQ 虽然是一个开放度比较高的平台,不像手机、电话等通讯工具,私密性较强,但突然的打扰还是会影响到被调查者。因此,在 QQ 问卷传输前需要一个介入的过程,即需要一个类似于实地调查的情境。要与被调查者建立友好关系,以取得被调查者的信任,为下一步问卷填答打好基础,这是能否调查成功的关键。一般当被调查者 QQ 在线时,代表他们处于较为闲适的状态,比较容易接受填答问卷。QQ 即时传输问卷相对于电子邮件问卷来说,有更好的互动性、及时性、可检查性,以及可控制性,尤其是当被调查者处于 QQ 在线的情况下,问卷的回收率及质量是相当高的。笔者在南京市中学生项目第三次追踪调查的过程中,通过加被调查者的 QQ 来与他们取得联系,并通过在线传输或者离线传输问卷的形式请求他们进行问卷填答,这一手段对提高问卷回收率的效果明显,达到 22.8%。

(三)电子邮件在追踪调查中的作用和使用方式

电子邮件可能是互联网发展过程中使用最为普遍,也最为流行的通讯方式。据 CNNIC 第 32 次互联网报告,截至 2013 年 6 月,全国电子邮件使用者规模达 2.47 亿。① 2007 年数据显示,电子邮件的使用情况与学历密切相关,学历越高,邮件使用率越高,大学本科使用率达到 87.2%。② 本研究基线调查显示,98% 的被调查者拥有自己的个人邮箱。与手机和 QQ 相比,电子邮件较早应用于社会调查之中,并可直接为研究者收集问

---

① http://tech.163.com/13/0717/13/9407BUV900094NSI.html.
② http://tech.sina.com.cn/i/2008-01-16/17141980239.shtml.

卷调查资料。相关学者认为电子邮件调查具有即时性、异步性、随时保存性与可编辑性、群发性等特点(Sproull & Kiesler,1991);同时电子邮件调查不受地域的限制,回收问卷方便,成本低,成为研究的重要工具。基于以上优势,笔者在南京中学生项目第二次追踪调查中主要采取电子邮件调查法,并取得了一定的效果。

研究者将事先设计好的问卷、封面信发送给被调查者,邮件标题以同样的关键词"南京中学生"项目为题,发送时间一般选择休息日的前一天。电子邮件调查的特性给予被调查者相对宽裕的时间,并可以创造一个不受干扰的填答环境,从而一定程度上保证问卷填答的质量。并且,从被调查者角度考虑,电子邮件问卷可以说是网络调查中"扰民性"最小的调查方式。它可以降低被调查者的反感程度,进而起到维护样本的作用。当然,电子邮件调查也存在一些弱点,比如被调查者可能会因为没有及时看到邮件或者误以为是垃圾邮件等原因没有及时回复,进而影响到调查的进度和回收率。因此,在追踪过程中,研究者需要采取多种方式提醒或催促被调查者。笔者在本追踪项目中,采取了以下几种方式:

首先,通过电话提醒。电话提醒能对被调查者形成一种约束,被调查者一般难以当场拒绝。研究者可选择适合的时机给被调查者拨打电话,调查中主要选择暑假、十一假期拨打被访者个人电话或家庭电话,或者发短信来提醒。其次,QQ提醒。研究者可主动与在线被访者QQ聊天或给离线被访者留言提醒,也可通过班干部或QQ群内活跃分子帮助研究者提醒未完成的被调查者。最后,邮件提醒。在调查的前期和中期,研究者可以间隔性的给被调查者发送调查邮件。具体操作过程中,需要把握好间隔时间,以免对被调查者形成"轰炸"效应,引起被调查者的反感,影响回收率。此外,在调查的后期,对于少数未回收者,可以由项目负责人亲自写邮件提醒,并附上个人自我介绍的链接,增加调查的正式性,这也有助于回收率的提升。

(四)大型网站调查系统在追踪调查中的使用与效果

电子邮件调查虽然具有低成本的优势,但被调查者作答并不十分方便,因而会导致拒绝接受调查。基于这个考虑,第三次追踪调查种,笔者主要借助大型网站调查系统进行。研究者通过购买大型网站调查系统的服务,根据自身的需要在网站调查系统中实现多样化的问卷设计,被调查者可以采取点击式、下拉菜单选项等方式进行回答。对于一些过滤性问题,被调查者不会看到与自身无关的题目,有效降低了被调查者的负担和时间,实现问卷个性化,减少了填答错误。同时,通过在网站调查问卷设计过程中添加填答进度计数器,让被调查者在填答的过程中了解填写进度,降低中途放弃的概率。网站调查问卷设计好之后,将调查信(附问卷链接和填答方法)通过电子邮件的形式向被调查者发送,被调查者通过点开链接就可开始填答问卷,填写完成并提交问卷后问卷数据自动保存于后台服务器中。相较于电子邮件调查,网站式问卷有助于回收率的提升,同时也减少了数据的录入时间。笔者比较第二次追踪调查和第三次追踪调查的第一轮[①]问卷回收率发现,第三次追踪调查首轮的回收率达到了62%,明显高于第二次追踪调查。当然在网站式问卷调查的后期,同样需要结合QQ、手机、电子邮件等多种形式来对被调查者进行提醒和催促。

(五)不同方式的追踪效果与未能追踪到的原因

为了更好分析不同方式的追踪效果,笔者对第二次和第三次追踪调查中不同回收方式的回收率进行了统计,详见表1:

表1 回收方式及效果 (%)

	Email联系	QQ联系[②]	电话联系	Email + QQ	(n)
第二次追踪	46.3	22.8	28.9	2.0	(790)
第三次追踪	63.6	—	14.6	21.8	(749)

表1表明,电子邮件始终是网络追踪调查中最主要的方式,QQ和电话也具有一定作用。特别是第二次追踪调查中,使用QQ联系和电话联系后收回的问卷占已回收问卷总数的51.74%。第三次追踪调查过程中,因上一期追踪过程中与被调查者建立了较好的联系,取得了被调查者的信任,电子邮件联系成为问卷回收的主要方式,单独以电子邮件回收的问卷达到了63%,邮件和QQ提醒也帮助研究者提升了后期的问卷回收率。值得一提的是,在第三次追踪调查过程中,我们还通过人人网、微博

---

① 两次追踪调查第一轮调查均只通过一封邮件向被调查者发送问卷文档或问卷链接,没有其他提醒。

② 由于第二次追踪调查过程中,与被调查者建立了很好的联系,为第三次追踪调查打下了良好的基础。故第三次追踪调查中可以免去调查员对调查的过多的介绍和说明;另QQ聊天形式需要耗费调查员太多精力,因而在第三次追踪调查中并没有专门阶段使用QQ聊天的形式劝说被调查者填写问卷,而是通过发送电子邮件,结合QQ提醒的形式,让被调查者完成问卷调查。

等社交网络工具来联系被调查者,但效果甚微,基本没有起到提升回收率的效果。

第二次和第三次追踪调查中未回收的问卷均占到样本总数的25%左右。问卷未回收的原因比较复杂,笔者进行了相应的分类和统计,详见表2:

表2　未回收原因统计　　　　　　　　　　　　　　　(%)

	无联系方式	联系方式有误	联系无效	明确拒访	(n)
第二次追踪	8.4	19.8	60.8	11.0	(237)
第三次追踪	7.2	24.5	57.5	10.8	(278)

追踪不成功的原因中,既有一开始就没有联系方式或联系方式有误所致(如系统退信、QQ错误或改变、手机号码空号或错误、家庭电话错误或停机),二者在第二次追踪调查和第三次追踪调查中分别占到28.2%和32.9%;也有联系无效所致(如邮件没有回复、电话多次无人接听、QQ提醒未响应等),二者在第二次追踪和第三次追踪中分别占到了约60%和55%;明确拒绝(没时间填答、认为受到了骚扰、涉及隐私太多等)原因在两期调查中都不太多,大约在10%左右。

在分析了问卷未回收的原因后,笔者还对数据库中每位被调查者所留信息中最有效(在追踪调查中发挥作用)的联系方式做了统计与整理,详见表3:

表3　预留信息中最有效的联系方式　　　　　　　　　(%)

	邮箱	QQ号码	手机	家庭电话	邮箱+QQ	邮箱+手机	QQ+手机	(n)
第二次追踪	40.1	21.0	18.9	4.9	5.2	6.2	3.7	(790)
第三次追踪	53.8	16.8	9.5	0.3	19.6	0	0	(749)

从表3可以看出,电子邮箱和QQ号码这两个主流的网络联系方式是预留信息中最有效的联系方式。而且通过与前两期调查所留下的联系方式相对照,这两个联系方式的更改情况相对较少。相反,个人电话和家庭电话号码这两个联系方式的有效性相对较低。而通过网络方式(邮箱或QQ)配合个人电话的综合方式也对增加问卷回收数量起到一定促进作用。上述预留信息的有效性情况,可以为追踪调查增加回收率提供一定的依据。

四、网络工具、人的因素与追踪成功率

利用网络工具增加追踪成功率的过程中,依然要特别强调人的因素。这里所说的人的因素,主要指的是要重视作为调查对象的个人。电子邮件、QQ 等只是研究者可以利用的新的工具,最终决定追踪成功与否的关键还是在于被调查者个人的参与和配合。

(一)网络工具与调查对象的保持

追踪研究的关键环节,在于在基线调查完成后的一段时间内,研究者能与被调查者保持稳定的联系,并能在后续的调查中追踪到基线调查的所有调查对象。而根据调查对象的特点、未来调查的方式、调查的时间间隔等因素,设计出多种便于后期追踪的联系方式则是保证这一目标实现的基础和前提。借助网络进行追踪调查,不仅需要收集被调查者传统的联系方式,更重要的是要收集被调查的网络联系方式,并通过多种网络和通讯方式的配合,与被调查者实现良好的互动,以实现追踪成功目标。从笔者所进行的追踪研究实践看,调查对象的手机号、家庭电话号码、电子邮箱、个人 QQ 号、班级 QQ 群号等不同联系方式的特点和效果不尽相同(见表4),研究者需要在不同的调查阶段,采用不同的联系方式与被调查者取得联系和开展调查。

表 4　不同联系方式的特点

	固定性	使用频率	是否需要对方认证	信息送达率	优势	可控性
电子邮箱	较高	因人而异	否	一般	正式、易操作、点对点	较高
个人 QQ	高	比较高	是	较高	登录频率高、点对点	高
QQ 群	高	比较高	是	一般	登录频率高、信息量大	较低
家庭电话	高	比较高	否	较高	固定、节假日作用大	较低
手机	较低	非常高	否	较高	点对点、高效	较高

(二)人的因素与报酬方式

借助网络实现追踪,被调查者不仅需要付出一定的时间,而且也会耗

费相应的上网费用。因此有必要对被调查者采取相应的奖励措施,以提高其积极性,进而提升网络追踪的回收率。在网络调查中,奖励既要包括精神的,也要包括物质的。前者应以感谢信、提供调查结果、新年电子贺卡等为主;而后者则应根据被调查对象的特征、奖励对被调查者的适用性以及研究者给予奖励的方便性和可承担性等综合考虑。特别重要的是,采取何种奖励形式还需要考虑到是否有利于后续的追踪调查。一般来说,现金奖励适用于大多数网络调查。具体给予的方式可以是话费充值、Q币充值、购书券等。恰当地设计和合理地给予奖励,既能让被调查者感受到接受调查所受到的尊重,又可以帮助研究者与被调查者建立持续稳定的联系。在笔者所进行的南京市中学生项目中,我们提供的奖励是话费充值。笔者在问卷设计中设置电话号码一栏,注明我们在检验问卷的有效性后会及时给被调查者充值相应额度的电话费,并承诺在7天之内完成手机话费充值。笔者统计到,第二次追踪调查成功的790份问卷中,手机号码预留率约达到97%,第三次追踪调查成功的749份问卷中,手机号码预留率约达到98%。这里可以看出,手机话费充值不仅起到了奖励的效果,而且使我们获得了被调查者最新的联系方式,为下一次追踪调查做好了铺垫,有利于提高追踪调查的回收率。

(三) 网络调查设计中的人的因素

利用网络进行追踪研究的过程中,网络调查说明[①]是研究者与受访者沟通的主要途径,将直接影响到被调查者对项目的感受以及是否愿意参加调查,进而影响到追踪的成功率。波特和韦特考姆的研究表明,称谓个人化、研究主持者以及调查机构的权威性均会对调查的反馈率产生显著的影响(Poter & Whitcomb,2003)。对于网络追踪调查来说,网络调查说明也是一个非常关键的因素。笔者在第二次追踪过程中,通过高中班主任等关键联系人得到了被调查者的姓名等个人化联系信息;因而研究者在与被访者联系过程中可以实现称谓个人化,使被调查者有亲近的感觉,促进其认同并愿意配合,提高追踪的成功率。实践结果表明,在拨打家庭电话和个人电话时,如果能以姓名作称呼,能够减少被调查者的拒绝率;同时在电子邮件和QQ聊天过程中时,称谓的个性化也可以提高使

---

① 网络调查说明的内容主要包括:调查主持者的身份、调查机构和资助单位,调查的目的、内容,调查对象选取方法、保密措施、填答方式等内容。

邮件和QQ的成功率。另外,笔者以大学教授的个人名义(附上笔者在学校官网上的个人简介的链接),以大朋友的身份和语言,多次给被调查对象发送诚恳的催促信函,既讲明完成调查的意义,也真诚感谢他们参与调查的时间付出和积极配合,收到了比较好的效果。

此外,利用网络开展追踪调查,网络问卷的设计也会直接影响到追踪的成功率。网络问卷设计既包含问卷内容的设计,也包含问卷界面的设计。在问卷内容的设计中应控制好问题的数量,把握问卷的具体内容,尽可能引起被调查者的兴趣,尽量不要涉及隐私性很强的问题。调查数据显示,明确拒访中有部分被调查者主要是因隐私性问题而拒绝填答。在问卷界面的设计上,应多从被调查者的视角进行考虑,遵守操作方便性的原则,简化问卷格式,多采用点击式或按钮式的题型,少用下拉菜单式的题型,减少被调查者的填写负担,以达到提高追踪成功率的目标。

最后需要说明的是,本项研究所调查和追踪对象的特殊性应该成为客观看待本研究结论并将其推广应用的一种基础。一方面,由于被调查对象是高中学生和大学低年级学生,因此,相对于更为年长,也更为成熟世故的普通成年人来说,他们相对容易接近。同时,他们参与调查、给予配合的意愿也会相对较高(当然,被调查对象中同样有不愿意合作、不愿意反复接受调查的学生);另一方面,被调查对象的文化程度相对比较高,特别是他们比一般成年人更多地接触网络、更多地使用手机、更多地掌握和使用QQ聊天等现代化信息工具。这些都为研究者利用网络通讯手段开展追踪调查提供了便利条件。

参考文献

Porter, S. R. & M. E. Whitcomb, "The Impact of Contact Type on Web Survey Response Rates," *Public Opinion Quarterly*, No. 67, 2003.

Sproull, L. & S. Kiesler, *Connection: New Ways of Working in the Networked Organization*, The MIT Press, 1991.

风笑天:《追踪研究:方法论意义及其实施》,《华中师范大学学报》2009年第4期。

梁玉成:《追踪调查中的追踪成功率研究》,《社会学研究》2011年第6期。

下 编

方法应用与评价

这样的调查能不能反映客观现实[*]
——对一次大型社会调查的质疑

1986年8月6日,《工人日报》第4版刊登了中国经济体制改革研究所第四研究室和《工人日报》经济部联合举办的"关于经济体制改革的问卷调查"。1987年1月2日,该报第4版又以整版的篇幅全文刊登了这次调查的研究报告。研究者通过对问卷结果的统计分析,得出了"劳动制度的改革是群众支持的改革"等一系列结论。同时也描述了劳动制度改革引起的社会心理反映。这次调查的结果对于我们研究经济体制改革来说,应该是十分有用的参考材料。

但是,在阅读了这篇调查研究报告后,我却感到有

---

[*] 本文原刊于《社会》1987年第5期。

必要在它的结论后面打上一个问号!

疑问主要来源于对这次调查的方式、总体及样本的分析。这次调查尽管样本容量很大(共收回答卷49278份),调查的范围也很广(遍及全国29个省、自治区、直辖市),但是,这些并不是保证调查结果能真实反映客观现实的依据。更关键的因素是:这五万份答卷来自什么样的总体,它们是如何被抽到的,它们对总体又具有怎样的代表性。由于这次调查采取的是一种非随机抽样——自然抽样的方式,所以,其调查结果能够准确反映客观现实的可能性价大大降低。因为这种调查方式的最大弱点就是它不可能明确指出它的样本代表什么样的总体,也不可能确定其样本质量的好坏。

实际的情况也正是如此。到底什么是这次调查的总体呢?若按研究者在研究报告中的说法则应是"群众";若按该报编者按中的说法则应是"当今中国广大民众";而若按其实际样本的特点则应是"企业人员"。但实际上,这次调查的真正总体并不是这三者,而应该是:在1986年8月6—20日这半个月内,能阅读到,并有权撕下这半张《工人日报》的一切人们。可这是一个什么样的总体呢?它的人数有多少?分布状况如何?其职业、性别、年龄、文化程度、政治面貌等方面的构成情况如何?所有这些都是不明确的,研究者自己也是不清楚的。正是由于研究者无法知道这一总体的性质,所以他在研究报告中所论及的总体便成了定义不清、范围不明的"群众"和"人们"。这正是这一调查的致命弱点的暴露,也是它最令人遗憾的地方——所得的结果虽然很多,却不能肯定地说明这些结果所描述和反映的对象到底是什么。

再看一下这次调查的实际样本,就会知道调查的结论建立在一种什么样的基础之上。根据研究报告给出的资料计算,企业干部、技术人员和工人在整个样本中占了92.1%。这说明,这次调查的样本是一个以企业人员为主体的样本。它既不可能代表"当今中国广大民众"或相对于中央领导来说的"群众",也不可能代表"全国城市居民",最多只能代表"企业人员"。然而,实际情况表明,它连"企业人员"也代表不了。

从职业构成看,该样本中干部和技术人员占50.8%,而工人只占引41.3%,这也就是说干部和技术人员多于工人。显然,在这种职业结构中,干部、技术人员和工人的不正常比例是不符合我国企业总的状况的。

从性别构成看,样本中"男性占86.3%,女性占13.7%"。但是据国家统计局统计(《中国统计年鉴1985》:230—232),至1984年年底,全国工业部门中男职工占60%,而女职工占40%。相比之下,该样本中男性比例过大,女性比例过小,说明样本在性别结构上也没有很好地反映总体。

从文化水平构成看,样本中"小学程度者占1.6%,初中程度者占22.9%,高中或中专程度者占51.1%,大专以上程度者占24.2%"。但是据全国总工会统计(《工人日报》,1984),"目前我国职工队伍的文化程度,文盲降低到1.6%,小学程度的降低到21.7%,中学程度的上升到72.2%,大专程度的上升到4.3%"。两相对照不难发现,在该样本中,小学以下文化程度者偏少,大专以上程度者偏多。因此,该样本在文化水平构成上高于总体的水平。

最后,从政治面貌构成看,样本中"党员占38.1%,团员占30.8%,群众占3.5%,民主党派占0.4%"。首先应该指出的是,此项全部百分比之和为72.8%,即还有27.2%的人情况不明。这样,在填写了此项的回答者中,政治面貌的实际结构则是:党员占52.3%,团员占42.3%,群众占4.8%,民主党派占0.5%。显然,样本在这一方面与现实总体之间的差距就更大了。

上述情况表明,研究者大量结论所依据的是一个既不能反映"中国广大民众",也不能很好反映整个"企业人员"的畸形样本。

正是这种不科学的抽样方式、不明确的调查总体和缺乏代表性的样本,有可能使研究报告中用来得出各种结论的众多数据失去意义。因为一旦一座建筑的基础不牢,那么,整个建筑的坚固性就难以令人相信了。而这就是我读后在其结论后打一个问号的原因。

我认为,在实际生活中,任何一项社会调查都不可能达到对社会现实完美无缺的反映,其结果总只能是社会现实的一种近似值。这是我们看待任何一项社会调查时所应记住的前提之一;但是另一方面,每一项社会调查的工作者又都有责任使自己的结果最大限度地接近客观现实,尽可能地缩小调查结果与现实本来面目之间的差距。这更是我们从事任何一项社会调查时所应记住的前提之一。而对于为党和国家制定政策提供依据的社会调查研究来说,这一点就显得更加重要。

参考文献

《新中国工会工作的巨大成就》,《工人日报》1984年9月26日第4版。

中华人民共和国国家统计局编:《中国统计年鉴1985》,中国统计出版社1985年版。

论抽样调查中的若干失误[*]

从当前一些社会学刊物上所发表的社会调查报告来看,抽样调查的方式占了一半以上。值得注意的是,在进行抽样调查时必须遵守一定的规则和程序。我粗略地翻阅了发表在1984年《社会学通讯》1—6期、1985年《社会》1—6期和1986年《社会学研究》1—4期上的十几篇抽样调查的调查报告,发现有的研究者在运用抽样调查方法时,思想上还存在一些不清楚的认识,造成了调查工作中的种种失误,影响了调查结果的可靠性和其结论的实际价值。下面仅结合这一部分调查报告中所反映的问题,谈几点粗浅的看法。

---

* 本文原刊于《天津社会科学》1987年第3期。

一、关于调查的样本与推论的总体

一般来说,进行抽样调查的目的,不只是为了描述所抽取的样本的情况,而总是希望把在这种规模小、花费少、时间短的调查中所得出的结果推广到更大范围的总体中去。但是,并非所有的抽样调查结果都能推广到总体,亦即并非所有的抽样调查都能较好地反映总体的情况。能够推广到总体的是那些抽样方式科学、抽样范畴充分因而样本对总体具有较高代表性的调查。如果样本不具备这种代表性,就会发生调查结论和实际状况不相符合的情形,从而大大降低抽样调查的实际价值。

例如有一调查所要描述的是某一地区"中年知识分子"的状况,该调查选择的对象是该地区的"大专院校、科研单位、工厂、机关、中学共18个单位",其"调查的重点放在教育系统,兼顾科学技术界,新闻界,行政工作、政治思想工作人员,而在教育系统中又把重点放在大专院校,兼顾中学"。那么,由此得到的实际上是一个什么样的样本呢?让我用图1来说明:

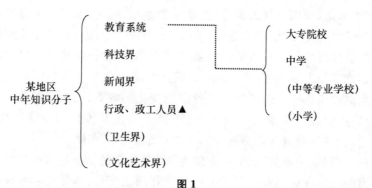

图1

该调查所抽样本为图1中未打括号部分。应该说,这是一次不全面、不充分的抽样。实际样本的情况也证明了这一点。比如在有效样本中,党员占240人,百分比高达47%,这一比例显然大大高于"中年知识分子"这一总体中党员的比例。造成这一误差的原因是由于样本中包括了并不属于"知识分子"的机关行政、政工人员(图1中▲号部分)。另外,样本中的男、女分别为407人、107人,百分比分别为79%、21%,这一比例也与实际情况相差较大。据1982年人口普查10%抽样资料表明,各类专业技术人员中,男、女分别占62%、38%。造成这一误差的原因则是由于女性知识分子比例较大的小学、卫生界、文化艺术界(图1中打括号的部分)等等,均被排斥在抽样之外。

之所以会造成这种失误,主要原因是抽样前对总体界定不够准确,文中只对"中年"作了界定,但对"知识分子"未作界定,即没有指明什么人是"知识分子"。因此,在抽样前无形中就已排除了其推论总体中的某些部分,却增加了不属于总体的另一些部分。由于样本对总体的代表性较低,所以,借助这一调查结果来了解该地区中年知识分子的状况,必然是不全面的,按调查结果提出的建议来制定相应政策,也不可能十分有效地解决该地区中年知识分子的问题。

又例如某调查要分析的是"我国的三代人家庭",但它所依据的样本则仅仅是某直辖市受到全国表扬的"五好家庭"中的三代人家庭。所调查的样本对推论总体的代表性不足是显而易见的。因为不仅不同的地区(如城市与农村、边疆与内地、发达地区与落后地区等)的三代人家庭会有不同,而且不同类型(如和睦的、不和睦的、破裂的等)的三代人家庭也必然不同。所以该调查得出的只可能是优秀的"五好家庭"的规模和类型,而绝不是"全国三代人家庭"的规模和类型,同时,在这种十分特殊的样本上得出的有关"三代人家庭"的结论,比如"三代人家庭是体现赡养职能的最好形式""三代人家庭在我国现阶段家庭中有重要作用"等等,必然是难以令人信服的,甚至是难以成立的。

类似的还有一个描述"农民"价值观变化的调查,其抽取的样本是家住农村、在附近的乡镇企业做工的"农民工",但其推论的总体却是"农民"。应该说这是缺乏依据的。因为"农民工"与"农民"并不是一回事,在某些方面(如劳动方式、劳动对象等)二者甚至完全不同。所以该调查所得出的表现在这些农民工身上的七个方面的变化,在那些非农民工的农民身上就不一定存在,在"农民工"中成立的结论在"农民"中也不一定成立。

二、关于抽样的规模

在这十几篇调查报告中,有少数调查所抽取的样本容量太小,使得其结果的代表性受到很大局限。

例如在一项对某镇新工人阶层的调查中,调查者抽取了两组样本。

一组从新工人阶层中抽取,样本容量为18人;另一组从渔民中抽取,样本容量仅为8人。但其调查结果中的大部分统计表、百分比,以及对这些结果的分析,都是建立在这样两组样本的基础上。可这两组样本所代表的总体有多大呢?该报告虽未直接告知,但文中却提供了有关的资料。例如"全镇共有8000多人""有工厂19个""工厂人数最少的30人,最多的282人""如今,这个工人阶层的人数已经超过了渔民的人数"等等。根据这些资料估计,这个新工人阶层约在2000人以上,而渔民则略少于2000人。现在的问题是,如此少的样本,能不能有效地反映出总体的情况呢?这的确使人难以作出肯定的回答。比如报告在论述作为新工人阶层特点之一的"价值观念"时,用了两个指标来说明:"① 选择职业。工人这一组的样本有100%的人认为他们最理想的工作是在乡镇企业当工人。……在渔民那一组样本中,有50%的人第一志愿是当渔民……""② 选择配偶。工人这一组,女青年有67%要找工人,有33%要找渔民。在渔民这一组样本中(全是男性),有63%的人希望找乡镇企业工人……"这里的100%、50%、67%、33%和63%等统计数代表的分别只有18人、4人、6人、3人和5人。由如此少的样本所求得的这些百分比,对总体来说究竟能有多大的意义?比如样本中有4个渔民的第一志愿是当农民,能说该镇近2000名渔民中有一半是如此吗?因此,调查者"通过调查"所得到的"我们不仅看到这个新工人阶层兴起的原因,而且看到他们在劳动方式、交往方式、生活方式、价值观念以及对小城镇建设的要求方面,都与渔民有所不同,显示了自身的特点"的结论,也就难以令人相信了。

  随机抽样的原理告诉我们,要保证调查结果具有一定的可信度和一定范围的容许误差,必须有足够的样本数。当然,由于样本数的多少取决于多方面的因素,如总体中各单位的异质程度、对调查结果所要求的精确程度、调查者的财力、物力及时间限制等,所以,对不同的调查来说,对样本规模大小的要求是不一样的。但从统计角度考虑,我认为样本数无论如何也不应低于100个。根据目前国内外一些较成功的抽样调查来看,小型调查的样本规模在100—400之间,中型调查在400—2000之间,大型调查在2000—10000之间可能是比较合适的(当然这只能是一般的估计,并不适合于某些特殊的情况)。

  与样本规模过小的问题相联系的另一个问题,即是不是样本规模越大越好?回答应该是不一定。因为样本的规模并不是决定样本代表性的唯一的因素。还有一些重要的因素如抽样方式是否科学、抽样范畴是否充分等等,也都影响样本的代表性。在这方面最著名的例子就是1936年美国总统选举的民意测验。当时《文摘》杂志预测所用的样本多达200万人,而盖洛普民意测验的样本却只有4000人。由于《文摘》杂志是根据电话簿和汽车登记簿的号码抽样,而美国当时刚好处于经济萧条时期,所以抽中的大多是中产阶级,大量的穷人却未包括进去。正是由于其抽样范畴不充分,因而其样本的代表性远不如盖洛普,结果它作出了错误的预测而盖洛普却作出了正确的预测。

事实上,以现代统计学和概率论为基础的现代抽样理论是十分准确的。现代抽样理论的发展,使全国性的抽样通常只要几千人的样本数就够了。在美国,利用现代抽样方法和准确的抽样范畴进行的政治民意测验,其结果准确得惊人,可它们的抽样规模并不很大。从1948年到1980年之间,民意测验不仅对每一届总统的获胜者而且对他得票的百分比都作了准确的预测。例如1968年,盖洛普民意测验预测尼克松将获得43%的选票,哈里斯民意测验预测为41%,而尼克松的实际总票率为42.9%,而且这些预测都是在仅仅使用近7300万投票者中的2000人作为回答者的情况下作出的。

三、关于回答率(或回收率)

调查的回答率(或问卷的回收率)是调查者实际调查的样本数与计划调查的样本数之比(对于问卷调查来说,即是收回的问卷与发出的问卷之比),它是反映抽样调查结果对总体的代表性程度的重要指标之一。但有的抽样调查报告中却没有给出这一指标,使读者难以判断调查结果的代表性究竟有多大,影响了调查结果的实际价值。

例如某调查报告中只介绍说:"笔者在上述地区采用分层等距抽样方法,取得了200份调查登记表,剔除其中有明显误差部分,汇总了其中的140份原始登记。"其结果中的主要资料都是依据这140份调查表。虽然调查者采用了随机抽样的方式,但却没有给出问卷的回收率。仅仅说明"取得了200份"调查表是非常不够的,因为我们并不知道他发出了多少份调查表。不知道回收率,我们也就不能估计他的样本具有多大的代表性,也就不能评价这一调查结果的实际价值。因为要判断所调查的样本对总体的代表性的大小,所依据的并不是所调查的样本的绝对数,而是它的抽取方式和它与计划抽取样本之比(即回收率)。拿此例来说,如果调查者只发出了210份问卷,那么他的回收率为95%,有效回收率为67%。可以说,其所得样本的代表性较大,因而调查结果可能在较大程度上反映出总体的情况。但若是调查者共发出了700份问卷,那么他的回收率仅30%,有效回收率则仅为20%,其调查结果并不能较好地反映出总体的状况。

还可列举最近某报纸刊登的一则报道来说明这一点。该报道说:"前不久,吉林省白城市妇联就女性的理想与理想的女性问题向各行业的五千名女性和五千名男性进行了问卷调查。"文章列举了各种类型的女性和男性所占的比例,并对这些比例进行了分析,得出了各种结论。撇开其抽样方式不清楚等问题不谈,仅从回答率的角度来分析一下这一调查结果的价值。从绝对数来看,这一调查的实际所得样本有一万名之多,这是很大的。但由于没给出回答率,所以我们对其计划调查的样本是多少无从知道。这里有两种可能,一是刚好发了一万份,二是大于一万份。若是前者,则回收率为100%。然而从我国目前所进行的若干较大规模的问卷调查的回收率看,100%的回收率是达不到的。因此只可能是后者,即发出的问卷大于一万份。若实际发出了两万份,则回收率为50%,若发了十万份的话,则回收率仅为10%了,那么这一万名样本的代表性仍然是很小的了。让我们用一个简单的图示来说明回收率的重要性。

假设某总体中两性人口的比例分布如图2。

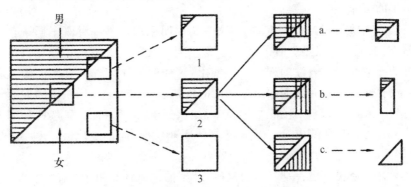

图2　回收率过低所带来的问题示意图

现有三种不同的抽样方式(用小方框1、2、3代表),得到三种代表性不同的样本(显然样本2的代表性最大)。如果样本的回答率很低,即实际调查的样本很少,那么即使抽出的是很有代表性的样本(如样本2),也难以保证对总体的代表性。比如若回答率只有30%时，就可能出现类似图中a、b、c的多种情形垂直条纹部分表示回收的样本。有的也许仍然能较好地代表总体(如a)，有的则不大能代表总体(如b)，有的则完全歪曲了总体(如c)。这些都说明，抽样方式决定的是所抽的样本有没有代表性的问题，而回答率则是告诉我们，在所调查的样本与所抽的样本之间会不会存在很大的差异的问题。

四、关于"抽样调查"和"随机抽取"

有些抽样调查的调查报告对所采用的具体方法介绍不够。比如在我所翻阅的十几篇报告中，有三篇是这样介绍其调查方法的"我们在1984年，先后对深圳、珠海等14个地区、市的青年工人进行了抽样调查"，"与此同时，还通过座谈访问和发调查问卷的方式，对本市部分退(离)休职工进行了抽样调查"，"本调查对象是武汉地区五所大学的在校研究生……发卷时力求做到性别分布均匀，同时专业分布也较为广泛，有比较大的代表性"。可是，至于它们各自的抽样方式是什么，即调查的样本是如何抽到的却没有给出明确的说明。前者中甚至连抽取了多少样本都不清楚，后者中是怎么做到"性别分布均匀"和"专业分布广泛"的，读者一无所知。仅根据"抽样调查"就能让人相信这些调查样本的代表性和其结果的可靠性吗？

笔者认为，"抽样调查"的含义只是说明采取的是一种既不同于普遍调查，也不同于典型调查的调查方式，仅此而已。它并不能说明调查所具有的科学性和代表性的程度。事实上，这样的抽样调查中有些的确是缺乏代表性的。比如说上面第二例中的资料表明，退(离)休职工的职业情况为工人占40.3%，干部占38.3%，知识分子占21.4%。显然这种职业结构的比例只反映出这一特定样本的职业状况，而不能代表"退(离)休职工"的职业分布情况。

另一个现象是，一些调查报告中谈到抽样时往往只说"随机抽取"了多少样本，而没有说明究竟是如何随机抽取的。这也不能说不是一种失误。因为，一方面，只有具体的随机抽样方式，如简单随机抽样、分层随机抽样、整群随机抽样等，而没有抽象的随机抽样。另一方面，不能将"随机抽样"这一概念理解成一句普通的话。所谓"随机"，最根本的一点就是总体中每一成员都具有同等的被抽中的机会。"随机"并不是"随意""任意"。它有一定的程序和规则,不按这些程序进行,不遵守这些规则,即是"随意"的,即不带任何主观偏见的也不属于随机抽样,而只可能是非随机的偶遇抽样、自然抽样等等。这些非随机抽样有时会造成较大的误差,且不能估计这种误差,有时甚至连得到的样本代表什么样的总体都难以掌握。例如某研究单位和某杂志曾利用该杂志进行了一次问卷调查,结果收回了七万多份问卷表。这个数字大概是目前我国抽样调查中规模最大的调查样本了。但是,如此大量的样本数目的代表性以及该调查结果的价值如何呢?请看该调查的组织者在调查报告中的一段说明"由于问卷发放方式是在青年刊物上刊出,而不是按照事先根据某些要求设计的抽样方案,故在样本方面难免失之偏颇。譬如,从这次调查结果来看,绝大部分填写人集中在16—30岁这一年龄区间内(占91.3%),文化程度也较全社会平均水平高出许多,而且多数人作为《中国青年》杂志的读者,生活态度较为积极上进等等。因此,严格来讲,本调查分析结果仅适用于这个范围和层次,不宜将其推广到全社会"。该调查的组织者们在这一点上是十分清醒的。实际上,这一调查结果不仅不宜推广到全社会,就连它所代表的,即能推广的实际总体到底是什么也不十分清楚。

最后,需要说明的是,由于笔者并不了解上述所引调查报告的实际调查过程,所以,并不能武断地否认有的调查者实际上按正确的和科学的方法做了,本文仅仅想要提醒调查者(和编辑同志)注意:在调查报告中,应该向读者介绍所使用的调查方式、方法,所研究的总体、所选择的样本、样本的抽取方式、回答率以及对样本误差的估计、对调查结果代表性的评价等等。这样做不仅是应该的,而且是必要的。因为这是读者判断结果的代表性和价值的重要依据。

社会调查中的抽样:141 篇研究报告的解析*

社会调查(survey research)是一种以自填问卷或结构访问的方法,系统地、直接地从一个取自总体的样本那里收集量化的数据资料,并通过对资料的统计分析来认识社会现象及其规律的社会研究方式。它是社会学研究中最为重要、也最为常见的研究方式。由于抽样、问卷、统计分析三者是构成社会调查这种研究方式的最基本环节和最本质特征,因此,人们有时也将社会调查称之为"抽样调查"、"问卷调查"或者"统计调查"。

在各种社会研究方法中,社会调查的方法是国内社

---

* 本文原载边燕杰等主编:《社会调查方法与技术:中国实践》,社会科学文献出版社 2006 年版。

会学者目前最为熟悉、使用也最多的一种方法。笔者1998年对国内87名社会学者的调查表明,"社会学者对各种研究方式按熟悉程度排列依次是:问卷调查、深度访谈、个案研究、现有统计资料分析、参与观察、内容分析、实验","问卷调查不仅是社会学者最为熟悉的一种方式,而且还是所有学者相互之间差别最小的一种方式"。社会调查方法"毫无疑问地是社会学者们采用得最多的一种研究方法"。在调查对象所列举的356项研究项目中,采用社会调查方法进行的就有199项,占55.9%。(风笑天,1999)邓锁等人对1989—1998年发表在《社会学研究》上的全部经验研究报告的定量统计也表明,"以问卷调查运用为主的研究方式在社会学研究中已是最主要的类型之一",在总共194篇论文中,采用问卷调查方式的有90篇,其比例达到46.4%,远高于其他各种研究方式。(邓锁等,2000)

根据英国社会学家罗斯(Ross)所倡导的解析社会研究的特定方法,本文将主要从结果呈现角度,对调查研究中的抽样方法进行解析。对于各项研究的主题以及研究中其他方面的内容,本文将不涉及。由于笔者曾于1987年和1989年对80年代国内社会调查的状况以及抽样方面的状况进行过专门的分析(风笑天,1987;1989),因而本文将把分析的范围集中在90年代以来。

本研究所分析的对象是国内社会学界所发表的重要调查研究论文。论文的选择标准是:1990年至2001年之间,发表在国内社会学最重要期刊《社会学研究》以及国内社会科学最重要期刊《中国社会科学》上的、以调查研究的方式进行的全部研究报告和论文。据统计,1990年至2001年,《社会学研究》共发表基于调查研究的论文114篇,《中国社会科学》共发表基于调查研究的论文27篇,合计共有141篇。这141篇研究论文就构成笔者分析的总体。

一、基本情况

抽样方法,连同变量测量、统计分析,是社会调查方法最本质的特征,也是解析社会调查研究结果时最关键的内容。笔者对每一篇调查研究论文的导言部分、研究设计部分(或方法部分)进行了阅读,根据作者的介绍并参考了论文结果部分的相关表格,对其所使用的抽样方法进行了分类统计。凡不能够从论文的介绍中辨别和判断其抽样方式属于某种随机抽样或非随机抽样的,均记为"无说明"(需要说明的是,尽管有些作者在论文中谈到其运用了某种随机抽样方法,但是,由于其并没有明确陈述或介绍这一随机抽样的具体做法或操作过程,我们仍将其归为"无说明"一类)。表1就是根据上述标准所得到的141篇调查研究论文在抽样方法方面的基本情况。

表1 1990年以来《社会学研究》《中国社会科学》
上调查研究论文抽样方法统计   篇(%)

年份	《社会学研究》			《中国社会科学》			两刊物合计			篇数
	随机	非随机	无说明	随机	非随机	无说明	随机	非随机	无说明	
1990	2	1	12(80)	1	0	0	3	1	12(75)	16
1991	0	1	6(86)	0	0	1	0	1	7(88)	8
1992	4	0	6(60)	0	0	1	4	0	7(64)	11
1993	1	0	6(86)	0	0	2	1	0	8(89)	9
1994	2	4	5(45)	0	0	1	2	4	6(50)	12
1995	3	1	11(73)	0	1	1	3	2	12(71)	17
1996	0	2	8(80)	1	0	1	1	2	9(82)	11
1997	2	0	4(67)	0	0	1	2	0	5(71)	7
1998	1	3	1(20)	0	0	3	1	3	4(50)	8
1999	5	0	4(44)	2	1	0	7	1	4(33)	12
2000	3	1	4(50)	2	2	1	5	3	5(38)	13
2001	4	2	5(45)	2	1	3	6	3	8(47)	17
合计	27	15	72(63)	7	5	15(56)	34	20	87(62)	141
%	23.7	13.2	63.2	25.9	18.5	55.6	24.1	14.2	61.7	100

表1的结果向我们展现出这样一种现实:五分之三以上的调查研究报告缺乏必要的抽样方法的介绍。在总共141篇调查研究论文中,只有54篇(占38.3%)向人们说明了研究者抽样的方法与过程。绝大部分论文则没有向读者提供这方面的信息。从结果呈现的角度看,现有的研究论文并没有向我们提供足够的资料。这在很大的程度上影响了我们对这些研究中所使用的抽样方法的解析。

表1的结果还表明,研究报告中能够清楚表明研究者所用的抽样方法是随机抽样的比例很小,不到总数的四分之一。尽管有些被笔者归为"无抽样说明"的论文中,有一部分也提到了诸如"采用随机抽样的方法""采用多段分层抽样的方法"这样的字眼,但其整个论文中却没有交代这种随机抽样的程序在实际研究过程中是怎样操作或进行的。

令人欣慰的是,20世纪90年代末以来,这两种状况都有了明显的改善。1990年至1997年的8年间,无说明的比例一直在50%—90%之间,随机抽样方式只占16%左右;而1998年至2001年,无说明的比例只在30%—50%之间,随机抽样方式的比例则达到38%。从表2的结果中,我们可以更清楚地看到这一点。

表2 三个时期调查研究论文的抽样方法比较

年代	篇数	随机抽样		非随机抽样		无抽样说明	
		篇数	百分比	篇数	百分比	篇数	百分比
1990—1993	44	8	18.2	2	4.5	34	77.3
1994—1997	47	7	14.9	8	17.0	32	68.1
1998—2001	50	19	38.0	10	20.0	21	42.0
合计	141	34	24.1	20	14.2	87	61.7

表2的结果表明,无论是对抽样程序的说明上,还是实际中随机抽样方法的应用上,90年代末期比起90年代初和中期来有了显著的提高。随机抽样方法的应用比例由初期的18%提高到38%,上升了20%;而无抽样说明的比例则由初期的77%下降到42%,下降幅度达35%。这是国内社会学界在规范调查研究方法方面逐渐成熟的一个重要标志。

二、抽样方法的介绍

为了更好地解析这些调查研究报告,我们先从结果呈现的角度,考察这些报告中对抽样方法的介绍。概括起来,研究者对抽样方法的介绍方式有以下五种类型。

一是完全不介绍的方式。一些调查研究的论文中,作者似乎没有意识到应该向读者交代自己所用的抽样方法。因而在论文中对抽样的内容只字不提。他们通常的做法是只指出"为了什么什么目的,于什么时候在何地对谁进行了调查"。似乎只要说明"我的研究结果是通过调查得到的"就能代表一切。这种只注重"调查",不关心具体方法和程序的做法实际上大大地降低了调查研究结果的可信程度。

二是贴标签的方式。例如"我们采用分层随机抽样的方法,对某某市300户居民进行了调查";或者"本文的资料来源于笔者某某年对某某市进行的随机抽样调查"。尽管在实际上,其中一部分研究可能的确是采用了随机抽样的方法。但从研究报告解析的角度看,这种只用某种抽样方法的名词来概括,而将具体的抽样过程和环节一句话全部带过的做法是不规范的。因为它并没有向读者提供必要的、有关抽样的信息,而似乎仅仅只是在给自己的研究贴上一个"随机抽样"的标签。严格地说,这是一种不负责任的表达方式。因为读者从这句话中得不到半点的有关抽样方式的信息。这也是笔者在本文中将它们归为"无抽样说明"的原因。

三是详细陈述的方式。即在研究报告中对抽样的具体方式、方法、过程等等,逐一进行介绍或说明。例如,"城市样本是按以下方法抽取的:(1)从中心6区中的每区随机抽取3个街道办事处,共18个街道办事处;(2)从抽出的每个街道办事处中随机抽取一个居民委员会,共18个居委会;(3)从抽出的每个居民委员会中再按照户口花名册随机抽取33户左右的家庭;(4)在每个被抽取的家庭中,抽取18岁及18岁以上、生日最靠近11月5日的城市居民作为本次调查的访问对象。城市地区共获得有效样本601个"(张文宏等,1999)。这是调查研究报告的结果呈现中起码应该做到的方式。

四是详细陈述加样本统计的方式。这种方式是在做到对抽样过程、方法进行详细说明的同时,还给出样本的基本情况统计。比如,对城市居民的样本,给出性别、年龄、职业、文化程度、婚姻状况、收入水平等背景变量的统计汇总结果,可以使读者十分清楚地了解样本的结构、各种重要特征的分布状况。以便读者更好地将调查研究的结果与研究者所作的推论联系考虑。

五是详细陈述加样本统计以及样本质量评估的方式。这是对抽样方法的最为完备的介绍方式。它除了具有上一种方式的全部特点外,还增加了一项十分重要的内容:对样本质量的评估。评估样本质量的目的是向读者展示样本结构与总体结构之间的误差大小,它能十分明确的告诉读者样本对总体的代表性。样本评估的常见方法是在那些最基本的背景变量上,将样本统计的结果与总体统计的结果进行比较,以说明抽样方法的效果。例如,表3就是这种比较的一个例子(风笑天,2000a)。该例中作者比较的是样本与总体中家庭户规模的分布情况,表中1995年调查,指的是样本的结果,而1990年人口普查则反映的是总体的结果。当然,应该指出的是,在实际研究中,这种比较不是每项调查都可以做到的。它与调查总体的性质有很大关系。关键点是:样本所取自的总体是否具有现成的、涉及研究基本单位的统计结果。

表3　1995年调查与1990年人口普查结果中家庭规模的分布情况

家庭人口数	1995年调查(%)	1990年人口普查(%)
1人	1.2	6.1
2人	6.4	13.3
3人	44.0	40.1
4人	25.3	21.7
5人	17.1	11.6
6人	3.7	4.2
7人	1.6	1.7
8人	0.6	0.9
9人	0.1	0.4

资料来源:1995年武汉市居民家庭生活质量调查数据;《武汉统计年鉴》,中国统计出版社1991年版。

另外,有些研究由于是采用过去收集的样本和资料,因而在介绍时往往只用一句话说明,比如,"本文所用的资料来源于某某年进行的一项社会调查"。而有关那次调查的详细情况则只字不提。稍好一点的做法是用注释的方式对该调查的地点、对象、样本规模等作一简单说明。但这种说明并不能反映样本的质量和代表性。因为这样的说明其实只是告诉读者:我所用的资料是有正式出处的。较好的做法是什么呢？让我们举一个最近发表在《美国社会学评论》上的、同样属于这种情况的一个例子。作者是美国研究中国问题的著名社会学家魏昂德,他是这样介绍其资料来源的:

> 我采用一项全国调查资料来分析这一问题。这项调查于1996年进行,它运用多段分层随机抽样的方法,从全中国除西藏自治区以外的所有地区中抽取有代表性的家庭户样本。抽样设计以及实地调查程序的详细描述可参见项目手册(Treiman,1998),但这项研究的某些性质应该在这里提及。城市和农村的样本是分开抽取的。每个样本都是根据1990年人口普查数据,按照初中以上教育程度人口的比重,将2500多个县级行政区划分成25层。在农村样本中,根据概率与人口规模成比例的方法抽取出50个县级行政区。在每一个抽中的县级行政区内,抽取出一个镇或镇区;在所抽取出的镇或镇区中,又依据概率与人口规模成比例的方法抽取出两个村。在所抽取出的100个村的每一个中,根据村里的家庭户登记表随机抽取家庭户。在每个抽中的家庭户中,利用随机数表抽取一位年龄在20至69

岁的成员作为被访者,最终得到一个由3003个被访者(家庭户)所构成的样本。(Andren G. Walder,2002)

许多研究者往往只说到此段话的前一小半(引文中括号之前)就结束了。而真正重要的后一大半则往往被省略。其实,在一篇可能长达万言的论文中,加上这短短的几百个字,既是可能的,又是必要的。

三、抽样方法的运用

在一般状况的描述和类型归纳的基础上,笔者又对141篇研究报告中在对研究方法部分介绍比较详细的(即对抽样方法和变量测量方法同时有说明的)17篇论文作了进一步分析,以考察社会调查中抽样方法的实际运用情况(这里将同一调查的多篇论文包括在内,尽管它们中通常只有最早的一篇里有关于抽样的说明)。从时间上看,这17篇论文全部发表在20世纪90年代末期至21世纪初期。在调查对象上,2篇涉及城乡两部分居民,2篇仅涉及农村居民,其余13篇论文的调查对象都是城市居民(一般城市居民7篇、城市单位职工4篇、城市下岗职工1篇、城市中学生及家长1篇)。调查对象的这种构成情况,一方面反映了研究者的研究重点和关注的中心主要在城市、在城市居民、在与城市和城市居民相关的社会现象上。另一方面或许也从一个侧面反映了抽样调查的方法更适合于在城市社区、在城市居民的总体中使用。下面我们分别对这些研究中的抽样方法进行分析。

(一)一般城市居民中的抽样

在以一般城市居民为对象的7篇论文中,2篇来自于全国样本,且是同一项调查。"这次调查采用的是多阶分层整群抽样"。其做法是:"首先,除西藏以外,我们把全国县级单位排成一个序列(array),排序的标准是各县20至69岁的城市人口中具有初中以上文化程度的比例。这一序列被分成规模相等的25层(strata),让每个层中含有大致相等的20至69岁的城市人口。然后,按照概率与规模成比例的原则,我们在每一个层中抽取2个县,在每个县级单位中抽取1个镇级单位(或街道),在每个镇级单位中抽取2个居委会,每个居委会中抽取30户,最后是在每一户中再随机抽出一名年龄在20至69岁之间的家庭成员进行访问,由此构成了整个样本"(郑路,1999)。

从介绍来看,该研究的抽样有几点值得探讨。首先,抽样方法的陈述中,"多阶分层整群抽样"的界定不准确。其所描述的整个抽样过程中,没有一处体现出采用了整群抽样的方式。说成"多阶段分层随机抽样"比较合适。

其次,调查对象总体不明确。根据文中界定,是"全国城市居民",问题在于:这里的"城市"是真正的城市——"市",还是包括属于县的"镇"在内的"城镇"?总体不同,抽样方式的适合性就会有所不同。从其后面的说明来看,似乎应该是包括镇在内的"城镇",而不是纯粹意义上的"城市"。所以总体应该是"全国城镇居民"。

再次,在抽样的第一步中,"全国所有县级单位"的描述也不确切。按字面定义,"县级单位"指的是县级市、县、州、旗,以及地级市、直辖市中的区。如果是这样,笔者不知道是否有关于全国所有这些县级单位的人口及文化程度比重的统计资料(这是分层的基础和前提条件)。此外,陈述中有时用"县"、有时用"县级单位"的做法也十分容易使读者混淆。

最后,从分层后抽取县级单位开始,直到最后抽到调查对象,研究者所用的陈述都是"从……中抽取……个"。实际上,这样的陈述只是介绍了抽样的"阶段"或"步骤"以及每一阶段中的抽样单位和所抽取的样本规模。而真正关键的内容——抽样的具体方式和方法,即究竟是如何抽的,作者仍然是只字未提。这不能说不是一种遗憾,因为我们实际上同样无法判定其抽样过程究竟是"随机的"还是"非随机的"。

在另外5篇以某个城市的居民为总体的调查研究报告中,研究者的抽样方式方法之间具有较大的相似性。较为普遍的做法是:

第一步,直接从全市的所有街道中,或者从全市各个城区中分别(按简单随机抽样的方式)抽取若干个街道(前提是可以获得全部街道的名单);第二步,在所抽中的街道中,(按简单随机抽样或PPS抽样的方式)抽取若干个居委会(前提是可以获得全部居委会的名单或还需要知道每一居委会的家庭户数量);第三步,在所抽中的居委会中,(按系统抽样的方式)抽取若干户居民家庭(前提是可获得全部居民家庭的户口登记簿或者有明确范围的住宅门牌号码);第四步,在所抽中的家庭中,(按生日法或KISH户内抽样方法)抽取回答者(前提是可以获得全部家庭成员的生日资料同时全部家庭成员在家并都愿意接受调查)。

上述步骤中括号内的说明表示的是比较合适的做法及其前提条件,

但实际研究报告中大部分作者没有指出其具体做法,而是同样采取前述报告中"从……中抽取……个"的含糊的陈述。另外需要特别指出的是,在以上各个步骤中,实际操作比较困难、比较容易出问题的步骤是最后两步,即从居委会中抽取家庭户以及从每户家庭中抽取回答者。因而介绍抽样方法时应特别说清楚这两步。让我们从所分析的五项研究来看看这最后两步的情况究竟如何。

一项研究的最后两步是:从"每个居委会中等距抽出 67 户",然后抽取调查户中的户主或者其配偶(严善平,2000)。仅从抽样本身看,并无不妥。但是,由于作者未能给出样本的基本统计资料,因而读者很难判断调查样本的结构特征及其对总体的代表性。或许,由于抽取的是调查户中的户主或其配偶,因而样本的年龄结构可能会相对偏高,或者文化程度会相对偏低。

另两项来源于同一个调查的研究中,研究者采用的是"在每个居委会按等距原则确定 65 岁以下的已婚女性及其配偶为调查对象"的方法(徐安琪,2000)。可从实际操作上看,要做到这一点,研究者必须获得所抽中的每一个居委会几百户居民家庭中全部人员的名单(这可能会达到近千人),同时,必须将名单进行整理,排除掉未婚的、年龄大于 65 岁的以及丧偶的对象,然后再进行等距抽样。

另一项调查的最后两步是"由调查员在每一居委会的居民中随机入户调查"(刘欣,2001)。这其实也可以理解成:由调查员以任何方便的方式抽取调查家庭户以及户中的调查对象。即能方便地进入哪一家就调查哪一家,能碰到谁在家就调查谁。还有一项调查是"从每个抽中的居委会中按系统抽样方式随机抽出 30 户左右的居民家庭"(但并没有介绍是如何、按什么方式进行系统抽样的,比如说是按户口登记簿或是按住宅楼、门牌号);而对其最后一步则直接说明:"在每个抽中的家庭中,调查员根据方便的原则,选取一名 18 岁以上的成年居民作为问卷调查的对象。"(风笑天,2000)实际调查中,许多研究者所采用的常常是这两种做法。

只有一项涉及城乡两类居民的调查是完全按照前面所说的随机抽样方式进行的(张文宏等,1999)。其之所以能够如此,很可能与其得到国外基金的资助,研究经费比较充足有关。因为从理论上说,采用生日法或 KISH 法从家庭中抽被调查者是最符合随机要求的,操作程序也不复杂。但从实践上看,这两种方法所要付出的代价是最大的,获得其所必需的前提条件也是最困难的。如果没有足够的经费、人力和时间作保证,要做到这一点将十分困难。这也正是目前许多调查到了最后一步不能将随机原则贯彻到底的主要原因。但同时我们也注意到，即使是这项采用严格抽样方法的研究中，我们还是可以从其样本的构成情况中提出某种疑问。从理论上说，采用生日法从户中抽人是完全随机的。而样本统计中表明，所抽中的被调查者的性别比例严重失调：男性不到40%，而女性超过60%。这种性别比例的偏差似乎过大了一点。究竟是什么原因，作者应对此进行思考并作出说明。特别是当我们将其城市样本的统计结果与其农村样本的统计结果进行比较时，就会更加感到这种分析和说明的必要性。因为生日方法不应该使农村中被抽到的男性多，而城里被抽到的女性多；也不应该使农村中被抽到的年纪轻的人多（平均年龄39岁），而城里被抽到的年纪大的人多（平均年龄45岁）。

（二）其他几种城市对象的抽样

一项有关单位组织资源获得的研究所发表的3篇论文中，作者的抽样过程是这样设计的："在这次问卷调查中，主要采用了多阶段分层整群随机抽样方法抽取'样本城市''样本单位'和'样本个体'。"在抽取样本城市时，"按照城市人口规模的大小，将全国517个城市按人口规模以7个标准分层分类"，"在整群分层的基础上，依据简单随机的方法在517个城市中抽取10个样本城市"。在每个样本城市中，依据单位的类型，"根据简单随机抽样的原则"抽取10个样本单位。在每个样本单位，调查员"根据单位成员的花名册，确定一个随机数，然后按简单随机的方式抽取样本个体"。最终从10个城市的100个单位中抽取了4000名职工构成调查样本。（李汉林等，1999）

实际上，该研究的抽样过程中并没有涉及整群抽样的方法，说"多阶段分层抽样"比较合适。同时，在抽取城市样本阶段，研究者的陈述十分清楚，而在抽取单位样本这一阶段，研究者虽然谈到了分层的标准，谈到了按简单随机抽样的原则，但却忽视了向读者陈述他们是如何依据这种标准实际操作和抽取单位的。特别关键的是，该研究中城市抽样设计与单位抽样设计的重要性，与报告中研究者对二者陈述的明确性正好相反。不难想象，从一个有着几千个，甚至几万个单位组织的城市中抽取10个单位的复杂程度，显然是要远远大于从几百个城市中抽取10个城市的复杂程度的。更为重要的是，作为一项以单位为关键变量的研究来说，在城市抽取和单位抽取这二者之间，研究者更应该注重单位的抽取，而不是城市的抽取。因此在研究结果的陈述中,应该更详细地介绍单位抽取的过程,而不是城市抽取的过程。另外,关于单位中调查个体的抽取,研究者的介绍或许还应更详细一点。因为在一个几百人的单位,要获得一份花名册并从中抽取40人,或许会十分简单。但若是在一个有几千人、上万人甚至几万人的单位中,要获得并利用这样的一份花名册抽取40人,操作上或许就不是那么容易了。

这篇论文对抽样方法的介绍中,有一个突出的优点,就是在介绍完抽样的过程后,专门"对样本指标代表性的大小以及样本指标与总体指标相差的一般范围"进行了检验。这是目前调查研究的报告中普遍缺少的内容,大约只有两三篇论文做到了这一点。

在一项有关下岗职工调查的抽样陈述中,研究者较好地界定了抽样的总体:"以上海城区1998年登记在册、原在国企工作、希望被重新雇用、未提前退休的下岗职工为总体。由此所得的504名下岗职工合成样本。"其抽样分为两个阶段:"首先在最新街道名册中等距抽取17个街道,然后在每个抽中街道等距抽取20—40名下岗职工。"(顾东辉,2002)第一步十分简单,问题是第二步似乎还应详细说明。按其作法的前提是,每个街道必须有一份符合所界定总体要求的下岗职工子总体名册。如果有,抽样当然就简单。但如果没有,则就要将实际操作的方法和过程作进一步说明。

在以城市单位职工为抽样对象的另一项研究中,作者首先根据研究的目的,主观选取了4家企业,然后,"采取整群随机抽样的办法,在各厂抽取一个车间或一个轮班,共获得有效样本476个"(蔡禾,2001)。看起来研究者的抽样十分简单,其抽样的随机性仅仅能够保证样本对四家工厂职工的代表性,而似乎不能推论到一般的企业职工。但需要明确的是,研究者在该研究中所看重的并不是其样本对更广泛的一般企业职工的代表性,而是两类不同企业中职工在权威价值观方面的异同。换句话说,不同所有制企业职工之间的比较,是研究者关注的焦点,而此时样本中职工对普通企业职工的代表性则退到相对不重要的地位上。研究者所关注的是样本"质"的规定性,而不是样本"量"的规定性。从这里我们也可以看出以解释为主要目标的调查研究与以描述为主要目标的调查研究在样本要求上的若干差别。

还有一项以城乡老年人口为调查对象的研究中,研究者对城市老年人的抽样方式是:先从城区中抽取街道,再从街道中抽取居委会,"然后根据各街道老年人总体的年龄和性别特征分别在各个居委会的居民花名册上随机等比例地抽取规定的样本"(张友琴,2001)。在最后这句陈述中,最好加上"以何种具体方法"来抽取的说明。因为从这句话中,我们知道的只是研究者采用的是"分层等比"的原则,可具体是如何操作的还是不清楚。因为非随机的"配额抽样"方法同样采用的是分层等比的原则,二者区分的关键恰恰就在于最后抽取的方式上。随机的分层抽样要求采取遵循"概率相等"原则的各种方式,而非随机的配额抽样则只要求根据"方便抽取"的原则进行抽取的方式。

在一篇以城市小学生家长、城市中学生及其家长为抽样对象的调查研究中(风笑天,2000),研究者在调查点的选择上主要考虑了地区的分布和城市的类型两个因素。研究者先从全国6大区中分别选取了一个省或自治区,以其所属的5个省会城市(代表大城市),和省会城市附近的6个普通城市(代表中小城市),加上北京、上海、天津3个直辖市(代表超大城市)总共14个城市作为调查点。各城市调查样本抽取采用多阶段随机抽样的方法进行。首先,在每一城市中,依据学校类型(重点、普通、较差),按简单随机抽样的方法抽取中、小学各一所(分层抽样)。其次,在抽中的学校里,按不放回抽样的方式,依次随机抽取初中和高中各一个年级、小学低年级(1—3年级)和高年级(4—6年级)各一个年级(简单随机抽样)。再次,在抽中的年级里,按简单随机抽样方式抽取一个班级。最后,从抽中的班级中按系统抽样的方法抽出20名学生(北京、上海两地为30名)。被抽中的1800名中学生及其家长,以及1800名小学生家长分别构成三个调查样本。其中,中学生样本与中学生家长样本一一对应。在该研究的抽样中,可能有两点美中不足的地方。一是省会城市的确定主要是依据"可否找到合适的合作者"的原则(其中,所缺的一个省会城市就是因为合作者出国而缺失);二是省会附近的普通城市的选择也主要是依据方便、就近的原则。

(三)农村居民中的抽样

理论上,农村居民的抽样与城市居民的抽样并无大的差别。只是抽样的总体和抽样的单位有所不同。但是在实践上,由于城市社区与农村社区在空间结构上的不同,二者之间的差别还是较为明显的。

四项涉及农村居民的调查中,只有一项调查的总体是单一的农村居民,即"12县的农民家庭和352万年龄为15—64岁的男性和女性劳动力"(何景熙,1999)。研究者采取的是"分层—两阶段整群抽样的方法",首先"按12个县的244个乡镇的地理条件将其分为平原乡镇、丘陵乡镇和山地乡镇";然后,从三类乡镇中按简单随机抽样方法抽取若干乡镇;再从所抽出的乡镇中随机抽取若干村。所抽的样本村中的所有农户构成调查的样本。此处的"乡镇"相当于城市社区中的"街道","村"则相当于城市社区中的"居委会"。整个抽样的后两步与城市居民户整群抽样中的后两步完全相同。即相当于"先随机抽取若干街道,再从所抽取的街道中随机抽取若干居委会,所抽的样本居委会中的所有居民户就构成调查的样本"。而该研究最初的"按地理条件分层"则是其与城市社区中抽样所不同的方面。实际上,由于该研究中并没有进行"从村中抽取户"和"从户中抽取个人"的工作,所以相对比较容易进行。而研究者所考虑的"按地理条件分层"的做法,突出了与劳动力和有效工时利用状况相关的变因素,使抽样较好地适应了研究目标的需要。

其他三项农村居民研究中,有两项属于同一项城乡居民调查(张文宏等,1999);另一项则是城乡老年人调查中的农村部分。前者的方法与其对应的城市部分完全一样,即先从区县中抽取乡镇,再从乡镇中抽取村委会,再从村委会中"根据农民家庭户数占总体的比例,从户口花名册中随机抽取一定比例的户(30户左右)";最后采用生日法从户中抽取访问对象。后者的抽样方式与其对应的城市老年人抽样方式也基本相同。同样是先从区县中抽取乡镇,在从乡镇中抽取村委会,最后"根据该乡镇老年人总体的年龄和性别特征分别在各个村委会的居民花名册上随机等比例地抽取规定的样本"(张友琴,2001)。值得一提的是,研究者在这里是按"经济状况"而不是"地理条件"对乡镇进行分层,然后分别从经济发达地区、经济中等地区、贫困地区中分别抽取若干乡镇。这种做法突出的是与老年人社会支持网有密切关系的经济条件。从这两例的对比中,我们也可以看到分层标准的确定与研究主题之间的联系。

四、小结与讨论

笔者在20世纪80年代末期对80年代初、中期的调查研究的分析表明,总体界定不明确、样本规模偏小、回答率不高,以及抽样方法介绍不够,是当时国内社会学界在调查抽样方面所存在的主要不足(风笑天,1987)。本文对90年代以来的141篇调查研究论文的分析则表明,目前国内社会学界在这方面最主要的不足或许是对抽样方法的说明不够：其中相当一部分研究完全缺乏对抽样方法的说明；另一种比较普遍的现象是用一句话概括的"标签方式"；此外，抽样陈述中的不完善、不具体也在较多的论文中不同程度地存在；真正在抽样陈述方面做得很好的研究还只是一小部分。

值得高兴的是，90年代末期以来，研究者无论是在抽样程序的说明上，还是在实践中随机抽样方法的应用上，比起90年代初和中期都有了显著的提高。它反映了国内社会学界在规范调查研究方法方面逐渐走向成熟。

文中通过对17篇论文的重点分析，我们进一步了解到研究者在抽样方法的运用上已越来越严格和规范。这或许在某种程度上说明我们的调查研究水平有了提高，研究者基本上掌握了规范的抽样方法。但是，缺少对抽样方式、方法和过程说明，同样反映出我们对调查研究方法的运用还缺少某种认识，缺少某种意识或修养。因为我们还没有认识到，研究报告和论文中对抽样方法的详细说明，不是"八股文"的框框教条，不是在浪费篇幅，不是在说废话，而是调查研究科学规范的要求，也是研究者科学态度的具体体现。因为对于研究的结论来说，样本是影响其正确性的第一道关口。抽样设计也是整个调查研究设计中最为关键的环节之一。只有当读者明了了研究者的抽样方法和过程，他对研究所得出的结论才会给出适当的评价。

从更高的标准来看，我们在重视了研究结果中对抽样方法（及其他方法）的介绍和说明的同时，还应对抽样方法中的其他问题有更深入的认识。比如一般总体、调查总体与调查样本之间的关系、研究目标与抽样方式的选择、样本规模的确定、无回答比例的分析、抽样设计的理想目标与实践中的各种困难、样本结构的分析及样本质量的评价等等。只有对抽样过程、抽样效果、样本局限等方面做到心中有数，才能在得出调查结论时做到实事求是，恰如其分。

最后应特别说明的是，文中所具体分析的这17篇论文是在调查结果的呈现上相对来说是做得最好的，没有它们，我们根本无法进行上述解析。但十分显然的是，即使是这17篇论文中，一部分作者也没有非常详细地将抽样过程的每个细节都描述出来。而笔者所进行的分析则完全依赖于出现在报告中的有限描述。因此，这种分析有时也不得不建立在笔者个人的判断，甚至猜测的基础上。其情形或许会与实际调查中研究者所做的有一定出入,由此所带来的偏误,当由笔者负责。

参考文献

Walder, Andren G., "Markets and Income Inequality in Rural China: Political Advantage in an Expanding Economy," *American Sociological Review*, No.2, 2002.

蔡禾:《企业职工的权威意识及其对管理行为的影响》,《中国社会科学》2001年第1期。

邓锁等:《问卷调查研究:第二个10年的发展与分析》,《华中理工大学学报》2000年第3期。

风笑天等:《城市居民家庭生活质量:指标及其结构》,《社会学研究》2000年第4期。

风笑天:《独生子女青少年的社会化过程及其结果》,《中国社会科学》2000年第6期。

风笑天:《浅谈当前抽样调查中的若干失误》,《天津社会科学》1987年第3期。

风笑天:《我国社会学恢复以来的社会调查分析》,《社会学研究》1989年第4期。

风笑天:《我们的社会学方法水平可以打几分?》,《华中理工大学学报》1999年第3期。

顾东辉:《下岗职工的再就业服务和求职行为》,《社会学研究》2000年第4期。

何景熙:《不充分就业及其社会影响》,《中国社会科学》1999年第2期。

李汉林等:《单位成员的满意度和相对剥夺感》,《社会学研究》2000年第2期。

李汉林等:《资源与交换——中国单位组织中的依赖性结构》,《社会学研究》1999年第4期。

李路路等:《单位组织中的资源获得》,《中国社会科学》1999年第6期。

刘精明:《"文革"事件对入学、升学模式的影响》,《社会学研究》1999年第6期。

刘欣:《转型期中国大陆城市居民的阶层意识》,《社会学研究》2001年第3期。

〔英〕罗斯:《当代社会学研究解析》(林彬等译),宁夏人民出版社1988年版。

徐安琪等:《婚姻质量:度量指标及其影响因素》,《中国社会科学》1998年第1期。

徐安琪:《择偶标准:五十年变迁及其原因分析》,《社会学研究》2000年第6期。

严善平:《大城市社会流动的实态与机制》,《中国社会科学》2000年第3期。

张文宏等:《城乡居民的社会支持网》,《社会学研究》1999年第3期。

张文宏等:《天津农村居民的社会网》,《社会学研究》1999年第2期。

张友琴:《老年人社会支持网的城乡比较研究》,《社会学研究》2001年第4期。

郑路:《改革的阶段性效应与跨体制职业流动》,《社会学研究》1999年第6期。

结果呈现与方法运用:141 项调查研究的解析[*]

调查研究(survey research)是一种以自填问卷或结构访问的方法,系统地、直接地从一个取自总体的样本那里收集量化资料,并通过对资料的统计分析来认识社会现象及其规律的社会研究方式。由于历史原因,国内社会学界通常将其称为"社会调查"。同时,又由于抽样、问卷、统计分析三者是构成调查研究这种研究方式的最关键环节和最本质特征,因此,人们有时也将调查研究称之为"抽样调查""问卷调查"或者"统计调查"。

---

[*] 2002 年 2 月香港科技大学社会调查中心在珠海主持召开了一次小型调查方法研讨会,受边燕杰博士邀请,笔者对国内社会学界在调查中使用抽样方法方面的状况进行了分析评价。在完成边博士任务的同时,将分析的范围进一步扩大,形成此文。我的博士生唐利平协助笔者作了部分文献的统计工作,在此一并致谢。本文原刊于《社会学研究》2003 年第 2 期。

在各种社会研究方法中,调查研究的方法是国内社会学者目前最为熟悉,也使用最多的一种方法。笔者1998年对国内87名社会学者的调查表明,"社会学者对各种研究方式按熟悉程度排列依次是:问卷调查、深度访谈、个案研究、现有统计资料分析、参与观察、内容分析、实验","问卷调查不仅是社会学者最为熟悉的一种方式,而且还是所有学者相互之间差别最小的一种方式"。同时,调查研究"毫无疑问地是社会学者们采用得最多的一种研究方法"。在调查对象所列举的356项研究项目中,采用调查研究方法进行的就有199项,占55.9%。(风笑天,1999)邓锁等人对1989—1998年发表在《社会学研究》上的全部经验研究报告的定量统计也表明,"以问卷调查运用为主的研究方式在社会学研究中已是最主要的类型之一",在总共194篇论文中,采用问卷调查方式的有90篇,其比例达到46.4%,远高于其他各种研究方式。(邓锁等,2000)

20世纪80年代末,笔者曾对我国社会学重建以来的调查研究进行过回顾与评析(风笑天,1989),总结了80年代国内社会学界在调查研究方法应用上的基本状况,指出了当时存在的主要问题。由于笔者当时的认识所限,将实际上属于"实地研究"范畴的个案调查和典型调查归纳为"传统社会调查",并将其与以抽样问卷调查为特征的"现代社会调查"相互区分,以此展开分析。本文则将视野放在90年代至今,并集中对运用调查研究方法的研究进行解析。至于原来所说的"传统社会调查",由于它实际上属于实地研究范畴,而笔者在1997年曾专门撰文对国内社会学界实地研究的文献进行了解析(风笑天等,1997),因此这里就不再涉及。本文所要探讨的主要问题是:90年代以来,国内社会学界的调查研究在结果呈现与方法运用两方面的状况如何?在结果呈现方面还存在哪些问题或不足?强调结果呈现中的方法介绍对于社会学经验研究具有什么意义?

本研究所分析对象的选择标准是:1990年至2001年之间,发表在国内社会学界最重要期刊《社会学研究》以及国内社会科学界最重要期刊《中国社会科学》上的、以调查研究的方式进行的全部研究报告和论文。据统计,1990年至2001年,《社会学研究》共发表调查研究的论文113篇,《中国社会科学》共发表调查研究的论文28篇,这141篇研究论文就构成笔者分析的总体。需要特别说明的是,根据英国社会学家格利·罗斯(G. Rose)所倡导的解析社会研究的特定方法,本文将主要从结果呈现的角度,对这141项调查研究中的测量、资料收集以及统计分析这几个有关方法环节进行解析,而不涉及各项研究的特定主题和具体内容。

一、结果呈现中对方法的介绍

在调查研究的结果呈现中,方法的介绍是一个不可或缺的部分,它是评价调查研究成果质量的十分重要的一环。规范的研究报告中,应该有一个专门的部分对其进行介绍。根据这一标准,笔者对这141项调查研究进行了统计,结果见表1:

表1 三个时期的调查研究在结果呈现中对研究方法的介绍情况

年份	篇数	专门一节且有标题		一段话、无小节和标题		一句话或完全没提及	
		频数	%	频数	%	频数	%
1990—1993	42	11	26.2	16	38.1	15	35.7
1994—1997	47	12	25.5	23	48.9	12	25.5
1998—2001	52	29	55.8	15	28.8	8	15.4
合计	141	52	36.9	54	38.3	35	24.8

表1最下面一行的结果表明,完全按照调查研究结果呈现的要求对方法进行介绍的论文比例为37%。而一句话带过或者完全没有提及研究方法的论文比例达到了四分之一。在结果呈现中采用比较简单,且常常是不完全的方式对研究方法进行介绍的论文比例也接近40%。这一结果比较客观地反映了目前国内社会学界在调查研究成果呈现上的整体状况。比较三个不同时期中的比例,我们可以发现,90年代末期以来,研究者在报告中对调查方法的介绍方面已有了十分明显的改观。这一方面体现在规范的、专列一节对研究方法进行介绍的比例大幅度上升上(从前两个时期的25%左右,显著提高到55%以上),同时也反映在完全不作介绍的比例的明显下降上(以10%的速度从第一个时期的35%依次递减到第三个时期的15%)。

对于调查研究来说,抽样、测量、资料收集是其研究设计中最关键的内容,也是调查研究的结果呈现中应着重介绍的内容。因此,笔者进一步对每一篇调查研究论文的导言部分、研究设计部分(或方法部分)进行了阅读,根据作者的介绍并参考了其论文结果部分的相关表格,对结果呈现中关于研究所使用的抽样方法、变量测量方法、资料收集方法的说明情况进行了逐年分类统计。① 结果见下列表2。

表2　不同年份两刊物发表的调查研究论文中对具体方法的介绍情况　（篇）

年份	篇数	抽样方法			测量方法		资料收集方法②		
		随机	非随机	无说明（%）	有说明	无说明（%）	访问	自填	无说明（%）
1990	16	3	1	12(75)	2	14(88)	1	1	14(88)
1991	8	0	1	7(88)	3	5(63)	2	2	4(50)
1992	10	3	0	7(70)	2	8(80)	1	5	4(40)
1993	8	1	0	7(88)	1	7(88)	0	2	6(75)
1994	11	2	3	6(55)	1	10(91)	1	2	8(73)
1995	15	2	2	11(73)	3	12(80)	2	3	10(67)
1996	14	1	2	11(79)	1	13(93)	3	2	9(64)
1997	7	2	0	5(71)	1	6(86)	2	1	4(57)
1998	10	3	2	5(50)	5	5(50)	5	1	4(40)
1999	12	7	1	4(33)	8	4(33)	1	1	10(83)
2000	14	6	3	5(36)	10	4(29)	4	2	8(57)
2001	16	6	3	7(43)	8	8(50)	4	2	10(63)
合计	141	35	19	87(62)	45	96(68)	26	24	91(65)
%	100	24.8	13.5	61.7	31.9	68.1	18.4	17.0	64.5

表2的结果向我们展现出这样一种现实：大约三分之二的调查研究报告对其抽样方法、变量测量方法、资料收集方法缺乏必要的介绍。在总共141篇调查研究论文中，只有54篇（占38.3%）向人们说明了研究者抽样的方法与过程，只有45篇（占31.9%）向人们说明了研究者对关键变量的测量指标与方法，只有50篇（占35.5%）向人们说明了研究者采取的资料收集方法。绝大部分论文则没有向读者提供这三方面的信息。从结果呈现的角度看，现有的研究论文并没有向我们提供足够的资料。这在较大的程度上影响了我们对这些研究中所使用的抽样方法、变量测量方法、资料收集方法的解析。

---

① 需要说明的是，对文章中作者提到的某种方法，除非作者对其有明确的程序说明或介绍，否则仍然将其归为无说明一类。
② "访问"指结构访问法；"自填"指自填问卷法。

表2的结果还表明,研究报告中能够清楚表明研究者所用的抽样方法是随机抽样的比例很小,不到总数的四分之一。如果实际研究中的情况果真如此,那就说明我们的调查研究总体水平还比较差。事实上,笔者相信,实际采用随机抽样的调查研究的比例肯定高于这一比例。造成这一结果的原因是一部分研究者在研究报告中没有清楚陈述其抽样的方法和过程。尽管有些被笔者归为"无抽样说明"的论文中,有一部分也提到了诸如"采用随机抽样的方法""采用多段分层抽样的方法"这样的字眼,但由于其整个论文中并没有交代这种随机抽样的程序在实际研究过程中是怎样操作或进行的,因此,从研究解析的角度看,它们仍然没有向读者提供明确的证据,仍然达不到结果呈现的规范要求。

按三个不同时期进行统计,我们可以进一步了解这三方面的变化情况。结果见表3。

表3　三个时期调查研究论文的抽样、测量、资料收集方法比较　（％）

年份	篇数	抽样方法			测量方法		资料收集方法		
		随机	非随机	无说明	有说明	无说明	访问	自填	无说明
1990—1993	42	18.2	4.5	77.3	19.0	81.0	9.5	23.8	66.7
1994—1997	47	14.9	17.0	68.1	12.8	87.2	17.0	17.0	66.0
1998—2001	52	38.0	20.0	42.0	60.0	40.0	26.9	11.5	61.5
合计	141	24.1	14.2	61.7	32.7	67.4	18.4	17.0	64.5

表3的结果表明,无论是对抽样方法的说明上,还是实际中随机抽样方法的应用上,90年代末期比起90年代初和中期来有了显著的提高。随机抽样方法的应用比例由初期的18%提高到38%,上升了20%;而无抽样说明的比例则由初期的77%下降到42%,下降幅度达到35%。与抽样方法的介绍情况相似,研究者对变量测量方法的介绍也明显加强,其比例由90年代初期的20%,提高到末期的60%,增加幅度达到40%;这两个方面可以看成是国内社会学界在规范调查研究方法方面逐渐成熟的一个重要标志。不过在对资料收集方法的介绍方面,无说明的比例变化不太大。这一情况值得注意。此外,从实际报告的两种方法使用情况来看,可以发现一种有趣的变化,这就是采用结构式访问方法的比例在明显增加,而采用自填问卷方法的比例在下降。笔者分析,除了研究对象的不同等客观因素的影响外,研究者对资料收集过程的重视、对资料质量的重视

也可能是一个重要的原因。因为结构访问的方法显然的要比自填问卷的方法更为费时、费力、费钱,但同时,其问卷的回收率会更高、资料的质量会更好。

二、关于测量方法

这141篇调查研究论文在结果呈现中对变量测量的陈述情况,大体上可归纳为三种类型:

一是完全没有介绍,即在整个论文中对变量测量的内容一字不提。研究者只是到了展现调查所得到的具体结果时,再将变量及其测量所用的问题在各种统计表格中体现出来。二是只有对调查研究中几个大的方面内容的简单提及,而没有对概念操作化或变量测量方法进行具体说明。比如,只简单提及调查的主要目标是了解"老年人的生活方式、社会参与、代际关系和闲暇生活等问题"或"成年子女与家长同住情况、不同住子女与家长的居住距离、不同住子女与家长间的互动及互助等"。而对于实际研究中是如何来具体测量这些内容则无明确说明。大多数以描述现状为主的调查研究在结果呈现上往往采取的是上述这两种方式。三是在解释性调查研究中,虽有对基本变量、测量指标的介绍,但对变量含义的界定、测量指标选择的理由等则没有给出进一步的说明。当然,总的来看,解释性研究中对变量测量的说明和介绍情况要明显好于以描述为主的调查研究。

从经验性社会研究的要求来看,结果呈现中对概念操作化和变量测量的完整说明应包含以下的内容:第一,要有对研究中主要概念的讨论。要在对其名义定义(理论定义)的讨论中明确说明自己的研究所采用的定义是什么(即对概念内涵进行界定)。第二,解释性调查研究中要明确指出自变量、因变量以及控制变量(如果有的话)各是什么,以及提出这些变量、特别是控制变量的理由或根据。第三,要详细介绍对上述各种变量是如何操作化的,即要给出各个变量的操作定义,同时还要给出所确定的测量指标、取值及其理由。对于那些试图测量态度、意愿等主观变量的调查研究来说,还应该对其变量操作化的具体维度进行说明。因为在一般情况下,这些主观内容需要采用多维度、多指标的测量,而常见的单维度的测量往往只能体现其内涵中的一个方面。第四,要给出基本变量的样本分布状况,即样本中各基本变量的描述统计结果。第五,要对自己的变量测量或操作化处理方法进行评估,对指标的信度和效度进行一定讨论,特别是要指出这种操作化方式可能存在的缺陷和问题。

结果呈现中缺少对变量测量方法的说明的现状,一方面反映出一部分研究者头脑中缺乏经验研究中结果呈现的基本规范;另一方面也反映出现有调查研究中,描述性的成分相对较多,解释的成分相对较少,与理论概念的联系不紧,缺少理论框架。因为经验研究与理论的关系,集中体现在研究中对概念的关注上。"概念是建构理论大厦的砖石"。一项具体的调查研究,如果能较好地与概念挂上钩,其所得到的具体结果的意义将更加深入,理论价值将会更大。而由于理论概念往往是抽象的,有的抽象程度还比较高,因而对其进行经验测量的难度往往更大。与此相联系,将抽象概念操作化为具体测量指标的过程也变得更为复杂。

结果呈现中对概念界定、操作化指标等进行说明,除了对调查资料,以及由此导致的对研究结果的可信度具有影响外,还会对研究的效度产生影响。因为,抽象的理论概念与具体的可观测的指标之间,存在着一段相当的距离,特别是存在着从抽象到具体的"瓶颈"。如果缺少变量测量的说明,读者就无法评价其测量的效度。因为它实际上是简化了、省略了"从抽象的具体"这一转变和经历中的许多内容,使读者无法了解其研究的概念与其经验测量的现象之间具有怎样的逻辑联系。可以试想一下,一份对变量测量什么也没说的研究报告与一份按上述五条要求详细陈述的研究报告,谁的结论更为可信?

三、关于资料收集方法

对141篇调查研究的统计和解析表明,在结果呈现中介绍得最差、十多年来变化得最小的方面是资料收集方法。从前面表3的结果中可以看到,无论是90年代初期还是中期或末期,对资料收集方式没有介绍的调查研究的比例一直高达60%以上。它也许反映了这样一种现实:在一些研究者的头脑中,或许调查就是询问,而询问似乎是谁都明白的事情,因此也就不用说明了。有的研究者在论文中甚至都说到了"入户调查",却仍然没有说清楚入户后是如何进行调查的。这里的问题是:实际调查中是不是只有一种资料收集方式呢?调查研究中的资料收集过程是不是一件不言而喻的事呢?说明不同资料收集方式对调查研究具有什么样的意义呢?

实际上，询问的方式有多种多样，而不同的方式对调查对象、对调查结果、对调查质量的影响也各不相同。从大的方面看，调查研究中收集资料的方式可分为两种：一种是结构访问；另一种是自填问卷。这两种具体方式有着自身的特点。比如，结构式访问的回答率高、资料的质量容易得到保证；而自填式问卷的匿名性好、相对节省时间等等。这些不同的特点都会影响到调查的进行，也会影响到调查资料的质量。因此，研究者所采用的具体调查方式，同样是读者评价和判断调查研究结果的一项重要指标。

同时，各种不同方式的实际效果之间的差别也是非常大的。比如，同样是调查研究，同样是调查城市居民的生育意愿。一项调查采用的是结构式访问的方式，研究者派调查员在计划生育干部的带领下深入居民家中，当面对被访者进行访问。另一项调查采用的是自填问卷的方式，研究者让小学生将问卷带回家，交给其父母填写，然后带回交给老师回收。两项调查得到的生育意愿的结果相差巨大——前者的结果是，70%左右的独生子女家长希望生育一个孩子；而后者的结果是，70%左右的独生子女家长希望生育两个孩子。除了由于时间、空间所造成的差别，以及由于测量指标等其他方面因素的影响以外，具体的调查方式的差别也是一个重要的影响因素。不难想象，在实行计划生育的大背景下，人们当着调查者的回答与完全匿名的自填回答之间会有多么大的不同。更值得思考的是：如果这两项调查研究都不详细介绍它们的资料收集方式，我们又如何去面对这样决然不同的调查结果呢？

除了两种调查方式之间的差别外，还存在着这样几个方面的差别：一是研究者自行收集资料与交给他人收集资料之间的差别；二是调查所使用的调查员或访问员的性质、特征及规模的不同所带来的差别；三是收集资料的时间长短、范围大小等方面所存在的差别；四是当面访问与电话访问、集中填答与个别填答之间的差别等等；都会在不同程度上对调查的结果带来影响。

四、关于统计分析方法

作为调查研究本质特征之一的统计分析，自然也是我们解析的一个重点。与抽样方法、变量测量方法、资料收集方法有所不同的是，调查资料的统计分析方法往往是直接体现在论文的结果中的，一般不用专门介绍（对某些特殊的方法以及与统计变换、统计公式相关的细节有时需要进行一定的说明)。因此我们在这里只关注调查研究中研究者对各种统计分析方法的应用情况。详情见下列表5。

表5 三个时期调查研究论文中所用统计分析方法比较

年份	篇数	初级统计		中级统计		高级统计	
		篇数	百分比	篇数	百分比	篇数	百分比
1990—1993	42	30	71.4	8	19.0	4	9.5
1994—1997	47	33	70.2	8	17.0	6	12.8
1998—2001	52	11	21.2	13	25.0	28	53.8
合计	141	74	52.5	29	20.6	38	27.0

表5的结果表明,国内社会学界在统计分析方法运用上的状况呈现出一种明显的变化趋势:90年代初期与中期差别不大,基本上是以初级统计分析方法的运用为主(70%左右),以中级统计分析方法为辅(约20%),运用高级统计分析方法的比例很小,仅占10%左右。而90年代末期以来,这种状况发生了显著的改变,呈现出以高级统计分析方法为主(超过50%)、中级统计分析方法为辅(25%)的特点。这是国内调查方法水平不断提高的另一个重要标志。

进一步的解析表明,在总共38篇使用了多元统计分析方法的论文中,多元回归是研究者使用得最多的一种方法,共有22篇论文中使用了这种方法,其比重占57.9%;其次是因子分析有12篇(占31.6%)、路径分析有7篇(占18.4%);另外,事件史分析有4篇,逻辑斯特回归2篇,对数线性模型1篇(分别占10.5%、5.3%和2.6%)。

作为定量研究方式之一,调查研究离不开统计分析方法的支持。而对于达到大部分调查研究的目标来说,多元统计分析更是必不可少的工具。因为多元统计分析方法能够更好地综合和提炼调查资料中所包含的各种信息,能够更为准确地反映社会现象的实际结构和本来面目。因此,90年代末期以来的调查研究在运用多元统计方法上的进步,具有十分重要的意义,它为国内社会学界进一步提高调查研究的整体水平打下了较好的基础。

当然,表5最下面一行的合计结果也表明,在1990年至2001年的12年中,仅仅只运用了初级统计分析方法的调查研究仍然占了大多数。而运用中级、高级统计分析方法的比例则分别只占五分之一和四分之一。

这说明,要使国内调查研究在定量分析方面的整体水平提高到一个新的台阶,我们面前还有一段相当长的路要走。换句话说,我们用了十年左右的时间,才将运用多元统计方法的比例从10%提高到50%,那么,要使这一比例从50%提高到90%或者更高,我们还需要多长时间的努力呢?

五、结果呈现中方法介绍的意义

笔者在社会学恢复重建二十年时的方法总结论文中曾指出:要"强调论文发表的规范要求""经验研究的论文必须有问题提出的背景、相关文献的评论、主要概念的界定、研究的设计、研究结果的理论讨论等基本内容"(风笑天,2000)。本文对90年代以来的141项调查研究的解析再次表明,笔者的这一看法是有的放矢、值得注意的。作为一种高度结构化、高度程序化、高度数量化的社会研究方式,调查研究无法回避科学方法论对其严格的、详细的程序检验的要求。在这方面,调查研究与来源于自然科学的实验研究十分相似,而与脱胎于人类学的实地研究则相去甚远。因此,笔者认为,有必要特别强调调查研究的结果呈现中对方法的介绍问题。

在调查研究的报告中,我们应该提供什么信息?为什么要提供这些信息呢?这是我们应该明白的重要问题。调查研究的结果和结论当然应该是我们介绍的重点。但是,除了研究的背景、理论框架、研究的目标、研究结果及结论以外,我们还必须在研究报告中向读者提供有关调查对象的抽取(即关于总体与样本)、概念的测量(即关于变量与指标)、资料数据的来源(即关于收集方法),以及资料数据的处理(即关于统计分析方法)等方面的信息。规范的做法是:在研究报告或论文中,一定要专列一个独立的部分来介绍自己的研究方法。即要有一个在诸如"资料与方法""样本与资料"或"研究设计""研究方法"之类的小标题下列出的专门一节。在这一节中,研究者要清楚地、明白地、如实地向读者介绍自己的研究方法和研究过程中各种操作的关键环节。

这种对结果呈现中有关方法介绍的明确要求,并非只是为了解析研究报告的需要,而是一种对规范的经验性研究论文的要求。这种专门的介绍,不是教条、不是框框,也不是"洋八股",而是科学研究论文的必备条件、是其结论成立的前提和依据,也是研究者科学精神和科学态度的一种体现。它既可以在一定程度上约束研究者的研究行为,同时也可以使读者和同行切实的了解作者所得研究结论的正确性、普遍性和适用性。

本文的解析表明,目前国内研究者在调查研究方法的运用上已越来越成熟,越来越规范。但是,缺少对研究方式、方法和过程说明,仍然在一定程度上反映出我们对调查研究方法的运用还缺少某种认识,缺少某种意识或修养。因为我们还没有认识到,研究报告和论文的结果呈现中对研究方法的详细说明,不是在浪费篇幅,不是在说废话,而是调查研究结果呈现中的必备部分。因为只有当读者明了了研究者的研究方法和过程,他对研究所得出的结论才会给出适当的评价。

从更高的标准来看,在重视了研究结果中对抽样方法、变量测量方法以及资料收集方法等进行介绍和说明的同时,我们还应对与这些方法的运用密切相关的其他问题有更深入的认识。比如对抽样中的"一般总体、调查总体与调查样本之间的关系""研究目标与抽样方式的选择""样本规模的确定依据""无回答比例的分析""抽样设计的理想目标与实践中的各种困难""样本结构的分析及样本质量的评价"等等;变量测量中的"概念操作化的多样性与相对性""指标的选择及其理论的或经验的依据""具体指标的效度与信度衡量"等等;资料收集中的"匿名性的正确运用""访谈过程的质量监控策略""不同接触方式的效果""不同类型调查员的影响"等等,以及统计分析中"对多元统计方法的误用、错用和滥用""对统计分析结果的正确解释""统计分析与理论分析的关系及其结合"等等。研究者只有对研究过程、操作效果、方法局限等等方面做到心中有数,才能在得出调查结论时做到实事求是,恰如其分。

参考文献

邓锁等:《问卷调查研究:第二个10年的发展与分析》,《华中理工大学学报》2000年第3期。

风笑天等:《我国社会学实地研究评析》,《社会学研究》1997年第2期。

风笑天:《浅谈当前抽样调查中的若干失误》,《天津社会科学》1987年第3期。

风笑天:《社会学方法二十年:应用与研究》,《社会学研究》2000年第1期。

风笑天:《社会学研究方法》,中国人民大学出版社2001年版。

风笑天:《我国社会学恢复以来的社会调查分析》,《社会学研究》1989年第4期。

风笑天:《我们的社会学方法水平可以打几分?》,《华中理工大学学报》1999年第3期。

〔英〕罗斯:《当代社会学研究解析》(林彬等译),宁夏人民出版社1988年版。

都是指标惹的祸*
——小议大学排名

近些年来,各种排行榜层出不穷。而由一些机构一年一度发表的"中国大学排名""中国大学评价"更是不断触动着社会的神经,引起广大学生、家长、学校、媒体以及整个社会的广泛关注。有的学校因为被某排行榜排得名次靠后,因而要向排名者讨个说法;有的要对排名者和宣传者进行声讨,还有已毕业的高校学生甚至因为其母校被排行榜排得不合理而要诉之法律将排名者告上法庭的。

由高校排名所引发的争论很多,排名者也因此名声大振。人们在看待这些排名时,往往会产生一系列相关

---

* 本文原刊于《社会学家茶座》2004 年第 9 期,原文为《小议大学排名》。

的疑问:为什么同样是对中国的大学进行排名,不同排名者的结果却不尽相同？这些排名科学吗？各种排名的结果究竟可不可靠,究竟可不可信？我们又该怎样看待这些排名呢？

要回答这些问题,先要看看这些排名是怎样形成的。

我们可以先举一个生活中的简单例子。假设我们想对一个班的学生进行"身体好坏"状况的排名,即从"身体最好"的学生排到"身体最差"的学生。你会怎么做呢？会用什么标准来衡量呢？"身高、体重"——或许我们首先会想到这两条。不是吗？各种体检首先测量的就是这两条。是的,我们可以用它们来衡量。可有人会说,这不够,还应该测量心率、脉搏、血压;也有人说,还应该再加上血常规、肺活量、肝功能、血脂、视力、听力……

实际上,各种大学排名所采用的方法与我们进行学生身体好坏的排名所采用的方法基本一样。不同的排名者首先将"大学质量"分成若干个大的方面,然后在每一个方面采用或多或少、或这或那的一些指标,对每一所大学进行同样的测量;再根据一定的公式计算出它们在每一个大的方面的得分;然后将各方面得分加在一起,构成每所大学的总得分;最后按每所大学总分的高低,排出他们名次的前后,并形成各种不同的"排行榜"。

既然排名者所用的方法都一样,为什么排名的结果却不同呢？这主要是因为他们所划分的大的方面有所不同,所采用的那些"或多或少、或这或那"的测量指标互不相同,他们所采用的计算公式也不尽相同的缘故。简单地说,就像测量身体状况时,有人用身高、体重来测量,有人用身高、体重,加血压、血脂来测量,还有人则用听力、视力、肺活量、肝功能来测量一样。

那么,究竟应该用什么样的指标来测量一所大学的好坏呢？或者说,哪些指标是测量大学质量好坏的"标准的尺子"呢？很遗憾,这是一个没有"标准答案"的问题。因此,目前对于大学质量的任何一种排名,无论排名者自认为如何如何,可以说都是不标准的,或者说,都是存在某种缺陷的。

为了说明这一点,让我们举一个目前影响比较大的评价为例子吧。

如果今天我告诉你:南京工业大学、江苏大学、合肥工业大学、青岛大学、广西大学,这些被排名者排在70—80名的大学,它们的本科生培养比排名全国第一和第二的清华大学和北京大学还要好;[①]或者告诉你:排名

---

① 见中国管理科学院科学学研究所《中国大学评价》课题组2003年的评价结果。

排在第 94 名的河北师范大学、第 95 名的华北电力大学,以及排在第 97 名的长安大学的本科生培养都与北大和清华不相上下,①你肯定不会相信,打死了你也不会同意。但通过全国影响最大的、"在大学评价领域稳定地居于国内领先地位"的评价组认真统计和精确计算出来的结果就是如此。这是事实!不信,你可翻出它们的排名表看一看。

那么,究竟是我们的直觉和判断有错误,还是评价组认真计算出来的结果有错误?!

我们的直觉和判断或许是对的,但我们的依据又在哪里?评价组的结果更有可能是错的,但他们却有大量的、官方公布的统计数据作为依据——他们在用事实说话。"任何单位和个人若对《中国大学评价》的排名有怀疑,都可以用同样的方法和数据重复和检验《中国大学评价》的真实性"。评价组的这些话在公开地向一切怀疑其结果的人表明其研究的真实性和确定性。我们究竟该相信谁呢?现实就是这么让人为难,让人不可思议。

问题出在哪里呢?看一看评价组所用的指标和计算得分所用的方法,或许我们能明白点什么。根据评价组的报告,"本科生教育的得分等于被评价大学的毕业生人数乘以生源质量"②。一个显而易见的事实是,无论用什么样的公式和权重计算,北大清华的生源质量绝对不会比上述那些学校的生源质量差。那么,要差只能差在毕业生人数上了。想想小学算术中 3×6 等于 18,但 5×4 却可以等于 20!生源质量低的学校只要毕业生规模大,同样可以比生源质量高但毕业生规模小的学校的得分高的。比如,650 分×1000 人 = 650000 分,而 550 分×3000 人 = 1650000 分,后者就会比前者整整多出 1000000 分,或者说前者只是后者的零头!(评价组的计算当然不是这么简单,这里只是用来说明原理)这个例子甚至可以在一定程度上说明,如果计算公式设置不当,这种本科生教育的得分几乎不由"生源质量"决定,而差不多完全由"毕业生规模"确定了。

现在读者可以和我们一起来揭开谜底:之所以排在 70—80 名的江苏大学、合肥工业大学、南京工业大学、青岛大学、广西大学,排在九十多名的长安大学、河北师范大学、华北电力大学的本科生培养得分会与排名全国第一、第二的清华大学、北京大学不相上下,甚至略高,关键是它们的学

---

① 见中国管理科学院科学学研究所《中国大学评价》课题组 2003 年的评价结果。
② 见《21 世纪经济报道》2004 年 1 月 14 日。

生规模比北大清华大得多!请见笔者从网上查到的几所学校的本(专)科招生规模,见表1:①

表1

学校	招生规模	年份
北京大学	2833	2003年
清华大学	2300	2003年
江苏大学	6815	2003年
合肥工大	6700	2003年
河北师大	5680	2003年
南京工大	4985	2003年
长安大学	4900	2002年
华北电力大学	4820	2003年

现在的问题是:一所大学的学生越多,它的教育质量或学生的培养质量就越好吗?恐怕不会有多少人会对此做出肯定的回答。实际上,虽然学生规模在大学评价体系中可能是一个重要的指标,但决不会重要到如此显著的地步(特别是当我们考虑到近一些年各地大专院校合并的因素,这种数量更是一个不可靠的指标)。因此,应将大学生数量放在一种适当的位置来看待。其实,学生规模就像人的体重一样,并非是一种越大就一定越好的事物。美国最好的大学并不是学生规模最大的大学,中国最好的大学也不是学生人数最多的大学。

客观地说,数量会在一定意义上,或一定程度上说明质量。但千万不要忽视了这个"一定意义上"或"一定程度上"所暗含的限制。这一点或许可以拿研究生招生来说明:一所大学"能招收"与"不能招收"研究生,可能反映了学校水平的较为本质的区别;每年招几千名研究生与招几百名,或者招几百名与招几十名,这种数量上的差别可能反映了学校水平的重要差别;而招2500名与招2400名、2300名,或者招700名与招600名、招80名与招70名等等,则基本上就不算什么区别了。

话说回来,我们首先应该思考:大学的质量究竟是一种什么样的东西?它究竟是像体积一样可以用长宽高或者半径来测量的东西,还是像油画、照片、雕塑一样只能靠审美观来评价的东西?或者两者兼而有之?

---

① 各校招生数字均取自各学校网页。

进而我们可以思考:为什么评价组采用的只是"人才培养"和"科学研究"两个一级指标,而不是采用诸如"教学水平""科研水平""学风校风""校园环境"这样的一级指标,或其他不同数目、不同内容的指标,比如"师资队伍""管理水平""毕业生就业率""考取研究生比例"等等?最后才是上述我们所探讨的具体测量指标和计算公式的合理性、科学性、全面性。这里面其实还有许多可以探讨、思考、推敲、完善的东西,还有许多值得进一步深挖、深究的东西。

最后,我们该怎样看待各种大学排名(以及其他各种各样的排名)呢?我想最关键的是要明白以下两点:

第一,没有完全客观的衡量尺度。任何指标体系的构成,测量指标的选取,指标权重的分配,都离不开研究者主观因素的参与决策,因而,说得极端一点,任何排名在一定程度上都可以说是一种"人为"的结果;至于这种"人为"结果能否接近客观的现实,则与研究者的水平有很大关系。

第二,评价大学质量时不存在绝对的、统一的、唯一的标准。任何指标体系都是相对的、局部的、不全面的、有偏的。因而,任何排名的结果都只能在一定程度上反映现实。或者说,所有大学排名都只能在有限的、相对的范围内反映现实。

明白了这两点,再来看排名榜时心态就会放平,就不会把排行榜奉为至尊。比如说,各种排名榜基本上都是清华北大领头,不同学校集团间的差别层次基本上也清晰可见,众多名不见经传的学校始终进不了排名榜,在这种意义上,我们可以说排名榜是科学的,基本上反映了客观现实;但如果非要仔细地去看得分的多几分与少几分,非要去论名次的前几位后几位,则大可不必。因为这种排名是不可能做到"客观""精确"的测量,也不可能给出确定无疑的正确结果的。简单一点说,越粗略地看待这种排名,其结果就会越正确,排名本身也越科学;反之,越精确地看待这种排名,其结果可能就会越不正确,其排名也可能越不科学。因此,当你看到某所大学排在六十几名,你就应该把它看作是某个层次中的一所大学,比如说是四十几名到八十几名这个大范围中的一所大学就行了,或者说它与这个范围中的其他大学相差不多。这样来评价这所大学时,误差一定很小。相反,如果它排在第64名就一定要说它肯定比第63名的大学差、比第65名的大学好,那么,这种评价与现实情况相左的概率就会大大增加。

总之,大家应该始终记住的是:这种大学排名只有相对意义,千万不要把它的结果当真!

社会学恢复以来的社会调查分析[*]

社会调查是人们认识社会、研究社会的重要方法之一。1979年我国恢复社会学研究以来,广大的社会学工作者、科研人员、大专院校师生以及各级实际调研部门的同志,纷纷深入社会生活的各个角落,进行了许多内容不同、形式不同、范围不同、规模不同的社会调查,在把社会学理论应用于实际、解决我国面临的各种社会问题方面取得了较大的成效。

今天,回顾近十年来我们在社会调查方面所走过的道路,认清进一步提高我国社会调查水平所面临的课题,对于我们创建具有中国特色的社会调查方法体系,更好地发挥社会调查在"四化"建设中的作用都有着十

---

[*] 本文原刊于《社会学研究》1989年第4期,原文为《我国社会学恢复以来的社会调查分析》。

分重大的意义。

一、现状两种模式及其问题

要全面地描述近十年来我国社会调查方法的现状,仅凭个人的耳闻目睹和主观印象是远远不够的,必须借助某些较客观的手段。为此,笔者选择了发表在中国社会学学会和中国社会科学院社会学研究所主办的社会学学术刊物《社会学通讯》《社会调查与研究》及《社会学研究》上的所有社会调查报告作为分析的样本,逐篇研究了它们所采用的调查研究方法,并对其中的调查方式、资料收集方法以及资料处理和分析的方法与技术进行了初步的统计(结果见表1—表3)。由于这三个刊物在1982—1988年这段时期内,是国内社会学界的主要学术刊物,它既反映了我国社会学界理论研究和经验研究的总体水平,也反映了我国社会调查的面貌和发展状况。所以,这些调查报告所反映的情况对近几年来我国社会调查方法的现状具有较强的代表性。以下是统计的结果:

表1 各种调查方式使用情况统计表　　　　(单位:篇)

		调查报告数	个案及典型调查	抽样调查				普遍调查	调查方式不明
				随机抽样	非随机抽样	不清楚	小计		
社会学通讯	(1982)	9	4		2	1	3		2
	(1983)	16	6	2	3	5	10		
	(1984)	16	9	2	1	3	6	1	
社会调查与研究	(1985)	15	4	3	2	6	11		
社会学研究	(1986)	14	8	1		3	5		1
	(1987)	13	3	6		2	8		2
	(1988)	11	5	3		2	5		1
合计		94	39	17	9	22	48	1	6
%		100	41.5	18.1	9.6	23.4	51.1	1.1	6.4

表2 各种资料收集方法使用情况统计表 （单位:篇）

		调查报告数	问卷法	访谈法	座谈法	二手资料	方法不明
社会学通讯	（1982）	9	3	3	1	3	1
	（1983）	16	9	2	1	2	2
	（1984）	16	3	1		6	6
社会调查与研究	（1985）	15	9	3	2	2	4
社会学研究	（1986）	14	3			7	4
	（1987）	13	7	1		2	3
	（1988）	11	5			3	3
合计		94	39	10	4	25	23
%		100	41.5	10.6	4.3	26.6	24.5

注:各种方法合计总数大于94,这是由于有的调查同时采用了不止一种资料收集方法所致。

表3 各种资料处理、分析及表达方法使用情况统计表 （单位:篇）

		调查报告数	百分比及分类统计表	统计图	交互分类表	统计检验	相关分析	回归分析	列举数据事例	计算机处理
社会学通讯	（1982）	9	6	1					3	
	（1983）	16	10		2	1	2	1	3	2
	（1984）	16	7	5					6	1
社会调查与研究	（1985）	15	6	2	1	2	1		5	3
社会学研究	（1986）	14	4		1		1		8	1
	（1987）	13	7		4		1		5	1
	（1988）	11	5	1	1	1	1		6	
合计		94	45	10	9	5	7	1	36	8
%		100	47.9	10.6	9.6	5.3	7.4	1.1	38.3	8.5

注:各种方法之和大于94,是因为有的调查同时采用了不止一种资料处理及分析方法。

上述统计结果从不同的方面粗略地向我们展示了近年来我国社会调查方法的现状,归纳起来主要有下述特点：

第一,在调查方式上,基本上为抽样调查与个案(包括典型)调查两种,并且这两种方式所占比重相当。但是,在抽样调查中,真正采取科学的随机抽样的却只有 1/3,而抽样方式不明的竟占了将近一半。在这些抽样方式不明的社会调查报告中,研究者往往只说"对××进行了抽样调查",至于究竟如何抽的样,读者则全然不知。

第二,在资料的收集方法上,当前的社会调查主要采取问卷法和收集二手资料的方法。同调查方式的情形十分相似的是,大约 1/4 的社会调查报告对其资料是如何收集的也未作任何说明。调查者往往只用"对××进行了调查"之类的话一带而过。

第三,在资料的处理、分析和表达方法中,显然以分类统计表和列举数据、事例二者为主。至于其他方法则很少采用,比重一般都在 10% 以下。

这些特点反映出当前我国的社会调查在方式上采用传统的个案调查、典型调查以及非严格的抽样调查比较普遍,而真正符合现代社会调查要求的随机抽样调查的比例则比较小;资料收集方法上开始注重数量化资料的收集,但在处理、分析和表达方法上却对社会统计分析方法运用不够,使得社会调查的层次基本还处在一般的描述上。

为了进一步了解现状,我们又按抽样和个案(包括典型)这两种主要的调查方式对资料收集方法和资料处理、分析、表达方法进行了交互分类,结果见表 4:

表 4 两种调查方式与资料收集及处理、分析、表达方法交互分类表

(单位:篇)

	调查报告数	问卷法	访问法	座谈法	二手资料	方法不明	百分比及分类统计表	统计图	交互分类表	统计检验	相关分析	回归分析	列举数据事例	计算机处理
抽样调查	48	37	4	3		8	39	7	9	5	7	1	2	8
个案及典型调查	39	1	3	1	23	12	6	3					31	

注:同表 3。

表 4 表明,采用不同调查方式的社会调查,在资料的收集、处理、分析及表达方法上存在明显差异。这种差异向我们揭示出,在当前的社会调查实践中,人们所运用的不同方式和方法之间存在着某种内在的联系,即

抽样调查往往采用问卷法收集资料,且结果的分析和表达较多地采用统计表格的形式而个案及典型调查则较多采取收集二手资料的方法(主要是被调查单位或社区已有的统计资料),其结果的分析和表达则主要采取列举数据和事例的形式。这种内在的联系构成了当前社会调查的两种主要模式,这就是"抽样—问卷—统计表格"的模式和"个案及典型—二手资料—列举数据事例"的模式。这样两种不同模式并存的状况,反映出当前我国的社会调查方法既受到以毛泽东农村调查为代表的、我党长期坚持和提倡的传统调查方法的影响,又受到近年来传入我国的西方现代社会调查方法的影响。

通过对这 94 篇社会调查报告的初步分析,我们看到,两种模式的社会调查都存在一些问题。比如在"个案及典型—二手资料—列举数据事例"模式中,首先是调查的代表性问题。那些对一个或几个乡村、一个或几个镇县的调查结果,究竟能在多大程度上反映其他乡村镇县的情况?调查了这一个或几个"点",我们心中对整个"面"又有多大程度的把握?要达到了解社会的目的,固然少不了这种个案及典型的调查,但若仅满足于此,却又是远远不够的。其次是这种收集二手资料的方法。被调查单位或社区已有的统计资料虽然是我们了解这一社区的背景、历史和发展状况的重要材料,但是由于这种材料一方面包括的内容十分有限,它没有关于人们的态度、意愿、行为及其他特定项目的统计;另一方面它的可靠性、准确性有时也难以判定。所以,仅由这种资料得出的调查结果往往既有其描述范围有限的弱点,又存在片面反映社会现实的可能性。而在"抽样—问卷—统计表格"模式中,每一环节上也都出现了不少失误。首先是抽样。前面表 1 中就已表明,真正按照科学的抽样方法进行的调查只是很少的一部分,大部分抽样调查还没有通过抽样这一关。因此,在许多抽样调查中,失误之处不少(关于这方面的情况,可参见拙作:《浅谈当前抽样调查中的若干失误》,《天津社会科学》1987 年第 3 期)。其次是问卷法。由于问卷法具有省时、省力、省钱、应用范围广、调查范围大、便于统计分析等优点,所以,近年来被普遍采用。但是,由于有的研究者并没有真正理解问卷法在整个社会调查过程中的地位和作用,没有抓住问卷法的实质,所以,在问卷调查中也产生出不少问题,既影响到社会调查的顺利进行,又影响到调查结果的质量(关于这方面的情况,可参见拙作:《问卷设计中常见错误浅析》,《社会》1986 年第 4 期;《要为回答者着想——社会调查问卷设计中一个值得注意的问题》,《福建论坛》1986 年第 5 期;

钟元俊：《要提高社会调查的科学性》，《社会学研究》1986年第6期）。最后，在调查结果的分析和表达上，仅仅采用分类统计表还是很不够的。因为这种统计表只能给出调查对象的最一般和最表面的信息百分比也只是对事物特征的一种最基本的数量描述，它远不是定量分析的全部。而我们有些调查报告则仅仅满足于得出这种分类统计表，其分析仅仅停留在这种百分比的直观的解释和说明上，并且过分地贴近资料，有的甚至只是用文字将统计表的结果叙述一遍，而没有运用其他的统计分析工具去深入揭示出事物内在的数量关系。

二、提高我国社会调查水平所面临的课题

以上我们只是从具体方法上粗略地描述了当前我国社会调查的现状和存在的不足。现在的问题是：怎样才能进一步提高我国的社会调查水平？要回答这个问题，我们就必须站到比具体法更高的层次，即站到社会调查方法论的层次上来进行分析。因为具体方法犹如工具，只是一个学会操作的问题。而要进行一项成功的社会调查，需要的就不仅仅是会使用工具，更重要的则是要知道在什么情况下使用什么样的工具，即知道怎样恰当地运用各种不同的方法来为调查的总目标服务。我认为，以下三个方面就是我们在提高我国社会调查水平的工作中首先面临的课题。

（一）描述与解释的关系问题

我们知道，社会调查作为人们认识事物、认识社会的一种工具，既可以用来描述特定的事物或社会现象的规模、特点、性质、状态等等，也可以用来解释特定事物或社会现象形成、变化和发展的原因以及不同事物或现象间的关系。从人们认识事物的先后顺序来说，常常是先要了解事物的现状，然后才能对其原因及相互关系进行研究和作出解释。即先要知道"是什么"（What）和"怎么样"（How），才能进一步回答"为什么"（Why）。因此，从这个意义上说，社会调查的描述作用是重要的，它是我们认识社会现象的基础。也正因为如此，恢复社会学研究以来的这些年里，我们的绝大部分社会调查都着眼于摸清情况，描述现状，都着力于回答现实社会中的许多"是什么"和许多"怎么样"。以1986年《社会学研究》上刊登的社会调查为例，14篇调查报告中就有一篇完全属于描述性的调查。它们的结果大多回答的是诸如"状况怎么样""地位和作用是什

么""有哪些变化""特征和趋势是什么"之类的问题。而有些论述社会调查的著作中,也把了解情况作为社会调查研究的唯一目的,如"一切调查研究,都是为了了解实际情况,为了认识客观世界的规律性"(洪彦林,1984:15)。

然而,从科学研究的最终目的来说,我们进行社会调查,是要"致力于解释社会事件,即致力于找出社会现象形成的原因"(David Dooley,1984:8)。仅知道"是什么",只能反映人们对社会现象有了基础的、直观的、感性的认识,而只有明白了"为什么"才能反映人们的认识上升到了本质的、抽象的和理性的层次。从这个意义上说,社会调查仅仅满足于对情况的了解、对现状的描述是十分不够的。要达到对社会现象的真正理解和把握,还必须在这种了解和描述的基础上更进一步——通过寻求现象背后的原因,寻求大量偶然事件背后的必然规律,以达到对社会现象进行解释、说明和预测的目的。这应该说是社会调查的更重要的任务。正是在这一点上,我们的社会调查显得十分薄弱,还没发挥出它应该发挥的作用。

要改变这种状况,使社会调查的层次从描述上升到解释,我认为最重要的就是要加强社会调查同理论之间的联系。"如果我们的观察要帮助我们理解事物发生的原因,它们就必须同理论结合"(David Dooley,1984:9)。

把我们的社会调查同老练的社会学家所作的社会调查相比较,一个十分明显的区别就是二者在同理论的关系上大不一样。我们的社会调查一般很少围绕理论的目标进行,即很少有社会调查是为着建立理论或检验理论的目的,常常只是为了"了解情况"。正是由于没有明确的理论目标,所以,有些社会调查在资料收集、结果分析中常常带有很大的盲目性。老练的社会学家所进行的社会调查往往都有明确的理论目的,而不是仅仅停留在对现状的了解上。他们收集资料的目的,不仅仅是为了说明现状,更多地是为了检验假设,并通过对假设的证实或证伪来达到建立或检验某种理论的目的。当然,他们这里所说的理论,并不是那种体系庞大、结构复杂的大型理论,而是一种同某一社会现象相联系、对事物发生的原因及相互关系所作的解释性陈述。用他们的话说,"所谓'理论',就是一组系统地相互关联的命题"(克特·W.巴克,1984:13),是"对因果联系的一种尝试性的、初步的解释"(David Dooley,1984:27)。正是由于他们在社会调查中注意同理论相联系,所以他们的调查才具有十分明确的目的性,其结论也才具有较强的解释能力。

社会学家强调社会调查同理论的联系,最集中地体现在他们的社会调查一般都有理论假设这一点上。国外凡是论述社会调查方法的著作,都少不了要大谈假设在社会调查中的作用、理论假设同具体研究之间的关系等等。一方面,他们把假设看作沟通思辨层次的理论同经验层次的观察之间的桥梁。正是通过假设,思辨层次的抽象理论可以在经验层次接受具体事实的检验而社会调查中所得到的经验材料,也正是借助于对假设的检验,成为理论大厦中的砖和瓦的。另一方面,他们把假设看作进行具体社会调查的指南。他们认为"假设是在进行调查之前预先设想的、暂定的理论,根据这个理论决定在实地调查中应就哪些主要因素收集资料"(福武直、松原治郎,1986:21)。"在探索因果关系的卫剑查中,假设的重要性更大"(福武直、松原治郎,1986:22)。在实际社会调查研究过程中,"假设的提出,指引着研究走向某些特定事实"(克特·W.巴克,1984:19)。而"没有假议的指引,我们就不知道观察什么,寻找什么,也不知道做什么样的实验来发现日常生活中的秩序"(Peter H. Mann,1985:46)。可以说,理论假设是社会调查中不可缺少、非常关键的一环。而目前我国社会调查所欠缺的,正是这种把调查同理论相联接的假设。因此,要使我国的社会调查在层次上提高一步,要更好地发挥社会调查的解释作用,我们就不能不注意社会调查与理论的关系,就不能不下功夫学会建筑这种联系二者的桥梁的方法。

(二)归纳与演绎的关系问题

我们知道,归纳和演绎是逻辑推理中的两种形式,也是人们在社会调查中、在科学研究中发现规律、认识真理的两种思维方法。对于社会调查的实践来说,归纳意味着人们从观察社会现实开始,然后形成某种概括来说明所观察现象的特征、性质及关系等,而演绎则意味着人们从某种一般的规律出发,把这种一般规律应用到某个特殊的现象中,以检验这一规律的正确性。

由于我国当前的社会调查很多是为着"了解情况"的目的,因此其层次往往停留在一般描述上。而这一特定目的和研究层次又决定了整个社会调查研究的逻辑推理偏重于归纳。在前面指出的两种社会调查模式里,虽然它们在具体方法上各不相同,但它们的整个逻辑框架却是一致的,这就是:调查——分析——结论。它们的逻辑起点都是社会现实,而终点都是理性的结论。应当承认,归纳的方法是人们从感性认识上升到理性认识、从大量特殊事物中概括出一般规律和特点的有力工具。但是同时还应该看到,这种单一的逻辑推理过程并不是社会调查研究的全部道路,人们对社会现象的认识也并非仅仅依靠这种综合的思维。

为了说明这一点,让我们来看看现代社会调查中的逻辑程序,即"初步探索——理论假设——资料收集——验证假设"。在这种程序中,既包含了归纳推理的过程(初步探索——理论假设),又包含了演绎推理的过程(理论假设——资料收集——验证假设)。而目前我们许多社会调查的程序则主要是"资料收集——理性认识",整个过程中只有归纳,而无演绎。这种逻辑程序上的差别给了我们一个重要的启示,这就是我们忽视了社会调查作为检验理性认识的工具的作用。我们仅把社会调查看作是人们"了解情况""认识世界"的工具,而没有意识到它也能用来检验认识、检验理论。换句话说,就是在"实践——认识——再实践——再认识"的过程中,我们往往认为社会调查只是在"实践——认识"和"再实践——再认识"阶段起作用,而在"认识——再实践"这一环节中则排除了社会调查的作用。虽然我们对于把这种从实践中得到的认识再放回到实践中去检验的思想是十分明确的,可是我们对这种检验的途径的理解却狭窄了一点,没有像成熟的社会学家那样有意识地运用社会调查来进行检验。

应该说,社会调查研究的过程,总是包含着归纳与演绎的交替使用。这两种方式在人们认识社会的过程中相互补充,发挥着各自不同的功能。我们要提高我国社会调查的水平,也不能不注重二者的紧密结合。

（三）定性与定量的关系问题

长期以来,我们的社会调查的特点主要是定性的研究。在这一方面,我们已经积累了一定的经验。但是,在定量研究方面却明显地暴露出我们的弱点。如前面所统计的94篇调查报告中,用计算机处理数据资料的仅占8.5%;而运用社会统计方法来处理、分析资料的更少;还有些定量研究方法如多元分析、网络分析等则尚未见到使用。大部分抽样问卷调查所得的结果只是各种答案的人数和百分比。它们虽然采用了定量研究的某些手段,但实质上却并没有跳出定性研究的框框,常常只是将"个案和典型"变成了"抽样",将"座谈访问"变成了"问卷表",将"举例说明"变成了"举数说明",将"大多数、少部分"这样的模糊语言变成了"80%、30%"这样的精确数字而已。因为定量研究不仅仅是采用某些定量的手段和工具,也不仅仅是统计几个百分比、运用几个统计数字,而是要用数学的和统计的方法去揭示社会现象产生的原因和它们之间的相互关系。

我们知道,社会现象比起自然现象来更为复杂,随机性也更大。但是复杂性和随机性并不表示它没有规律可循。因为在大量的偶然现象的背后,总是存在着客观的、必然的规律性。正如恩格斯所指出的:社会现象"似乎总的来说同样是由偶然性支配着的。但是,在表面上是偶然性起作用的地方,这种偶然性始终是受着内部隐蔽着的规律支配的"(恩格斯,1972:227)。这种隐蔽着的规律,就是统计规律。对于这种规律性,人们是很难从一两个特殊事例中依靠主观的、思辨的分析去发现和证实的,它在人们的主观意志面前的确常常是"随机的"。但是,建立在概率论基础上的数理统计方法却正是揭示这种规律性的重要工具。定量研究采用随机抽样方法、统计分析方法等等,也正是为了寻求这种大量随机现象背后的统计规律性,并通过对这种统计规律性的认识来从本质上解释社会现象的。这也就是为什么我们在进行社会调查研究的过程中强调定量的特点、强调统计方法的原因。

1986年3月,费孝通教授在《重建社会学的又一阶段》一文中指出"自从一九七九年重建社会学以来已经有六个年头了。目前,初建的第一阶段可告结束,我国社会学开始进入第二阶段"(《光明日报》,1986)。可以说,从单纯的描述走向描述与解释并重、从单纯的归纳走向归纳与演绎的结合、从单纯的定性走向定性与定量的结合,就是我国社会调查进入"第二阶段"的起点,它同时也是我国社会调查发展道路上的一级新的台阶。

参考文献

Dooley, David, *Social Research Methods*, Prentice-hall Inc., 1984.

Mann, Peter H., *Methods of Social Investigation*, Basil Blackwell Inc., 1985.

〔德〕恩格斯:《路德维希·费尔巴哈和德国古典哲学的终结》,载《马克思恩格斯选集》第4卷,人民出版社1972年版。

〔日〕福武直、松原治郎:《社会调查方法》(王康乐译),湖南大学出版社1986年版。

《光明日报》1986年3月26日第4版。

洪彦林:《论调查研究》,求实出版社1984年版。

〔美〕克特·W.巴克:《社会心理学》(南开大学社会学系译),南开大学出版社1984年版。

近五年社会学方法研究述评[*]

社会学方法不仅是社会学学科体系的重要组成部分,同时也是社会学自身发展与实际运用的有力的杠杆。自1989年以来,广大的社会学工作者,继1979年恢复社会学十年,在社会学方法的学习、运用的基础上,深入探讨,总结方法实践经验,在社会学方法的应用及对社会学方法的研究两个方面,均比前十年有所发展和提高。

一、社会学方法研究概述

(一)基本情况概述

从80年代中期开始,随着各个领域中经验社会学

---

[*] 本文原刊于《社会学研究》1995年第1期。

研究的不断展开,社会学研究者在研究实践中逐渐遇到一些社会学方法的问题。其中一些研究者便结合实践开始了对社会学方法问题的研究。这一时期的研究较多地集中于社会研究,特别是社会调查的具体方式、方法及操作技术方面,一些研究更是针对实际研究中所出现的问题和缺陷。论及较多的问题主要有社会调查的概念及体系问题、毛泽东社会调查方法的作用问题、抽样方法问题、问卷设计及问卷调查方法问题、调查程序及调查误差问题、资料的定量分析问题等等。从所发表的论文的数量看,这一时期也较之恢复初期明显增多。周贵华曾对《全国报刊资料索引》中的社会学类文章进行统计(中国社会科学院社会学研究所,1989:86),从中也可看出这种趋势(见表1)。

表1 社会学方法文章统计表

年份	1979	1980	1981	1982	1983	1984	1985	1986	1987
全部论文数	98	66	144	289	320	330	464	423	428
方法论文数	2	1	10	11	23	28	22	27	35
方法论文占比重	2%	1.5%	6.9%	3.8%	7.2%	8.5%	4.7%	6.4	8.2%

从80年代末开始,对社会学方法的研究又表现出两种新的特点:一是有关方法的论文虽然在数量上比前一时期略有减少,但从质量上看,其研究的内容更深入了,尤其是比较集中地探讨了社会学方法论方面的问题,研究者们开始超出具体方法和技术等微观领域的范围,深入到更加宏观的、整体性的问题上来。二是有相当数量的方法著作、教材在这一时期出版。从1979年内地社会学恢复至今,公开出版的社会学方法著作包括译著约有三十几本。其中约有四分之一是翻译美国、日本、苏联的著作,且多为80年代中期以前出版的。而另外四分之三由国内社会学者自己撰写或编写的方法著作,则大多在80年代末期和90年代初期出版。尽管这一批著作基本上都是有关社会调查方法而非社会研究方法的论著,但它毕竟从一个侧面反映出方法研究在系统性和理论性上的发展和提高。

自1986年11月,由天津市社会学会主办的全国首届"社会学调查方法学术研讨会"以后(津社,1987),近五年来,正式的、以社会学研究方法为主题的学术研讨会共召开过两次,也从一个方面反映出社会学界对社会学方法的研究动态。

1992年12月15—17日,由天津市社会科学界联合会与中国社会学会社会调查研究方法专业委员会筹备组联合主办的"全国社会调查研究方法学术研讨会暨中国社会学会社会调查研究方法专业委员会成立大会",又在天津召开。来自全国各地的四十多位代表参加了会议。这次学术研讨会的中心议题是如何使社会调查研究方法在社会主义现代化建设中更好地发挥作用。围绕这一主题与会代表就五个方面的问题进行了交流和讨论(津社,1993)。

一是社会调查研究方法如何在政府决策中进一步发挥作用问题。有的同志认为,首先要解决为政府决策服务在应用性研究领域中有没有学术价值这一认识问题,主张加强对应用性范式的研究还有的同志认为,当前要重视市场调研。可以搞市场专题调查,为企业组织制定经营目标和策略服务,同时带动方法的研究。

二是社会调查研究方法如何在社会学学科建设中进一步发挥作用的问题。与会同志认为,要提高社会学整体研究水平,就要把社会调查研究方法作为一门科学进行普及。每个做社会学研究的人都要认真扎实地掌握这门基本功。要完成这一任务,就需要有一套规范化的教科书,并增加成功的社会调查研究案例等内容。

三是社会调查研究方法的中国化问题。与会代表一致认为,社会调查研究方法要进一步发挥作用,就必须中国化。对国外的研究方法可以学习、借鉴,但不能原样照搬。国外的许多研究方法必须根据国内的实际情况加以调整才能行之有效。

四是社会学研究的方法论问题。主要对如何看待西方社会学方法论和如何对待马克思主义方法论的问题进行了讨论。有的同志认为,西方社会学研究方法论已走向综合,方法论的综合带动了具体方法在应用中的变化。要依据所研究的具体现象、所依据的具体理论来选择适当的方法。还有的同志认为,马克思主义实践观应是我国应用性研究领域的指导思想。

五是调查技术方面的问题。有的同志指出,问卷调查的简单化倾向是当前的一个主要问题。目前大多数问卷调查的准备过程很草率,缺少理论框架,问卷中所设计的指标、所提出的问题,效度很低,造成收集上来的资料不可信或者用处不大,使人们对问卷调查方法的科学性和作用提出疑问。

1993年8月14—26日,由美国杜克大学亚太研究所所长林南教授和中国社会学会副会长、天津社会科学院院长王辉教授共同发起和组织,并得到美国福特基金会资助的"国际社会学研究方法研讨会"在天津召开。

6名国外专家学者和名中国专家学者结合个人的研究项目和特长,在会上作了发言,其他与会代表做了自由发言(潘允康等,1994)。会议讨论的主要方面有:

理论与方法之间的关系。一些代表指出,方法的选择以理论为基础,方法的更新也是以理论为基础的。反过来,方法的使用以及所得的结果也能发人思考,促进理论研究的发展。

社会学能否使用其他学科的概念、范畴。针对有的代表所提出的婚姻市场概念及其婚姻市场分析,会议展开了讨论。一种观点认为,市场是经济学概念,用它来解释婚姻一类社会现象是不科学的;另一种观点则认为,不同学科之间概念的相互渗透和使用是一个普遍现象。经济学概念使用到社会学是可以的,但可能有不同的解释。任何一种理论都不可能解释全部社会现象和规律,能解释一部分就可以了,就能成立。

定量分析方法在社会学研究中的应用。与会代表一致对定量分析方法的使用和意义表示肯定。一些代表指出,只有将定性分析与定量分析相结合,才能准确而深刻地说明社会现象的本质。同时,还阐述了把人类学深入细致的观察方法与社会学抽样调查统计方法相结合的必要性和紧迫性。

关于中国特色的社会学方法。一些代表提出应总结和创造有中国特色的社会学方法,以适应研究中国社会,发展中国社会学的需要。另一些人则认为,提出创造有中国特色社会学、有中国特色的社会学理论和社会学方法,这是不科学的。科学无国界,社会学作为社会科学中的一个门类,是跨国界的,有共同的理论、原则、概念和方法,而不可能因国而异,一国一样。强调建设有中国特色的社会学,是要强调理论与实践相结合,要研究中国社会的特殊性,但其理论与方法与其他国家的社会学没有根本的区别。

社会学研究社会问题的着眼点问题。大家一致认为,社会现象的复杂性和社会学的综合性特征决定了社会学研究方法应该注重微观研究与宏观研究的结合。一部分学者更强调从微观出发揭示社会现象,他们指出,中国内地的某些社会学研究存在大而空的问题,其原因之一是忽视了从微观角度着眼来研究社会现象。但也有的学者认为,社会研究要全面反映社会现象的特征,就应该从宏观角度出发,把影响这一现象的所有要素和条件尽可能地抽取出来进行分析和考察。

社会学调查的具体方法问题。这是与会代表讨论得最多的问题,焦点主要集中在问卷调查、调查点的选择、观察法与访谈法、定性分析与定量分析几个方面。代表们认为,问卷调查只是诸多调查研究方法中的一种,不能代替其他研究方法。特别是在对调查对象和研究的问题没有足够了解的情况下来设计问卷和收集资料,很容易带有主观性和片面性观察法和访谈法在当今社会学研究中,仍然发挥着重要作用,特别是从事农村调查时,运用这两种方法有助于加深对调查对象的了解采用随机抽样方法选择调查点和调查对象,可以避免主观随意性。但在对所调查的问题和调查地区比较了解的基础上,运用典型调查方法确定调查点也是一种可行的途径定性分析与定量分析是人们认识社会现象的两大主渠道,二者是辩证统一的。研究者的结论要符合客观实际,就必须把两种分析方法结合起来。

（二）研究的主要方面或问题

1. 关于方法论的研究

有关方法论方面的研究主要是围绕着实证主义与反实证主义的评价进行的。李小方从分析狄尔泰到韦伯的思想演变入手,来阐明反实证主义社会学的产生背景、思想演变及其对后来西方社会学的影响,并进而对反实证主义社会学的历史地位作出批判性的分析。作者指出,反实证主义社会学是在与实证主义社会学的矛盾和对立中产生并发展的。从狄尔泰到韦伯这一历史时期的反实证主义社会学的哲学认识论基础是新康德主义反实证主义社会学从批判实证主义社会学出发,将建设独立的人文社会科学方法论体系作为自己的中心任务。它在方法论方面的积极探索,至少在以下几个方面为我们今天的社会学研究提供了一定的启示一是人文社会科学的独特性问题。它提醒我们在对人文社会现象进行实证研究的同时,不要忘记了人文临界条件。二是文化问题。将研究对象置于一定的文化背景下予以观照,并对其所涉及的文化意义和价值定向予以充分考虑,应当成为任何人文社会科学研究的初始条件。三是理解问题。如何使理解的结果合乎逻辑的操作,并使其与因果说明一致起来,是理解问题的关键所在。四是"历史的个体"问题。在现实的社会学研究中,逻辑和历史的统一,共时性的结构分析和历时性的形态分析的统一,应当成为我们努力追求的目标五是人文社会科学概念的有限范围问题。与自然科学概念的高度普适性相反,人文社会科学的概念具有较强的时空限定性,是有限普适的。

作者认为,实证方法和非实证方法都应在社会认识过程和知识结构中占有一席之地我们不能扬此抑彼,在互补的二元之间作唯一的选择。相反应该承认,作为社会研究中的不同方法,它们都起着重要作用。因此,如何使实证方法与非实证方法有机地结合起来,在实证研究过程中充分考虑到人文现象的条件,使社会学的知识蕴含着多元发展的历史指向,应当成为社会学研究的核心问题(李小方,1988)。

张小山从统一科学观的缺失到决定论原则的谬误,再到价值中立观的玄想这三个方面,系统评述了二战后日益流行的各种反实证主义思想流派对实证主义社会学提出的责难。作者认为,实证主义与反实证主义社会学的对立突出表现在认识论和方法论方面,而这又根源于两派在本体论上的不同认识,从而在社会学中形成了两种风格迥异的研究范式。在特定的社会背景和研究要求下,它们都能产生出富有价值的成果。因此,在批判地借鉴西方社会学理论与方法时,我们不可轻易地偏执于其中任何一方。

作者在结语中指出从历史上看,尽管实证主义社会学是社会学的主流,但它却有很大的局限性。科学方法并不是人们认识自然和社会的唯一有效的方法,将社会学完全自然科学化是既无可能也无必要的而一些极端的反实证主义者主张使用某种特殊的方法,比如"投入的理解",来从事社会科学研究,并从根本上排斥自然科学的方法,这也是不正确的人类社会并不服从机械的决定论,作为主体的每个具体社会成员的思考和选择都具有或大或小的能动作用。看不到社会生活中个人的主体性固然是个悲剧,但无视社会结构对个人思想和行为的制约力也同样会落入误区实证主义社会学中强调科学研究的客观性,力主排斥主观因素的干扰。而一些反实证主义者却认为信仰、旨趣等主观因素乃是知识的构成要素。在这个问题上我们应该采取辩证的态度自然科学和社会科学的相互交融,各种理论和方法的多元互补,实证主义和反实证主义之间的某些争论也会随着误解的消除而消逝(张小山,1991)。

张网成从社会与自然是否"同构"、两种方法论的争论,以及对社会学理论的影响三个方面,描述和分析了实证主义范式与现象学范式的对立。作者指出,尽管实证主义倾向和现象学倾向的社会学对社会的分析和论述均是对现实世界某种真实的探讨,并各执一端、各有主见,均为社会学学科的建立和发展做出了重要贡献。但是,由于实证主义社会学所提供的范式更接近于学科科学化的要求,由于时代对科学的提倡以及对自然科学近乎神话式的信仰,因此实证主义范式便成为社会学的主流范式——尽管现象学范式在此期间从没停止过起作用。简言之,就是实证主义范式本身蕴藏的科学性以及这个时代对科学的崇拜,决定了它的胜利而现象学范式则蕴藏了某种对学科的自我否定(张网成,1990)。

林彬通过对近几十年社会学方法论和研究方法的系统考察认为,方法论、研究方法和社会现实之间存在着复杂的相互联系。随着实证主义方法论和西方主流社会学的衰落,社会学的研究方法和调查方法更为多样化、社会学方法论更具综合性。这种综合性表现在:(1) 对实证科学的重新理解;(2) 对社会规律的重新认识各种对立的研究方法,特别是微观与宏观、客观与主观、定性与定量等研究方法的综合与相互补充。除了以上几个方面外,今后我们还应当注重静态与动态、学术研究与应用研究这两个维度的方法论的综合,并在此基础上促进社会学研究方法的进一步发展(林彬,1992)。

项葵则对社会学"价值中立"的方法论思想、整体研究的方法论思想,以及对社会学现象及其本质认识方法进行了思考和分析。作者指出,由于社会学研究的主观和客观的不可分割性,所以,要使社会学成为反映纯客观的中立学科是不可能的。由于人对人的研究是同一层次上的,因此这种研究始终处于主客观的辩证统一中,它们联系的"桥梁"就是被社会学称之为"理解"的东西,而"理解"自它产生起就不具有"价值中立"的意义在方法论的实践意义上坚持真正的整体思想似乎是不可能的。在某些研究中,整体是根据具体研究的范围主观加以确定的,即局部的整体性而在另一些研究中,整体思想显然不起任何作用,也没有任何用处。对于社会学的研究来说,坚持对社会现象作动态的分析是十分重要的。要认识一种社会现象,应当把它当作一个"现实的整体",以此作为其发展的起点,从它所引起的结果中去把握其内在的本质(项葵,1989,1990)。

2. 关于社会调查的概念

社会调查方法是社会学方法中最常见的方法。社会学恢复十五年来,社会调查方法在社会学研究中,运用得最为广泛、最为普遍;对社会调查方法的研究和探讨也最多,成果也最大。一个突出的证据是,到目前为止,内地社会学者所编写的社会学方法书籍中,除了几本是《社会统计学》外,几乎全部都是社会调查方法的著作。但是,对于社会调查这一基本概念的认识,在不同学者眼中的看法很不一样。

一个重大的差异表现在概念的名称或提法的不一致上。一部分学者称之为"社会调查",而另一部分学者则称之为"社会调查研究";另一个差异则是有的学者认为社会调查只是收集资料的工作;而另一些学者则将社会调查等同于社会研究。下面我们列举若干有代表性的观点:

一种观点认为:"社会调查与社会调查研究是有区别的。社会调查是一种收集资料的方法,它也指人们了解社会事实的活动;而社会调查研究则是一种系统的社会研究方法,它也是人们认识社会的科学活动。""社会调查研究是社会研究的一种类型和方式"。它"是在系统地、直接地收集有关社会现象的经验材料的基础上,通过对资料的分析和综合来科学地阐明社会生活状况及社会发展规律的认识活动。它包括两部分或两阶段的内容:(1) 社会调查;(2) 研究。社会调查是指运用观察、询问等方法直接从社会生活中了解情况、收集事实和数据,它是一种感性认识活动。而研究是指通过对事实资料的思维加工,由感性认识上升到理性认识"(袁方,1990:1—2)。

类似的定义还有:"社会调查研究是系统地、直接地收集有关社会现象的资料,并在此基础上加以分析的实践活动。"(戴建中,1988:15)

另一种观点认为:"所谓社会调查,就是指运用问卷或访问的方法,系统地、直接地从被调查者那里收集资料,并通过分析这些资料来认识社会现象的过程或活动。"(风笑天,1993)

这一定义与上述定义有相同的地方,这就是强调了社会调查是一种"系统的"认识活动,以区别日常生活中盲目的、零乱的、被动的认识活动同时,它也强调了收集资料与分析资料的统一,即感性认识活动与理性认识活动的统一,以区别那种仅把社会调查看作收集资料方法的认识;但它与上述定义也有明显区别:它强调主要采用问卷与访问两种方法收集资料,强调了对被调查者的直接询问,这样就把实验法、观察法,以及利用第二手资料的文献法等等,都严格地排除在社会调查概念的范围之外。

其他一些类型的观点如下:

"社会调查是社会调查研究的简称"。它"是指运用一定的理论、方法和技术,通过收集资料和分析资料,对社会现象进行考察和探索,以描述社会生活的状况、揭示社会运行的规律、提出改进社会的策略和方法的一种社会认识活动"。(苏家坡,1989)

"所谓社会调查研究是指对某一社会生活领域或社区的某一类或某些社会现象、社会问题或社会事件用种种方式、方法和技术手段实地收集有关信息资料进行整理、分析、加工,藉以描述和阐释所了解到的事实状况与问题,预测其发展变动的趋向或提出有针对性的具体方案或建议的社会实践活动"(于真等,1986:1—2)。

"社会调查是人们在一定的理论指导下,有目的有计划地运用特定的方法和手段,收集有关调查对象的信息资料,并作出描述、解释和对策等的社会认识活动"(徐经泽,1994:5)。

3. 关于社会调查的方法体系

纵观大陆社会学界对社会调查方法体系的认识,可以看出大体上形成了某种共识,即基本上都将这一方法体系划分为三大块,或三大部分,即方法论、基本方法以及具体方法与技术(袁方,1990;风笑天,1993;徐经泽,1994),或者是方法论、基本方法以及具体技术与工具等(仇立平,1985;李哲夫、杨心恒,1989:5);也有的分作一般方法(即方法论)、具体方法,以及基本程序三部分的(宋林飞,1990:13)。

然而,关于这三部分的具体内容,不同研究者的看法互不相同,有些方面的差异还较大。这些差异反映出研究者对社会调查基本概念、社会调查在社会研究中的位置、社会调查的作用等的不同认识。

首先,关于方法论部分,第一种观点认为,"社会调查研究的方法论是由不同层次、相互联系的三个方面组成的,即马克思主义的哲学方法论、社会学的学科方法论以及逻辑方法论"(仇立平,1985);

第二种观点认为:"调查研究的方法论是人们的思想方法和科学的一般方法在社会调查研究中的体现和应用,它提供了调查研究的指导思想。"它由科学方法论、社会科学方法论,以及社会研究方法论三部分构成。(袁方,1990)

第三种观点认为,社会调查的方法论,"就是研究各种具体方式方法的特点、作用、长处和短处、研究作为科学方法之一的社会调查如何贯彻一般科学方法的逻辑程序的学问。"它所关心的是如何建立起理论与事实之间的联系、社会调查将面临那些哲学的、法律的以及伦理的问题、如何保证和提高调查结果对现实的代表性、如何检验调查过程和调查方法本身所带来的各种偏差这样一类问题。(风笑天,1993)

第四种观点认为,"社会调查方法论是从理论上论述调查者应该站在什么立场上,运用什么观点、遵循什么原则,去认识和研究调查对象,方能获取正确的科学成果。"它"是社会调查的指导思想,是调查者在调查活动中始终要遵守的一些原则"。(徐经泽,1994)

第五种观点认为,方法论是指导调查研究的基本理论包括哲学观点和理论、具体学科的专门理论和原则以及具体的理论构架。它主要包括四方面内容,即关于认识的根源和认识的一般规律的理论、社会调查必须遵守的一般原则、根据上述理论和原则来论证和创造社会调查中所用的基本方法,以及指导具体研究的专门理论和研究假设(李哲夫、杨心恒,1989)。

还有一种认识则是将社会调查研究的方法论概括为五个基本观点,即历史的观点、社会的观点、几率的观点、整体的观点以及透视的观点(宋林飞,1990)。

从上述简单介绍中不难看出,不同研究者理解方法论的角度、层次有所不同,因而他们眼里的方法论在内涵、范围等方面也互有差别。

其次,关于社会调查的方式,主要有两类不同的看法。较多的研究者认为,依据调查对象的范围、研究的程序、资料性质、具体操作方法等特征,可将社会调查划分为四种最基本、最常见的方式,这就是普遍调查、抽样调查、典型调查和个案调查(徐经泽,1994);另一些研究者则往往将这一层次称为基本调查方法,其内容包括的范围较广泛,也较为杂乱一些。比如,有的认为其包括观察法、实验法、比较法、个案法、典型法、抽样法、普查法等等(李哲夫、杨心恒,1989);有的则将其分成一般方法与特殊方法两部分,一般方法中主要有社会调查法、比较法、演绎法和归纳法等,而特殊方法中则主要有个案研究法、统计调查法、社区研究法、实验法、理想比较法、语义分析法、社会测量法、系统研究法、数学法等等(仇立平,1985)。显然,这种看法中存在着对社会调查方法、社会研究方法及科学方法的概念、范围、对象等方面的模糊认识。

4. 关于毛泽东农村调查方法

毛泽东等一批革命领袖在中国新民主主义革命时期所采用的农村调查方法及其相关的理论、思想和观点,不仅长期为中国共产党人所运用,同时也影响到社会学界,受到社会学研究者的重视与肯定。

陆学艺等指出,毛泽东调查研究理论在认识论和方法论方面的历史性贡献主要表现在以下几方面:第一,调查研究是认识世界和了解中国国情的基本方法,是理论与实践相结合的桥梁;第二,指导调查研究的方法是马克思主义的阶级分析方法和群众路线方法;第三,搞好调查研究工作的正确态度是实事求是和甘当小学生,虚心向群众学习的态度;第四,调查研究是转变党的作风的重要环节,也是党的建设的重要内容,改造人的世界观的基本途径;第五,丰富了调查研究方法的内容,指明了调查研究的基本形式是开调查会,基本方法是典型调查(陆学艺等,1991)。

苏驼指出,我们在研究党的社会调查研究方法的时候,首先要注意研究毛泽东同志关于调查研究的理论和实践。作者认为,毛泽东不但提出了没有调查就没有发言权的思想,而且还提出了不做正确的调查研究同样没有发言权的思想;毛泽东不是一般地看待社会调查研究的地位和作用,而是将这同中国革命的历史任务紧密联系在一起;毛泽东把马克思主义辩证唯物主义与历史唯物主义作为社会调查研究方法的理论基础;毛泽东不但从高层次方法论上研究调查研究方法,而且也很重视较低层次的具体方法和具体技术问题;毛泽东很重视进行社会调查研究的心理精神状态和态度问题;毛泽东还提出了要求得正确的认识需要反复进行调查的思想。(苏驼,1983)

严家明则从毛泽东农村调查方法是一个完整的科学体系、揭示了一个完整的认识运动的过程、与现代西方社会学的调查方法的关系是基本方法同一般技巧的关系等方面,论述了毛泽东的农村调查方法仍然是现代社会调查的主要方法。作者指出,毛泽东农村调查方法是以历史唯物主义为理论基础,以矛盾分析法和阶级分析法为根本方法,通过典型调查、类型调查和表格普遍调查的方式,贯穿以各种具体的调查方法,如观察法、访谈法、开座谈会、表格调查、实地调查(包括实地考察、蹲点、实行"三同"等参与调查)、统计方法等构成的一个完整的科学体系;它的一个显著的特点就是遵循实践、认识、再实践、再认识,循环往复以至无穷的认识运动的规律,把理论和实践真正结合起来;毛泽东农村调查方法与西方社会学调查方法既有联系,又有原则区别,它们之间的关系不是并列关系,也不是后者对前者的包含关系,而是前者对后者的包含关系,即基本方法同一般技巧的关系。(严家明,1984)

但是,也有人对在毛泽东农村调查方法基础上形成的、以典型调查为基本方式,包括典型调查(解剖麻雀)、蹲点、个别访问、开调查会等形式的传统调查研究方法进行了反思。他们认为,以典型调查为基础的传统调查研究方法可以归入个案调查研究方法。凡个案调查研究方法所具有的缺陷、弊端、非科学性因素,传统调查研究方法一般都具有。同时,它还具有仅属于它自身的缺陷,比如调查研究对象的非确定性、程序的非规范性、结论推广的盲目性、分析方法的思辨性等等(卢光明,1989)。

5. 关于定量分析与定性分析

与传统社会调查方法的影响相似,在资料的分析方法上长期以来也一直以定性分析为主。随着社会学研究的恢复,随着西方现代社会调查方法包括各种统计分析方法的介绍和引进,大陆社会学研究者也越来越重视定量分析。关于这方面的研究,主要围绕着定性分析与定量分析的含义、作用,二者间的关系等方面展开。

李再龙认为,定性分析就是运用马克思主义辩证法,注重现状和注重历史研究的综合分析方法,从根本上提高洞察事物本质的能力。定性分析是从"质"的方面分析事物,而定性分析的过程,就是运用唯物辩证法的过程。至于定量分析,则是从"量"的方面分析事物,运用数学方法研究和考察事物之间的相互联系和相互作用。任何事物都是"质"和"量"的统一体,定量分析就是通过对事物量的规定性来把握事物质的规定性。但定量分析不能离开定性分析的指导作用,它应是在不同角度和向度上补充定性分析的科学性和弥补其不足。作者还针对在社会调查研究方法上所存在的以继承为主(即传统社会调查研究方法)和以引进为主(即西方现代社会调查方法)的争论指出,其实质就是定性研究为主的争论,并认为应采取以定性研究为指导、定性和定量研究相结合的辩证方法,把马克思主义和我们党调查研究的传统,及在哲学方法论方面的一些优势,作为发展社会调查研究的基础(李再龙,1989)。

费孝通教授在谈到社会调查方法时也指出:"定量的分析决不能离开定性的分析。一般说来定性在前,定量在后,定量里找出了问题,回过来促进定性","我一向重视至今还是要强调,'解剖麻雀'的定性分析是社会调查研究的基本方法,这一点不能含糊。但是只用这个方法是不够全面的,要规定这个'麻雀'在全部'麻雀'中占什么地位,即有多大代表性,那就得进行定量分析。而定量分析就需要一套不同于定性分析的方法和技术。"(费孝通,1983)

杨心恒等指出,对社会现象的调查研究,光有量的分析是不够的。因为统计方法虽能说明事物之间的数量关系,甚至可以精确地计算出事物之间的相关系数,但是为什么会存在这种关系,统计方法本身无法回答这个问题。这一任务必须由理论分析来完成。理论分析可以说明那些不能从感性材料和统计数字上直接显示的、隐藏在现象背后的事物之间的内在联系。而理论分析必须在客观材料以及对客观材料进行统计分析的基础上解释事物的内部联系,绝对不能离开调查资料和统计结果去主观臆想。(杨心恒等,1981)

周路认为,定性分析是定量分析的前提和基础,定量分析是定性分析的补充和发展在社会研究中,定性分析的重要性是必须首先肯定的,是第一位的,但如果只有定性分析而缺乏必要的定址分析,社会研究也不可能得出完整、科学的结论。周路认为,社会研究中的定量分析对正确认识社会事物、正确制定社会理论和社会政策有着重要意义只有进行定量分析,才能更充分、更深刻地认识社会现象的本质,才能把握社会现象发生质变的数量界限,也才能正确估计某种社会现象对其他社会现象的影响和作用。(周路,1985)

邓方通过应用回归分析方法研究人们的生育意愿认为,从某种意义上讲,在研究社会问题时,对事物性质的分析,必须以对其数量方面的分析为基础。如同对性质不加以区分的定量分析是没有意义的一样,与定量分析完全脱节的定性分析,也是难以揭示事物的本质的(邓方,1985),强调了二者之间的相互依存关系。

6. 关于抽样调查

抽样调查的方法是15年来各项社会学研究中采用得最多的方法。然而,由于研究者在学习、掌握和运用抽样调查方法中还存在一些不足,因而许多实际问题的抽样调查研究结果尚存在某些不科学、不规范的因素。这一方面的问题也受到某些研究者的注意。

风笑天通过对中国经济体制改革研究所与《工人日报》经济部联合举办的"关于经济体制改革的问卷调查"的方式、总体及样本进行分析,对这次大型社会调查的结果提出质疑。作者指出,这次调查尽管样本容量很大(共收回答卷49278份),调查的范围也很广(遍及全国个省、市、自治区),但是,这些并不是保证调查结果能真实反映客观现实的依据。更关键的因素是:这5万份答卷来自什么样的总体,它们是如何被抽选到的,它们对总体又具有怎样的代表性? 由于这次调查采取的是一种不科学的抽样方式,加上不明确的调查总体和缺乏代表性的样本,有可能使研究报告中用来得出各种结论的众多数据失去意义。作者认为,在实际生活中,任何一项社会调查都不可能达到对社会现实完美无缺的反映,其结果总只能是社会现实的一种近似值。这是我们看待任何一项社会调查时应记住的前提之一。但是另一方面,每一项社会调查的调查人员又都有责任使自己的结果最大限度地接近客观现实,尽可能地缩小调查结果与现实本来面目之间的差距。这更是我们从事任何一项社会调查时所应记住的前提之一。而对于为党和国家制定政策提供依据的社会调查研究来说,这一点就显得更加重要。(风笑天,1987a)

卢小广也是针对一篇文章中不恰当地采用含有明显偏误的非概率抽

样调查资料推论全国总体状况,并以此作为基本依据进行比较分析的情况,提出与原作者商榷的。他指出,由于人们对抽样调查还存在种种模糊认识,随意使用抽样调查资料的现象大量存在,并构成了社会调查研究活动科学性的隐患。其主要表现可归纳为以下三方面:一是对于抽样总体这一概念的意义不明确,在抽样总体与目标总体差异过大的场合,仍然采用抽样调查资料推断总体;二是混淆了概率抽样与非概率抽样的原则区别,随意扩大非概率抽样调查资料的适用范围,采用非概率抽样调查资料来推断总体;三是对于等概率抽样和不等概抽样的认识模糊,将抽样调查统统视为等概抽样,随意采用简单累计和简单平均的方式来处理抽样调查资料。(卢小广,1987)

对于抽样调查中的种种失误,风笑天通过列举具体实例进行了归纳和分析。关于调查的样本与推论的总体,作者认为,并非所有的抽样调查结果都能推广到总体,亦即并非所有的抽样调查都能较好地反映总体的情况。能够推广到总体的是那些抽样方式科学、抽样范畴充分因而样本对总体具有较高代表性的调查。如果样本不具备这种代表性,就会发生调查结论与实际情况不相符合的情形,从而大大降低抽样调查的实际价值关于抽样规模,作者指出,有些调查抽取的样本容量太小,使得其结果的代表性受到很大局限。要保证调查结果具有一定的可信度和一定范围的容许误差,必须有足够的样本数关于回答率,作者认为,它是反映抽样调查结果对总体的代表性程度的重要指标之一。抽样方式决定的是所抽的样本有没有代表性的问题,而回答率则是告诉我们,在所调查的样本与所抽取的样本之间会不会存在很大的差异的问题;关于"抽样调查"和"随机抽取",作者认为,"随机"并不是"随意""任意",它有一定的程序和规则,不按这些程序进行,不遵守这些规则,即使是"随意"的,即不带有任何主观偏见的,也不属于随机抽样,而只能是非随机的偶遇抽样、自然抽样等等。这些非随机抽样常常会造成较大的误差,且不能估计这些误差,有时甚至连所得的样本代表什么样的总体都难以掌握。作者在论文中还特别强调,在调查报告中,应该向读者介绍所使用的调查方式、方法、所研究的总体、所选择的样本、样本的抽取方式、回答率以及对样本误差的估计、对调查结果代表性的评价等等。这样做不仅是应该的,而且是必要的。因为这是读者判断结果的代表性和价值的重要依据。(风笑天,1987b)

卢汉龙指出,现在大多数人都认识到抽样调查的优越性,不少文章引用的资料都据称是通过抽样调查所得。但有些人却并不真正明白抽样调查本身需要有一整套严密思索和符合数理原则的选择程序才能保证调查结果的使用价值。随着调查资料的增多，同类问题往往有着众多的调查结论，其中有些研究结果相距甚远或相互矛盾，这都和选样不同有关。作者强调，一要广泛进行社会调查方法的普及工作；二要拥有一批精通数理统计的抽样专家；三是主持社会调查的部门应加强对调查程序的审核；四是要提倡研究人员撰写调查报告时将调查程序与方法作明确的表述；五是应建立调查中心之类的"思想库"和"资料库"。（卢汉龙，1986）

7. 关于问卷调查方法

在十五年来的各类经验社会学研究中，采用问卷调查方法收集资料的占了一大半。然而，在运用问卷调查方法过程中，也暴露出一些问题和缺陷，影响到研究的质量和效果。风笑天较为系统地研究了与问卷调查有关的各种问题，发表了一组有关这一问题的论文，引起社会学研究者的关注。

首先，他针对一些问卷所表现出的项目多、篇幅长、难回忆、难计算等现象，提出问卷设计时要为回答者着想。他指出，问卷调查实质上是调查者与被调查者之间的一种社会互动过程，而问卷则是一种作用于被调查者的刺激物。设计问卷时如果不为回答者考虑，就可能引起回答者各种不良的心理反应，影响到调查结果的质量。因此，不能只把注意力放在编制什么问题上，还要注意到调查过程中人的因素，要多为回答者着想，多从回答者的角度考虑。只有这样，才能达到收集真实可靠的资料的目的。（风笑天，1986a）

其次，他从问卷设计的角度，对影响被调查者同调查者合作的各种障碍进行了分析。作者认为，由问卷设计不当所造成的障碍主要有两大方面：一是主观障碍，包括畏难情绪、顾虑重重、漫不经心和毫无兴趣等；二是客观障碍，包括阅读能力、理解能力、表达能力、计算能力、回忆能力等方面的限制。要提高问卷调查的质量，就要设法消除这些障碍。（风笑天，1986b）

最后，他认为，问卷设计在调查过程中具有十分重要的地位和作用，是影响调查质量的十分关键的一环。这是因为，问卷设计首先直接影响到调查资料的真实性；其次影响到调查资料的适用性；再次影响到问卷的回收率；最后还影响到调查的最终结果。所以，研究者不能不对问卷设计工作予以高度重视。要获取真实有效的资料，就必须设计出质量优良的

问卷。在这个意义上可以说问卷决定着资料,问卷就等于资料。(风笑天,1989a)

对于什么样的问卷才是一份好的问卷,或者说,评价一份问卷质量高低的标准是什么,风笑天也提出了自己的看法。他认为,首先应具有较高的信度与效度,即问卷中的问题都在测量研究者想要测量的变量,且不受时间、地点和对象变化的影响。其次应适合研究的目的和内容,问卷中与研究目的和内容不相关的问题越多,调查结果中所得到的有用资料就会越少,问卷对研究的价值也就越小。再次,要适合调查对象,即问卷是为被调查者设计的,要使他们能够看,也愿意看。最后,问卷中的问题要少而精,即在可以获得必要的资料的前提下,问卷所包含的问题越少越好,且这些问题应该是含义明确、概念具体、答案恰当、形式简单、通俗易懂、填答方便的。(风笑天,1989b)

在另一篇论文中,风笑天通过对问卷调查的优缺点和适用范围进行分析和探讨后指出,问卷既是社会调查中十分有用、十分重要的收集资料的工具,又不是唯一的、万能的工具。在有些情况下,社会研究所需要的资料很容易通过问卷调查的方式去收集,或者只能采取这种方式去收集而在另一些情况下,却难于通过问卷调查的方法去收集,甚至完全不可能采用这种方法去收集。因此,在社会研究中,要根据具体情况作出判断和选择,充分发挥各种具体方法的作用,达到最佳的研究效果。(风笑天,1989c)通过对国内社会学界开展调查所用的余份调查问卷进行仔细分析,他从中归纳出研究者在设计问卷时常犯的一些毛病。其中主要有概念抽象、问题含糊、问题带倾向性、问题提法不妥、问题与答案不协调、问题具有多重含义、答案设计不合理,以及表格方面的错误、语言方面的毛病等等。(风笑天,1989d,1989e,1990)

在此基础上,风笑天出版了国内第一部专门论及问卷设计的著作,系统地介绍了问卷调查、问卷、特别是问卷设计方面的知识,在社会学界产生了一定影响。袁方教授在该书序言中评价说"这是一本有较强的理论性、科学性和知识性,又十分通俗易懂的问卷设计方法的入门书。无论对初学者还是对有过问卷调查实际经验的同志,都是有学习和参考价值的"(风笑天,1990:2)。

此外,卢汉龙对社会调查中问卷的意义界定问题进行了探讨。作者指出,在调查者与被调查者之间如果没有吻合度较高的意义结构,调查者如果未能确切地把握影响资料真实性的各种因素,研究结果的有效度和可信度是值得怀疑的。为了确保让调查者在对概念定义的过程所具有的理解和被调查者对事实过程的理解一致，问卷设计便当采用常识理论来界定问卷中问题的意义。也就是说问卷问题操作化的基础应当是常识。要让被调查者在回答问卷时感到，社会研究者所说的话是和人们日常生活中所说的话是一样的，他们和自己正在作普通交谈。这样，调查双方共同的意义构架便有了保证。另外，调查者还应对自己的意义界定体系可能被修正的情况作出充分的估计，从而在概念操作内容和提问措词方式上倍加努力，使自己的意义界定体系与被调查者的意义界定体系尽量取得一致。（卢汉龙，1987）

二、评价与思考

近五年来，中国内地社会学界在社会学方法领域取得了一定的成绩，与恢复初期相比可以说有了长足的发展。这种发展主要体现在以下几个方面：

第一，经验研究方法普遍受到重视，在各个社会学分支领域中得到广泛运用。恢复初期对现代西方社会学研究方法的介绍和引进，以毛泽东为代表的中国共产党人多年来对调查研究的强调，加上与社会学恢复同时发生的整个中国社会的巨大变革，使得年轻的内地社会学界从一开始就十分注重采用社会学经验研究的方法去研究中国社会的各种现象和问题。从总体上看，经验性研究而不是纯理论性、思辨性研究成为社会学研究的主流。尤其是在青年社会学、家庭社会学、人口社会学、老年社会学、妇女社会学以及农村社会学等分支领域，各种社会研究方法更是得到普遍运用。

第二，社会学研究人员逐渐熟悉和掌握现代社会学研究方法，并初步形成了研究和探讨方法问题的基本队伍。经过十五年的学习、实践和摸索，越来越多的社会学研究人员，尤其是比较年轻的研究人员比较熟练地掌握了经验社会学研究的一些基本方法，社会学界整体的研究水平也在不断提高。一部分研究人员开始注意对研究方法本身的探讨，尽管人数不多，但已形成了以中国社会学会社会学方法专业委员会为主体的基本研究队伍。

第三，对方法问题的研究已形成分支，所探讨的问题涉及社会学方法的主要内容。尽管从总体上看，有关社会学方法的研究远不如家庭社会学、青年社会学、社会问题等分支领域的研究那么广泛深入，也比不上有关社会学理论的研究。但是无论从数量上看，还是从质量上看，它毕竟已形成了一个专门的分支领域，而它所探讨的问题，也已涉及从方法论、到研究方式、直到具体方法和技术的广阔范围。

第四，在社会调查研究方法方面，研究得更为集中，更为深入，已初步形成了一定的知识体系。由于社会调查方法在社会学方法中所占有的突出地位，也由于社会调查方法在具体社会学研究中所起到的主要作用以及它的广泛适用性，使得研究者更多地关注于它的研究。无论从发表论文的数量、质量上看，还是从出版的著作看，社会调查方法都是探讨得最多、最深入的一部分。而由社会学者撰写的方法著作中，几乎百分之百都是社会调查的著作。在有关社会调查的概念、体系等方面已形成了某些共识，初步建立起具有中国特色的社会调查研究方法的知识体系。

当然，社会学恢复只有短短数年，从无到有、从弱到强的发展过程，既包含成绩，也包含不足。从社会学方法领域来看，主要的不足在于以下几方面：

第一，对社会学方法的研究虽已形成分支，但与整个社会学学科的发展相比、与提高社会学研究水平的需要相比，则仍显得单薄和不够。对于实证主义方法论与人文主义方法论的探讨还不够充分；对于社会研究方法的基本体系的认识远不够全面；对于社会研究方法、社会调查方法等概念的认识还不够清晰；还有大量重要的、值得认真探讨的问题，比如理论在社会学经验研究中的地位、作用，理论与研究的关系，各种不同的研究方式的特点，研究中的测量问题、操作化问题，资料收集过程中的误差问题，对资料的定量分析问题，社会研究中的伦理问题等等，都尚未进行系统的探讨。

第二，从总体上看，社会学研究人员的方法论素养和水平还比较低，尚不能很好适应进一步发展社会学学科和提高社会学研究水平的需要。研究方法的训练本应是每一个社会学研究人员所应具备的基本功，但由于我国社会学学科发展的特定经历，造成了社会学队伍中许多成员在方法训练方面的先天不足。这种不足，一方面使得相当一部分社会学研究人员将自己局限于纯理论性、思辨性的研究中；另一方面也使得比较多的研究人员未能很好掌握科学的研究方法，未能做出质量较高的研究同时，它还使得专门从事方法研究的队伍规模很小，力量有限。

第三，在社会学方法的运用上，规范性不够，导致研究的质量不高。

其中最为突出的问题有：

（1）研究的理论准备不足,理论框架不明。任何一项具体的社会学研究都应有其理论的背景或出发点,在整个研究过程中,理论准备和理论分析都是不可缺少的一环。如果缺乏充分的和明确的理论框架的指导,研究将会带有较大的盲目性,研究的层次和研究结论的意义也都将受到限制。目前的一些研究正是在这一点上存在明显的不足。

（2）不重视研究设计。目前相当多的社会研究常常是在不充分的设计和计划的基础上,甚至是在完全没有研究设计的基础上进行的,这正是它们质量不高的关键所在。**社会学研究不只是按固定的程序进行一系列具体操作活动的过程,其灵魂和核心,是研究者的研究思路、研究策略和研究艺术。** 而那些具体的操作,则是这种研究思路、研究策略和研究艺术的外在表现形式。

（3）样本抽取不尽科学和严密。由于抽样调查的广泛采用,使得抽样的科学性在社会研究中占有越来越重要的地位。然而,目前的研究在这方面存在不少失误,比如对抽样总体未作界定或界定不严密,使所得抽样本不能很好地反映总体的结构,研究结果不能很好推论到总体,又如样本的规模太小,使得统计结果中众多的百分比失去意义还有抽样方式不正确,不是严格按随机抽样程序的要求去做,而是图省事,图方便,任意改变抽样程序,使抽样失去了随机性等等。

（4）问卷设计及使用不当。对于采用问卷法收集资料的研究来说,最困难也最容易出问题的环节是问卷设计。而一份设计得不成功的问卷同时就意味着一项不成功的研究。因为问卷设计中的任何一点不科学、不严密、不明白、不合理,都会造成填答质量的下降和回答率的降低,都会使回答结果变成一堆"假数据"。在问卷的发放、填答、回收过程中,一些研究也注意不够,未能很好地消除被调查者的心理压力,保证匿名性,争取被调查者的积极合作。

（5）统计分析不够深入。很多研究者都十分注重资料的定量分析,但却往往停留在较简单、较基本的描述统计层次,很多只有单变量的百分比统计以及双变量的交互分类统计,对于其他更深入的统计分析方法,特别是多元统计分析方法则很少采用。因而许多研究的结果都不够深入。正如有的学者指出的"一些大型的调查往往要进行上万,甚至五六万人的抽样,动辄需要几万十几万元,成立数十人数百人的调查队伍。但是在对一些调查结果进行研究时,在资料处理和分析方面显得无能为力,得出的结果同研究的规模不成比例,得出的结论同实际相距甚远"(方明等,1989)。

（6）研究报告的格式不规范。研究报告是研究结果的表达形式,目前很多研究报告在格式上不大注意,尤其是忽视了对研究方法部分的详细介绍和必要的说明。比如对研究的假设、操作化步骤、测量的指标、研究的总体、抽样的方式、资料收集与分析方法等的说明不够注重,有些研究报告则常常一笔带过。殊不知方法部分的介绍是整个研究报告中至关重要的部分,是所有结论成立的基础和依据。

参考文献

仇立平:《论社会调查研究方法的现代化》,《社会调查与研究》1985 年第 3 期。

戴建中:《社会调查研究方法》,人民出版社 1988 年版。

邓方:《应用回归分析方法研究生育意愿的尝试》,《社会调查与研究》1985 年第 6 期。

方明等:《回顾与展望开创中国社会学发展的新局面》,《社会学研究》1989 年第 1 期。

费孝通:《社会调查要发展》,《社会》1983 年第 3 期。

风笑天:《当前问卷设计中常见错误浅析》(上),《社会学与社会调查》1989 年第 4 期。

风笑天:《当前问卷设计中常见错误浅析》(下),《社会学与社会调查》1990 年第 1 期。

风笑天:《当前问卷设计中常见错误浅析》(中),《社会学与社会调查》1989 年第 6 期。

风笑天:《论问卷调查的特点和适用范围》,《华中师范大学学报》(哲学社会科学版)1989 年第 6 期。

风笑天:《浅谈当前抽样调查中的若干失误》,《天津社会科学》1987 年第 3 期。

风笑天:《什么是社会调查》,《青年研究》1993 年第 2 期。

风笑天:《透视社会的艺术——社会调查中的问卷设计》,天津人民出版社 1990 年版。

风笑天:《问卷调查中阻碍合作因素浅析》,《社会科学评论》1986 年第 8 期。

风笑天:《问卷设计在调查中的地位和作用》,《福建论坛》(经济社会版)1989 年第 4 期。

风笑天:《要为回答者着想——社会调查问卷设计中一个值得注意的问题》,《福建论坛》(经济社会版)1986 年第 6 期。

风笑天:《优良问卷的标准》,《社会》1989年第7期。

风笑天:《这样的调查能不能反映客观现实——对一次大型社会调查的质疑》,《社会》1987年第4期。

津社:《社会学调查方法学术研讨会综述》,《社会学研究》1987年第2期。

李小方:《从狄尔泰到韦伯——评反实证主义社会学》,《社会学研究》1988年第1期。

李再龙:《试论社会调查研究方法的科学性》,《学术交流》1989年第2期。

李哲夫、杨心恒:《社会调查与统计分析》,人民出版社1989年版。

林彬:《论社会学方法的发展趋势》,《社会学研究》1992年第3期。

卢光明等:《对传统社会调查研究方法的反思》,《求索》1989年第2期。

卢汉龙:《调查问卷的意义界定》,《社会学研究》1987年第3期。

卢汉龙:《注意社会调查中的科学程序问题》,《社会》1986年第6期。

卢小广:《抽样调查资料的正确使用——兼与赵晓雷同志商榷》,《社会》1987年第6期。

陆学艺等:《毛泽东与农村调查》,《社会学研究》1991年第5期。

潘允康等:《天津"国际社会学研究方法研讨会"综述》,《社会学研究》1994年第1期。

《全国社会调查研究方法学术研讨会综述》,《中国社会学会通讯》1993年第2期。

宋林飞:《社会调查研究方法》,上海人民出版社1990年版。

苏家坡,《社会调查理论与方法》,湖南师范大学出版社1989年版。

苏驼:《重视研究毛泽东同志关于社会调查研究的理论和实践》,《社会学通讯》1983年第4期。

项葵:《对社会学方法论的思考》,《社会》1989年第12期。

徐经泽主编:《社会调查理论与方法》,高等教育出版社1994年版。

严家明:《毛泽东同志农村调查方法仍然是现代社会调查的主要方法》,《社会学通讯》1984年第2期。

杨心恒等:《试谈调查研究犯法的科学化》,《地名知识》1981年第2期。

于真等编:《当代社会调查研究科学方法与技术》,工人出版社1986年版。

袁方主编:《社会调查原理与方法》,高等教育出版社1990年版。

张网成:《实证主义——西方社会学的主流范式》,《社会学研究》1990年第4期。

张小山:《实证主义社会学面临挑战》,《社会学研究》1991年第5期。

中国社会科学院社会学研究所编:《中国社会学年鉴(1979—1989)》,中国大百科全书出版社1989年版。

周路:《重视社会研究中的定量分析》,《社会调查与研究》1985年第1期。

近十年我国社会学实地研究评析[*]

实地研究作为社会研究的一种方式在我国运用已有近六十年历史了。在20世纪三四十年代曾产生过诸如《江村经济》(费孝通,1939年)、《禄村农田》(费孝通,1940年)、《易村手工业》(张之毅,1943)等社会学实地研究的范例。自50年代开始至70年代末期,实地研究也随着我国社会学的中断而中断二十余年。1979年我国社会学恢复后,实地研究作为与社会调查相并列的一种社会研究方式,在中国社会学的经验研究中,不断繁衍和演进。分析近十年来我国实地研究的状况,总结成就、经验与不足,对社会学实地研究的科学化和规范化,乃至对中国社会学学科建设的进一步发展,都有着

---

[*] 本文原刊于《社会学研究》1998年第2期。

十分重要的理论意义和现实意义。

笔者选择了1986—1996年这十年中发表在中国社会科学院社会学研究所主办的社会学学术刊物《社会学研究》上的所有实地研究报告作为分析的样本,逐一研究了他们所采用的研究方法、研究主题,并对其研究类型、资料收集方法进行了初步的统计。由于《社会学研究》是国内社会学界权威的学术刊物,它直接反映着我国社会学界理论研究和经验研究的总体水平,选择该刊物中所发表的论文作为研究样本,具有较强的代表意义,能在一定程度上反映出我国实地研究的发展脉络和研究水平。

一、实地研究概况

《社会学研究》从1986年1月20日创刊至1996年共发表文章约904篇,其中经验研究报告186篇。实地研究在四种社会研究方式中的使用比率见表1。

由表1可以看出,实地研究和以问卷法为主的调查研究作为人文主义方法论和实证主义方法论在社会研究方式这一层次上的直接体现,一直是社会研究的两种主要方式。在我国现阶段社会学研究中,实地研究的使用频率约30%,仅次于调查研究,而远高于文献研究和实验研究。可以说以定性研究为特征的实地研究是以问卷为主的定量的调查研究的不可缺少的补充。

表1 各种研究方式使用情况统计表

	研究报告总数	调查研究	实验研究	实地研究	文献研究
篇数	186	118	0	55	13
%	100	63.4	0	29.6	7.0

注:(1)每年只计算实际论文篇数,祝辞、短篇讨论、摘要等均不计算在内;(2)由于社会研究中经常同时使用几种研究方式,为便于分类,选择其主要研究方式加以归类,这种划分是相对的。

(一)实地研究的类型

关于实地研究的类型,笔者按照美国学者艾尔·巴比的观点,将其分为个案研究与参与观察两大类;同时,进一步结合我国实地研究的实际,将个案研究区分为社区个案、群体个案和个体个案。详情见表2。

表2　实地研究各种类型统计表

	个案研究			个体个案	总计
	社区个案	群体个案	个体个案		
篇数	35	12	5	3	55
%	63.6	21.8	9.1	5.5	100

从表2可以看出，在我国最近十年的实地研究中，研究的类型以个案研究为主，远超过以参与观察为主的研究类型，而个案研究中又以研究社区发展与变迁的社区个案为最主要研究类型，占了整个实地研究近三分之二的比例。**群体研究和个体研究方式所占比重相对较少。**这是我国实地研究类型分布的特点。

（二）实地研究的资料收集方法

表3　实地研究各种资料收集方法情况统计表

	访谈法	文献法	观察法	方法不明	合计
篇数	45	37	12	2	96
%	46.9	38.5	12.5	2.1	100

注：（1）总数超过55篇是由于实地研究常综合使用上述几种方法；(2) 由于多数报告未作专门的方法说明，笔者只能根据其报告中的资料来源判断其收集资料方式。

从表3可以看出，我国的实地研究主要采取访谈法收集资料，运用文献法次之，而用得最少的为参与观察法。一个值得注意的现象是，**收集第二手的文献资料在我国实地研究中占有相当比例**，这是当前我国实地研究的又一重要特点。

（三）实地研究地点的城乡分布

实地研究方式的重要特点之一是研究者往往要深入到研究的现场或实地。我国实地研究的地点选择见表4。

表4　实地研究的地点选择

地点	城市	小城镇	农村	合计
篇数	10	14	31	55
%	18.2	25.5	56.4	100

注：由于社会学界对小城镇属于农村社区还是属于城市社区观点不一，故单独列出。

从表4可以看出，**我国的实地研究多选择在农村社区进行，以研究农村的诸种社会事实为主**。这与西方国家中实地研究的城市社区研究传统有所不同。西方国家的实地研究始于对城市社会问题的关心，是西方国家在高速现代化过程中由于城市化进程过快导致一系列社会问题的社会背景下应运而生的。保尔·凯洛葛的《城市化的社会结果》，哈瑞生的春田调查，派克的芝加哥调查，都是这一时期城市问题研究的主要成果。而到目前为止，中国的社会基质主要是乡土性的，农业人口是我国社会成员的重要组成部分，农村社区在我国疆域中占有绝对优势；中国的基本问题仍是农民问题，中国现代化的重要方面主要还是如何实现农村的城市化与现代化的问题。因此，以研究社会现实为己任的社会学家，从一开始即把中国的特殊的社会现实作为社会学研究的背景和前提，把农村作为实地研究的主要基地。

在当前我国农村的发展亟待提高，农村城市化与现代化的道路选择问题众说纷纭的社会现实条件下，作为能深入、系统研究社会现实的实地研究法，将仍以农村社区为自己的主要研究地点；同时，在这种农村社区研究的大趋势下，随着我国城市化进程的急剧加快，社会学家也将会把一定的研究视野转向城市社区。

二、实地研究的主题

表5　实地研究的主体统计表

	乡镇建设与区域发展	社会变迁与现代化	婚姻与家庭	民族问题	社会问题	社会工作及社会保险	其他	合计
篇数	16	11	9	5	4	3	2	55
百分比	30.8	21.1	17.3	9.6	7.7	5.8	3.8	100

注：(1) 该研究主题的划分并不是学科意义上研究领域的划分，只是对某些相对集中的研究主题的总结和提炼；(2) 总数少于55篇，因为有的研究内容过于分散，没有归纳在内。

从表5我们可以看出：

（一）乡镇建设与区域发展是实地研究的最重要的主题

社会学恢复以后，我国社会学界先后对一批新中国成立前的实地研究进行了追踪研究。如1980年费孝通教授等对江苏省吴江县开弦弓村进行重访,形成《三访"江村"》(费孝通)、《"江村"农村生活近五十年之变迁》(宋林飞)等研究报告,以及1984年南开大学的社会学者对定县、江西省社科院对寻乌县进行的实地研究等等。小城镇研究是我国社会学恢复以后,影响较大的实地研究,它是费孝通倡导的由乡村—小城镇—区域,这样一个研究视野的拓展,直接影响到近十年我国实地研究的主题。从对近十年社区发展的实地研究报告来看,我国社区研究仍主要集中于乡村、小城镇,或拓展至区域性研究,而且大多集中于我国东南经济较发达地区,如苏南、浙南、闽南及广东南部的乡镇或区域。较有代表性的如,浙江省的《温州农村乡镇经济的面面观——浙南农村小城镇调查》,福建省的《农村社会的新发展与不协调因素——石狮市三镇一乡的社会调查》等,广东省的《从公有制跨入现代市场经济——南海乡村考察报告之一》,江苏省的《吴江县桑蚕生产调查》《从苏南的一个村庄看社会全面发展问题》等。乡镇(或区域)研究的焦点又集中于乡镇的发展问题,尤其是乡镇的经济发展问题。此外还有欠发达的地区的发展状况研究,如《百色地区异地开发扶贫调查》《非经济因素对经济发展的影响——一个欠发达地区的考察报告》等。从以上分析可以看出,发展问题是我国实地研究的最重要的主题。而形成这一现实的原因在于费孝通倡导的小城镇研究对我国社会学经验研究的影响和我国国农村社区需要发展的客观现实。在以后相当长的时间内,乡镇(或区域)发展问题还将会是实地研究的重要内容。

(二)作为与社区发展密切联系的社会变迁与现代化问题也是社会学实地研究关注的焦点之一

近十年来,随着我国社会经济的发展,社会变迁速度加快,探讨我国社会变迁尤其是改革带来的农村地区社会变迁的动因、过程及出现的问题的研究也逐渐增多,成为实地研究的又一较集中主题。其中主要涉及三个方面:

(1)农村社会结构变迁。如朱又红的《村民委员会与中国农村社会结构变迁》,李银河等的《外出打工与农村及农民发展——湖南省嘉禾县钟水村调查》,张厚义的《转型社会中农村变迁——对大寨等13个村庄的实证研究》,以及探讨农村发展带来的农民职业分化与分层的《安徽凤台县中心村调查》等。

(2)农村城市化问题。如张雨林《村庄的转型与现代化——江苏省太仓县马北村调查》,周大鸣的《论都市边缘农村社区的都市化——广东都市化研究之一》等均以个案研究为手段,探讨了具有典型代表意义的村庄或地区实现城市化、完成发展的途径与过程。

(3)社会发展与社会变迁的其他问题,如社会发展过程中的人口转变模式问题,社会保险建设问题等等。这类研究多集中于对我国东南经济发达地区的研究,而内陆其他经济较不发达省区的研究较少,这也是由我国经济发展和社会变迁地区差异性决定的。

(三)婚姻与家庭研究仍是实地研究的传统主题

实地研究由于能对个案进行全面、深入、细致的考察,能了解事物隐含的深层次背景原因,因而在对婚姻与家庭研究上,往往成为以问卷调查法为主的定量研究的必要的有益的补充。其中城市社区婚姻家庭的实地研究集中于离婚现象及性观念的研究,大多通过深入谈访,探讨导致离婚的主要原因及女性现象现状,代表性的有李银河的《北京市部分离婚者调查》与《中国女性的性观念》。而在农村社区则集中于农村家庭组织、家庭结构变动的研究,以及婚姻方面的远嫁、婚嫁流动的研究,比较典型的有王雅林的《农村家庭功能与家庭形式——昌五社区研究》,刘援朝的《现阶段农村家庭组织——十三泉村亲族关系的考察》等等。近年来农村社区发展与变迁带来的农村婚姻与家庭的相应变革在实地研究中有所体现。

(四)民族研究不乏其例

实地研究由于能全面深入地考察一个民族的文化、习俗,在民族研究中具备定量研究所不可替代的优势,近十年来在我国民族研究中有所体现。其研究内容主要包括如下几方面:

(1)婚姻。例如徐平的《西藏农村的婚姻家庭》,张锡盛的《云南省勐海县哈尼族习惯法与婚姻法的矛盾》等。

(2)民族文化。例如郑晓云的《当代西双版纳傣族社会文化变迁研究》,郭家骥的《民族传统文化与民族地区商品经济发展——澜沧拉祜族木戛区拉祜族与汉族的比较研究》等。

(3)民族间社会交往。例如马戎的《拉萨市区藏汉民族之间的社会交往条件》。

(4)生活方式。例如包信民的《变动中的蒙民生活——三爷府村实地调查》、孙秋云的《湖南瑶族青年劳动和生活方式》等。

(五) 社会问题的研究占有一定比例,但为数不多

我国目前的实地研究主要集中于发展问题,对于发展中所伴随的社会问题的研究尚显不足。为数不多的几项有关社会问题的实地研究主要集中在两个大的方面:

一是城市化过程中出现的农民工问题,如李强的《关于城市农民工的情绪倾向及社会冲突问题》,以个案方式考察了农民与市民冲突的起因;再如彭庆恩的《关系资本和地位获得——以北京市建筑行业农民包工头的个案为例》,探讨了关系资本对农民在由农民工发展到包工头这样一个地位获得过程中的作用。

二是农村社区中的宗族与宗教问题,如刘小京的《略析当代的浙南宗族械斗》、陈永平的《宗族势力:当前农村社区生活中一股潜在的破坏力量》等,探讨了农村发展与变迁过程中宗族械斗问题,以及宗族在当前农村社会中的作用与功能问题;常永青的《河南省农村基督教活动情况调查》,则主要是探讨农村居民的信教及宗教活动问题。

三、评价与思考

总体上看,我国近十年来的实地研究有如下几点发展和进步:

第一,对传统的研究主题有所拓展,并能结合当前中国的社会实际状况,研究现实社会中面临的问题。例如小城镇研究是费孝通80年代初期提出来的课题,近年以来,在我国的实地研究中不但得到继续和发扬,而且针对近几年我国农村及乡镇发展变革的现实,注重研究社会变迁的动因、现状、过程和问题。如农村社会变迁对家庭结构、婚姻制度的影响;农村的社会结构的变迁和农民的职业分化等问题。这些研究主题能够在一定程度上把握社会现实问题,跟中国社会的发展相配合,而不是单纯地照搬以前的研究主题。

第二,对同一主题,能够运用实地研究方法与定量研究互相补充。例如,同是对公众关注的农民工问题的研究,不少社会学家通过定量的调查研究法研究了农民工在城市的生活状况、所面临的问题,而李强则通过深入的个案访谈,了解农民与市民间关系不协调的真实原因和真实想法,起到了定量研究所不能起到的效果。再如,同样是对离婚现象的研究,李银

河通过对34例离婚者个案的深入访谈,真实描述了离婚者的心态及导致离婚的主要原因。这都是运用实地研究方法,发挥实地研究的优势,弥补定量研究不足的例子。

第三,近年以来,实地研究方法的运用逐渐规范化和标准化。笔者通过对1986—1996十年实地研究报告的分析发现,虽然从总体上讲,实地研究的方法尚欠规范,但从90年代以来,随着整个社会学研究方法的规范化和研究者方法意识的提高与加强,出现了一部分较为规范的实地研究报告,如折晓叶的《村庄边界的多元化——经济边界开放与社会边界封闭的冲突与共生》、綦淑娟的《政府与农民互动关系的剖析——以三门峡水库移民为个案》、时宪民的《北京市西城区个体户的发展历程和类别分化》等等。与80年代的一些实地研究报告相比,这些报告在规范性与科学性上有了显著提高。在对近十年来实地研究报告剖析的过程中,我们也感受到我国实地研究所存在的某些不足。概括起来,主要有两个方面的问题。

(一)实地研究中的理论运用问题

表现在两个方面:一是实地研究需不需要理论指导的问题;二是实地研究的结论到底要上升到一种什么理论层次的问题。费孝通先生指出,"我们的理论不在道破宇宙之秘,只是帮你多看见一些有用的事实,'理论无非是工具'","没有社会理论作底子,社会研究也无从着手","在实地观察中去捉住关系,一半是靠研究者理论的训练,一半是靠研究者的悟性"。(引自丁元竹,1992:233—235)实地研究深入到社会的最基层,深入到活生生的社会生活中,在最经验的层面上去观察、记录社会事实,体察理解社会关系,其出发点应包含与这一研究主题相关的理论知识(当然不是关于这一研究主题的具体理论假设);而我国当前的一些实地研究,由于在进入实地之前,缺乏与这一研究主题相关的理论知识或背景,直接影响了实地研究结果的理论价值。

另一方面,实地研究往往是一个由经验到理论的归纳过程,即由观察到的社会事实到建构理论的过程(见图1)。但在我国目前的实地研究中,一些研究者往往将研究结果停留于"概括"这一层次上,没有上升到理论层次上来或上升的理论层次较低,或者说从实地研究中抽象出一般的带有普遍性结论的研究较少。

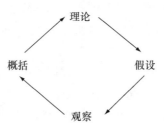

图 1　社会研究逻辑程序图

（二）研究的方法问题

1. 个案的代表性与典型性的问题

实地研究只收集少量单位各方面的信息，得出的结论也不要求具有抽样调查所要求的普遍性意义。但是个案的代表性与典型性是实地研究对象选择的一个重要因素。被研究的社会单位在其同类事物中若具有典型的代表特征，对了解整体就有一定的借鉴意义。"实地研究观察对象的一切情况，在这个意义上，它不搞抽样；但事实上，研究者不可能观察到一切现象，在这个意义上，他所观察到的部分事实上又是从所有可能的观察中抽出的一个样本……这个样本虽然不是事先设计好的，但还是应当服从具有代表性这一原则"（艾尔·巴比，1987:208）。怀特的《街角社会》、费孝通的《江村经济》，在研究的前一部分都有关于所选个案的典型性与代表性的说明，即为什么选择该个案为研究的单位，选择这个单位作为研究对象对了解同类事物有什么典型意义？而在笔者统计的 55 篇实地研究报告中，有关于个案代表性特征及选择原因说明的仅占 20% 左右。大多数研究者往往只说"我们通过对 XX 的实地调查，研究了 XX"，而对研究单位的典型性或代表性只字不提。

2. 关于收集资料的方法问题

如前面统计所示，我国的实地研究中，以收集第二手资料（即由个人或机关记录的文字材料，包括私人文件、各种统计资料、调查报告、总结材料及书籍、报刊、文章等）为主的实地研究占有相当比例，在小城镇或区域的发展研究中这种情形显得尤为突出。实地研究强调深入到社会最底层，深入到活生生的社会生活中，在最经验的层面上去观察记录事实，寻求真实地反映社会事实的第一手的材料。材料的深入性、全面性与真实性是实地研究成功的基础，也是实地研究构建理论的最有说服力的论据。它可以说是实地研究的独特魅力所在。被调查单位或社区已有的统计资料虽然是我们了解这一社区的背景、历史和发展状况的重要材料,但一方面,这种材料包括的内容十分有限,它没有关于人们的态度、意愿、行为及其他特定项目的统计;另一方面,它的可靠性、准确性有时也难以判定。尤其是在小城镇研究和区域发展研究中,有些仅以地方政府部门的工作总结为主要资料。靠这种资料得出的研究结果往往既有其描述范围有限的弱点,又存在片面反映社会现实的可能性。这类研究中规范性和科学性的问题显得更加突出。

3. 实地研究报告中对方法的说明不够

从目前情况来看,在实地研究报告中,详细介绍或描述自己的研究方法的寥寥可数。有些研究者往往只说"对XX进行了实地研究",或者干脆什么也不说就进入分析。读者甚至不知道研究者的研究时间、研究个案的数目、研究采用的具体方法、研究场所的自然特征和社会特征等这些有关实地研究的最基本的东西。这样,当然就更谈不上严格的社会学实地研究所要求的对自己采用的研究方法的有效性进行评估了。研究者避而不谈自己的研究过程,只把研究的结果告诉给读者,这就使得社会学研究的科学性与规范性在一定程度上受到影响。

1986年费孝通在《重建社会学的又一阶段》一文中指出:"自从一九七九年重建社会学以来已经有六个年头了。目前,初建的第一阶段可告结束,我国社会学开始进入第二阶段。"(费孝通,1996:37)作为其提倡的开拓中国学术的"求学之道"的实地研究法,在这十年的发展历程中,为中国的社会学发展作出了自己的贡献。但同时,我们看到,作为一种主要的社会研究方式的实地研究法,由于学科发展的不成熟性,在研究方法、研究主题方面尚存在不尽如人意的地方。在当前的现实条件下,紧扣时代脉搏,开拓研究主题,规范研究方法,加强理论与研究的结合,将是学科发展面临的重要任务;而通过精细的实地研究,取得实证资料,从中提炼出有益于认识中国社会的概念,并构建能反映中国社会实际、指导中国社会研究的基本理论,也将是进一步推进中国社会学学科建设的重要一环。

参考文献

〔美〕巴比:《社会研究方法》(李银河译),四川人民出版社1987年版。

丁元竹:《费孝通治学特色与学术风格》,《社会科学战线》1992年第2期。

《费孝通学术文化随笔》,中国青年出版社1996年版。

社会学方法研究三十年[*]

社会学研究方法既是社会学知识体系中最为重要的基础支柱之一,同时也是社会学相对于其他社会科学来说最具特色和优势的学科领域。回顾和总结近三十年来我们在社会学研究方法领域所走过的道路,评价与反思我们在应用和研究社会学方法方面所取得的成果与不足,对于我们进一步提高我国社会学研究的整体水平、更好地发挥社会学研究方法在认识社会世界过程中具有的独特作用无疑具有十分重要的意义。

一、主要阶段及其特征

我们可以将近三十年国内社会学界在研究方法领

---

[*] 本文原刊于《社会学研究》2000年第1期,原文为《社会学方法二十年:应用与研究》,在此基础上进行了补充。

域的发展历程大致分为四个阶段,如果要用最简单的语言来概括这四个阶段的主要特征的话,笔者认为可以用这样的八个字来描述,即"学习"→"实践"→"提高"→"发展"。

(一) 第一阶段(1979—1985年):"学习"

社会学恢复的初期,中国社会学界大约花了六年时间来完成"打开窗户学习""抓紧时间补课"的任务。在这种学习中,对西方社会学研究方法的关注和引进成为最主要的方面之一。当时较为普遍的看法是,西方社会学的理论是建立在唯心主义哲学基础之上、为资产阶级利益服务的,我们要建设为无产阶级利益服务、为社会主义建设事业服务的社会学,必须以马列主义、毛泽东思想作为理论基础。西方社会学的理论不可取,但他们的方法是先进的。方法本身不具有阶级性,所以,我们可以而且应该积极借鉴西方社会学中先进的研究方法。正如许多学者所指出的:"在引进、借鉴美国社会学的初期,我们更多地表现出的是方法兴趣而非理论兴趣"(张宛丽,1989);"学习美国社会学定量分析的研究方法,是中美社会学初期交流主要内容"(邓方,1989);"其中有关实证研究的技术,尤其是建立在概率论基础上的社会统计学,曾引起了中国社会学新一代的普遍重视和欢迎。他们认识到这些定量分析方法对于偏重定性分析的中国传统研究方法,将是一种有益的补充和平衡"(戴建中,1989)。从1980年至1983年,社会学界在北京、武汉、上海等地相继举办了几期社会学讲习班。在讲习班中,西方社会学研究方法的基础课程(包括社会调查方法、社会统计学、计算机应用等)成为讲授的主要内容。客观地说,社会学恢复初期的这种补课,为封闭将近三十年的中国社会学打开了一个全新的窗口,人们从这个窗口中所看到的与长期以来自己所熟悉和了解的,有着巨大的差别。

(二) 第二个阶段(1986—1992年):"实践"

1986年3月,费老《重建社会学的又一阶段》一文发表,标志着恢复重建以来的中国社会学开始进入新的发展时期。用费老的话说:"目前,初建的第一阶段可告结束,我国社会学开始进入第二阶段"(费孝通,1986)。从社会学方法领域来看,情形也大体相同。1986年11月,"全国首届社会调查方法学术研讨会"在天津召开,标志着这一领域中一个新的阶段的开始。社会学者们在第一阶段学习西方社会学研究方法的影响下,从事经验研究的热情空前高涨,他们积极尝试运用西方社会学的问卷调查方法来研究中国社会中的各种社会现象,探讨各种社会问题。使用这一方法来收集资料的经验研究十分普遍。根据对《社会学研究》1986—1992年所发表的调查报告的统计,在总共86项研究中,采用问卷方法收集资料的就有48项,占了56%。可以说,对以"抽样""问卷""统计分析"为主要特征的西方社会调查方法的大胆实践和普遍运用,成为这一阶段的主要特征之一,以至于在一定程度上形成了一谈到社会学研究,人们首先想到的就是采用问卷进行社会调查的局面。

(三)第三个阶段(1993—1999年):"提高"

如果可以把1986年"全国首届社会调查方法学术讨论会"看作是对第一阶段学习的小结、同时也看作是对积极运用社会调查方法的一种动员话,那么,1992年12月在天津召开的"全国社会学方法学术讨论会"则可以看作是对第二阶段社会调查实践的一个小结和回顾。在这次讨论会上,社会学者们开始反思十几年来国内社会学界在社会调查方法应用中所存在的问题,开始意识到对西方社会学研究方法的学习和运用不能只注意到表面的东西,所学的不能"只是一点皮毛",在应用上也不能只是机械地照搬照抄,而要经过我们自己在实践中的运用和体验来深入地理解。在此之后于1993年和1996年在天津和武汉相继召开的两次社会学方法研讨会,也是这一阶段学者们在研究方法方面进行自我反思、自我总结、相互交流、共同探讨的集中反映;而于1995年、1997年和1999年分别在北京和南京举行的三期"社会学方法高级讲习班"(由福特基金资助),则是社会学者进一步学习和提高研究方法水平的系统训练。从总体上看,第三阶段社会学界的研究方法水平明显提高,这种提高既体现在研究方法的运用上逐步走向规范、科学、系统;也体现在对一些具体的研究方法所展开的研究上。

(四)第四个阶段(2000—2007年):"发展"

21世纪初的这几年中,国内社会学界在方法的研究方面呈现出一些新的现象,表现出十分鲜明的特点,给整个社会学研究带来了新的活力。一方面,这一阶段的方法研究在数量上较之前几个阶段有十分明显的增加,反映出社会学界对方法领域研究的关注程度明显提高。另一方面,从研究的内容的视角来看,这一阶段研究也表现出更为广泛、更为深入的特点。这一阶段的社会学方法研究,被置于中国人文社会科学界关于知识生产与知识创新的讨论中而有所推进。其所表现出来的突出特征集中体现在以下几个方面:一是对方法论的研究更加重视,学者的认识也更为深入;二是西方社会学中的女性主义方法论开始引起人们的注意;三是定性研究方法重新受到重视,相关的研究也不断出现,在研究方法领域打破了只关注定量研究方法的局面;四是针对具体经验研究中所使用的研究方法进行的商榷、批评和讨论开始出现;五是社会学界对社会学恢复重建二十多年来研究方法领域的发展状况和存在的问题也开始进行较为系统的回顾与总结。与前几个阶段相比,第四阶段的总的特点是学者们探讨问题的眼光更加深入,对社会学方法的认识也更为深刻,对社会学研究方法的理解和运用也更为成熟。

二、社会学方法研究的主要问题与观点

(一) 关于社会学方法论的研究

有关方法论的探讨一直受到社会学界的重视。从社会学恢复至今的近三十年中,无论是从所发表的文章数目,还是从发表的时间范围上看,这方面的研究都占有十分重要的地位。在前十年来中,关于马克思主义方法论与西方社会学方法论之间关系的探讨较多。有人指出,马克思主义分析社会的方法论很多,比如唯物辩证方法论、理论逻辑方法论、唯物史观方法论等,从而克服了西方社会学两大社会分析方法论的缺陷;有人认为,马克思主义哲学是社会学研究的指导思想,要以辩证唯物主义和历史唯物主义作为研究方法的第一个层次;还有人认为,社会调查的方法论由三个不同层次的方法论构成,即马克思主义方法论、社会学的学科方法论以及逻辑方法论。"但对于社会学方法论的认识却是十分一致的,都认为辩证唯物主义和历史唯物主义是社会学研究方法的根本指导思想"(戴建中,1989)。

80年代末以来,有关方法论的研究进一步深化,涉及的内容也越来越广泛。其中大量的研究主要是围绕着对实证主义方法论与反实证主义方法论的认识来进行的。

李小方从分析狄尔泰到韦伯的思想演变入手,来阐明反实证主义社会学的产生背景、思想演变及其对后来西方社会学的影响,并进而对反实

证主义社会学的历史地位作出批判性的分析。作者指出,反实证主义社会学是在与实证主义社会学的矛盾和对立中产生并发展的。它在方法论方面的积极探索,为我们今天的社会学研究提供了一定的启示(李小方,1988)。

张小山从统一科学观的缺失,到决定论原则的谬误,再到价值中立观的玄想这三个方面,系统评述了二战后日益流行的各种反实证主义思想流派对实证主义社会学提出的责难。作者认为,实证主义与反实证主义社会学的对立突出表现在认识论和方法论方面,而这又根源于两派在本体论上的不同认识,从而在社会学中形成了两种风格迥异的研究范式。在特定的社会背景和研究要求下,它们都能产生出富有价值的成果。因此,在批判地借鉴西方社会学理论与方法时,我们不可轻易地偏执于其中任何一方(张小山,1991)。

林彬通过对近几十年社会学方法论和研究方法的系统考察,认为方法论、研究方法和社会现实之间存在着复杂的相互联系。随着实证主义方法论和西方主流社会学的衰落,社会学的研究方法和调查方法更为多样化、社会学方法论更具综合性。今后我们应当注重静态与动态、学术研究与应用研究这两个维度的方法论的综合,并在此基础上促进社会学研究方法的进一步发展(林彬,1995)。

蔡禾等人对社会学的实证研究传统及其我国社会学界在认识上所存在的误区进行了分析。作者认为,尽管社会学的实证研究传统由来已久,但这并不等于说社会学是一门实证学科。反实证主义同样在社会学中有它的地位和历史。中国社会学应对各种反实证主义传统理论和方法加以研究(蔡禾等,1994)。

侯均生从"价值关联"与"价值中立"这两个概念入手,分析了韦伯的价值思想。他指出,韦伯的"价值关联"和"价值中立"是社会科学研究中同时并存的两个方法论原则,它们既对立又统一。二者异曲同工,目的都是要求研究者将"形而上学"和世界观的认识从科学活动与科学结论中清除出去,以保证科学研究的客观性(侯均生,1995a)。他还在另一篇论文中分析了价值立场的客观前提和价值要素在社会学理论中的地位,并指出,社会学知识是否具有客观性,不决定与价值立场是否进入科学研究领域,而决定于价值立场是否与特定的社会发展方向能保持一致(侯钧生,1995b)。

最近十几年来方法论探讨的另一个明显特征,是开始对定性研究方法论予以一定的关注。

陈向明从定性研究的概念、定性研究的理论基础、定性研究的方法与过程、定性研究的检测手段四个方面,对定性研究(她后来又称为质的研究)方法进行了比较系统地介绍(陈向明,1996)。并对以实证主义为哲学基础的"科学"研究方法重新进行反思,特别是对定性研究中的局内人与局外人问题进行了较深入的探讨。作者认为,在定性研究中,研究者与研究对象之间的关系十分重要(陈向明,1997)。

熊秉纯在对国内定性研究和定量研究状况进行分析的基础上,从知识的内涵、知识建构的过程和知识建构的参与者三方面,说明质性研究方法对社会学研究的意义,并讨论了质性研究对揭示现有社会学知识体系中的性别偏见或盲点可作的贡献。作者引入社会性别视角,主张摈弃空洞的词汇、代之以具体的材料、解析和批判的视角,来对社会现象进行分析研究(熊秉纯,2001)。

夏传玲在简要回顾国内外定性研究最近二十多年的发展概况的基础上,总结了定性研究的六个发展趋势和分析策略上的三种流派。在上述两种背景下,作者探讨了计算机辅助的定性分析给定性研究带来的机遇和挑战,特别是它和手工操作对比时的优势和劣势,以及应用这种定性分析技术所可能面临的困难(夏传玲,2007)。

与此同时,西方社会学中流行的女性主义方法论也因其独特的视角和命题模式越来越受到国内社会学者的关注,形成了近些年来方法论研究中的另一个热点。

张宛丽从知识建构的角度,对女性主义方法论进行了探讨,指出女性主义方法论最重要的价值在于"开辟了与以往的这些知识体系所不同的另一种认识视角及领域"。作者认为,女性主义社会学方法论主要包括两个方面:一是其最重要的,也是其最首要的价值所在,即是方法论意义上的知识革命;二是在探索相关知识时,对知识获得的方法的特点的再认识(张宛丽,2003)。

吴小英则系统地考察了围绕着"是否存在独特的女性主义方法论或女性主义研究方法""如果有,其特点是什么""它们对社会学的传统方法论或研究方法构成怎样的挑战"等问题展开的有关女性主义方法论的争论,分析了社会学研究中当知识遭遇性别时的境况与结果。作者认为,从总体上说,女性主义对以实证主义为代表的主流社会学方法论持批判态度;他们追求以批判性、反思性和参与性为特征的独特的女性主义方法论规则,但大多数女性主义者并不认为存在什么独特的女性主义研究方法,而是主张方法的多样性和包容性(吴小英,2003)。

周华山通过自己的研究实践,提出对女性主义田野方法学进行情理兼备的反思。作者指出,女性主义方法学所反对的,并非实证研究方法本身,而是把"客观""普遍定律""第一手资料"奉为绝对真理的实证主义。在方法学与整个社会科学理论的反思中,女性主义提出以被研究者为本的女性主义方法学。它针对主流学术体制的性别盲点,坚持让被研究者作为主体,以改善被研究者的生活为研究的终极目标,以落实两性平等互重为研究过程的基本原则(周华山,2001)。

除上述几个相对集中的研究焦点外,学者们还从更广泛的背景中探讨了众多与方法论相关的问题。

王宁对个案的属性和个案研究方法的逻辑基础进行了探讨。作者认为,个案研究的代表性问题是"虚假问题",因为个案研究并不一定要求个案具有代表性。对于个案研究结论的扩大化,作者认为,有必要区分两种不同的"扩大化推理"的逻辑。一种是统计性的扩大化推理,另一种是分析性的扩大化推理,即直接从个案上升到一般结论的归纳推理形式。它构成了个案研究的逻辑基础(王宁,2002)。

孙龙分析了以涂尔干和韦伯为代表的两种因果解释范式,作者认为,以涂尔干为代表的必然性因果分析范式从反对神学或心理学的目的论观点出发,承认一切事物具有规律性、必然性和因果制约性,但又认为承认因果制约性就必须否认自然和社会中的偶然性,以及人的主观能动作用,这种理论发展到极端,必然会导致宿命论。而韦伯的因果解释学说主要观点仍然是非决定论的观点。他反对因果决定论和线性论,主张或然性、多因论,有利于克服形而上学的因果解释方法,但他否认因果联系的普遍性、多种原因中存在主要原因,这又使这种因果解释范式的有效性受到极大的局限(孙龙,2003)。

丁麒钢以社会学中理论检验的程序为线索,从概念操作、资料检验、证据与理论连接中的证实和证伪关系三个方面,探讨了蕴涵于其中的方法论问题。他认为,在概念操作化的挑战面前,社会学自身无能为力,需要借助更高层次的方法论突破;经验假设在样本资料范围内得到的确证,并不意味着理论预设已得到证明;在一次具体的理论检验研究中,不要使用"证实"或"证伪"的概念,而应代之以"接受"或"排斥"的概念(丁麒钢,1993)。

风笑天以著名社会学家英克尔斯的"现代人研究"作为例子,从方法论角度,系统解读和分析了这一著名研究中所体现的科学精神。文章指出:在从事社会研究的过程中,需要一种科学精神。逻辑性、严密性、现实性和实事求是,是英克尔斯"现代人研究"所体现的科学精神中最关键、最核心、最本质的内容。以逻辑性、严密性、现实性,以及实事求是为主要特征的科学精神,是经验性社会研究的立命之本(风笑天,2004)。

(二)对社会调查方法的探讨

第一,关于社会调查的概念,不同学者的认识存在着两个基本的差异。一个差异表现在对这一概念的名称或提法不同:有的称之为"社会调查",有的称之为"社会调查研究"(尽管大部分学者在使用这两种不同的名称时,所指的内涵完全一样);另一个差异则表现在对这一概念内涵的界定有所不同:有的认为社会调查只是一种收集资料的工作;有的认为社会调查既包含资料收集的工作,又包含资料分析的工作(即把社会调查等同于社会研究);还有的则认为社会调查仅指那种"运用自填问卷或结构式访问的方法,系统地、直接地从一个取自总体的样本那里收集量化资料,并通过分析这些资料来认识社会现象及其发展规律的过程或活动"(风笑天,1996b)。

第二,社会调查的方法体系也是前十年特别是社会学恢复初期讨论较多的一个问题。在这方面比较一致的结论是:社会调查方法体系可分为三大部分,即方法论、基本方式、具体方法和技术。但是,对于每一部分中的具体内容,不同学者之间的看法有较大的不同。比如对社会调查的基本方式,有两种不同的看法。较多的研究者认为,社会调查有四种基本方式,即普遍调查、抽样调查、典型调查、个案调查;另一些学者则将这一层次称为基本调查方法,其内容则包括观察法、实验法、问卷法、访问法、个案法、典型法、抽样法、普查法、比较法等等(参见风笑天,1995)。

第三,社会调查方法与社会研究方法之间的关系。在很长一段时期中,国内大多数社会学者都认为社会调查方法与社会研究方法是一回事,因而他们往往用"社会调查方法"或"社会调查研究方法"来表示社会学研究方法。只有少数社会学者的看法不同,他们认为二者不是一回事,社会调查方法只是社会研究方法的一个部分。风笑天曾专门撰文对这两个概念之间的差别和联系进行分析,指出那种将实验研究、文献研究和实地研究与问卷法和访问法同等看待,并列作为社会调查中收集资料方法的做法是不科学的(风笑天,1997)。

第四,对问卷方法的研究。卢汉龙对社会调查中问卷的意义界定进行了探讨。他指出,在调查者与被调查者之间如果没有吻合度较高的意义结构,调查者如果未能确切地把握影响资料真实性的各种因素,研究结果的有效度和可信度是值得怀疑的。因此,问卷设计应采用常识理论来界定问卷中问题的意义,问卷中问题操作化的基础应当是常识。同时,调查者要使自己的意义界定体系与被调查者的意义界定体系尽量取得一致(卢汉龙,1987)。

风笑天从方法论角度对在社会学研究中得到广泛运用的问卷调查法进行了探讨。作者认为,问卷调查法在本质上是一种实证的方法,这种实证的特征决定了问卷、随机抽样及统计分析三者之间密不可分的关系。可以说,问卷调查法的广泛运用,为社会学研究从定性走向定量、从思辨走向实证、从微观走向宏观,提供了一条可行的途径(风笑天,1994)。他还对问卷设计的原则、方法,问卷调查中的障碍,问卷设计中容易产生的问题等进行了较为系统的研究,提出问卷设计要为回答者着想等观点,并在此基础上出版了一本专门探讨问卷设计方法的著作(风笑天,1990)。另外,刘德寰对问卷法的题型设计进行了探讨。他通过对目前普遍运用的各种封闭式题型进行了归纳和分类,并列举了实例说明每一种题型所具有的优点和不足,指出它们各自的适用范围,对调查研究人员具有一定的参考价值(刘德寰,1995)。

李强则根据自己的研究实践指出,在中国做问卷调查的最大难题就是频频遇到人们相互冲突的"心理二重区域"现象,即日常生活中所说的"说假话"的问题。作者指出,造成这种心理二重区域现象的原因,是中国人的家庭关系以及儿童的成长环境的影响。而由于存在严格防范的心理二重区域,对于深埋在心底的意愿,有时候想表达出来,但又不便于直接表达出来,这样就产生了中国人特有的习惯与曲折表达意愿的方式(李强,2000)。

第五,对抽样方法的探讨。卢汉龙指出,人们认识到抽样调查的优越性,但却不明白抽样调查本身需要一整套严密思索和符合数理原则的选样程序才能保证调查结果的使用价值。因此,要注意社会调查中的科学程序问题,主持社会调查的部门应加强对调查程序的审核,要提倡撰写调查报告时对调查程序和方法作明确的表述(卢汉龙,1986)。

针对国内一些大规模抽样调查中的失误,风笑天指出,尽管有些调查的样本规模很大,但这并不是保证调查结果能真实反映客观现实的依据。不科学的抽样方式,不明确的调查总体,缺乏代表性的样本,有可能使研究报告中用来得出结论的众多数据失去意义。另外,抽样方式决定的是所抽样本有没有代表性的问题,而回答率则是告诉我们,在实际调查的样本与所计划抽取的样本之间,会不会存在很大差异的问题。抽样中的"随机"并非是指"随意""任意",它有一定的程序和规则。不按这种程序、不遵守这些规则,即使是不带任何主观偏见,也不能保证抽样的随机性和样本的代表性(风笑天,1987)。

风笑天从样本抽取、概念测量、资料收集以及解释能力四个方面,探讨社会调查方法所面临的若干挑战。作者认为,最为关键的四个环节是:如何根据现实社会生活的客观条件,严格贯彻样本抽取的随机性原则;如何通过科学的操作化程序,提高社会测量及问卷设计的效度;如何设计和控制资料的收集过程,克服自我报告方式所存在的弊端;以及如何利用多种统计分析方法和同一时点的横切资料,将相关分析推向因果分析(风笑天,1996c)。

第六,对资料分析方法的探讨。与传统社会调查方法的影响相似,在资料的分析方法上长期以来也一直是以定性分析为主。随着社会学研究的恢复,随着西方现代社会调查方法以及各种统计分析方法的介绍和引进,大陆社会学研究者也越来越重视定量分析。关于这方面的研究,则主要是围绕着定性分析与定量分析的含义、作用、二者间的关系等方面展开的。

费孝通教授在谈到社会调查方法时指出,"定量的分析决不能离开定性的分析。一般说来定性在前,定量在后,定量里找出了问题,回过来促进定性","我一向重视、至今还是要强调,'解剖麻雀'的定性分析是社会调查研究的基本方法,这一点不能含糊。但是只用这个方法是不够全面的,要规定这个'麻雀'在全部'麻雀'中占什么地位,即有多大代表性,那就得进行定量分析。而定量分析就需要一套不同于定性分析的方法和技术"。(费孝通,1983)

邓方强调了定量分析与定性分析二者之间的相互依存关系。通过应用回归分析方法研究人们的生育意愿,作者认为,从某种意义上讲,在研究社会问题时,对事物性质的分析,必须以对其数量方面的分析为基础。如同对性质不加以区分的定量分析是没有意义的一样,与定量分析完全脱节的定性分析,也是难以揭示事物的本质的(邓方,1985)。

张小天对统计分析中显著性水平的意义进行了分析,澄清了这一常用概念的确切含义。他指出,显著性水平是针对假设检验而言的一种犯错误的概率,是指零假设为真的情况下,假设检验这种方法形成结论以及犯错误的概率;是指零假设为伪的情况中,假设检验形成正确结论的最小概率。而最重要的是,显著性水平是指假设检验这种方法在各种可能的情况中形成结论的最小概率,以及犯错误的最大概率(张小天,1997)。

(三)对其他研究方法的探讨

方文在《重审实验》一文中,以内在效度与外在效度为维度,构造了一种社会心理研究方法的评价框架,并分析了社会心理研究中的反应性。在此基础上,作者集中研究了基本的实验逻辑,以及对实验研究的种种批评。作者指出,作为一种方法,实验无法取代其他方法,它也不可能被其他方法所取代(方文,1995)。

风笑天对追踪研究的方法论意义及其实施方法进行了探讨。作者指出,追踪研究的方法在社会研究中所具有的方法论意义体现在两方面,一方面,它具有与实验研究相似的内在逻辑,因此它能够较好地用来分析现象之间的因果关系。另一方面,由于追踪研究需要跨越相当长的一段时间,因此它还具有明显的解释现象变化过程的特点。作者在论文中详细探讨了实施追踪研究的具体方法和其中的关键环节。(风笑天,2006)

杨善华等着重从意义关联的角度讨论社会科学田野工作中的深度访谈法。从深度访谈的性质出发,作者尝试分析了与访谈有关的诸种意义体系。作者主张,访谈既应当以"悬置"社会科学知识体系的态度进入现场,同时又要随时保持反省;访谈的过程应以日常生活及生活史的结构为结构,以发现问题,追究问题,最后再讨论个案的普遍性意义。在这种情况下,访谈将不仅仅是单纯搜集资料的过程,而已经成为研究的一个环节。(杨善华等,2005)

针对现有操作化理论的不足,张小天提出了一种关于操作化的看法。他指出,可以将变量分为两群,一群是社会研究者无法可靠地测出的变量,另一群是可以可靠地测出的变量,操作化就是为属于前一变量群的某个变量在后一变量群中找到对应的变量(即指标),以便能够用操作测量方法可靠地测量这个变量。操作化是通过定义和命题来建立变量间的联系的,不同的联系,其有效度不同。而操作定义则是在某些情形下社会研究者定义出新的变量的方式(张小天,1994)。

风笑天在《社会学研究》组织的笔谈中专门提出了社会学者的方法意识和方法素养问题,他指出,社会学研究区别于哲学等人文学科研究的一个重要标志,是这种研究具有的经验性。正是这种经验性特征,使得社会学研究除了要遵循分析和综合的基本规则、遵循思维和判断的逻辑性要求外,还必须面临大量的具体操作、技术手段、实地实践等问题。社会学者应提高自身的方法素养,如同提高自身的理论素养一样。这种素养能够使我们明白,对不同的研究问题应该采用什么样的方法,以及采用这种方法的好处和局限(风笑天,1999)。

王天夫对社会科学中的因果分析进行了探讨。作者指出,因果分析是科学研究的基础,也是科学知识积累和学科建设的核心。然而,当前社会研究方法中存在着一系列问题。在某种程度上,这些问题可以被归结为对于因果分析的忽视或理解不清。文章试图提供一个清晰的因果关系的概念,提醒因果分析对于社会研究而言的重要性和相关性,并结合当前社会研究中的某些不足,给出应用因果分析的一些基本原则和技术。文章强调定性和定量研究方法在使用因果分析以达成具有普遍性和解释力的结论上是一致而没有区隔的(王天夫,2006)。

(四)围绕研究方法的质疑与商榷

80年代后期,风笑天通过对一次大型社会调查的方式、总体及样本进行分析,对其结果提出质疑。作者指出,尽管这次调查样本容量很大(共收回答卷4.9278份),调查的范围也很广(遍及全国29个省、市、自治区),但是,这些并不是保证调查结果能真实反映客观现实的依据。更关键的因素是:这5万份答卷来自什么样的总体,它们是如何被抽选到的,它们对总体又具有怎样的代表性。由于这次调查采取的是一种不科学的抽样方式,加上不明确的调查总体和缺乏代表性的样本,有可能使研究报告中用来得出各种结论的众多数据失去意义。(风笑天,1987)。

围绕着陈向明的一项教育方面的研究所产生了几篇争鸣文章。侯龙龙针对陈向明的论文提出了"是质的研究还是新闻采访"的疑问。作者指出该研究"不恰当地把研究者自己的问题直接交给了被研究者",因而使整个研究结果看起来与一般的新闻采访无异。至于研究者为什么会犯这样的错误,作者认为有两点原因:一是在运用"文化主位"与"文化客位"的分析方法建构"扎根理论"时,过于强调"文化主位"的视角;二是忽视了"文化主位"视角的限度(侯龙龙,2001)。

陈向明在回应的文章中,针对侯龙龙文中的观点,着重从文化主位与文化客位之间的关系、研究结果的"真实性"问题两个方面进行了探讨。陈向明认为,质的研究者在文化主位和文化客位的关系上表现为不同的流派,可以被视为一个连续体,它们不是两两对立,只是程度上的不同。而文化主位的限度又与研究的目的有关,如果研究目的是为了"创造思想",使研究结论具有原创性,那么主位和客位的界限必然不甚分明(陈向明,2001)。

在上述争论的影响下,阎光才撰文探讨了社会科学研究结果的真实问题。他认为,实证主义所谓研究结果的真实,是以所预设的理论前提的可检验性为先决条件的。可是,当这一理论前提本身就是一个疑问甚至是谬误的时候,他所谓研究结果的真实又是什么?他主张,研究者有必要多多少少地走出"文化客位"的模式和思路,参与到具体的现实情境中,去理解行动者的理解,并在与行动者的互动中,来体现理论的实践意义和价值,丰富理论的内涵(阎光才,2002)。

尹海洁针对一项研究中所存在的统计方法问题,通过仔细的分析,指出了原文作者在统计分析方法上的失误,以及由这种失误所导致的研究结论的错误。作者指出:社会统计学应用的目的是为了对事物进行更深入的研究和认识,但必须保证其应用的前提条件得到满足。如果把不具备推广价值的结论推向总体,使用无效的模型进行预测,就会出现前后自相矛盾的结果。任何一种方法的应用都有其局限性,如果超过它的适用范围来应用它,或者用不正确的方法来使用它,就可能得出错误的结论(尹海洁,2000)。

徐道稳则针对一篇定量研究论文中的问题提出了质疑。作者首先通过对原文中的样本进行比较分析,指出这种非随机且严重偏态的样本,不但决定了中日两国资料在总体上不可比较,而且决定了部分资料也不可比较。同时,作者指出了原文在因子分析和多元回归分析方法的运用上所存在的一些明显错误。并对原文在结果分析和讨论中的一些牵强附会和漏洞进行了批评(徐道稳,2001)。

围绕着调查回收率的高低以及与此相关的调查样本规模问题,风笑天和郝大海进行了讨论。风笑天在前一篇论文中,结合国内外的研究实例,对调查回收率的衡量标准及其依据提出了自己的看法。作者指出,一方面,调查回收率所代表的实际样本的大小,是衡量一项调查结果所具有的代表性的最终指标,因而回收率越高越好。但另一方面,由于实际调查中存在着许多制约和影响回收率的因素,如果不切实际地单纯追求高回收率可能会影响到调查资料的质量,因此回收率并非越高越好。研究认为,样本的完整与资料的质量是我们在调查中应该同等关注的两个方面,既要尽可能地提高回收率,也要尽可能地防止和避免低质量的高回收率。(风笑天,2007a)

郝大海在《应答率的意义及其他》一文中认为,风笑天的上述论文对中国社会调查回收率的批评是误读样本规模的结果,由此对中国社会调查质量的质疑也缺乏足够的事实依据。目前国内几次大规模社会调查的应答率,与国外同类调查差异不大。但目前在国内的社会调查研究中,对无应答及相关偏误重视得不够,许多学者也没有将应答率作为评估调查质量中的指标加以报告。因此,清楚地界定应答率的含义,完善提升应答率的方法,应该成为提高当前国内调查研究水平的重要任务之一。(郝大海,2007)

针对郝大海在《应答率的意义及其他》一文中的质疑,风笑天以事实为依据进行了回应。作者指出,《应》文质疑的出发点是不恰当的,作者对样本规模的定义,以及对CGSS2003调查项目中的样本规模的定义和理解也是清楚的和正确的,并没有"误读"这一样本规模的含义。真正错误理解和定义"样本规模"含义的恰恰是《应》文的作者。由于《应》文作者不恰当地将"样本规模"的概念变换成"实际发生的访谈数量",不恰当地在有关"样本规模"的讨论中引入"实地调查过程"的内容,因而形成了对样本规模含义的不正确理解,做出了对样本规模含义和计算的不正确划分,同时也导致了CGSS2003的样本规模计算以及其他调查项目回收率统计中的混乱现象。(风笑天,2007)

三、加强社会学方法研究的几点思考

在研究方法领域中,需要进一步研究和探讨的主题很多。笔者认为,以下几个方面问题应该特别重视。

(一)加强经验研究与社会学理论之间关系的探讨

在社会学研究中,理论和方法都不是孤立的、相互分离地存在的。它们在解决某种特定的社会学问题的过程中一起形成并紧密相连。研究方法应该总是在其所说明的问题和与之相关的理论背景中来发挥作用。因此,我们可以说,方法是理论背景中的方法;同时,也是问题背景中的方法。既脱离理论,又脱离问题的方法并不是社会学者追求的目标。近三十年来的实践表明,经验研究与理论研究的相互分离,是我国社会学研究中最具潜在性影响的弱点。这种状况不仅影响到社会学经验研究的质量和发展,它还影响到社会学理论研究的发展。笔者认为,围绕经验研究与社会学理论之间关系的探讨至少可以包括这样一些问题:比如社会学理论与经验研究之间的相互作用、社会学理论对社会学经验研究的指导、如何从经验研究结果中归纳出、抽象出具有社会学理论内涵的概念和命题、如何提高社会学经验研究的理论价值、如何建构连接社会学理论和经验研究的桥梁等等。

(二) 加强对定量方法与定性方法的特点和适用性的研究

如同客观事物本身具有质和量这两个方面一样,对社会现象的研究也需要我们采用定量与定性两种不同的视角和不同的方法。定量方法与定性方法本身并无好坏优劣之分,关键在于恰当运用。因此,如何更清楚地从方法论层次认识定量研究与定性研究的本质和特征,认识二者各自的长处与局限,是今后方法研究领域中一项重要的任务。与这一问题相联系的是,需要对社会研究方法体系中各种不同的研究方式和方法的特点及其适用范围进行探讨和分析。通俗地说,就是要弄清楚社会研究的"工具箱"中,各种不同的研究工具所具有的"特点"和"功能"是什么,弄清楚它们各自能做什么,不能做什么。这种探讨对于我们在实际研究中恰当地运用各种不同的研究方法有着至关重要的作用。

(三) 认真探讨研究方法的理想状态与现实条件之间的矛盾

社会学方法不是一种纯粹的理论,它的一个基本特质就是面对现实。换句话说,研究方法是一种与社会学经验研究紧密相关的知识,其价值也实际体现在各种具体的社会学经验研究中。作为研究者探索社会世界奥秘的工具,至少存在着两个方面值得探讨的问题:一是对这些工具本身所具有的各种不同的特点、作用、缺陷的认识问题;二是对这些工具在具体运用中所出现的错误、障碍、困难的认识问题。值得注意的是,一般原理上、基本程序上的要求往往是一种理想的状态,而社会学研究中的应用要求则往往是现实的。对理想状态的探讨是基础,对现实状态的探讨则更为综合。我们的方法研究,既要有纯粹的方法论的探讨,也要有具体的、面对现实的各种研究方式、研究方法、研究技术的探讨。除了要加强对方法本身的探讨外,还要加强对方法应用问题的探讨,特别是对方法应用过程中的障碍以及结合实际克服这些障碍的方法探讨。

(四) 加强对经验研究论文的方法评价与商榷

各种学术刊物所发表的社会学研究报告和经验研究论文不仅仅是社会学者研究观点和研究结论的交流,同时还包括产生这些观点和获得这些结论的方法的交流。因此,对学术论文的探讨和分析中,不仅应有对作者观点和结论的评价和商榷,同时还应包括对作者获得这些结论的方法和资料的评价和商榷。这是一种促进和提高社会学经验研究质量和水平的有效机制。也是一种规范的知识辨析、知识积累、知识建构的有效机制。提倡实事求是的科学精神,注重科学研究过程中的累积性,规范研究和论文发表的程序性、提高研究者的方法意识与方法修养,特别要结合具体的应用实例,通过商榷和交流,弄清楚科学的方法的要求和应用中所存在的问题,从实践中提高研究者的方法水平。在这方面,学术刊物的作用十分关键,也十分重要。因为它不仅是一种筛选,而且是一种评价,更是一种导向。

参考文献

蔡禾等:《社会学的实证研究辨析》,《社会学研究》1994年第3期。

陈向明:《社会科学中的定性研究方法》,《中国社会科学》1996年第6期。

陈向明:《文化主位的限度与研究结果的"真实"》,《社会学研究》2001年第2期。

陈向明:《质的研究中的"局内人"与"局外人"》,《社会学研究》1997年第6期。

戴建中:《社会学研究方法的十年回顾》,载《中国社会学年鉴》(1979—1989),中国大百科全书出版社1989年版。

邓方:《应用回归分析的方法研究生育意愿的尝试》,《社会调查与研究》1985年第6期。

邓方:《中美社会学的十年交流对中国社会学的影响》,《社会学研究》1989年第3期。

丁麒钢:《社会学理论检验程序方法论初探》,《社会学与社会调查》1993年第4期。

方文:《学科制度精英、符号霸权和社会遗忘——社会心理学主流历史话语的建构和再生产》,《社会学研究》2002年5期。

方文:《重审实验》,《社会学研究》1995年第2期。

费孝通:《社会学调查要发展》,《社会》1983年第3期。

风笑天等:《近十年我国社会学实地研究评析》,《社会学研究》1998年第2期。

风笑天:《方法论背景中的问卷调查法》,《社会学研究》1994年第3期。

风笑天:《高回收率更好吗?——对调查回收率的另一种认识》,《社会学研究》2007年第3期。

风笑天:《论社会调查方法面临的挑战》,载《中国社会学年鉴》(1995—1998),社会科学文献出版社1999年版。

风笑天:《浅谈当前抽样调查中的若干失误》,《天津社会科学》1987年第3期。

风笑天:《社会调查方法还是社会研究方法》,《社会学研究》1997年第2期。

风笑天:《社会学方法研究概述》,载《中国社会学年鉴》(1992—1995),中国大百科全书出版社1996年版。

风笑天:《我国社会学恢复以来的社会调查分析》,《社会学研究》1989年第4期。

风笑天:《社会学者的方法意识与方法素养》,《社会学研究》1999年第2期。

风笑天:《透视社会的艺术——社会调查中的问卷设计》,天津人民出版社1990年版。

风笑天:《我们的社会学研究方法可以打几分?》,《华中理工大学学报》(社会科学版)1999年第3期。

风笑天:《现代社会调查方法》,华中理工大学出版社1996年版。

风笑天:《英克尔斯"现代人研究"的方法论启示》,《中国社会科学》2004年第1期。

风笑天:《再谈样本规模和调查回收率》,《社会学研究》2007年第6期。

风笑天:《这样的调查能不能反映客观现实——对一次大型社会调查的质疑》,《社会》1987年第4期。

风笑天:《追踪研究:方法论意义及其实施》,《华中师范大学学报》2006年第6期

郝大海:《应答率的意义及其他》,《社会学研究》2007年第6期

侯钧生:《"价值关联"与"价值中立"——评韦伯社会学的价值思想》,《社会学研究》1995年第3期。

侯钧生:《价值立场与社会学知识的客观性》,《社会学研究》1995年第6期。

侯龙龙:《质的研究还是新闻采访》,《社会学研究》2001年第1期。

李强:《"心理二重区域"与中国的问卷调查》,《社会学研究》2000年第2期。

李小方:《从狄尔泰到韦伯——评反实证主义社会学》,《社会学研究》1988年第1期。

林彬:《论社会学方法的发展趋势》,《社会学研究》1995年第3期。

刘德寰:《关于问卷法的题型设计》,《社会学研究》1995年第2期。

卢汉龙:《调查问卷的意义界定》,《社会学研究》1987年第3期。
卢汉龙:《注意社会调查中的科学程序问题》,《社会》1986年第6期。
孙龙:《社会学方法论上的两种因果解释范式——涂尔干与韦伯思想的比较及其启示》,《江苏行政院学报》2003年第1期。
王宁:《代表性还是典型性?》,《社会学研究》2002年第5期。
王天夫:《社会研究中的因果分析》,《社会学研究》2006年第4期。
魏屹东等:《〈社会学研究〉(1986—1995)文献计量研究》,《社会学研究》1996年第2期。
吴小英:《当知识遭遇性别——女性主义方法论之争》,《社会学研究》2003年第1期。
夏传玲:《计算机辅助的定性分析方法》,《社会学研究》2007年第5期。
熊秉纯:《质性研究方法刍议:来自社会性别视角的探索》,《社会学研究》2001年第5期。
徐道稳:《也谈科学的方法应予以科学的应用》,《社会学研究》2001年第2期。
阎光才:《也谈社会科学研究结果的"真实"》,《社会学研究》2002年第3期。
杨善华等:《国外社会学理论研究述评》,载社会学编辑部:《当代中国社会学》,中国社会科学出版社1998年版。
杨善华:《作为意义探究的深度访谈》,《社会学研究》2005年第5期。
尹海洁:《科学的方法应予以科学的应用》,《社会学研究》2000年第6期。
张宛丽:《女性主义社会学方法论探析》,《浙江学刊》2003年第1期。
张宛丽:《十年社会学理论、方法研究的回顾与反思》,《社会学研究》1989年第4期。
张网成:《实证主义——西方社会学的主流范式》,《社会学研究》1990年第4期。
张小山:《实证主义社会学面临挑战》,《社会学研究》1991年第5期。
张小天:《论操作化》,《社会学研究》1994年第1期。
张小天:《显著性检验的意义》,《社会学研究》1997年第2期。
周贵华:《重建后的中国社会学的研究选题倾向分析》,《社会学研究》1989年第2期。
周华山:《女性主义田野研究的方法学反思》,《社会学研究》2001年第5期。

我们的社会学方法水平可以打几分*

——对87位社会学者的调查分析

恢复重建后的我国社会学研究已走过了二十年的历程。回首这二十年我们所走过的道路,展望新世纪我国社会学的发展趋势,有必要对国内社会学界在社会学研究方法领域中的成就和差距进行认真的总结。笔者曾在1995年撰写专文,对1979—1994这十五年中,国内社会学界在方法领域的研究概况进行评述,总结了十五年来的发展状况及其所存在的若干不足。然而,一方面由于该文的结论主要来自于对国内社会学界所发表的社会学研究方法方面的论文、所出版的著作和召开的有关社会学方法的会议进行的分析,其重点是对"社会学

---

* 本文原刊于《华中科技大学学报》1999年第3期。

方法的研究"进行综述和评价；至于国内社会学者对各种具体的研究方式、研究方法和研究技术的掌握情况如何，在实际研究中运用各种方式、方法和技术的情况如何，以及国内社会学界对自己在经验研究方法方面的整体水平如何等问题，则没能在那篇论文中得到反映。换句话说，该文回答的是"方法的研究"状况，而没有回答"研究的方法"状况。另一方面，该文所采取的研究方法本身，也使得其只能将所得的结论限制在笔者个人的认识和看法的范围之内，难以在更为客观、更为普遍的意义上反映这一领域的现状。因此，为了弥补前述研究的不足，笔者于1998年4—5月对国内社会学界的部分学者进行了一项专题调查，试图从另一个侧面了解和分析国内社会学界在社会学经验研究方法方面的整体水平、了解和分析广大社会学者在研究方法方面所存在的主要困难和问题，并就如何提高国内社会学研究的水平提出自己的建议。

一、调查方法

（一）调查对象

本项研究的主要目标，是希望通过对目前国内社会学界在研究方法方面水平最高、最有代表性的社会学者的调查，来达到了解和反映国内社会学界在社会学研究方法领域的水平、认识和实践状况的目的。根据这一目标，本次调查没有以国内现有的社科院社会学所和高校社会学系中的全体科研教学人员为总体进行随机抽样。而是根据研究的需要，采用了判断抽样的方法来选择调查对象。选择调查对象的标准主要包括以下几条：
（1）中国社会学会社会学研究方法专业委员会的理事；（2）高校社会学系中讲授社会学研究方法课程的教师；（3）福特基金资助的两期"社会学方法高级研讨班"的学员；（4）各地方社科院社会学所的所长；（5）在学术刊物上发表社会学经验研究报告较多、影响较大的研究者。

根据以上标准，笔者共选取全国29个社会学所、27个社会学系（社会学专业）中的110名学者（社会学所和社会学系各55名）构成调查的样本。实际调查人数为87人。实际调查样本基本情况如下：

表1 调查对象基本情况统计

	性别		年龄			职称			学历		单位	
	男	女	40以下	40—50	50以上	中级	副高	正高	本科	研究生	社科院	高校
人数	66	21	15	49	23	6	50	31	44	42	43	44
%	75.9	24.1	17.2	56.3	26.4	6.9	57.5	35.6	51.2	48.8	49.4	50.6

我们用"你的研究方法水平在你们单位的学者中处在什么位置"来了解调查样本中的学者的自我评价。统计分析结果表明，在10分为最高分的评价体系中，样本中87名学者的总体水平处在8.29分的位置（标准差为1.41）。这一结果反映出该样本较好地代表了目前国内社会学界在方法领域中的最好水平，达到了研究预先设计的目标。

（二）资料收集

本次调查采用邮寄问卷的方式进行。问卷以客观填答题和主观评分题为主，辅以少量开放式问题。1998年4月6日，研究者向这110名社会学者寄去调查问卷。其中有6份问卷由于地址不详和人员变动等原因被退回。使实际发出问卷数变为104份。从4月9日开始，填好的问卷开始陆续寄回。从被调查者寄回问卷的邮戳时间统计可以看出，大部分被调查者基本上是一收到问卷就填答并及时寄回的。4月15日前寄回的占全部寄回问卷的35.6%，4月25日前寄回的达到65.5%；按要求在5月1日以前寄回的问卷共65份，占全部寄回问卷的74.7%，占发出问卷的62.5%。5月10日，研究者又发出一封催促信，最后又有22份问卷寄回。这样，本次调查共收回有效问卷87份，有效回收率为84%。这一回收率在邮寄问卷调查中是较高的。从问卷上看，绝大部分被调查者填答十分认真，许多学者还给笔者写信、打电话、发E-mail，表示积极支持和配合这次调查，并希望能看到调查的结果。根据研究的目标，本文主要对调查结果进行了描述统计、交互分类统计、单因方差分析（ANOVA）等，并对开放式问题的回答进行了一定的归纳。

二、结果与分析

(一) 对研究方法的掌握情况

在问卷中,我们列举了社会学研究中最常用的几种研究方式,询问被调查者对每种方式的熟悉程度。供选择的答案有"十分熟悉""比较熟悉""有所了解""不了解"四个。我们用两种方法进行了统计,结果见表2。

表2 被调查者对各研究方式的熟悉情况

	熟悉(%)	不熟悉(%)	平均得分	标准差
实验	33.3	66.7	2.82	0.83
问卷调查	95.4	4.6	1.55	0.59
参与观察	69.0	31.0	2.16	0.79
深度访谈、座谈会	90.0	10.0	1.69	0.77
个案研究、社区研究	83.9	16.1	1.86	0.73
内容分析	51.7	48.3	2.60	0.92
现有统计资料分析	75.9	24.1	1.97	0.78

表2的前两列是将四个答案中的前两个合并、作为"熟悉",将后两个合并、作为"不熟悉"后的统计结果。从中可以看出,社会学者对各种研究方式按熟悉程度排列依次是:问卷调查、深度访谈、个案研究、现有统计资料分析、参与观察、内容分析、实验。表2的后两列则是将四个答案分别计以1、2、3、4分后计算所得。得分越低表示越熟悉。其结果与前两列结果完全一致。同时,表2最后一列的标准差统计还表明,问卷调查不仅是社会学者最为熟悉的一种方式,而且还是所有学者相互之间差别最小的一种方式(标准差最小)。实验和内容分析则是社会学者熟悉的比例最小、不同学者相互之间的差别最大的两种方式。

为了进一步探讨具有不同特征的社会学者在熟悉各种研究方式方面的差别,我们又按"年龄""职称""学历"和"单位"分别对各种方式进行了交互分析,表3是统计分析的结果。

表3 不同特征的学者对各种方式熟悉程度的交互分析
（表中为相关系数 Gamma 值）

	年龄	职称	学历	单位
实验				
问卷调查				
参与观察	0.373			
深度访谈、座谈会		0.600	-0.485	
个案研究	0.365	0.616		
内容分析		0.348		
现有统计资料分析	0.187		-0.415	

注：凡未达到0.05显著度的相关系数均未在表中列出。

从表3的结果中我们可以得出下列几个结论：(1) 各种特征的学者在实验和问卷调查两种方式上的熟悉程度不存在明显的差别；(2) 社会学所和社会学系这两类学者相互之间对各种方式的熟悉程度也都不存在明显差别；(3) 在参与观察、个案研究、现有统计资料分析这三种方式上，年龄越大者熟悉的程度越高；(4) 在深度访谈、个案研究、内容分析这三种方式上，职称高者比职称低者熟悉；(5) 在深度访谈和现有统计资料分析两种方式上，学历高者反不如学历低者熟悉。

我们又通过让被调查者打分的方式，进一步了解社会学者对各种具体的研究方法和研究技术的熟悉情况。调查结果见表4。

表4 被调查者对各种研究方法技术的熟悉情况（10分为最高分）

	平均得分	标准差
问卷设计技术	8.07	1.84
访谈方法和技巧	7.93	1.82
随机抽样技术	7.71	1.76
定性资料分析方法	7.24	2.26
研究设计方法	7.11	1.90
统计分析方法	6.66	2.08
量表测量方法	6.40	2.32
内容分析方法	6.06	2.75
变量操作化方法	6.01	2.59
计算机操作技术	5.22	3.07

应该说，调查结果中的得分高低，较好地反映了目前国内社会学界在

掌握具体研究方法和技术方面的实际情况。问卷设计、访谈、抽样这三种技术,实际上所反映的是广大研究者对社会调查方法的掌握和应用状况。它从一个侧面反映出我国社会学研究中采用调查方法的普遍性以及研究者对社会调查方法的熟悉性。而目前社会学者最不熟悉的技术则主要是计算机操作、变量操作化、内容分析、量表测量,以及统计分析等定量研究方式所涉及的领域。标准差统计中也存在着一种与平均得分几乎完全一致的规律:随着平均得分由高到低,标准差则由低到高。它从另一个角度说明,社会学者越是熟悉的方法和技术,他们相互之间的差异也越小;反之,他们越不熟悉的方法和技术,相互之间的差异也越大。以计算机操作技术为例,平均得分最低反映的是被调查对象总体对这一技术最不熟悉。而标准差最大反映的则是总体中的不同个体在这方面的差异最大。即有的完全不会,而有的却非常精通。

通过对具有不同特征的社会学者在各种方法技术上的自评得分的方差分析,我们得出了一些有趣的结果:在组间均值的差异达到显著度要求的几组变量中,除了在计算机操作技术方面,是年轻者强于年长者外;在其他几个方面都是年轻者弱于年长者,职称低者弱于职称高者。唯一比较例外的是在定性资料分析方面呈现出学历高者弱于学历低者的状况。其实,考虑到年长者职称普遍高于年轻者、学历普遍低于年轻者的现实,这种例外也就是情理之中的了(见表5)。

表5 方差分析结果

方法技术名称	变量	类别	均值	标准差	组间差异显著度
定性资料分析方法	学历	1. 本科生	7.75	1.51	0.030
		2. 研究生	6.69	2.78	
定性资料分析方法	年龄	1. 40岁以下	6.80	2.68	0.039
		2. 40—50岁	6.90	2.38	
		3. 50岁以上	8.26	1.25	
	职称	1. 中级、副高	6.80	2.35	0.014
		2. 正高	8.05	1.87	
问卷设计	职称	1. 中级、副高	7.75	1.95	0.021
		2. 正高	8.68	1.47	
访谈技巧	职称	1. 中级、副高	7.45	1.95	0.000
		2. 正高	8.84	1.10	

(续表)

方法技术名称	变量	类别	均值	标准差	组间差异显著度
内容分析方法	职称	1. 中级、副高	5.65	2.79	0.048
		2. 正高	6.84	2.56	
计算机操作技术	年龄	1. 40岁以下	6.13	2.75	0.026
		2. 40—50岁	5.61	2.71	
		3. 50岁以上	3.78	3.61	

注：组间差异未达到0.05显著度者均未列出。

（二）对研究方法的使用情况

调查表明,样本中的学者的确是社会学经验研究的积极从事者。全部87名学者在最近的年中都曾从事和参与社会学经验研究项目。项目总数达到356项,平均每人达到4.09项,标准差为2.11。这些经验研究主要是采用那些研究方法进行的呢？这是我们关注的问题之一。表6是对这一问题的统计结果。

表6　所采用的各种研究方法统计

方法名称	使用频数	占总项目数356的百分比
实验	15	4.2
问卷调查	199	55.9
参与观察	44	12.4
深度访谈、座谈会	109	30.6
个案研究	92	25.8
内容分析	37	10.4
现有统计资料分析	91	25.6
其他方法	10	2.8
合计	597	167.7

表6的结果表明,具有定量特征的问卷调查方法,毫无疑问地是社会学者们采用得最多的一种研究方法,一半以上的经验研究项目都采用了这种方法。这是国内社会学界在经验研究方法运用上的一个突出特征。与问卷调查方法的运用相对应的,是以深入访谈、座谈会、个案研究、现有统计资料分析为代表、具有定性特征的"传统社会调查方法"的运用。三者总的比重达到82%,且三者之间的比例相当（这也许与三者常常结合在一起运用有关）,成为国内社会学界在经验研究方法运用上的另一个特

征。这一结果与笔者在前述的综述文章中所总结的特点完全一致。另外,使用各种方法的总的频数远大于总的项目数(597－356＝241),表明许多研究同时采用了不止一种研究方法,这种多途径的研究方式对提高社会学研究的质量显然是一个很好的现象。我们将年龄、教育程度、职称和单位等变量与采用得最多的研究方法之间进行了交互分析,结果发现,不同年龄、不同教育程度、不同职称的学者在这方面的差异都不显著($P=0.05$),只有不同单位之间的差异达到了显著程度。详见表7。

表7 您所在单位的社会学者们所进行的各项经验研究中使用得最多的方法(%)

	社科院社会学所	高校社会学系	总体
实验	0	0	0
问卷调查	46.5	72.1	59.3
参与观察	4.7	0	2.3
深度访谈、座谈会	14.0	2.3	8.1
个案研究	18.6	16.3	17.4
内容分析	0	4.7	2.3
现有统计资料分析	14.0	2.3	8.1
其他方法	2.3	2.3	2.3

注:Pearson Chi-Square ＝ 13.582,df＝6,Sig.(2-sided)＝0.035。

表7的结果表明,尽管社科院社会学所和高校社会学系的社会学者在经验研究中采用最多的方法都是问卷调查,但高校社会学系的学者采用这一方法的比例更高,达到72.1%,远远高于社科院社会学所的学者的比例,二者之间相差达25%左右。究其原因,可能与下列几点有关:一是高校中有稳定的、受过社会学方法基本训练的学生作为调查员、编码员和录入员;二是高校社会学系一般都建有计算机室、十分方便进行问卷资料的处理和统计分析;三是高校社会学系目前的研究方法课中,问卷调查方法是最为常见也最为重要的内容。

与问卷调查方法使用上的特征相对应的是,社科院社会学所的学者采用传统的深度访谈、座谈会、参与观察、个案研究、现有统计资料分析等方法的比例与他们采用问卷调查方法的比例相当,达到51.3%,高出高校社会学系的学者采用这些方法的比例25%左右。这一结果向我们揭示出:与高校社会学系的学者相比,社科院社会学所的学者更多地采用那些具有"个体的""单兵作战"特点和定性特征的研究方法。

（三）对国内社会学界方法水平的评价

被调查的 87 名社会学者对目前国内社会学方法总体水平的评价，可以用来作为我们衡量目前国内研究方法水平的一种指标。为了说明这一测量结果的实际意义，我们将被调查者对研究方法总体水平的评价与对社会学理论总体水平、分支社会学总体水平的评价进行比较，结果见表 8。

表 8　被调查者对国内社会学界在三个方面总体水平的评价

总分	平均分	标准差	
理论的总体水平	544	6.40	1.64
方法的总体水平	506	5.95	1.49
分支的总体水平	557	6.55	1.55

表 8 的结果表明，相比较而言，样本中的被调查者对分支社会学总体水平的评价最高，而对研究方法总体水平的评价最低。此外，对方法总体水平评价的标准差最小，说明不同学者相互之间的意见相对比较集中。我们又分别用"被调查学者的方法水平在其单位所处的位置"与其对总体评价得分之间进行相关分析，对"年龄""职称""学历""单位"等方面不同特征与对总体水平评价的得分进行方差分析，得出了表 9、表 10 的结果。

表 9　学者的个人位置与对社会学界总体水平的评价之间的相关统计

		社会学理论	社会学方法	分支社会学
个人位置	相关系数(r)	0.325	0.167	0.236
	显著度	0.005	0.135	0.033

表 10　方差分析结果

变量		类别	均值	标准差	组间差异显著度
对理论的总体评价	年龄	1. 40 岁以下	6.73	1.49	0.016
		2. 40—50 岁	5.96	1.56	
		3. 50 岁以上	7.09	1.68	

(续表)

变量	类别	均值	标准差	组间差异显著度
对分支的总体评价	年龄			
	1. 40 岁以下	6.33	1.59	
	2. 40—50 岁	6.21	1.41	0.008
	3. 50 岁以上	7.39	1.56	
对分支的总体评价	学历			
	1. 本科生	6.91	1.44	0.042
	2. 研究生	6.22	1.60	

注：组间差异未达到 0.05 显著度者均未列出。

表 9 的结果表明，无论被调查的学者的方法水平在其所在单位的学者中处什么位置，他们对国内研究方法总体水平的评价之间不存在显著的差异（显著度 = 0.135 > 0.05）。而他们对社会学理论和分支社会学总体水平的评价之间则都存在显著差异。换句话说，不同学者对社会学理论和分支社会学总体水平的评价有明显不同，但他们对社会学方法总体水平的评价却基本相同。

另一方面，从表中的相关系数可以看出，学者所具有的位置与其对方法水平的评价之间的关系较小，而与其对社会学理论和分支社会学水平的评价之间关系较大。

表 10 的结果一方面再次说明，具有不同特征的学者对国内社会学方法总体水平的评价不存在明显差异。另一方面，它指出了不同年龄的学者在对社会学理论和分支社会学总体水平评价上，以及不同学历的学者在对分支社会学总体水平评价上存在的显著差别。这种差别的基本趋势是：中年学者的评价比较低，老年学者的评价比较高；研究生学历者评价较低，本科学历者评价较高。

（四）主要的困难、问题和建议

在调查中，我们询问了被调查者在从事社会学经验研究的过程中，是否遇到过方法上的困难。样本中 83.3% 的学者回答遇到过。他们所列举的最大困难涉及研究方法的各个方面：从方法论、研究设计、研究的信度和效度、理论与研究的关系，到变量操作化、测量、指标设计、访谈技巧、问卷设计、计算机操作、统计分析方法、抽样方法等等。但最主要也最集中的困难则是统计分析方法，特别是高级统计分析的方法。回答者提出这一困难的比例高达 70% 左右。这一结果至少给我们两点启示：一是目前国内社会学界在方法领域中最为突出的困难可能在于对统计分析方法的掌握和运用上,它就像一个窄窄的瓶颈,阻碍着社会学定量研究方法的贯彻和实施;二是它从另一个侧面也反映出学者们对以统计分析为特征的定量研究方法的重视和垂青。

对于国内社会学界目前在研究方法方面所存在的主要问题,被调查者的回答也涉及十分广泛的范围。但归纳起来,则是以下几个方面的问题最为突出:

(1)研究者的基本训练不够,研究方法不规范。"许多研究人员缺乏系统的经验研究的基本知识,研究方法不规范、不科学""大多数社会学研究人员对方法的学习、了解不深入,不系统""研究报告不规范,反映实际研究方法的不规范""不要把社会学研究与社会调查混为一谈,不要把社会调查与问卷调查混为一谈"。

(2)方法论的研究薄弱。"方法论上的思路混乱不清,在方法的应用上缺少自觉的方法论的指导""偏向于实证方法体系中的某一方面"。对"质的研究"方法的研究很少关注。"不清楚不同方法背后的方法论立场""重视定量研究,而忽视定性方法""研究的哲学倾向浓厚,人文色彩太重""满足于传统的研究方法,不重视采用先进的科学方法来探索和分析问题"。

(3)不注重研究设计,不熟悉定量研究技术(包括变量测量、操作化、随机抽样技术、计算机操作技术、问卷设计技术等)。"抽样不随机,滥用问卷,统计分析错误多""在社会学界定性分析仍占主导地位,这与学者们在统计的方法和计算机应用方面的局限均有关""研究设计的规范性不够,定性分析的随意性很大""缺乏信息检索工具,不了解同一领域国内外研究进展""缺少同行之间认真的评论,很少有人对其他人的研究方法提出公开批评"。

(4)"统计分析层次低","对调查结果缺乏深入的分析,利用效果比较差""研究资料的共享和利用不足""缺少帮助社会学研究者学习、参考的一流的实用手册性著述"。

对于进一步提高我国社会学研究的水平,国内社会学界在研究方法方面应该做些什么这一问题,被调查者发表了大量的意见和建议。其中比较集中的几个方面是:

(1)"举办各种层次的社会学研究方法培训班";"对社会学研究人员进行系统培训";"加强研究方法方面的学术交流";"有必要系统介绍

经验研究的方法,提高现有研究人员的研究方法水平,补上这一课"。
"加强研讨,形成共识""加强训练,提高研究者的方法功底和水平""争取安排 50 岁(起码也应是 45 岁)以下的社会学专业研究人员一年一次的研究方法的训练或交流,尤其是与国外社会学同行的交流"。"对研究者(而不是学生)进行方法'再教育'。举办中高级培训班和方法研讨班"。"对研究人员的系统化培训,以及以规范方法应用为主题的并结合研究应用实例的学术研讨会,从而起到示范作用"。

(2) 加强出版物的规范化。比如"必须说明所用的方法,必须注出引用资料的来源等";"对于不交待研究方法以及忽略方法的研究成果,出版物应不予接受";"对专业期刊、学术杂志上发表的论文加强方法方面的说明和规范化要求;加强对学术成果中研究方法的评估";"经常针对所发表的论文中的方法展开评价和研讨";"在评估一篇论文或著作时,不仅要看它的结论,更要看它采用的方法"。

(3) 建立社会调查数据库,以充分利用各项社会调查的数据资料。"进一步开发已有的经验资料";"建立'方法交流网络''问卷存储中心'及'研究成果的方法评价体系'";"建议和统计学界密切联系和合作",加强统计分析方法运用。

(4) "开展系统的、联系国内社会学研究实际状况和方法应用水平的方法论研讨,从而理清各种不同的研究策略、程序、方法的思路"。"反思实证主义方法的不足和谬误,加强方法论方面的研究,关注现代哲学、科学哲学在这方面的新进展";"掌握理论的人注重研究方法的运用,掌握方法的人加强理论方面的素养,最终形成从理论到方法的结合运用"。"应注意各种研究方法的性质、特点、作用、适用范围、信度和效度";"具体要开展如下研究:各种方法的方法论基础;各种研究方法的特点、特定的研究逻辑、研究程序、特有的操作方法和技术;从方法论和实际操作的角度研究各种方法和适用性和它们所面临的困境;用说明方式方法解释研究的经验材料,以揭示社会现象之间的联系"。

(5) 要探讨"定量研究和定性研究怎样结合","改变目前重量的研究而轻质的研究的倾向,在定性研究方面花工夫"。"应经常开展交流,以讨论会形式或论文形式对什么是社会学方法从理论上理清。因为在中国,人们普遍认为社会学方法就是问卷调查。如果仅仅停留在此水平上,中国社会学方法就无法与国际学者在同等水平上进行对话"。

(6) 编写社会学研究方法丛书,编写科学的方法教材,对学生强化研究方法方面的训练。加强高校研究方法师资的培训工作。"出版高品位并有实际操作性指导作用的研究方法、统计方法、计算机应用技术的指导著作"。

三、小结和讨论

（一）研究的主要结论

对87名社会学者的问卷调查结果表明,问卷调查的方式是广大社会学者最为熟悉的研究方式,也是社会学者在实际研究中使用得最多的一种方式。与问卷调查相联系的几种主要技术,比如问卷设计、随机抽样、访谈技术等,也是社会学者最熟悉的方法和技术。

除问卷调查和实验两种方式外,在年龄、学历和职称上具有不同特征的研究者,在其他几种研究方式上都存在一定的差别。并表现出高职称、高年龄、低学历者更为熟悉的特点。

对国内社会学界在社会学理论、社会学方法、分支社会学三个方面的评价中,社会学者对社会学方法总体水平的评价是最低的;分歧也是最小的。

统计分析方法是目前国内社会学研究者在经验研究中最为集中的困难;研究者的究方法的运用不规范,是目前国内社会学界在方法领域中存在的最主要问题。与此相应。举办研究方法培训班、加强出版与论文发表的规范化要求,则是学者们认为最急需做的事情。

（二）有关问题的讨论

首先,本次调查的结果,特别是有关目前国内社会学界在方法方面所存在的问题的结论,与笔者对方法研究论文的分析中所得出的结论是吻合的。"从总体上看,社会学研究人员的方法论素养和研究水平还比较低,还不能很好适应进一步发展社会学学科和提高社会学研究水平的需要":在社会学方法的运用上规范性不够,研究质量不高。其中,最为突出的问题有:(1)研究的理论准备不足,理论框架不明;(2)不注重研究的设计,缺乏清楚的研究思路和恰当的研究策略;(3)样本的抽取不够科学和严密;(4)调查问卷的设计和使用不当,造成资料质量不高;(5)统计分析不够深入,方法比较简单;(6)研究报告的格式不够规范。

其次,研究结果中所反映的一个突出的矛盾现象值得我们关注。研究者最为熟悉的方法是问卷调查,最困难的方面是统计分析。这两个看似独立、实际上密切相关的结果,揭示出我们目前在定量的社会研究方面所存在的一个致命弱点:许多研究者所掌握的只是"半截"定量方法,或者说是一种"有外形,缺实质"的定量方法。这是因为,问卷调查的方法实质上是问卷设计技术、资料收集技术、计算机操作技术、统计分析技术的统一体。问卷调查方法同时就意味着"定量的资料",意味着"统计分析",也意味着"计算机技术"。仅会设计问卷、使用问卷,收集资料,远不是问卷调查方法的全部。没有对问卷资料的"计算机加工"和"统计处理",我们所得到的也许只能算是一堆"有价值但无法用的矿石"。

最后,上述问题的解决,需要在几个不同的层次上进行努力。一是要抓紧在统计分析方法和计算机技术两方面补课;二是在掌握具体方法和技术的基础上,要注重建立经验研究与理论之间的联系,用理论来提升研究的价值;三是在更高的方法论层次上,要争取认识定量研究和定性研究的性质、特征和用途,明确二者的内在逻辑和技术要求,学会根据不同的情况合理运用不同的方法。

附 录

独生子女父母的生育意愿[*]

生育意愿是人们对自己生育行为的主观期望。对于承担我国历史上前所未有的控制人口重任的一代独生子女父母来说,他们具有什么样的生育意愿呢?他们的生育意愿与其生育现实之间,是否存在差距呢?弄清这些问题,既有助于我们理解社会生活中众多的独生子女现象,也有助于我们探讨将来可能出现的某些社会问题。

现有的独生子女研究文献中,除了安徽大学人口所1986年在合肥市进行的一项调查中对独生子女父母的生育意愿有过一般的了解外,尚无对这一问题的专门探讨。笔者于1988年9月至11月,在湖北省武汉市、黄石

---

[*] 本文原刊于《人口研究》1991年第5期。

市、沙市市、仙桃市和云梦县城关镇,曾作过一项有关独生子女问题的社会调查,较详细地了解了广大独生子女父母的生育意愿。

调查采取的是多阶段整群随机抽样的方法,从五市镇中抽取了15所小学1—6年级30个整班的1342名小学生。资料收集工作是通过让家长填答问卷来进行的。总共收回有效问卷1293份,有效回收率为96.3%。

安徽大学人口所1986年调查的结果表明,"从独生子女证持证户来看,约65%的夫妇都愿只生一个孩子;约20%的夫妇还想再生一个;想再生两个以上孩子的夫妇不到百分之一;除此约14%的夫妇没有表明自己的态度","非持证户中愿意只生一个孩子的夫妇约20%左右;而想再生一个孩子的夫妇约占21%;占2%左右的夫妇想再生两个以上孩子;出乎意料的是没有表态的夫妇占56%"。(安徽大学人口所,1988)

根据他们调查的结果,大约三分之二的独生子女父母都愿意只生一个孩子。如果真是这样,那么我们可以说,大部分独生子女父母的生育意愿与他们实际的生育结果之间不存在差异,或者说,大部分独生子女父母的生育意愿是得到了满足的。然而,笔者本次调查所得到的是与此大不相同的结果。笔者的调查结果是什么呢?

在回答这一问题之前,有必要先介绍一下笔者测量调查对象的生育意愿时所采用的方法和指标。安大人口所采取的是派访问员当面询问的方法,所用的仅一项指标,即在独生子女父母现有一孩的基础上,直接询问是只希望就生这一个,还是想再生一个或再生两个以上。笔者采取的是自填问卷的方法,问卷表由学生家长在家中完成。对父母的生育意愿,笔者采用了多个不同的指标,从几个不同的角度进行测量,以便能了解到更真实、更详细、更全面的信息。

第一,我们从父母对现有孩子个数是否满意的角度进行了解,并将独生子女父母的回答同多子女父母的回答进行比较。一般来说,如果对现有孩子个数感到满意,则可以在一定程度上说,其生育意愿得到了满足;而如果对现有孩子个数感到不满意,则可以较肯定地认为,其生育意愿未得到满足。

第二,我们从幸福美满的家庭最好有几个孩子的角度,了解独生子女父母的生育意愿。这一问题表面上询问的是人们对"幸福美满的家庭"与孩子数目间关系的看法,但实质上,它是在以一种间接的方式测量着人们的生育意愿。因为一般来说,人们心目中幸福美满家庭的孩子数目,往往就是他们所希望生育的孩子数目。而这种间接的询问方式,可以消除被调查者心理上的压力与顾虑,因而能够更真实地反映被调查者的实际想法。

第三,我们又将对于孩子数目的三种不同看法列出,了解被调查者对这三种看法的赞同程度。由于这三种看法分别代表着只生一个、生两个,以及生三个以上这三种生育意愿,故从被调查者的态度中,我们也能间接地了解到他们自己实际的生育意愿。

第四,我们还从了解独生子女父母只生一个孩子的原因的角度,来了解他们的生育意愿是否满足。一般来说,父母自愿只生一个孩子的,其生育意愿往往是得到满足的;而如果是由于政策的规定,或由于其他条件的限制而只生了一个孩子的,则其生育意愿往往并未得至满足。

第五,我们假定国家改变生育政策,可以生两个,进而询问其父母是否想再生一个,以此来反映他们的生育意愿是否满足。当然,这种假设情形与实际情形之间,肯定会有差距,但它仍可以在一定程度上帮我们估计和认识独生子女父母生育意愿的现状。

下面我们来看看实际调查的结果。

现有孩子数目的评价情况(见表1)。

表1 两类父母对现有孩子数目评价统计表(%)

对现有孩子数是否满意	独生子女父母	多子女父母
满意	48.7	90.0
不满意	51.3	10.0
(N)	(714)	(539)
$X^2 = 224.416$	df = 1	$P < 0.000$

从表1的结果中我们可以看出,独生子女父母对目前只生育了一个孩子的现状感到满意的不到二分之一,而感到不满意的略多于二分之一。相比之下,多子女父母(其中大部分为双子女父母)中,则有90%的人对目前的子女数目感到满意,感到不满意的仅占10%。从这一结果中,我们可以比较肯定地认为,至少有一半的独生子女父母的生育意愿尚未得到满足。

关于"幸福美满的家庭最好有几个孩子"的统计结果(见表2)。

表2 对"幸福美满家庭最好有几个孩子"的回答情况(%)

孩子数目	独生子女父母	多子女父母
一个	27.6	9.3
两个	69.2	86.5
其他	3.2	4.2
(N)	(731)	(547)
$X^2 = 28.257$	df = 2	$P < 0.000$

前面我们说过,这一问题是以间接的方式对被调查者的生育意愿进行测量,其结果对于我们了解独生子女父母真实的生育意愿有着重要的作用。从表2中我们可以看出,约有70%的独生子女父母认为,幸福美满的家庭最好有两个孩子。这也就是说,具有生育两个孩子这种生育意愿的独生子女家长约有70%左右,占绝大部分。而认为最好只有一个孩子的比例只占总数的27.6%,即四分之一多一点。相比之下,多子女父母中认为生两个最理想的比例比独生子女父母的比例更高,而认为生一个最理想的则比独生子女父母的比例更低。X^2检验也表明,二者差异显著。尽管独生子女父母中认为只生一个孩子最理想的比例远高于多子女父母,但总的结果仍说明,独生子女父母中,大部分人的生育意愿与他们所面临的生育现实之间,存在着差距。

对于三种不同生育意愿的评价。下面我们再来看看独生子女父母对代表不同生育意愿的三种说法的态度(见表3)。

表3 独生子女父母对三种说法的态度统计

态度	说法一 "不管从哪方面说,一个孩子已经足够了"	说法二 "一个家庭至少有两个孩子才是美满的"	说法三 "从多方面考虑,还是有三四个子女好"
同意	49.6	82.8	2.4
不同意	50.4	17.2	97.6
(N)	(672)	(685)	(632)

表3的结果又一次支持了前面表1、表2的结果和我们的分析。表3中的说法一,可说是对只生一个孩子的评价。持同意态度的独生子女父母为49.6%,而持不同意态度的为50.4%。这一结果与表1中,对只生

一个孩子的现状表示满意与不满意的比例是十分接近的。而说法二则可以说是对"幸福家庭最好有两个孩子"的观点的又一次检验。结果表明，82.8%的独生子女父母都赞同这一说法，其百分比略比表2中的比例高些。说法三可以看成是期望生育多子女的代表。结果表明，独生子女父母中，几乎百分之百的人都不同意这一说法，即都不期望生育三个及以上的孩子。

综合表3的结果，我们不难得出这样的结论：只生一个孩子，对于一半以上的独生子女父母来说是不够的；而对于另外将近一半的独生子女父母来说，只是够了——或者说，在目前的形势下，也只能这样了。如果要谈美满，那还是得要两个孩子这就是82.8%的实际含义。是否再多一点呢？不，理想的就是两个，三个是绝不要的——这些就是调查数据所给予我们的信息。从中，我们可以较清楚地认识当前独生子女父母生育意愿的现状和特点。

为什么只生一个？了解只生一个孩子的原因，可以从另一个角度证实独生子女父母生育意愿的实际状况。下面是调查结果（见表4）。

表4　独生子女父母只生一个的原因统计

原　因	人数（N）	百分比（%）
1. 我们两个人都不想多要孩子	95	13.6
2. 国家政策规定只能生一个孩子	524	74.8
3. 生理原因（如身体不好等）	13	1.9
4. 家庭经济困难	22	3.1
5. 工作学习忙，时间精力有限	41	5.8
6. 其他原因	6	0.8
合　计	701	100

表4的结果表明，独生子女父母中，由于"国家政策规定"而只生一个的占了绝大多数，高达74.8%，即四分之三；而完全出于父母自愿只生一个的仅为13.6%，由于其他客观条件限制的占11.6%。这一结果表明，导致独生子女父母采取只生一个孩子这一生育行为的主要因素，是我国目前所实行的计划生育政策，而不是他们自己的生育意愿，这一结果也清楚地说明，在广大独生子女父母的生育意愿与生育行为之间，还存在着较大的差距。

由于广大独生子女父母都是在新中国成立后出生和成长起来的一代新人，他们一方面受传统的生育观念影响较小，另一方面又长期受到党的教育。因此,在我国社会发展的困难面前,他们能够从国家的利益出发,从全局的利益出发,牺牲个人的部分利益去响应党和政府的号召,对自己的生育行为实行控制。应该说,千百万独生子女父母们,为控制我国人口的增长、为减轻我国社会的人口压力,为加速我国的四个现代化建设,为今天和明天的人民的幸福,做出了特殊的贡献,付出了特殊的代价!这一点是千秋万代都不应忘记,不应抹杀的!

是否还想再生一个?在问卷表中,我们询问了一个这样的问题:"如果现在国家改变生育政策,允许生两个孩子,那么你们是否还想再生一个了?"下面是调查所得的结果(见表5)。

表5 独生子女父母是否想再生孩子情况统计

回 答	人数(N)	百分比(%)
1. 想再生一个	238	33.7
2. 如果年轻一点就再生一个	206	29.1
3. 不想再生了	263	37.2
合 计	707	100

表5的结果表明,在假设允许生两个孩子的条件下,想再生一个的独生子女父母比例达到62.8%,即大约有三分之二的父母有生两个的生育愿望。如果将调查样本中独生子女母亲的年龄分布情况,与这一结果作一比较,可以发现,这种回答的分布状况与母亲年龄的分布状况之间,存在着某种一致性。调查样本中,33岁以下的独生子女母亲比例为31.5%,34—35岁的比例为28.3%,36岁以上的比例为40.1%。这与表5中的33.7%、29.1%、37.2%十分接近。笔者推测,如果将目前独生子女母亲的年龄减少3—5岁,那么,想再生一个的比例也许会更接近表2中生两个的比例(69.2%)和表3中生两个的比例(82.8%)。

纵观上述五个方面对独生子女父母生育意愿的测量结果,我们有较充分的理由认为:生育两个孩子而不是一个孩子,是绝大部分(75%以上)独生子女父母的生育意愿。因此,绝大部分独生子女父母的生育意愿与他们实际的生育行为之间,存在着明显的差异。导致这种差异产生的主要原因,是广大独生子女父母认真执行了"一对夫妇只生育一个孩子"的计划生育政策。如果政策改变,允许生两个孩子,则较年轻的独生子女母亲中,将会有相当的一部分人继续生第二胎,其比例将随着母亲年龄的降低而接近甚至超过75%。这一结果对于将来我国人口生育政策的调整和改变,有着重要的参考价值。

显然,笔者的结论与安徽大学人口所的调查结果是有很大不同的。在他们的结果中,三分之二的独生子女父母都愿意只生一个,而笔者的结果则是三分之二以上的独生子女父母都希望生两个。因此,必须对这种差别作出解释和说明。

笔者认为,导致这种差别的原因主要有以下几本方面:一是样本不同。安徽大学人口所调查的样本取自合肥市一个城市。笔者调查的样本则取自五个不同规模、不同类型、不同发展水平的市镇。因此,相对而言,笔者所调查的样本综合性较强,代表面也许更大一些。二是指标不同,安徽大学人口所的调查仅用了一项指标进行测量,而本研究则分别从不同的侧面采用了五个不同的指标,来对生育意愿进行综合测量。单向度的测量结果与多向度的综合测量结果之间,显然是会有差别的。三是调查方法不同,安大人口所的调查采取的是派访问员当面访问的形式,并且又是在当地计划生育部门的直接参与和配合下进行的。而这两方面的因素都会对调查对象产生干扰和刺激,特别是不利于调查和了解人们的生育意愿这类较敏感的问题。因为人们在这样的访问员面前回答这样的问题,往往带有比自填问卷更大一些的心理压力,更难于说真心话,这就容易使调查结果产生出较大的偏差。关于这一点,安大人口所的报告中也有说明。他们写道:由于采用当面询问的形式,"有些夫妇不愿轻易地表明自己的真正意愿","他们中有的想生二胎,但面对调查员和提倡只生一个的社会舆论不敢言明"。(安徽大学人口所,1998)而笔者采用的是自填问卷的方法,且由被调查者在家中填写,问卷表也不用署名,被调查者的心理压力较小,更容易说真话。因而调查结果较为客观,较少干扰性。综合上述三方面的情况,我们可以说,本研究的结果也许更接近社会现实的本来面目。

参考文献

安徽大学人口所:《合肥市部分独生子女家庭情况的追踪调查》,《中国人口科学》1988 年第 1 期。

走进"围城"的独生子女：概念、规模与质疑*

  伴随中国改革开放成长起来的第一代独生子女已经走过了人生的幼年期、童年期和少年期，开始进入到成家立业的青年期。不少人已经开始走进"围城"，结婚成家，为人父母。社会舆论、大众传媒和研究人员也开始关注这一现象。但在看待和讨论独生子女的婚姻与家庭现象时，许多人往往以"目前我国约有8000多万独生子女"这种数字为背景。因此，有的学者认为"独生子女婚姻将是今后中国婚姻的主体"。上海最近的一项调查报告也宣称"上海将进入独生父母阶段"。但实际上，现有的关于成年独生子女及其婚姻和家庭的研究，都缺乏对已婚独生

---

* 本文原刊于《江苏社会科学》2005年第3期。

子女的规模,特别是双独婚姻的规模等等问题的分析和探讨。

虽然各种大众传媒不断有关于独生子女婚姻现象的报道,但学术界对于这一现象的系统研究却十分少见。现有文献中,涉及第一代成年独生子女的经验研究只有很少的几项。1996年,苏颂兴对上海市近千名青年独生子女的社会适应状况进行调查,内容涉及独生子女的恋爱与婚姻,但遗憾的是,其研究的结果中却基本没有涉及这方面的内容(苏颂兴,1998)。风笑天曾于2000年和2002年两次对湖北省四个城市600多名在职青年进行调查,重点了解青年独生子女的成家立业等方面的状况。但其已发表的两篇成果也仅涉及独生子女的职业适应和生育意愿两个方面,对于独生子女婚姻及家庭方面的众多内容尚没有涉及(风笑天、王小璐,2003;风笑天,2004);夏桂根对1997—1999年江苏吴江市六个镇的独生子女婚育情况进行了调查,描述了独生子女婚姻在同一时期婚姻中所占的比例以及独生子女的通婚对象等内容。由于该研究的调查样本只涉及一个县级市所属的镇,其结果对于独生子女更为普遍的大中城市来说缺乏相应的代表性(夏桂根,2001);最近的一项专门研究是上海社科院青少年研究所对上海市近2000名已有子女的独生子女及其非独生子女所进行的调查。该研究得出了这些已为人父母的独生子女的家庭结构以三代同堂为主、子系小家庭的经济依赖性更强、恋爱观念更开放等结论。但分析表明,该研究的结论存在一些值得商榷的地方(陈建强、包蕾萍,2004:293—309)。

本文的主要目标有三方面:一是对与成年独生子女的婚姻、家庭现象有关的概念进行界定和区分;二是依据2004年在全国范围内进行的一项大型抽样调查的结果,从宏观上分析成年的、已婚的、有子女的独生子女的可能分布和"双独""单独""双非"家庭类型的大致比例,以便为认识这一现象的规模和范围提供经验的基础;三是对最近上海研究所得到的一些结果提出质疑,并力图通过分析来澄清某些误解,以增加人们对这一现象和相关问题的认识。

一、与已婚独生子女相关的概念

探讨第一代独生子女进入婚姻、建立家庭以及由此所带来的各种新现象和问题的一个前提条件,是要用一定的概念对这些现象进行界定和标识。上海的研究用了三个相关的概念:一是用"独生父母"的概念来指称已结婚生子的独生子女;二是用"独生父母家庭"的概念来指称"父母双方中至少有一人是独生子女的家庭";三是用"独生父母现象"来指称与作为父母的独生子女以及与由这样的父母所组成的家庭有关的现象。笔者认为,这三个概念均不太合适。

首先,"独生父母"的概念一方面含义不够明确,容易使人产生歧义,误解成"独生子女的父母"。另一方面,也是更重要的,就是它虽然简单,但却与其来源"独生子女"的概念之间并不具有理所当然的逻辑联系,二者不能同等看待。"独生子女"一词,指的是那些"由父母终身所生育的唯一的孩子"。而"独生父母"一词,显然不能照样取其"由父母终身所生育的唯一的父母"之意。实际上,这一概念在语言逻辑上是说不通的。比如,该文在描述其研究对象时写道:研究对象是"已经结婚生子的独生父母",并且"为了取样的方便,将研究对象主要设定为上海市各区托幼机构的独生父母家长"(陈建强、包蕾萍,2004:293—399)。既然有"已经结婚生子的独生父母",当然应该还有"尚未结婚生子的独生父母"。但什么是"尚未结婚生子的独生父母"呢?既然尚未结婚生子,又何以能够称为父母呢?其实,"尚未结婚生子的独生父母"所指称的对象不就是"未婚的独生子女"吗?至于文中所说的"独生父母家长"就更难理解了。究竟是谁的家长呢?独生父母的家长吗?独生子女的家长吗?实在太混乱了。其实作者所指的是"自己本身是独生子女的那些家长"。而这些人不就是"已结婚生子的独生子女"吗?为什么本来如此明白、如此清楚的概念,非要用一些混乱不清的概念来指称呢?因此,笔者认为,还是用"未婚的独生子女""已婚的独生子女"和"已结婚生子的独生子女"(或"已为人父母的独生子女")的概念比较合适。

同样的,"独生父母家庭"的概念在语言逻辑上也说不通,人们很难从字面上理解其实际含义。同时,这一概念也不易区分父母双方都是独生子女所组成的家庭与父母中一方是独生子女、另一方是非独生子女所组成的家庭。由于这两类家庭在某些方面具有十分重要的差别,所面临的问题和挑战也不尽相同,因此有必要对二者加以区分。笼统地将两类家庭都称为"独生父母家庭"既不准确,也有所不妥。

最后,用"独生父母现象"的概念来以指称与上述二者相关的现象,同样含糊不清。应该看到,与已婚的或者是已为人父母的独生子女所相关的现象,和与由这两类人所组成的婚姻或家庭相关的现象,既相互联系、但又互不相同。因为现象的主体不同,一种是作为个体的已婚独生子女,或者已为人父母的独生子女。而另两种则是由这种个体所构成的新的婚姻和家庭类型。用研究方法的术语来说,这是三种不同的分析单位。在社会研究中,分析单位不同,意味着研究所能回答的问题的不同。比如,当我们将已婚独生子女作为分析单位——即分析单位为个人时,我们可以探讨的问题将涉及他们的婚姻期待、婚姻调适、生育意愿、行为模式、价值观念等方面的内容,以及已婚独生子女与已婚非独生子女在上述各方面的异同等等。当我们将已婚独生子女所组成的家庭作为分析单位——即分析单位为群体时,我们可以探讨的问题将涉及这种家庭的家庭结构、家庭关系、家庭生活方式、家庭社会支持网络等方面内容,涉及这类家庭在上述各方面与其他类型家庭的差别,以及这类家庭形式的出现对社会带来的影响和冲击等等;而当我们将独生子女所构成的婚姻作为分析单位——分析单位为婚姻这种特定的社会产物时,我们可能关注的则是这种特定的婚姻本身,个人或家庭只是作为描述和说明这种婚姻的变量。此时我们可以探讨的问题将涉及有关婚姻缔结、婚姻形式、婚姻冲突、婚姻质量、婚姻解体以及此类婚姻与其他类型婚姻的异同、此类婚姻对社会的影响等等。

人口学上,已有学者使用"单独婚姻""双独婚姻""双非婚姻"的概念来指称和区分与独生子女有关的不同类型的婚姻组合。① 受其启发,笔者建议采用"双独夫妻家庭"的概念来指称夫妻双方均为独生子女的家庭。由于这一概念界定的是"夫妻双方都是独生子女",因而就可以明确地将这类家庭与夫妻一方是独生子女,而另一方是非独生子女的家庭(可相应地称为"单独夫妻家庭"或"一独一非夫妻家庭"),以及夫妻双方都是非独生子女的家庭(可相应地称为"双非夫妻家庭")区别开来。另一方面,这一组概念还有一个优点,就是它们都包含了已生育的夫妻和未生育的夫妻两种情况,而"独生父母家庭"的概念则只包含已生育的夫妻一种情况。

总之,用"已婚独生子女"和"已婚生子的独生子女"来指称个体,用"双独婚姻""单独婚姻""双非婚姻"来指称成年独生子女与非独生子女之间不同的婚姻组合,用"双独夫妻家庭""单独夫妻家庭"以及"双非夫妻家庭"来指称由不同的婚姻组合所构成的不同类型的家庭,是合理且科学的选择。有了这些概念,我们对进入婚姻的独生子女以及他们所构成

---

① 郭志刚、刘金塘、宋健:《我国现行生育政策与"四二一"家庭》,载风笑天主编:《中国独生子女:从"小皇帝"到"新公民"》,知识出版社 2004 年版,第 321—352 页。

的各种类型的婚姻和家庭的划分就比较明确了。无论是研究作为个体的已婚独生子女,还是研究由这些独生子女和同龄非独生子女所组成的各种不同的婚姻和家庭,都不会含糊不清、指代不明了。

二、已婚独生子女的比例及其"双独""单独""双非"家庭的分布

(一)成年独生子女的规模

应该明白,"8000万"这一数字是从70年代末到目前为止的全部独生子女的总量,它代表着从0岁到接近30岁的近三十个年龄组的所有独生子女。这样平均来看,每一岁年龄组的人数大约只在300万人左右(当然实际上由于每年的出生人数不同、每年出生人口中独生子女的比例不同等原因,每一个年龄组并不都等于平均值)。如果将目前18岁以上的独生子女即成年的独生子女,看作中国第一代独生子女,那么,这一批人的总量(包括城市和农村)可能只在3000万人左右(据国家计生委统计,1986年及以前出生的领证独生子女总人数为3051万人)。(风笑天,1992:8)这也即是说,目前已成年的独生子女(年龄在18岁到28岁的独生子女)大约只有3000万人,而不是8000万人。此外,由于城市独生子女是独生子女整体的主要部分。因此,我们可以暂时把讨论的重点放在城市独生子女上。而根据国家计生委的统计,到1986年时,城市这一部分独生子女的规模还不到2000万人。而其中已婚的、已生育的独生子女就更少。这是我们探讨这一现象时应明确的一个重要前提。

(二)在职青年中独生子女的比例

由于成年独生子女是分布在整个(城市)社会的多个年龄组中,并且是与非独生子女混在一起的。因此,为便于讨论,我们可以将问题简单化:如果从目前城市18—28岁的在职青年中随机抽出100个人,其中会有多少是独生子女?这些独生子女中结了婚的又会有多少?在已结婚的独生子女中,有多少是和非独生子女结的婚,又有多少是和独生子女结的婚呢?要准确地回答这些问题,需要十分严格的抽样调查。但由于现实社会中这一总体的抽样框不易获得等原因,这是一个相当困难的任务。在本文中,我们将尝试利用笔者2004年在全国12个城市对1786名在职

青年的实际调查结果来对上述情况进行估计。①

先看看在职青年中独生子女的比例。笔者2004年的调查结果表明：独生子女青年在城市在职青年中的比例大约为35%；但不同年龄组独生子女的比重有所不同。详见表1和图1。

表1 不同年份独生子女与非独生子女的比例(%)

	1976	1977	1978	1979	1980	1981	1982	1983	1984	1985	1986	合计
独	17.0	19.2	33.9	38.4	45.8	53.3	49.0	39.5	29.1	27.5	24.1	34.6
非	83.0	80.8	66.1	61.6	54.2	46.7	51.0	60.5	70.9	72.5	75.9	65.4

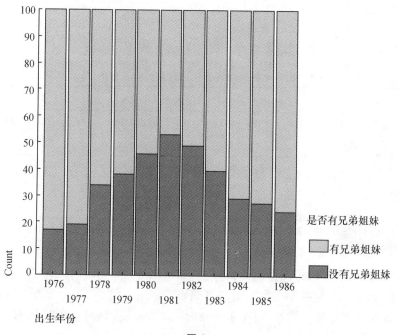

图1

① 2004年笔者在全国12个不同类型、不同规模城市中随机抽样调查了1786名不同职业的青年。具体抽样过程分为三个阶段：第一阶段为城市的抽取。为了尽可能增加样本代表性，抽样设计中考虑到两种标准。一是空间上分为东部、中部、西部三类发展程度不同的地区。二是从城市性质和规模上分为直辖市、省会城市、大城市、中小城市。最终抽取的12个城市是北京、上海、重庆、长春、南京、兰州、新乡、厦门、桂林、鄂州、金华、安顺。第二阶段为单位的抽取。采用系统抽样方法，选取了企业、行政机关、教育、卫生、商业、服务业、交通、建筑、邮电、金融、大众传媒、公司、公检法、市政等15类单位。第三阶段为调查对象的抽取。每个调查单位抽取10名年龄在1976年及其以后出生的青年职工，尽可能兼顾到性别平衡。各地调查均由社会学专业的教师和经过培训的学生实施。资料收集采取"集中填答问卷，当场完成，当场检查，当场回收"的方式进行。填答问卷的时间约为20—30分钟。不能集中填答的单位，则分别进行，但都在同一个半天内完成。本次调查共发出问卷1860份，收回有效问卷1786份。有效回收率为96%。

按一般的理解,独生子女的比例应该随时间推移而逐步增加,但实际调查结果表明,从 1982 年开始,这一比例却开始下降。原因何在呢?笔者分析可能有两方面因素的影响。一是本次调查的样本中排除了独生子女占较大比例的大学生群体。而大学生目前的年龄正好处在 18—22 岁,即恰好是在 1982—1986 年之间出生。特别越是大城市,独生子女的比例越高,上大学的比例也越高。由于样本中缺少了这一部分人,因而样本结构发生改变,导致 1982—1986 年龄组中独生子女的比例出现下降。第二方面的原因则可能是样本中 1982—1986 年出生的青年里,有相当一部分人是从农村进入城市参加工作的在职青年。由于农村青年中非独生子女的比重很大,这样,就导致在 1982—1986 年龄组中非独生子女比例的增加。从表 2 中我们可以看出这一因素的部分影响。

表 2 出生年龄段与城乡生活背景的交互分类(%)

城乡生活背景*	出生年龄段		Total
	1976—1981	1982—1986	
1 城市	60.5	46.4	57.7
2 镇	22.6	26.5	23.4
3 农村	16.9	27.1	18.9
Total	100.0	100.0	100.0

注:$N=1767, X=26.935, df=2, P=0.000$;*城乡生活背景指参加工作以前生活的社区。

需要说明的是,在不同的城市中,在不同时期中,这种比例会出现不同的变化。因为各种社会因素都可能影响到这一比例,实际的情况远比一条直线要复杂。笔者 2004 年调查的结果,也只能是对这种比例的一种粗略的估计。

(三)已婚独生子女的比例

笔者 2004 年的调查结果表明:在所调查的 482 名已婚青年中,独生子女青年为 121 名,占 24.9%,非独生子女青年为 361 名,占 75.1%;这即是说,目前已婚的独生子女在同龄的城市已婚青年中的比例大约为 25%左右。更简单地说,就是平均每四个已婚城市青年中,可能只有一个是独生子女。当然,这是从调查样本所推论的总体来说的。对于规模不同、类型不同、地理位置不同的具体城市来说,这种比例显然也是会有所变化的。比如,像上海、北京这样的特大城市中,已婚独生子女的比例可能会明显高于总体平均值,而像安顺、鄂州这样的中小城市中,已婚独生子女的比例可能又会低于总体平均值。夏桂根2000年曾对江苏省吴江市六个镇的已婚青年进行调查,结果显示,在1997年、1998年、1999年三年中,独生子女青年初婚人数占当年初婚人数的比例分别为15.2%、16.6%、27.4%(夏桂根,2001);与笔者的调查结果和上述分析比较接近。至于有子女的独生子女的比例,笔者的调查虽未直接涉及,但可以通过除去调查当年结婚的人数来间接地进行估计,这一比例大约在23%左右。

(四)"双独""单独""双非"家庭的比例

调查表明,在给出回答的470名已婚青年中,属于"双独夫妻家庭"(夫妻双方都是独生子女)的有38人,占8.1%;属于"单独夫妻家庭"(夫妻一方为独生子女)的有136人,占28.9%;属于"双非夫妻家庭"(夫妻双方都不是独生子女)的有296人,占63.0%;从独生子女单方面看,在给出回答的已婚独生子女(共118人)中,与独生子女结婚的接近三分之一(38人占32.2%),与非独生子女结婚的超过三分之二(80人占67.8%)。

人口学者郭志刚等人曾利用1990年人口普查的数据,推算了2011年城镇三种婚姻比例的期望概率,结果如下:"双独夫妻"家庭5.9%;"单独夫妻"家庭36.8%;"双非夫妻"家庭57.3%。① 与笔者调查结果的分布结构基本相同,分布的具体比例也比较接近(见表3)。其推算的"双独夫妻"家庭的最高比例是在2030年,达到34.2%。

表3 三种类型家庭的比例(%)

	双独夫妻家庭	单独夫妻家庭	双非夫妻家庭
郭志刚推算结果	5.9	36.8	57.3
笔者实际调查结果	8.1	28.9	63.0

以上调查数据和分析表明,目前独生子女的婚姻还不是青年婚姻的主体。双独婚姻和家庭还不到总体的10%,单独婚姻和家庭大约在30%左右,而双非婚姻和家庭占了60%左右。从未来的发展来看,我国社会

---

① 郭志刚、刘金塘、宋健:《我国现行生育政策与"四二一"家庭》,载风笑天主编:《中国独生子女:从"小皇帝"到"新公民"》,知识出版社2004年版,第321—352页。

中不可能出现一个时期中全都是独生子女的婚姻所组成的家庭的状况。真正由双独组成的婚姻和家庭始终只是同一时期构成的婚姻和家庭的总体中的一部分。按人口学者的推算,其最多时期也可能只会占到同一时期婚姻和家庭的三分之一。

了解了上述各种分布,可以帮助我们将所讨论的问题置于一定的背景中。特别是可以帮助我们正确地分析和看待独生子女的婚姻和家庭现象。实际调查结果表明,目前成年的独生子女、已婚的和有子女的独生子女的人数都远远达不到8000万这一数字,特别是双方都为独生子女所组成的婚姻和家庭的比例也远比人们想象得要少。

三、对上海研究结果的质疑

目前,除了人口学者从宏观的人口结构、婚配比例上讨论独生子女婚姻及其影响的论文外,[①]直接描述和讨论这一现象本身的经验研究还不多。公开发表的只有近期上海社科院课题组的结果。遗憾的是,该研究的结果和分析中均存在一些问题。而这些有问题的结果又被某些权威媒体进行宣传,[②]误导了人们。因此,本文这一部分将集中对其结果和观点进行分析和探讨。

该项研究的基本结论是:作为父母的独生子女的"家庭结构以三代同堂为主,隔代抚养非常普遍,近一半的独生父母家庭的儿童照料由祖辈照管;子系小家庭的经济依赖性更强,如筹办婚礼的资金上,父母全包和资助大部分花销的比例高达47.2%,比非独生父母高出12.1%,小家庭的成立更多依附于原来的大家庭;育儿模式上更依赖新型媒体网络的力量;恋爱观念更开放,这反映在他们的恋爱时间更早,对婚前性行为成更宽容的态度;育儿观念上个人趋向更为明显"(陈建强、包蕾萍,2004)。

(一)关于已婚生子的独生子女的家庭结构

上海研究得出他们的"家庭结构以三代同堂为主,核心家庭退居其

[①] 见郭志刚、刘金塘、宋健:《我国现行生育政策与"四二一"家庭》;宋健:《"四二一"结构:它的形成及其发展趋势》;杨书章:《中国独生子女的现状及其未来人口发展的影响》;刘鸿雁、柳玉芝:《独生子女对中国未来婚姻结构的影响》,均载风笑天主编:《中国独生子女:从"小皇帝"到"新公民"》,知识出版社2004年版。

[②] 见《人民日报》(华东版)2004年7月29日。

次"这一结论时,所依据的数据是:"50.5%的独生父母……是三代户,49.5%的独生父母……是两代户"。实际上,在抽样调查中像这种小到只有1%的百分比差别,是不足以支持上述结论的。根据这一数据或许得出他们的"家庭结构中大约一半为三代户、另一半为两代户"的结论才是比较恰当的。但实际上就连这样的结论也不合适。因为还有一点被研究者忽视了:该研究所得到的"独生父母"的三代户中,有相当一部分实际上也可以算作是"非独生父母"的三代户的!因为该研究中的"独生父母家庭"指的是父母双方中至少有一方是独生子女的家庭。对那些父母中一方为独生子女、另一方为非独生子女的三代户家庭来说,既可以将其算作独生子女一方,也可以将其算作非独生子女一方。正是由于该研究的分析单位是作为个体的"已结婚生子的独生子女",而在讨论家庭结构时,作者又用的是作为群体的"独生父母家庭"。所以,不同分析单位的混用导致了该研究结果中无形扩大了独生子女三代户的比例。

另外,如果结论只说到研究结果本身,也就罢了。但如果要在这种基础上进一步引申,认为已生育子女的独生子女的这种家庭结构将使得现代都市社会中"家庭小型化核心化的趋势"发生改变,形成"家庭结构以三代同堂为主、三代直系大家庭超过核心家庭成为主要家庭类型,核心家庭可能成为次要的家庭模式"的结果,特别是得出"家庭变迁的反向化发展"的结论,就存在较大的问题。因为,上海的研究只是一项对特定对象的抽样调查结果,它反映的最多只是在上海这个城市中、在那些有上幼儿园孩子的独生子女身上的情形。至于其他城市会不会如此、其他年龄段的独生子女会不会如此,则需要有进一步的经验证据的支持。

(二)关于小家庭的经济依赖性

上海研究中仅根据"筹办婚礼的资金上,父母全包和资助大部分花销的比例高达47.2%,比非独生父母高出12.1%"的结果,就得出结论,认为独生子女小家庭比非独生子女小家庭"在经济上依赖性更强"。这似乎也有些不妥。我们并不怀疑上海调查所得到的上述客观事实,但我们却不能同意其根据这一事实所得出的结论。一方面,小家庭对父母的经济依赖性绝不是"婚礼的经济来源"这样一个单一的指标所能完全涵盖的。除了婚礼的花销以外,还有诸如购房款、购车款、日常生活中的经济支持等众多方面的内容。只有当我们有证据表明,已结婚生育的独生子女在所有这些方面、或在大多数方面都表现出比非独生子女更强的对父母的依赖时,我们才能有把握地得出这一结论。另外,依赖性在一定意义上还是一种主观的东西,客观上得到父母的经济支持更多并不能说明其主观上就一定是依赖性更强。事实上,上海调查的数据结果既可以被看作是独生子女小家庭经济上更加依赖父母的表现,也可以被看成是独生子女的父母们更加积极主动地给子女的小家庭提供经济支持的表现。

(三) 关于育儿模式上更依赖新型媒体网络的力量

尽管上海调查的数据表明,已婚生子的独生子女曾使用互联网查询育儿知识的比例,以及知道育儿网站的比例均高于非独生子女,但其调查数据同时也表明,网络是他们育儿知识最不重要的来源(网络以不足10%的比例排在育儿知识来源的最后一名)。研究者自己也承认:"网络的影响还很有限,独生父母的主要育儿知识渠道仍然是书报杂志、长辈传授和电视广播。"(陈建强、包蕾萍,2004)因此在结果中列出这一条也是不恰当的。

(四) 关于恋爱更早、观念更开放

上海调查表明,"独生父母的初恋平均年龄为22.2岁,非独生父母的初恋年龄为22.8岁"。所以研究者得出结论,已婚生子的独生子女比非独生子女恋爱更早。从表面上看,已婚独生子女初恋的年龄的确比非独生子女小半岁。这一差别似乎的确可以得出这一结论。但是事实上,这一结果的出现更可能是由于样本中独生子女总体上比非独生子女总体年轻的缘故。即研究者实际上是通过将一群出生于1968—1978年的人(样本中的独生子女)与一群出生于1963—1973年的人(样本中的非独生子女)进行比较而得到上述结论的。由于不同的年龄意味着不同的时代背景、不同的人生经历,因此,要得出这一结论必须对同年龄的人进行比较。笔者利用2004年的调查数据,经过对20岁到28岁的全部9个年龄组中两类青年初恋年龄的均值进行比较和统计检验,结果没有一组二者的初恋年龄存在显著差别。与此相联系,研究结论中的"观念更开放"以及第五点"育儿观念上个人取向更明显"的结论,实际上也很可能是不同年龄、不同代际所造成的影响,而非两类父母的不同所造成的影响。

(五) 关于更早步入为人父母的生命阶段

上海调查根据"和非独生父母相比,独生父母的年龄偏轻,30岁以下

的年轻父母占到36.9%,在非独生父母中这一比例只有22.9%"的结果,得出了"独生"父母比同龄"非独生"父母"更早步入为人父母的生命阶段"的结论。这一结论同样是不能成立的。因为上述结果所反映的只是该研究所调查的样本的实际结构。如果要得出上述研究结论,需要进行比较的是两类父母"第一次生育孩子时的年龄",而不是目前调查时二者的年龄。只有当已婚非独生子女第一次生育的年龄均值比已婚独生子女第一次生育的年龄均值要大时,才可以得到上述结论。实际生活中,那些已结婚生育的非独生子女很可能结婚生育的时间比同龄的独生子女更早(比如说很可能在23岁就生育了第一个孩子),只是因为该调查所抽到的这个孩子已经是他们的第二个甚至是第三个孩子了。所以,十分显然的是,他们现在的年龄肯定比那些已婚生子的独生子女的年龄要大。

上述分析表明,当这一批独生子女开始进入婚姻围城时,我们对他们的探索和认识还很不够。虽然目前在大众媒介中常常可以看到对这一批人的婚姻生活的报道,但要真正系统地、客观地、科学地认识这一现象,以及回答与这一现象相关的各种问题,则显然还需要我们做更深入、更广泛、更扎实的研究。

参考文献

陈建强、包蕾萍:《"独生父母现象"及其对未来中国社会的影响》,载《2004年上海社会报告书》,上海社会科学院出版社2004年版。

风笑天:《城市青年的生育意愿:现状与比较分析》,《江苏社会科学》2004年第4期。

风笑天:《独生子女:他们的家庭、教育和未来》,社会科学文献出版社1992年版。

风笑天、王小璐:《城市青年的职业适应:独生子女与非独生子女的比较研究》,《江苏社会科学》2003年第4期。

苏颂兴:《上海独生子女的社会适应问题》,《学术季刊》1998年第5期。

夏桂根:《吴江市第一代独生子女婚育状况调查报告》,《人口与计划生育》2001年第3期。

青年独生子女比例与育儿模式的再讨论[*]

随着第一代独生子女进入青年期，他们的婚姻、就业、社会适应等问题开始引起研究者的关注。笔者曾运用大规模调查资料对城市第一代独生子女的社会适应、独立生活能力、生育意愿、婚后居住等方面状况进行过初步探讨（风笑天，2005a；风笑天 2005b；风笑天，2006），包蕾萍博士等人也曾运用在上海市的两次大规模调查的资料对已婚独生子女的家庭结构、育儿模式等问题进行过探讨（包蕾萍等，2005；包蕾萍，2007）。在这种探讨中，对于青年独生子女的比例、已婚独生子女的比例问题以及已婚独生子女家庭的育儿模式等问题，

---

[*] 本文原刊于《中国青年研究》2008 年第 4 期。

笔者与包蕾萍博士等人的研究结论不太相同。二者的主要差异体现在三个方面：一是包蕾萍博士认为笔者对青年独生子女比例的估计"有明显的低估倾向"；二是包蕾萍博士认为笔者推断的已婚独生子女比例大约在25%左右的结果也偏低，她估算出的这个比例达到34%；三是包蕾萍博士根据其调查结果认为，"在夫妻一方或双方为独生子女的'独生父母家庭'中，以祖辈为主照料的育儿模式远远高于非独生父母家庭"（包蕾萍，2007）；而笔者则认为这一结论并不成立。本文将围绕上述三方面的差异进行分析和探讨，以达到进一步弄清问题的目的。

一、关于青年独生子女的比例

包蕾萍博士在文中（为简便，以下称"包文"）指出：笔者"曾在1786份职业青年样本的基础上对历年出生的独生子女人数比率做过一次估计……应该说这组独生子女比例有明显低估的倾向"。同时，包文作者根据其在上海对2019位父母对自己和子女独生子女身份的填答，整理出从1954年以前出生到2005年出生的"不同出生组"家庭成员中的独生子女比例，说明独生子女政策执行（1979年）后，独生子女人口比例迅速从20.5%提高到了90.7%，以后一直维持在85%到92%之间（包蕾萍，2007）。

从表面来看，二者之间的差异是十分明显的：笔者调查结果中的统计表明，1980年至1986年出生的青年中，独生子女的比例基本处于25%—55%之间；而包文的统计中，这一年龄段独生子女比例却高达90%！如果包文的数据反映的是现实，那么笔者的结果显然是大大"低估了"这一比例。

但是事实上，包文的数据并不能用来回答"笔者的估计是否偏低"的问题。因为包文的调查数据和笔者的调查数据所反映的对象是不同的，调查样本的性质也是不同的，二者之间并不具有可比性。此外，包文的研究方法本身也不足以使其研究结果成为衡量的标准。

第一，笔者的数据反映的是"出生于1976年至1986年这一时期的城市在职青年"中独生子女的比例，以及这一段时期每一年出生的城市在职青年中独生子女的比例。由于调查对象是"城市在职青年"，因而大量年龄属于这一范围的在校大中专学生并没有被包括在其中。所以笔者的数据里才会出现1982年至1986年出生者中独生子女比例不断没有上升相反下降的情况（因为这个年龄段的人中有相当大的部分当时正在上大学）。而包文的数据所反映的则是"2019位（有0—25岁子女的）父母及其子女"中的独生子女比例；其年龄范围是从22岁直到51岁以上，换句话说，是从1954年（甚至更早）到1983年出生的人。即便是只取出其数据中"1975—1986"年出生（即年龄在20—31岁）的人，也不能用来与笔者的数据比较。因为包文的调查对象是"普通城市居民"（如果其样本具有代表性的话），其统计结果反映的则是这一总体各个年龄段的人中独生子女的比例。概而言之，包文的估计对象是城市中的一般居民，而笔者的估计对象则只是这种一般居民中的一个特定部分——"在职青年"。调查和估计的对象的不一致，是我们判定"不能用包文的结果来衡量笔者的结果是否低估"的第一个理由。

第二，笔者的数据依据的是来自全国12个不同经济发达程度、不同地理区位、不同人口规模的城市在职青年样本，统计结果所估计的也是"全国范围的"城市在职青年中独生子女的比例。而包文的数据依据的是来自上海市的样本，所以，其数据所反映的更多只是"上海市"这个十分特殊的城市里各个年龄段居民中的独生子女比例。退一步说，即使二者的调查对象都完全一致（比如说都是同一年龄段的青年或者普通居民），并且二者的样本都能很好地反映各自的总体，二者所得到的独生子女比例也不可能、同时也不应该一致。特别的，上海的独生子女比例应该高于全国的比例。因为，正如包文作者自己所说，上海是"全国独生子女比例最高的城市"（包蕾萍等，2005）。因此，包文得出的上海独生子女比例高于全国独生子女比例应该是十分正常的，并不能因此就说笔者对全国的估计是"明显低估"的。

第三，包文认为笔者估计过低的一个依据是笔者样本抽取的不完全随机性。这一点笔者在相关论文中已专门说明，并不回避。但同样应该指出的是，从包文关于其调查方法和样本抽取过程的说明中，我们同样看不出其抽样的随机性体现在哪里，即包文同样不能说明自己的样本是随机抽取的。比如，研究者究竟是如何"从10所学校、15个社区中，通过随机抽样与整群抽样相结合的方式"抽取到2163名调查对象的？因为学校作为抽样单位与社区作为抽样单位这二者之间，并不具有同一维度上的等级或范围的隶属关系，研究者是如何将二者结合起来进行抽样的？这种结合的逻辑是什么？按这样的抽样方式抽取的调查对象所代表的又是怎样的总体？这都是值得研究者认真思考的问题。因此，尽管笔者的估计存在着偏差的可能性，但包文的抽样方法同样不能说明其估计不存在偏差的可能。既然包文的数据和估计并不能用来作为衡量的标准，又如何能证明笔者的估计是"明显偏低"的呢？

二、关于已婚独生子女的比例

笔者在前文中指出，根据对全国 12 个城市 1786 名在职青年的调查结果，估计已婚独生子女的比例在同龄城市已婚青年中约为 25% 左右。包文则认为这一数字仍有低估的可能。并且，其根据相关统计资料"估算出 25 岁到 35 岁这一年龄段的独生子女在育龄人口中约占 34%"。用她的话说，即"目前阶段每 3 个结婚的人中就有 1 个是独生子女"（包蕾萍，2007）；笔者认为，如果包文的结论只是说"上海的"已婚独生子女比例达到了 34%，那就不但不能说笔者估计的 25% 比例过低，而且恰恰可以证明笔者的估计是合理的。因为上海是全国最发达、独生子女生育政策开始最早、同龄人口中独生子女比例最高的城市，其已婚独生子女的比例高于全国平均水平是非常正常的。如果上海的已婚独生子女比例真的是 34%，那么全国的已婚独生子女比例只会比这一数字低。这也就在一定程度上为笔者估计的 25% 的结论提供了间接的依据。

但是，笔者注意到，包文估算的这一比例所要描述的并不是上海的情况，而是全国的情况。这就使得其结论成为我们必须分析和进一步辨明的问题。因为笔者得到的 25% 与其得到的 34% 之间毕竟还是有 9% 的差距。应该弄清楚哪一种结果更有可能接近现实。

首先来看笔者的结果。笔者的估计是依据实际调查样本中所得到的结果来推断的（1786 名在职青年构成的样本中，有 480 名已婚青年，其中独生子女 120 名，比例为 120/480 = 25%）。当然，这种从样本结果来对总体进行估计的方法，明显地会受到抽样方法以及由这种方法所带来的样本结构偏差的影响。而笔者的抽样方法又不是彻底的随机抽样（在单位抽人这个环节上没有做到严格的随机抽取），因此，这一点成为笔者不能对自己的结果有充分信心的原因。如果分析表明包文所提供的 34% 的比例更为可靠，笔者理所当然地会接受包文的结论而否定自己的结论。问题是，包文所估算的这一比例是否更为可靠呢？

包文估算这一比例的方法和其所用的资料应该说都十分清楚：先根

据人口学者推算出的1971—1975年、1976—1980年出生的育龄青年中,夫妻单方为独生子女的比例(11.52%和49.73%)以及夫妻双方为独生子女的比例(0.35%和8.38%)计算出独生父母总的比例(11.87%和58.11%);再以这两个比例乘以1982年这两个年龄段人口占全国人口的比例,并将结果相加,得到1971—1980年出生的独生子女占1982年全国总人口的比例为6.85%;再用6.85%除以1982年2—11岁青少年在总人口中的比例20.38%,得到2005年时25—34岁的育龄独生子女在同龄人中的比例为34%(包蕾萍等,2005;包蕾萍,2007)。

对于包文的估算方法和结果,有一点首先应该注意,即包文这种估算方式的基础,是人口学者推算出的两组百分比。但这种百分比是在"蕴涵四种假设条件"的前提下计算得出的(杨书章等,2000)。在一定意义上,它只是一种假设的情景,而不是一种现实的情景(调查的结果则是一种现实的情景)。这是包文结果与笔者结果存在差别的一个方面。而更为重要的一个方面是,即使这种假设的情景与现实的情景完全一致,包文的估算方式仍然存在着一个关键性的错误——人口学者推算出的是"城镇"已婚青年中单独与双独的概率(百分比),但到了包文的计算方式中,这些百分比都变成了"全国"已婚青年中单独和双独的概率!因此,包文用这两个百分比(即11.87%和58.11%)乘以1982年这两个年龄段人口占全国人口的比例所得到的"1971—1980年出生的独生子女占1982年全国总人口的比例为6.85%"的结论就完全错了。正是由于这一错误,其"1971—1980年出生的独生子女占同龄人比例"的推算结果(即6.85%/20.38% = 34%)自然也就跟着错了。

还有一个简单的方法来说明包文推算中所得到的"1971—1980年出生的独生子女占1982年全国总人口的比例为6.85%"的结果是错误的。根据我国1982年第三次人口普查的结果,全国总人口为1031882511人(国家统计局,1982)。如果"1971—1980年出生的独生子女占1982年全国总人口的比例为6.85%",那么,全国的独生子女总人数就会有多少呢?简单计算便可得到,全国的独生子女总人数就应该有7068多万人(103188万×6.85% = 7068.38万)。可根据国家计生委的统计,1982年时,全国领证的独生子女人数仅为1953万人(中国计划生育年鉴,1987:375—426)!对比两个数字,差距显然超出了误差的范围。

上述分析表明,包文估算的已婚独生子女比例34%是完全错误的。

这一比例完全不能成为我们估计已婚独生子女比例的参考。因此,包文认为笔者的估计"有偏低的倾向"的结论自然也不能成立。笔者认为,尽管随着时间的推移,已婚青年中独生子女的比例肯定会有所提高。但究竟在什么时候会提高到什么比例、全国的或各个地区的比例会是多少,还值得研究者进一步探讨。

三、关于"独生父母家庭"的育儿模式

包文中为了说明独生父母家庭中育儿模式以祖辈照料为主,"列出了拥有不同年龄组子女的独生父母家庭的祖辈照料比例",即统计表1。作者根据表1的结果说明:"无论子女处于哪一个年龄组,独生父母家庭中的'祖辈为主照料'比例总体都高于非独生父母家庭。"(包蕾萍,2007)然而,同样遗憾的是,表1的结果依然不能支持包文作者的上述观点。为说明这一点,有必要对照包文的表1的数据进行分析。

表1 独生父母与非独生父母家庭中祖辈照料为主的
比例(按母亲方统计,括号中为户数)

子女年龄组	子女成长过程	独生父母家庭%	非独生父母家庭%	户数
0—6岁组	0—1岁时	36.7(18)	20.7(31)	196(213)
	1—3岁时	37.8(17)	27.3(41)	195
	3—6岁时	27.7(13)	13.5(21)	202
7—11岁组	0—6岁时	57.1(8)	19.8(16)	95(104)
	7—11岁时	42.9(6)	7.8(6)	91
12—18岁组	0—6岁时	55.6(10)	24.9(67)	287(323)
	7—11岁时	33.3(6)	12.0(63)	284
	12—18岁时	11.8(2)	5.7(15)	281
19—25岁组	0—6岁时	27.8(5)	25.5(139)	284(326)
	7—11岁时	23.5(4)	10.5(27)	275
	12—18岁时	6.3(1)	2.5(7)	275

首先要指出的是,此表的结果表示方式既比较复杂又有一些混乱,读者很难看明白。同时,表中有两处错误:

一是12—18岁组中,子女7—11岁时,非独生父母家庭的"12.0(63)"有误。因为如果百分比为12%,那么根据63户推算出的这一年龄

段的非独生父母家庭的总户数就变成了 525 户,加上独生父母家庭的 18 户,总户数就达到了 543 户,大大超过了表 1 该行最后一栏中所列的 284 户的总数。所以,只可能是百分比错了。通过计算,得到实际的百分比为 24.0%。卡方检验结果表明,这一年龄段的独生父母家庭与非独生父母家庭之间不存在显著性差异。

二是 19—25 岁组中,子女 0—6 岁时的比例,表 4 中也存在错误:非独生父母家庭中的 25.5% 的比例与括号中 139 的人数之间存在矛盾。我们将其数据还原成原始的交互分类表状态进行分析(详见表 2,表中数字为频数,括号中的数字为百分比)。

表 2 两类家庭中祖辈照料的比较

	独生父母	非独生父母	合计	独生父母	非独生父母	合计
祖辈照料的比例	5(27.8)	139(52.3)	144	5(27.8)	139(25.5)	144
非祖辈照料的比例	13(72.2)	127(47.7)	140	13(72.2)	406(74.5)	419
合计	18	266	284	18	545	563

首先,25.5% 和 139 不可能同时成立。从表 2 的最后三列(即斜体字部分)中可看到,如果按包文表 1 的数字和百分比计算(即 25.5% 和 139 同时成立),那么,这一年龄段的总户数就不是 284 户,而变成了 563 户。这显然是不对的。因为包文表 1 最后一栏户数中,清清楚楚地写着"284(323)"。即这一年龄段调查的总户数为 323 户,但填答完整、实际用于计算的总户数为 284 户。因此,只可能是在 139 的频数和 25.5% 的百分比之间,有一个数字是错误的。

如果说 139 是正确的,百分比 25.5% 是错误的(通过计算,正确的百分比应该是 52.3%);那么,包文第 3 点结论中的"无论哪一个出生组,儿童幼年时期(0—6 岁)非独生父母家庭中祖辈照料的比例均在 25% 左右"的论断就不成立;因为此时这一出生组的百分比是 52.3%;明显高于 25%。

如果说 25.5% 的百分比是正确的,139 的频数是错误的(我们计算出此时的人数是 68)。那么,由于这两个数字之间相差实在太大,而且无法估计错误是如何形成的,所以无法对这一个年龄组的结果进行分析。在以下分析中,我们将第一个错误改正过来后进行分析,而对第二个错误不作分析。

说明了上述两处错误,我们再来实际分析包文的表 1。如果单从表 1 中的百分比比较来看,的确可以得到包文所得的上述结论。但是,非常关键的问题是,当样本规模比较小(包文中每一类的样本规模基本上都在

100—300之间)时,两个定类变量之间的交互分析并不能仅仅通过百分比的简单比较来进行,而一定要进行百分比差异的统计显著性检验,即卡方检验。而包文得出结论时所依据的结果中,恰恰缺少了这种检验。下面笔者利用表1的数据,计算出相应的卡方检验结果。得到下列表3:

表3 独生父母与非独生父母家庭中祖辈照料为主的
比例(按母亲方统计,括号中为户数)

子女年龄组	子女成长过程	独生父母家庭%	非独生父母家庭%	差异显著性检验结果
0—6岁组	0—1岁时	36.7(18)	20.7(31)	$P<0.05$
	1—3岁时	37.8(17)	27.3(41)	$P<0.05$(不显著)
	3—6岁时	27.7(13)	13.5(21)	$P<0.05$
7—11岁组	0—6岁时	57.1(8)	19.8(16)	$P<0.01$
	7—11岁时	42.9(6)	7.8(6)	$P<0.001$
12—18岁组	0—6岁时	55.6(10)	24.9(67)	$P<0.01$
	7—11岁时	33.3(6)	24.0(63)	$P>0.05$(不显著)
	12—18岁时	11.8(2)	5.7(15)	$P>0.05$(不显著)
19—25岁组	0—6岁时	27.8(5)	25.5(139)	未计算
	7—11岁时	23.5(4)	10.5(27)	$P>0.05$(不显著)
	12—18岁时	6.3(1)	2.5(7)	$P>0.05$(不显著)

从表5的最后一栏结果中,我们看到,在总共10组比较结果中(无法确定的那一组未计算),有一半的组(共5组)中两类家庭祖辈照料的百分比差异没有通过统计的显著性检验。即总体中子女处于这5个年龄组的两类家庭祖辈照料为主的比例之间并不存在显著差别。因此,当我们看到这样的结果时,我们怎么能得出"无论子女处于哪一个年龄组,独生父母家庭中的'祖辈为主照料'比例总体都高于非独生父母家庭"这样的结论呢?!

参考文献

包蕾萍等:《中国"独生父母"婚育模式初探:以上海为例》,《人口研究》2005年第4期。

包蕾萍:《独生子女比例及其育儿模式的年龄结构》,《中国青年研究》2007年第4期。

风笑天:《第一代独生子女婚后居住方式:一项12城市的调查分析》,《人口研究》2006年第5期。

风笑天:《中国城市第一代独生子女的社会适应》,《教育研究》2005年第10期。

风笑天:《走进"围城"的独生子女:概念、规模与质疑》,《江苏社会科学》2005年第3期。

国家计划生育委员会:《中国计划生育年鉴(1986)》,人民卫生出版社1987年版。

国家统计局:《中华人民共和国国家统计局关于一九八二年人口普查主要数字的公报》,1982年10月27日,http://www.stats.gov.cn/tjgb/rkpcgb/qgrkpcgb/t2。

杨书章等:《中国独生子女现状及其对未来人口发展的影响》,《市场与人口分析》2000年第4期。

也论我国独生子女群体的婚姻稳定性[*]

随着我国第一代独生子女开始进入婚育年龄,他们的婚姻问题也越来越多地引起社会的关注。有关独生子女婚姻不稳定,离婚比例高,独生子女"闪婚""草结草离"等内容的报道也常见之于报端和网络。相对于大众媒介和社会舆论对这一问题的高度关注,学术界目前在这个方面的研究结果则相对偏少。其中一个重要的原因,或许是经验资料的欠缺。因为要对独生子女的婚姻稳定性进行探讨,最直接的方式是进行独生子女及其同龄非独生子女离婚状况的抽样调查,然后比较调查结果中独生子女和同龄非独生子女离婚的比例。即在同龄

---

[*] 本文原刊于《探索与争鸣》2010年第6期。

非独生子女的参照下,来衡量独生子女婚姻的稳定性程度。遗憾的是,由于现有的各种关注离婚现象的调查和统计中,都没有加入离婚者"是否独生子女"这一变量,即没有区分离婚者是不是独生子女。因此,目前尚没有能直接回答独生子女婚姻稳定性问题的调查结果。

正是在这种背景下,吴瑞君等学者选择了另一种途径,他们利用2000年全国人口普查数据和2005年上海市1%人口抽样调查数据,通过定义并统计已婚人口的婚姻稳定率,对我国独生子女群体的婚姻稳定性状况以及相关因素进行了分析。研究者得出了独生子女总体的婚姻较为稳定,但与非独生子女群体相比,独生子女尤其是第一代低龄独生女性婚姻不稳定的比例较高,独生子女的婚姻稳定程度与就业状况、受教育程度等个人特征密切相关,与父母婚姻的稳定性等家庭背景也有一定的联系等一系列有价值的结论,为人们了解和认识这一现象,提供了重要的参考和帮助。

但在阅读了该文后,笔者感到论文作者对某些数据统计结果的表达方式以及相应的结果分析存在一定的不妥之处,导致该研究的某些结论不够准确。因此,笔者希望在原文所得出的统计结果的基础上,提出自己的分析结论及其理由,以此与原文作者进行讨论,希望对原文的结论有所补充和完善,以促进对这一问题的进一步认识。

一、关于独生子女总体的婚姻稳定性

该论文主要呈现了三个方面的结果:一是关于独生子女总体的婚姻稳定性分析;二是对城镇第一代独生子女的婚姻稳定性分析;三是对独生子女婚姻稳定性的影响因素探讨。作者在其研究的第一个结果"独生子女总体的婚姻稳定性分析"中指出,独生子女"初婚有配偶的比例占89.9%,离婚或离婚后再婚等婚姻不稳定的比例占10.1%,而非独生子女的相应比例分别为95.4%和4.6%。上述分析结果在一定程度上表明,与非独生子女群体相比,独生子女婚姻不稳定的比例较高,整体婚姻稳定性较低"。在论文的结论部分,作者也再次指出:"独生子女群体的婚姻稳定性低于非独生子女。"(吴瑞君、汪小勤,2009)

对于作者的上述结论,笔者有些不同的看法。在具体分析该文的这一结论之前,有必要对"独生子女总体"的概念作一点讨论。

笔者注意到,论文作者是"将调查时点没有兄弟姐妹的人口统称为独生子女"。而将"上世纪70年代末、80年代初出生的独生子女,就上海而言,即为2005年人口抽样调查时年龄为20—30岁的适婚年龄人口"界定为"第一代独生子女"。(吴瑞君、汪小勤,2009)客观地说,其界定是明确的。然而,正是根据这种界定,导致笔者对上述统计结果产生了不同的看法和解释。如果仅从百分比上看,独生子女与非独生子女二者之间的确存在着5%左右的差别。但是,我们应该注意到,上述差异的出现有一个重要的前提条件,这就是论文在其数据与方法部分所强调的:"限于资料的可得性,对2000年全国独生子女与非独生子女婚姻稳定性的比较分析,仅限于与父母同住的已婚独生子女和非独生子女中的长子或长女。"(吴瑞君、汪小勤,2009)正是由于这一前提中的限定,给上述结论带来了两个值得进一步探讨的问题:一是独生子女的概念及年龄范围的影响;二是与父母同住的限定以及非独生子女中长子或长女的限定带来的影响。

首先是独生子女的概念及其年龄范围。从本意上来看,"独生子女"一词,可以定义为"没有兄弟姐妹的人口"。但更合适的定义或理解或许应该是在其前面加上"上世纪70年代末我国实行以控制人口数量为主要目标的计划生育政策以来所产生的"这样的限定(更严格的限定还可以加上"领取了独生子女光荣证的人口")。这也即是说,"独生子女"的概念本身包含着明显的政策内涵。我们知道,在计划生育政策实施之前,我国每个时期的人口中都有一些"终生没有兄弟姐妹的人",他们虽然也可以被称作"独生子女",但实际上他们与上世纪70年代末以来所产生的计划生育政策意义下的"独生子女"却有着本质的不同。这种不同体现在以前的独生子女都是其父母"由于各种主客观原因的限制自然形成的。他们在各个时期的幼年人口中,都只是极个别、极少见的现象"。(风笑天,1992:3—4)而70年代末以来所产生的独生子女则主要是其父母"执行计划生育政策的产物。并且,他们是在同一时期中成批出现的。他们在幼年人口中的比例从一开始就十分可观,而且随着时间的推移其比重越来越大,已逐渐形成了我国社会中一类十分特殊的人口"。(风笑天,1992:3—4)"'独生子女'的概念是特定时代、特定社会的产物,其内涵除了具备字面上的内容外,还具备某些更深刻的社会内容"(吴瑞君、汪小勤,2009)。简单地说,此"独生子女"非彼"独生子女",二者实际上并不是同一类人。"独生子女"的概念实际上仅仅只是计划生育政策下产生的特殊一代的代名词。

当我们区分了两种不同的独生子女,也就能够明白,真正有意义的比较,不应该发生在前一种意义上的独生子女身上,而应该发生在计划生育政策下产生的独生子女身上。即我们进行独生子女与非独生子女的比较时,应该充分考虑到对象的年龄范围。从2000年人口普查的时点来看,政策意义上的独生子女的年龄范围应该在25岁以下(即在1975年及以后出生)。而作者的比较却是在"已婚独生子女的年龄跨度从20岁到68岁不等"的范围中进行的。在这样的总体中,绝大部分对象(从28岁到68岁的对象)实际上并非我们所关心的"独生子女"。换句话说,这样的总体并不能突显出政策意义下的独生子女人口的实际状况。因此,这样的比较结果一方面失去了论文背景中所关注的对象意义,另一方面又对读者产生了一定的误导。而一旦我们将计划生育政策条件下产生的独生子女与非政策条件下自然产生的独生子女区分开来,统计数据所具有的含义或许就会揭示出不同的结果,由此得到的研究结论或许也就会有重要的变化。

让我们用这样的观点来再次分析图1的数据结果：

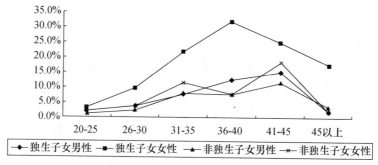

图1 全国不同年龄的独生子女与非独生子女的婚姻不稳定比较
资料来源:2000年全国0.95%人口普查资料,原文中为图2。

根据该文作者关于2005年时"第一代独生子女的年龄在20—30岁"的界定,那么,2000年人口普查数据中,第一代独生子女仅仅只会出现在20—25岁的年龄组中(26—68岁的独生子女均是非政策条件下的独生子女)。当我们把关注的焦点仅仅放在20—25岁这个年龄组时,我们可以清楚地看到,图1中四条曲线在20—25岁这一年龄组中的比例几乎完全重叠。即四组不同的对象之间的差异几乎可以忽略不计。它实际上表明,第一代独生子女与同龄非独生子女的婚姻稳定性之间并不存在明显的差别。因此,该文关于"独生子女总体的婚姻稳定性不高"这一结论中所反映的总体,实际上只是政策条件下产生的第一代独生子女出现以前的独生子女总体。或者说,该文在得出"与非独生子女群体相比,独生子女婚姻不稳定的比例较高,整体婚姻稳定性较低"的结论时所依据的那个5%的统计差别,基本上反映的是存在于26岁以上年龄组的两类人群之间的差别,而不是计划生育政策条件下的独生子女与同龄非独生子女之间的差别。一旦我们的研究所关注的并不是这种计划生育政策以前产生的独生子女时,这一数据统计的结果及其结论自然也就失去了意义。

其次是"与父母同住"的限定以及"非独生子女中长子或长女"的限定带来的影响。在26岁以上的年龄段中,之所以会出现非政策条件下产生的独生女的婚姻不稳定性的比例明显高于其他几类对象的结果,笔者分析,一个重要的原因很可能是研究者所使用的数据的限制条件所导致。由于研究者所使用的数据仅限于与父母同住的对象,而子女婚后是否与父母同住,特别是子女离婚后是否与父母同住,一方面可能与子女的性别有关,另一方面也与子女的数目有关。特别是由于用作比较的对象是非独生子女中的长子或长女,这就更有可能导致结果出现偏差。笔者认为,对于上述统计结果的正确理解不应该是"独生女婚姻不稳定的比例高于其他几类对象",而应该是"'与父母同住'的独生女婚姻不稳定的比例高于'与父母同住'的独生子婚姻不稳定的比例";以及"'与父母同住'的独生女婚姻不稳定的比例高于'与父母同住'的非独生长子或长女婚姻不稳定的比例"。

"与父母同住"的独生女婚姻不稳定的比例明显高于"与父母同住"的独生子婚姻不稳定的比例,揭示出在"与父母同住"的条件下,独生子女婚姻的不稳定性与其性别因素密切相关;而"与父母同住"的独生女婚姻不稳定的比例高于"与父母同住"的非独生长子或长女婚姻不稳定的比例,则主要揭示出独生女离婚后相对更有可能与父母同住,而非独生子女中的长子或长女离婚后则相对较少地与父母同住。重要的是,我们可以反过来思考这一结论:如果将非独生子女中的长子或长女换成幼子或幼女(即最小的孩子),或许其离婚后与父母同住的比例就会高一些。这样一来,非独生子女与父母同住者中离婚者的比例也会相应高一些。那样的话,独生子女与非独生子女的婚姻稳定性或许就不会有什么差别了。

二、关于城市第一代独生子女的婚姻稳定性

作者在论文中,利用2005年上海市1%人口抽样调查资料,得到了有关城市第一代独生子女婚姻稳定性的第二个结论:"现阶段我国城镇第一代独生子女的婚姻较为稳定,但低龄独生女性婚姻不稳定的比例高于其他群体。"(吴瑞君、汪小勤,2009)论文得出这一结论的依据主要是图2的结果。

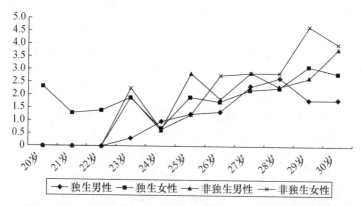

图2　20—30岁分性别上海户籍已婚人口的婚姻不稳定性比较
资料来源:2005年上海1%人口抽样调查资料,原文中图3。

笔者同意其研究结论的前面一半,而对后一半结论则有不同看法。笔者认为,报告中依据上述统计图2得出"25岁及以下的低龄独生女性,尤其是20—22周岁的独生女性的婚姻稳定性较同龄非独生女性低"的结论并不恰当。因为从图2上来看,真正比较明显的差异只是体现在20—22岁的独生女性与其他几类对象的比较上。在23岁时,非独生女性、独生女性、非独生男性的婚姻稳定性程度几乎完全相同,而独生男性的婚姻稳定性高于上述三者1.5%左右;24岁时,四组对象的婚姻稳定性程度几乎相同;25岁时,非独生男性的不稳定比例最高,其次才是独生女性,并且独生女性的婚姻稳定性低于同龄非独生女性的比例还不到1%。而26岁到30岁之间,情况则是相反,都是非独生女性的婚姻稳定性低于独生女性。所以,上述结论对于23—25岁年龄段的对象并不成立。

对于20—22岁之间的四组对象来说,独生女性与其他几类对象之间的差异,也仅仅只是在1.5%—2.5%之间,总体上看还是非常小的;况且,这

种很小的百分比差异,还很可能是由于已婚者特别是离婚和再婚者(即婚姻不稳定者)群体的规模较小,因而统计偏差相对较大所造成的。因为像上海这样的现代大都市中,年轻人20—22岁结婚的比例应该是非常低的,其中离婚和再婚的比例则会更低。事实上,2005年全国1%人口抽样调查数据显示,全国城市样本中20—22岁人口为206809人,其中未婚185318人,占该年龄段全部人口的89.61%,已婚21365人,占全部人口的10.33%,而离婚、再婚、丧偶共计只有126人,仅占该年龄段全部人口的0.05%(吴瑞君、汪小勤,2009)。全国城市总体中该年龄段人口已婚的比例尚且只有10%左右,那么,像上海这样的现代化程度较高的特大城市中,这个比例很可能会更低。

更为重要的是,对统计结果的表达方式也是一个值得注意的问题。图2的结果实际上是将本来很小的差异不恰当地放大了来表现的。其纵轴的总比例仅为5%,而刻度标准则仅为0.5%。如果真的将统计结果放到纵轴为100%的图中,以5%或者10%作为刻度标准,那么,这四组对象的数据所形成的四条曲线则几乎完全重合。这也在一定程度上启示我们,要十分注意统计结果的表达方式,最好直接用数据表格将统计结果呈现出来,而不要仅仅为了直观,过分依赖统计图。特别是不要使用不恰当的统计图。因为那样很容易形成某种特定的统计陷阱,使读者形成错误的印象,对统计结果产生误解。

三、如何看待百分比的差异

上一个问题引出了与百分比差异相关的问题。在描述统计的基本比较中,百分比是人们最熟悉也普遍使用的一个指标。在采用百分比进行交互分析和比较时,除了要注意对较小样本的结果进行差异的统计显著性检验外,同时也要注意百分比差异值的绝对大小。应该意识到,过小的百分比差异的实际意义并不大。而从过小的百分比差异中得出不同对象之间存在差别的结论时,往往会在一定程度上导致对现实的误解。

例如,上述第二小节中所提到的20—22岁年段的差别就是一例。又比如,在对个人教育程度与婚姻稳定性的相关分析中,该文指出:"对2005年上海1%人口抽样调查数据的分析结果,不仅证实了受教育程度与婚姻稳定性存在反向变动的关系,而且也证实了高文化程度的独生子女婚姻不稳定率较高的结论。由图3可知,在本科及以上的已婚群体中,独生男性和独生女性的婚姻不稳定率分别为1.1%和0.82%,均略高于非独生男性和非独生女性"。(吴瑞君、汪小勤,2009)(此段原文有两处表述有误,一处应为"不仅证实了受教育程度与婚姻稳定性存在同向变动的关系";另一处应为"独生女性和独生男性的婚姻不稳定率分别为1.1%和0.82%")

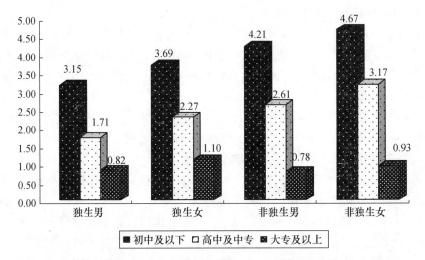

图3 上海户籍20—30岁独生子女和非独生子女教育与婚姻不稳定率对比
资料来源:2005年上海1%人口抽样调查资料,原文中图5。

实际上,仅从图3直观地来看,图中所显示的趋势只是相对较好地支持了其前一半结论。而对其后一半结论则相对缺少说服力。如果我们直接用图3中的数字进行比较,结果就会明显不同。根据原文图3中的数字,在本科及以上的已婚群体中,独生女性和独生男性的婚姻不稳定率分别为1.1%和0.82%,相对应的非独生女性和非独生男性的婚姻不稳定率则分别为0.93%与0.78%,他们与独生子女之间的差别仅仅只有0.17%和0.04%,即二者之间连0.2%的差别都没有达到。用这样小的百分比差别作为得出"高文化程度的独生子女婚姻不稳定率较高","高文化程度群体中,独生女性的婚姻稳定性要低于非独生女性,也低于独生男性"的结论的依据,笔者认为不太合适。类似的,如果同样将这一统计结果放到标准刻度为5%甚至1%的图中,那么,这四组大专以上文化程度对象的数据所形成的四条矩形的高度差别就几乎看不出来。

四、简要的小结

独生子女是一个具有时代特征和特定政策含义的概念,讨论独生子女的婚姻稳定性问题时,应将政策条件下产生的大规模的独生子女与政策实施以前自然形成的非常小规模的独生子女区别开来。注意了这一点,在利用相关统计数据进行分析时,就可以较好地把握数据的有效范围。也可以更好地认识和讨论研究所关注的主要对象和问题。

将上述两类不同含义的独生子女区分开以后,无论是2000年人口普查数据的统计结果,还是2005年上海1%人口抽样调查数据的统计结果,都一致地表明,第一代独生子女的婚姻稳定性与同龄非独生子女之间不存在明显差别。原文所提到的若干差别主要是非政策条件下产生的独生子女与其同龄非独生子女之间的差异。并且,这种差异的出现,可能在一定程度上还是由于统计分析所使用的数据"仅限于与父母同住的已婚独生子女和非独生子女中的长子或长女"的缘故。

最后,在统计数据的百分比比较中,要特别注意百分比差异值的绝对大小。过小的百分比差异的实际意义并不大。而从过小的百分比差异中得出不同对象之间存在差别的结论时,则往往会在一定程度上导致对现实的误解。

参考文献

风笑天:《独生子女:他们的家庭、教育和未来》,社会科学文献出版社1992年版。

吴瑞君、汪小勤:《我国独生子女群体的婚姻稳定性分析》,《学海》2009年第5期。

第一代独生子女的生育意愿：
我们目前知道多少*

一、背景与问题

1979年开始实施的以"提倡一对夫妇生育一个孩子"为主要内容的计划生育政策已经整整三十年了。政策实施之初所产生的第一批独生子女目前已进入婚育年龄，开始结婚成家、生儿育女。从目前情况看，全国除河南省以外的绝大多数省、自治区、直辖市的计划生育政策都规定，两个独生子女结婚可以生育两个孩子。① 因此，当进入婚育年龄的独生子女人口越来越多的时候，符合这一生育条件的独生子女也会越来越多。

---

* 本文原刊于《湖南师范大学学报》2009年第6期。
① 写作该文时，河南省还未实施双独可以生二孩的政策，特此说明。

因此,独生子女生育二胎的问题以及与此密切相关的第一代独生子女的生育意愿问题也就开始成为各级政府和学术界共同关注的焦点。正是在这种背景下,本文希望对第一代独生子女生育意愿问题进行探讨。

关于第一代独生子女的生育意愿,有研究者曾明确指出:"如果以1978年作为独生子女出现的起点,按照平均初婚年龄24岁计算,直到2002年,第一代独生子女才大规模进入婚育年龄,开始建立家庭,生儿育女。也只有2002年之后的相关调查数据才能更为准确地分析生育政策调整、独生子女婚育选择对未来人口发展的影响。"(姜玉等,2009)实际上,在1979年国家第一次正式统计的独生子女人口数量610万人中,不仅有1979年当年出生的人口,同时还有大量出生于20世纪70年代中晚期(主要是1975年以后)的人口。因此,我们可以将独生子女出现的起点放得更早一些,比如说,放到1975年。这样,如果以1975—1985年出生的独生子女作为第一代独生子女的话,那么,在2000年以前,第一代独生子女的年龄基本上都在25岁以下,即基本上都没有进入婚育年龄。而从2000年开始到2010年的这10年,则正是第一代独生子女开始逐渐进入婚育期的时间。因此,本文将文献回顾的视野放到2000年以后,即主要查阅和选取2000年以来各地进行的青年生育意愿调查结果,以反映第一代独生子女及其同龄非独生子女的生育意愿状况。

文献查阅结果表明,与第一代独生子女相关的生育意愿调查也基本上出现在2000年以后。截至目前,全国学术期刊上共发表了以第一代独生子女为调查对象的生育意愿研究报告12篇,同时,重要报刊上也发表了2篇这方面调查报道。这12篇论文和2篇报道所依据的数据总共来自于11项大规模调查。这11项调查分别是:笔者2000年在湖北4个城市及上海市、2002年在湖北4个城市(同2000年)的两次调查;北京市人口研究所2002年在北京城乡18个区县、2006年在北京市4个城区的两次调查;上海计生委2003年和2006年在上海城乡的两次调查;南京人口干部管理学院2002年在南京市、2004年在常州市的调查;华东师范大学人口所2006年在苏州市的调查;中国社科院人口与劳动经济研究所2007年在江苏6县市进行的调查,以及笔者2004年在全国12个城市的调查等。这11项调查再加上笔者2007年在全国同样的12个城市进行的在职青年生育意愿调查(尚未发表研究报告),总计共有12项较大规模的调查为我们描绘了第一代独生子女的生育意愿的现状。

本文希望通过对这12项调查的结果进行认真的解析和比较,弄清楚它们实际所反映的对象和范围,期望更准确地认识目前我们对第一代独生子女生育意愿的实际了解状况。简单地说,本文希望回答:关于我国第一代独生子女的生育意愿,我们目前已得到哪些结果?这些结果为我们描绘的是一幅怎样的图画?现有的调查结果究竟能告诉我们什么样的信息?或者说,从这些结果中,我们对第一代独生子女的生育意愿究竟知道多少?只有真正弄清楚这些问题,才能更好地为国家调整和制定相关的生育政策提供科学的依据及参考。

需要说明的是,生育意愿一般包含意愿生育数量、意愿生育性别,以及意愿生育时间等几个方面的内容,但其中意愿生育数量是最基本,同时也是与人口规模的增长最为相关的方面。由于篇幅的限制,本文也将注意力主要集中在这一方面。在实际调查中,研究者通常是通过询问被调查者在不考虑计划生育政策的限制条件下"理想的子女数目"是多少,来达到对意愿生育数量的测量的。

二、现有调查结果所描绘的图像

我们将这12项调查的结果整理成表1,既便于从总体上了解现有研究的整体状况,也便于对不同调查结果进行比较分析(表中意愿生育数量"2个+"和"3个+"分别表示希望生育两个及以上和三个及以上)。

表1 12项调查的基本情况及其结果统计

调查地点	调查时间	调查对象	样本规模	身份	意愿生育数量分布及差异检验					平均期望生育数量
					0个	1个	2个+	3个+	P	
湖北4城市及上海	2000	18—26岁城市在职青年	749人	独	5.8	56.3	37.2	0.7	>0.05	1.33
				非	4.1	60.0	35.1	0.9		1.33
湖北4城市	2002	18—26岁城市在职青年	638人	独	7.7	52.7	38.3	1.4	>0.05	1.34
				非	7.0	58.2	33.9	1.0		1.29
北京市	2002	20—30岁城乡青年	1604人	独	16.6	63.5	19.9		>0.05	1.03
				非	12.6	68.8	18.6			1.06
北京市	2006	20—34岁城市独生子女	2068人	独	15.7	51.2	33.1			1.18
上海市	2003	18—30岁城乡青年	20649人	独	5.2	79.9	14.5	0.4		1.10
				非	3.6	83.1	12.8	0.2		1.10
上海市	2006	20—30岁城乡独生子女	4800人	独	4.3	45.7	50.1			1.46

(续表)

调查地点	调查时间	调查对象	样本规模	身份	意愿生育数量分布及差异检验					平均期望生育数量
					0个	1个	2个	3个+	P	
南京市	2002	15—40岁城乡育龄人群	1793人	独	6.4	69.3	23.0	1.2	>0.05	1.19
				非	2.7	71.4	23.9	2.1		1.25
常州市	2004	15—40岁城乡育龄人群	3670人	独	3.5	62.8	33.3	0.4	<0.000	1.31
				非	3.1	54.4	41.4	1.1		1.40
苏州市	2006	20—29岁城乡青年	2237人	独	0.4	49.3	49.9	0.3	>0.05	1.50
				非	0.7	52.9	46.4	0.0		1.46
江苏6县市	2007	15—29岁城乡女青年	7451人	独	0.0	62.4	36.8	0.9	>0.05	1.39
				非	0.0	60.4	38.8	0.9		1.41
全国12城市	2004	18—28岁城市在职青年	1786人	独	10.1	52.3	36.0	1.5	<0.05	1.29
				非	6.1	53.6	38.2	2.1		1.37
全国12城市	2007	18—31岁城市在职青年	2318人	独	6.5	49.9	41.5	2.1	<0.000	1.39
				非	3.2	56.2	38.6	2.1		1.40

表中数据来源：湖北2000年和2002年两次调查数据（见风笑天，2004）；北京2002年调查数据（见李嘉岩，2003），该差异显著性检验结果系笔者根据其数据计算得到的；北京2006年调查数据（见马小红等，2008）；上海2003年调查数据（见上海计生委，2003），因无两类青年的具体数字，故无法进行差异的显著性检验；上海2006年调查数据（见陈青，2006）；南京2002年调查数据（见尹勤等，2005），该差异显著性检验结果系笔者根据其数据计算得到的；常州2004年调查数据（见尹勤等，2006）；苏州2006年调查数据（见丁仁船等，2007），此数据为去掉原表格中"说不清"答案人数后重新计算的结果，该差异显著性检验的结果是笔者利用其数据计算得到的；江苏2007年调查数据（见孟轲，2008）；全国12城市2004年调查数据（见风笑天，2009）；全国12城市2007年调查数据为笔者首次发表。

表1的结果首先表明，总体上看，第一代独生子女与同龄的非独生子女在意愿生育数量方面，基本上不存在大的差别。在有两类青年结果比较的10项调查中，6项结果的差异检验为不显著；一项没有统计检验的结果中（上海2006），不同子女数的分布上仅有微小的差别，平均意愿生育数量则完全一样；三项统计检验有显著差异的结果中，除常州调查的差异比较明显外（与其样本构成有关），笔者2004和2007调查结果不仅在不同子女数的分布上差别很小，平均意愿生育数量上的差别也不大。

表1的结果同时又表明，这12项大规模调查结果之间，无论是在独生子女的平均意愿生育数量上，还是在独生子女期望生育不同数量子女比例的具体分布上，均存在较大差异。换句话说，众多调查结果为我们所描绘的第一代独生子女生育意愿的画面是杂乱无章的。比如，12项调查结果中，第一代独生子女期望生育一个孩子的比例从最低的45%到最高的80%；期望生育两个孩子的比例从最低的15%到最高的50%；平均意

愿生育数量也几乎是从1到1.5。所有这些变化的范围实在有些过大,导致我们很难从总体上对第一代独生子女的意愿生育数量进行把握。我们究竟该相信哪些调查结果?或者说,哪些调查结果更有可能反映第一代独生子女的生育意愿?我们只有认真解析这12项调查的调查对象、调查方法特别是样本结构,才有可能从中做出判断。

三、对现有调查结果的解析

为了说明每一项调查结果实际描述的对象范围以及对第一代独生子女这一总体的代表性,我们需要逐一对它们的调查对象、样本特征等内容进行解析。只有弄清楚每一项调查结果与其样本特征之间的关系,我们才能更准确地了解这些调查结果究竟告诉了我们什么,也才能判断我们目前对第一代独生子女的生育意愿究竟了解多少。

(一) 笔者2000年和2002年的两次调查结果

笔者这两次调查的对象是18—26岁的"城市在职青年",样本特征的优点是涉及包括省会城市、大城市、中等城市和小城市在内的多种城市类型。但其只包含9种主要职业的在职青年。同时,由于"考虑到实际调查的可行性,笔者又进一步将研究对象限定为国有和集体企事业单位中的在职青年,从事个体经营者则未包括在内"。调查对象的职业也是从"比重最大的九种行业中选取样本",且"各种职业抽取的人数比例相当"。(风笑天,2004)因此,这种只包含若干主要职业,同时调查对象的抽取又没有按照职业比例的做法,使得所得到的样本对总体的代表性大打折扣。这两次调查的另一个不足是,由于这两次调查的时间相对较早,当时第一代独生子女的年龄相对年轻。因而样本中已婚独生子女的比例偏小(已婚独生子女分别只占样本中独生子女人数的11.1%和18.5%)。因此,总的来看,这两项调查的结果实际上主要反映的只是"我国中部地区城市主要行业中在职青年独生子女,特别是未婚的青年独生子女的生育意愿状况"。

(二) 北京2002年和2006年的两次调查结果

北京2002年调查的对象是"拥有北京市户口的20—30岁青年"(侯亚非,2003),样本是在所抽中的47个居委会、58个村委会中按照年龄、性别、婚姻状况、城乡等配额抽取的。"样本结构比例为：20—25岁与26—29岁年龄结构比例7∶3；男女性别比例5∶5；未婚已婚比例7∶3；城乡比例8∶2"（李嘉岩，2003）。北京2006年的调查对象则为"具有北京市城市户口、居住在北京市城八区的20—34岁独生子女"（马小红等，2008）样本同样采用按年龄、婚否等指标进行配额的方法抽取。

这两次调查样本的最大问题在于：我们无法了解这种人为确定的各种比例与总体中实际的比例之间究竟有多大差距？如果某些重要变量（特别是与生育意愿关系密切的城乡变量、婚姻状况变量等）的比例之间相差较大，则调查结果的偏差就会比较大。如果在假设两次调查的样本结构中各种变量的比例与实际总体中的比例偏差不大的前提下，调查结果则反映出北京市第一代独生子女生育意愿的两个突出特征：一是平均意愿生育数量非常低。2002年的结果几乎接近1，即使是2006年1.18的结果，也比其他大部分调查结果明显偏低。二是希望不生育子女的比例非常高。在所有12项调查中，只有北京的两次调查结果中独生子女希望不生育子女的比例超过了15%。而上述的第一个特征也主要是由这第二个特征影响的结果。应该看到，在这种假设前提下的结果终究只是一种假设的结果，从这样的结果中我们无法有把握地判断它对北京市第一代独生子女生育意愿的代表性大小。

（三）上海2003年和2006年的两次调查结果

在这12项调查中，上海的两次调查相对比较特殊。这种特殊性一方面体现在这两项调查都是由当地计划生育部门进行的，调查的结果也都没有发表在学术刊物上，而是作为新闻报道由记者发表在报纸上；另一方面则是体现在两次调查都没有详细介绍抽样方式和调查的具体方法，也没有详细描述样本的各种特征（上海计生委，2003；陈青，2006）。这就为我们解析这两次调查所得结果的代表性以及评价两次调查的质量带来了一定的障碍。仅从这两次调查的结果看，反差比较大，而且似乎也有些矛盾。2003年调查时，期望生育两个及以上孩子的比例还不到15%，可到了2006年，这一比例一下子提高到50%。与此相应的，2003年调查时平均意愿生育数量只有1.1，而到了2006年，平均意愿生育数量一下子提高到1.46。这种明显的、不合常理的，并且变化相当大的原因很难进行解释。因此，可以说这是两项可靠性程度最小的调查。其结果只能作为我们了解上海这样的直辖市中，青年独生子女生育意愿的一种非常有限的参考。

(四) 南京 2002 年的调查结果

南京调查的对象没有具体的年龄范围,只有相对模糊的"育龄人群"。实际报告的结果表明,调查对象的年龄范围在 15—40 岁之间。该调查在南京"原十个城、郊区调查城市人口,且调查对象均为独生子女",在"五县区调查农业人口,调查对象中独生子女与非独生子女各占50%",同时"组织学生在大学校园、街头采用偶遇抽样的方式对独生子女进行调查"。(尹勤等,2005)这样的抽样设计和抽样方法既不科学也不严格,由这样的抽样所构成的样本无论是在对象的城乡比例上,还是在未婚和已婚等其他变量的比例上,与实际总体的比例之间都处于一种未知的状态。其具体的生育意愿结果分析中,也存在由样本结构不清所带来的问题。比如,该研究结果中对独生子女与非独生子女意愿生育数量的比较,实际上在很大程度上是城区独生子女与农村非独生子女之间的比较(因为其样本中的非独生子女全部来自农村)。因此,该调查的结果无法从总体上反映南京第一代独生子女的状况,充其量只能是对这一部分样本中的独生子女生育意愿状况的了解。

(五) 常州 2004 年的调查结果

常州调查的对象同样没有具体的年龄范围,也是模糊的"育龄人群"。样本抽取采取的是非随机的判断抽样的方法,且研究者没有介绍实际的抽样过程,只说明"考虑了常州市各区县行政级别、经济发展水平及人口密度"(尹勤等,2006)。从其样本的实际结构来看,既包括常州户籍人口,也包括相当大比例的外来人口(占四分之一);既包括非农人口,也包括农业人口。样本中性别构成也不尽合理,男性只占三分之一。可以说,该调查样本的结构不能说明其代表的,或者说希望反映的是一个什么样的对象总体,因而该调查的各种结果基本上只能作为这一特定样本人口的生育意愿,而不能推广到常州市育龄人口这一总体;也不能很好地反映常州市第一代独生子女的生育意愿状况。

(六) 苏州 2007 年的调查结果

苏州调查的对象为 20—29 岁的适婚人口,样本规模为 2237 人。尽管研究者给出了样本中独生子女和非独生子女的比例分别为 65.2% 和

34.8%、未婚和已婚者的比例分别为 29.7% 和 70.3%。但是,由于研究者没有介绍其具体的抽样设计和调查实施过程,因而我们无法了解其样本中是否包含城乡两部分对象、无法知道这两部分对象的抽取比例,也就无法判断其样本中所具有的上述结构特征在多大程度上能够反映总体的状况。因此,该调查所得到的"独生子女的平均理想子女数为 1.50,非独生子女的平均理想子女数为 1.46"的结果(丁仁船等,2007),以及两类青年选择一个孩子、两个孩子、不生孩子的各种比例分布,也仅仅只是"这一特定调查样本"的结果,只能作为我们了解苏州市城乡适龄青年生育意愿的一种十分有限的参考。因为,如果苏州 20—29 岁适龄人口总体中独生子女的比例实际上更高或者更低,或者未婚和已婚人口的比例不是 30%和 70%。那么,总体中适龄青年生育意愿的平均水平就会有所变化(笔者认为,实际总体中未婚者的比例有可能明显高于 30%,而已婚者的比例则有可能明显低于 70%。因为假设每一年龄段的人口数都相同,且青年都 25 岁左右结婚,那么,未婚者和已婚者的比例应基本相当。而一旦未婚和已婚青年的比例都为 50% 左右,那么,由于未婚者的意愿相对偏低,总体的平均理想子女数就会明显低于 1.5)。

(七)江苏 6 县市 2006 年的调查结果

江苏 6 县市的调查对象是"有当地户籍的 18—40 岁育龄妇女",研究者描述第一代独生子女生育意愿时选取的是其中 18—29 岁的对象。因此,该调查结果所依据的调查对象样本具有下列一些特定的社会特征:首先,调查地点全部为县级市和县,特别是样本中农村人口比例接近 60%。因此,虽然同样是包含城乡两类青年的调查,但是其调查样本的特征与在北京、上海这样的直辖市调查的样本特征,以及与在苏州这样的大城市调查的样本特征之间,显然是有着较大差别的。其次,该项调查的对象全部为女性,这一特征是该调查样本与其他调查样本差别最大的一个方面。因此,该项调查的结果实际上反映的只是我国"经济相对发达的东部小城市特别是农村中青年女性以及青年独生女的生育意愿"("江苏生育意愿和生育行为研究"课题组,2008;孟轲,2008)。

(八)笔者 2004 年和 2007 年的两次调查结果

笔者这两次调查的对象依然是"城市在职青年"。2004 年的调查相对于 2000 年和 2002 年调查来说,有了很大改进:一是城市样本除了考虑到直辖市、省会城市、大城市、中小城市的差别外,同时还考虑到东部、中部和西部三种不同经济发达程度的地区差别;其涉及全国12个省、直辖市和自治区中的城市的特点,使得其城市的代表性大大优于原来仅湖北一个省内城市的样本特点。二是在职青年的职业类型上也扩大到15种,覆盖的范围更广泛。但其样本存在的不足是,一方面每种职业调查对象的抽取数量没有按照该职业在总体中的比例来分配,而是无论什么职业都统一抽取10人。另一方面每个城市中所抽取的样本数量也相对偏少(只有150人)。此外,最后阶段对调查对象的抽取也没有完全做到随机。因此,该调查的结果也只能在一定程度上反映全国城市中在职青年独生子女的生育意愿状况。

笔者2007年的调查则更进了一步:除了保持2004年样本在城市抽取上的优点外,还通过按照全国城市总体中14类行业人员的实际比例来确定样本中不同职业调查对象的抽取数目(即不同职业抽取的人数不同),同时进一步扩大每个城市样本规模(200人)的方法,使得调查样本的代表性进一步提高。但由于抽样的最后阶段(即从单位中抽取个人)同样没能做到完全严格的随机,因此,该调查样本虽然比2004年的样本有较大改进,代表性程度提高,但仍不足以构成全面反映城市在职青年独生子女这一总体的严格的样本。

四、总结与讨论

通过对现有调查研究结果的系统整理和解析,我们可以得到下列结论:到目前为止的有关第一代独生子女生育意愿的调查结果,给我们所描述的是一幅杂乱的图像:他们的平均意愿生育子女数目从1到1.5,希望生育一孩的比例从最低的45%到最高的80%;期望生育两个孩子的比例从最低的15%到最高的50%;不同调查结果相互之间的差别较大。同时,通过对每一项调查的调查对象和样本结构进行解析,可以看出,现有研究都没有做到完全反映第一代独生子女这一总体所具有的生育意愿的整体状况。或者说,这些调查结果都只是在有限的程度上描述了这一总体中的一部分对象的生育意愿状况。

概括起来,可以将现有12项调查结果大体分成以下三类:

第一类是北京市的两次调查以及上海市的两次调查。这四项调查结果可以看作是对我国这两个极端特殊的城市中的第一代独生子女所具有的生育意愿的部分反映。之所以说只是部分反映，是因为一方面我们无法了解北京的两次调查样本结构中人为确定的各种比例与总体中实际的比例之间究竟相差多少，因此无法有把握地判断它对北京市第一代独生子女生育意愿的代表性大小。另一方面则是因为我们同样无法了解上海的两次调查的样本抽取情况及其样本结构，作为两项可靠程度最小的调查，其结果只能作为我们了解上海这样的直辖市青年生育意愿的一种非常有限的参考。

第二类是江苏省内的四项调查（包括南京调查、常州调查、苏州调查和6县市调查）。这四项调查结果在一定程度上可以看作是对我国经济较发达的东部地区的城乡育龄独生子女所具有的生育意愿的部分反映。由于抽样方法不随机、样本结构不合理、不清楚等原因，四项调查的结果中除了6县市调查可以在一定程度上反映"小城市特别是农村中青年女性以及青年独生女的生育意愿"外，其他几项调查的结果往往只能反映该调查样本的情况，很难推广到更大范围。

第三类是笔者2000年、2002年、2004年和2007年分别在湖北4城市以及在全国12城市的4次调查。这四项调查的对象都是城市在职青年，因而只能反映城市在职独生子女的生育意愿。但同样由于抽样方法的限制，它们也只能在一定程度上分别反映"中部地区城市主要行业在职青年独生子女，特别是未婚青年独生子女的生育意愿状况"，以及"全国城市在职独生子女的生育意愿状况"。之所以说只是在一定程度上反映，是因为四次抽样也都没能做到完全严格的、彻底的随机抽取。当然，相对而言，2007年全国12城市的调查结果的代表性会更大一些。

在对现有调查研究进行解析的基础上，笔者提出下列几个值得进一步讨论的问题：

（一）"第一代独生子女"的年龄范围

尽管目前这12项调查研究所针对的和希望描述的都是"第一代独生子女"，但应该认识到，"第一代独生子女"不是只有"终身无兄弟姐妹"这一种社会特征的一代人，它实际上是一个包含着多种不同的社会和人口特征的整体性概念。也可以说，它是一个在许多方面需要进一步明确界定的概念。而其中最重要也最需要界定的一个方面是他们的年龄范围。

所谓第一代独生子女的年龄范围，即出生在什么时期中的独生子女才是第一代独生子女？一种可接受的看法是，第一代独生子女指的是

1976—1985年这十年间出生的独生子女。因为独生子女政策虽然最早开始于1979年,但考虑到上海、北京等大城市在70年代中期实施以"一个不少,两个正好,三个多了"为内容的计划生育工作时,就产生了一定数量的独生子女,故可将这一概念的划定时间提前三年。有了这种明确的界定,实际调查和研究中就不会产生混乱。无论研究者在那个时间点开展调查研究,第一代独生子女却始终对应的是出生在这一时期之间的人。因此,如果研究者在2002年进行调查,此时合适的对象范围就应该是17—26岁左右的年轻人;而如果研究者在2006年进行调查,此时合适的对象范围就应该是21—30岁左右的年轻人了。正是因为现有一些调查研究只注意到对象当时的年龄,而忽视了第一代独生子女当时所实际对应的年龄段,导致调查对象并不完全处于这一时期中,因而其调查的结果自然也就会有所不同了。

(二)看待具体调查结果时应特别关注的两个变量

根据对前述12项调查的分析结果,笔者认为,在看待和解读青年独生子女生育意愿调查结果时,应该特别关注城乡背景和婚姻状况这两个重要变量。

第一代独生子女这一整体概念中既包含城市独生子女,也包含农村独生子女。一个客观的事实是,城市独生子女与农村独生子女在家庭结构、生活方式、社区文化等方面相差很大,他们的生育意愿也有明显的不同。因此,在讨论与第一代独生子女相关的问题时,最好对城乡独生子女进行区分和分别讨论。如果要全面反映包含城乡两类独生子女在内的第一代独生子女整体的生育意愿,就要有符合总体中城乡独生子女比例分布的随机样本。否则,调查结果就会形成很大的偏差。同时,已有的研究结果表明,独生子女的婚姻状况也是与他们的生育意愿密切相关的一个因素。相对来说,已婚青年的生育意愿明显比未婚青年要高(侯亚非等,2008a;风笑天,2009)。因此,在看待有关独生子女生育意愿的调查结果时,还要特别注意这一变量的分布情况。

由于城乡变量和婚姻状况变量对调查结果有显著的影响,因此,在看待具体调查结果时,至少要对样本中这两个变量的分布是否与总体中的比例一致给予充分的关注。比如,包含城乡两类对象的调查结果中,如果样本中城乡两部分独生子女人口的比例与实际总体中二者的比例相差较大的话,就会扭曲总体中独生子女实际的生育意愿状况。一般的规律是:

如果样本中城市独生子女比例偏大,农村独生子女比例偏小,则结果有可能低估总体中独生子女实际的生育意愿;反之,若样本中农村独生子女比例偏大,城市独生子女比例偏小,则结果有可能高估总体中独生子女实际的生育意愿。同样的,在包含未婚独生子女与已婚独生子女的调查结果中,如果样本中两部分青年的比例与实际总体中二者的比例相差较大的话,也会扭曲总体中青年实际的生育意愿状况的。这方面的一般规律是:如果样本中未婚青年比例偏大,已婚青年比例偏小,则结果有可能低估总体中青年实际的生育意愿;反之,若样本中已婚青年比例偏大,未婚青年比例偏小,则结果有可能高估总体中青年实际的生育意愿。

例如,北京 2002 年、上海 2003 年和 2006 年、南京 2002 年、常州 2004 年、江苏 2006 年,以及苏州 2007 年[①]这 7 项调查都包含城乡两部分对象;而北京 2006 年、湖北 2000 年和 2002 年、全国 12 城市 2004 年和 2007 年这 5 项调查则只包含城市在职独生子女。这两类不同的样本特征带来了意愿生育数量的差别:城乡独生子女样本调查结果中,平均意愿生育数量的变化范围在 1—1.5(进一步区分可以发现,早期北京、上海和南京的调查,其结果集中在 1—1.2 之间,近期江苏和苏州的调查结果却集中在 1.4—1.5 之间,呈现出两个极端的现象)。而城市在职独生子女调查结果中,所有的平均意愿生育数量大体都处于 1.2—1.4 之间,即处于中间状态。为什么会如此呢?

笔者认为,北京、上海、南京三市调查结果处在 1—1.2 之间,在一定程度上反映出北京、上海、南京这样的现代化大都市中独生子女的生育意愿非常低;其中北京第二次调查结果高于第一次,主要原因是第二次调查样本中加大了已婚对象的结果(上海市第二次调查结果为什么会显著高于第一次,目前则无法判断和解释。因为上海调查只是简单地在报纸上作为新闻报道发表,缺乏学术研究中对调查方法和样本基本情况的详细介绍,因而难以解析和评价其结果所反映的范围)。至于近期江苏和苏州调查结果为什么高于以城市在职青年为对象的调查结果,笔者分析主要是城乡变量在起作用:一般来说,农村对象的生育意愿普遍高于城市对象。因而包含农村独生子女在内的生育意愿调查,其结果往往会比仅包

---

① 苏州调查报告中并没有明确地说明调查对象是否包含城乡人口,但从其全文其他部分的分析和讨论中,以及从其平均理想子女数目的较高水平中,笔者判断其样本中是包括城乡两部分对象的。

含城市独生子女的调查结果要高。

这种样本结构变化导致调查结果变化的现象也可以从两次调查结果的不一致甚至是矛盾中看到。比如,北京 2002 年调查包含农村青年,其平均意愿生育数量照说应该相对较高,而北京 2006 年调查仅包含城区青年,其平均意愿生育数量应该相对较低。但调查结果恰恰相反:2006 年调查中,期望生育一孩的比例低于 2002 年调查的 12% 左右,而期望生育二孩及以上的比例则反过来高于 2002 年调查的 13% 左右。如何来解读这种看似不合逻辑的结果呢?究竟是青年的意愿生育数量提高了,还是存在其他的原因?

实际上,当我们仔细分析两次调查的样本构成,这种看似矛盾的结果就不奇怪了。2002 年调查中,样本年龄结构相对年轻,未婚者比例很大(68.6%),而 2006 年调查中,由于研究者"加大了已婚独生子女的样本比例,这使得 2006 年调查样本中 25 岁以上高年龄段独生子女增多、已婚者增多、双独家庭增多"(侯亚非等,2008b)。此时未婚者的比例仅为 46.1%,比 2002 年下降了 22.5%。因此,2006 年调查的结果更多地偏向于反映已婚独生子女的生育意愿,而不是正常结构的独生子女总体的生育意愿。由于已婚者的意愿生育数量普遍高于未婚者,因此,当 2006 年调查样本增加了已婚对象,其结果中期望生两个及以上孩子的比例就提高了,平均意愿生育数量也提高了。正是由于婚姻状况变量上的变化,两次调查得出了不同的结果。

(三)不同调查结果比较的前提

对同一现象的研究所产生的多个不同的结果,往往会成为研究者进行比较的对象。一般来说,无论是结果之间的一致性,还是结果之间的差异性,都有助于研究者发现这一现象的一般性规律。但是,值得注意的是,在对有关第一代独生子女生育意愿的不同调查结果进行这种比较时,一个基本的前提是不同研究中的调查对象和样本之间具有可比性。如果缺乏这种前提,不同结果之间的比较不仅不利于发现一般规律,相反还会误导研究者。就本文所讨论的这 12 项调查来说,就存在这样的问题。由于 12 项调查的对象和样本特征各不相同,不具备可比性,因此,要在总体上对它们得到的结果进行比较是不妥当的。即使是对其中具有纵贯特征的北京两次调查、上海两次调查,以及笔者的四次调查分别进行比较,实际上也存在问题。也会由于前后两次(或几次)调查对象和样本结构的差异的大小而可行或不可行。

比如,北京两次调查的对象不完全相同:前者包含独生子女与非独生子女,后者仅包含独生子女;即使都只用独生子女对象,两次调查的样本结构也有较大差异:前者包含城区、郊县、农村三部分独生子女,而后者仅包含城区的独生子女。同时,前者以未婚青年为主,后者以已婚青年为主。所以,二者基本上不能进行比较。上海两次调查的对象也不一样:前者为城乡青年,后者为城乡独生子女;同时,由于其样本结构不详而无法了解还有哪些差异。笔者四次调查的对象虽然都相同,但前面两次调查的地点与后面两次调查的地点相差较大,样本的结构(主要是不同职业调查对象的比例以及对象的年龄结构)也相差较大,不好进行比较;只有前面两次调查之间,以及后面两次调查之间进行比较的可行性相对大一些。但即使如此,也应该注意到两次调查样本之间的各种差别及其对结果的影响。

笔者最后认为,由于"第一代独生子女"这一特定总体在定义和边界划分上的困难性,特别是由于实际调查中抽样框的不可得性,使得现实中的每一项具体调查都只能是对这一总体中的"一部分对象"的反映。因此,只有弄清楚每一项调查所真正反映的对象及其范围,才能避免以偏概全和产生误解,获得对第一代独生子女生育意愿的实际了解。而从现有的调查来看,不同的调查在调查对象和抽样方法等方面相差很大,所以其得到的结果相互之间差别也很大,因此,我们实际上对这一代独生子女所具有的生育意愿的整体了解还很不全面。要真正弄清楚他们生育意愿的状况,显然还需要更为严格、更为广泛的调查研究。

参考文献

陈青:《申城面临生育小高峰》,《文汇报》2006年10月19日。

丁仁船等:《独生子女比例、婚育意愿变动对未来政策生育率的影响》,《南方人口》2007年第3期。

风笑天:《城市青年的生育意愿:现状与比较分析》,《江苏社会科学》2004年第4期。

风笑天:《青年特征与生育意愿——全国12城市1786名在职青年的调查分析》,《江苏行政学院学报》2009年第4期。

侯亚非:《北京市独生子女生育意愿调查分析》,《北京社会科学》2003年第3期。

侯亚非等:《北京城市独生子女生育意愿研究》,《北京社会科学》2008年第1期。

侯亚非等:《北京城市女性独生子女生育意愿和生育行为研究》,《人口与发展》2008年第1期。

"江苏生育意愿和生育行为研究"课题组:《低生育水平下的生育意愿研究》,《江苏社会科学》2008年第2期。

姜玉等:《第一代独生子女婚姻生育选择及对未来人口和家庭结构的影响》,《青年研究》2009年第2期。

李嘉岩:《北京市独生子女生育意愿调查》,《中国人口科学》2003年第4期。

马小红等:《北京市独生子女及"双独"家庭生育意愿及变化》,《人口与经济》2008年第1期。

孟轲:《独生子女和非独生子女生育意愿差异的比较研究——基于江苏省生育意愿和生育行为调查》,《南方人口》2008年第4期。

上海市计生委:《上海对18—30岁人群调查显示年轻人生育意愿逐步下降》,《文汇报》2003年11月18日。

尹勤等:《常州市育龄人群生育意愿及影响因素》,《南京人口管理干部学院学报》2006年第2期。

尹勤等:《南京市青年生育意愿调查分析》,《西北人口》2005年第2期。

我国大学生就业研究的现状与问题[*]
——以 30 项重点经验研究为例

一、大学生就业研究的发展趋势和特点

青年的就业问题一直是我国社会中一个重要的社会问题。而最近十几年来,作为青年一部分的大学生的就业问题,则越来越成为整个社会关注的焦点,成为我国社会中越来越突出的重大问题之一。造成这一现象的一个重要的原因,或许与 1999 年开始的中国高校扩招有关。随着大学毕业生就业问题的凸现,我国学术界对大学生就业问题的研究也在急剧增长。笔者对中国学术期刊网(CNKI)的检索表明,学术界对大学生就业/

---

[*] 本文原刊于《南京大学学报》2014 年第 1 期。

择业问题的关注远远超过对一般意义上的青年就业/择业问题的关注。特别是2000年以来的十多年中,对大学生就业/择业问题的研究更是不成比例地高于对青年就业/择业问题的研究,同时也显著高于前二十年的大学生就业研究。比如,标题含有"大学生就业"的论文高达9781篇,是前二十年同类论文总数的87倍多(详见表1)。进一步统计则表明,近十年中关于大学生就业的论文数量本身,也呈现出逐年增加的趋势,特别是最近三年中的增加尤为突出,详情可见下列表2和图1。

表1　中国学术期刊网在不同时期中包含四种不同主题词的论文数量　(篇)

发表时期	题目包含的主题词			
	青年择业	青年就业	大学生择业	大学生就业
1979—1999	17	64	136	112
2000—2011	8	170	762	9781

注:检索日期2012年7月25日,下同。

表2　2000—2011年间题目包含"大学生就业"主题词的论文数量

年份	论文篇数	占总体百分比	累计百分比
2000	63	0.6	0.6
2001	61	0.6	1.2
2002	114	1.2	2.4
2003	218	2.2	4.6
2004	378	3.9	8.5
2005	507	5.2	13.7
2006	655	6.7	20.4
2007	971	9.9	30.4
2008	1051	10.7	41.1
2009	1820	18.6	59.7
2010	2088	21.3	81.0
2011	1855	19.0	100.0
总计	9781		100

表1揭示出,现有研究基本上都是以大学生作为研究对象来探讨他们的就业问题的。表2则说明,从目前情况看,有关大学生就业问题的研究95%以上都出现在2003年以后(这或许可以看成是1999年大学扩招以来大学毕业生数量急剧增加所带来的一个反映)。而其中60%的研究又出现在最近三年,这一情况则暗示着当前大学毕业生的就业问题业已

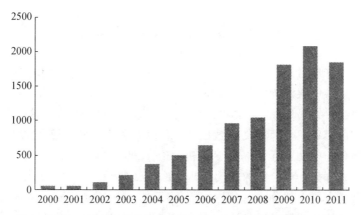

图1 2000—2011年间题目包含"大学生就业"主题词的论文数量

成为我国社会必须认真面对和妥善解决的重要社会问题。

喻名峰等曾对近十年大学生就业问题的研究进行了回顾,他们从大学生"就业难"、大学生就业的影响因素、大学生就业质量、大学生就业诚信、大学生就业教育、大学生就业指导六个方面对这十年来的大学生就业研究成果进行了总结,并在此基础上对今后需要进一步探讨的问题进行了分析(喻名峰等,2012)。但是该文对大学生就业领域的回顾和评述存在两个方面的不足:一是其评述的主要是一般论述性文章,而不是经验性研究论文。其所列举的48篇文献中,超过四分之三(37篇)都是一般论述性文章,经验性研究论文则不足四分之一(仅11篇)。二是该文忽略了该领域中一批非常重要的经验性研究论文。除了该文作者自己的4篇经验研究论文外,该领域中成果最多、研究最为系统、成果最重要几个研究团队根据一批国家社会科学基金、国家自然科学基金、国家教育科学研究基金等课题研究项目所形成的20篇经验研究成果竟然一篇都没有被其回顾和评论。作为一篇综述性文章,这可以说是该文最大的缺陷。因此,该文对大学生就业领域的回顾并不能很好反映该领域的研究状况,特别是不能反映该领域中众多经验性研究的状况。正是在这一背景下,本文希望对这一领域中最重要的经验研究文献[①]进行系统评述,并在此基础上提出笔者对该研究领域中某些重要问题的思考和认识。以促进这一领域研究的更好发展。

---

① 本文所说的经验研究文献,指的是通过收集和分析经验数据所进行的研究,一般理论性分析和论述的文章不在这一范围之内。

二、30 篇重要研究文献的选择及综述

为更好地对大学生就业领域的文献进行评述，笔者在 CNKI 中进一步将搜索条件限定为"核心期刊"、时间范围限定为"2003 年—2012 年"进行搜索。结果显示，论文题目中包含"大学生就业"的文献只有 1672 篇。约占十年间全部论文总数的 1/6。说明大学生就业研究领域中，非核心期刊的论文远远多于核心期刊的论文，也可以说学术性不强的论文占了绝大部分。对论文的阅读发现，在 1672 篇论文中，一般性的理论论述文章又占了大部分，真正通过收集经验资料进行实证研究的论文只是很小的一部分。笔者通过进一步检索和反复阅读分析，从近十年核心刊物发表的经验研究论文中，依据研究的学术性和重要性，选择了最为重要的 30 篇经验研究论文作为分析的样本。

笔者判断研究的学术性和重要性的依据主要有三方面：一是看论文发表的期刊的学术层次；二是看论文的作者所在的专业机构及其学术职称；三是看论文所属的课题项目和课题团队；正是依据这三条标准，笔者选择了这一领域中最为重要的一批经验研究。这些研究中一大半都是国家社会科学基金重点项目、国家社科基金一般项目、国家自然科学基金项目、国家教育科学研究规划项目、教育部重点研究基地项目、各省市或学校社科基金项目等的成果。其中最重要的五大研究团队及其发表的经验研究论文如下（他们发表的非经验性研究的论文没有统计在内）：(1) 北京大学教育学院课题组（闵维方、岳昌君等，发表 10 篇）；(2) 北京师范大学经济与工商管理学院课题组（赖德胜等，发表 3 篇）；(3) 湖南大学经贸学院经济系课题组（胡永远等，发表 3 篇）；(4) 湖南师范大学社会学系课题组（陈成文等，发表 4 篇）；(5) 中国青年政治学院经济系课题组（黄敬宝，发表 4 篇）。可以说，这五大研究团队及其发表的 24 篇重点论文构成了目前国内大学生就业研究领域中最重要的研究力量和最主要的经验研究成果。此外，还有 6 篇其他研究者的单篇经验研究论文也比较重要，这样总共形成了 30 篇重点研究文献。①

这里先对这 30 项重要经验研究的基本情况及其主要结论作一简要综述：

---

① 30 篇文献的目录见文后参考文献。

北京大学教育学院课题组分别于2003年、2005年、2007年、2009年、2011年在全国范围的高校中进行了5次大学毕业生就业问题的调查研究，形成了10篇经验研究的论文。从调查的范围以及样本规模来说，这5项研究都是最大的。从研究成果来说，则是最集中和最系统的。纵观这10篇论文，几乎无一例外地都是围绕着下列两个主题（或其中之一）进行的：一是通过对调查数据的分析，详细描述大学生求职及就业的基本状况，包括就业落实情况、起薪分布、就业地点分布、就业单位分布、就业影响因素、择业意向、择业过程及结果等。二是用多元回归分析的方法探讨影响大学生就业成功与否的因素，以及探讨影响大学生起薪水平高低的因素。课题研究的主要结论包括"个人素质是决定求职成败和收入水平的关键因素""家庭经济条件和社会关系网络在毕业生求职过程中起的作用越来越明显""学历越高，就业状况越好，但是学历层次之间的差距逐步缩小""离工作越'近'的因素对就业的影响越大"等（岳昌君等，2004；闵维方等，2006；阎凤桥等，2008；岳昌君，2008；岳昌君等，2008；李炜等，2009；岳昌君，2009；杜桂英等，2010；岳昌君，2012；岳昌君等，2012）。

北京师范大学经济与工商管理学院课题组分别于2002年（此次调查情况缺乏介绍）和2009年对全国13个省区市的42所高校的应届大学毕业生进行了调查，发表了3篇经验研究论文。这些论文的研究主题集中于对人力资本和社会资本在大学生就业中的作用的探讨上，特别是赖德胜等人利用2009年数据，对大学生就业过程中人力资本和社会资本二者作用的机制、二者之间究竟是替代关系还是互补关系等等，进行了十分详尽的探讨，得出了"社会资本水平越高的大学毕业生推迟就业的可能性越大，更愿意选择企业单位就业，期望的月薪起点越高，求职信心也越强"，"在提高顺利就业概率方面，人力资本和社会资本都不可或缺，决定大学毕业生起薪水平的因素是人力资本，决定能否进入国有部门工作的因素是社会资本"；"在获取就业机会和起薪决定方面，二者存在替代关系；在决定能否进入国有部门工作方面，二者具有较强的互补关系"等相关结论（郑洁，2004；赖德胜等，2012；苏丽锋等，2012）。

湖南大学经济系课题组分别于2005年和2008年在全国多个省市的30余所高校中进行了两次大规模调查。研究者利用这些数据发表了3篇相关的经验研究论文。这些论文探讨的主题分别是个人社会资本对大学生就业的影响、大学毕业生失业持续时间的性别差异分析，以及个性特征对大学生就业的影响等。研究得出结论认为,"学生自身社会资本因素无助于劳动力市场效率的改进""非社会资本因素是影响就业和初始工资的决定性因素""毕业生的失业持续时间存在显著的性别差异,女大学生要经历较长的失业持续时间才能够脱离失业",而"大学生良好的个性特征,有助于提高就业概率和初始工资"(胡永远等,2007;胡永远等,2009;胡永远等,2011)。

湖南师范大学社会学系课题组前后共进行了4次调查,分别探讨了4个方面的主题。2003年对湖北、湖南4个城市14所高校进行的调查,主要探讨了社会资本与大学生就业的关系;2004年对中南地区4所高校的大学毕业生进行了调查,则探讨了人力资本与大学生就业的关系;2007年对长沙5所高校的大学毕业生进行了调查,探讨的是择业观念对大学生就业的影响;而2009年对长沙5所高校的大学毕业生所进行的调查,探讨的是就业储备对大学生就业的影响。研究得出的主要结论包括"社会资本对促进大学毕业生就业具有十分重要的作用","大学毕业生人力资本诸要素对其职业地位获得机会与职业地位获得质量的影响不同。外貌条件、所学专业只对大学毕业生地位获得机会有显著影响;而工作经历、工作能力对大学毕业生的职业地位获得机会和获得质量均有显著影响","择业观念是影响大学毕业生就业的一个重要因素","职业技能、兼职情况、自我调适技能、学习成绩及人际交往能力五个因素对大学毕业生是否获得就业机会有着显著的影响"等(陈成文等,2004a;陈成文等,2004b;陈成文等,2008;陈成文等,2009)。

中国青年政治学院经济系课题组分别于2008年和2010年对北京多所高校进行了调查,发表了4篇经验研究论文。其中两篇集中探讨人力资本与大学生就业之间的关系,但却得出了"大学生的人力资本存量及其实现程度对于就业结果具有决定性影响",以及大学生的"综合素质作为人力资本的核心体验,总体上不能提高就业概率"的矛盾结果(黄敬宝,2010;黄敬宝,2012a);课题组的另外两篇论文则探讨的是人力资本和社会资本对大学生就业以及就业质量的影响问题,得出了"人力资本和社会资本都影响大学生就业,当就业形势不好时,社会资本的作用强于人力资本""人力资本和社会资本是导致大学生就业质量差异的两个重要因素""人力资本仍起主导作用,而社会资本的影响也不可小视"等结论(黄敬宝,2009;黄敬宝,2012b)。

除这几个课题组外,陈海平等在2004年、郑晓涛等在2006年、谢勇等在 2008 年、秦永等在 2009 年、刘丽平等在 2009 年、陈宏军等在 2010 年分别在不同的高校开展了大学生就业问题的调查研究,这些研究的主题内容也几乎全部都集中在探讨人力资本、社会资本与大学生就业之间的关系上。研究得出了"人力资本是高校毕业生就业的决定性因素""网络内弱联系越多,越可能通过关系来获取工作;而人力资本的质量不影响工作获取方式""人力资本因素与大学生的就业概率、起薪水平之间均存在着非常显著的正相关关系,但是对于大学生能否进入政府机关、事业单位等公共部门就业却没有显著影响""社会资本与大学生的就业概率之间没有显著关系,但对于大学生进入公共部门内就业具有重要作用""农村背景的大学毕业生比城镇背景的大学毕业生就业概率低。因此,应当鼓励个人利用社会资本求职,但也要推动企业建立公平的招聘制度以克服社会资本的消极影响""就业能力在大学毕业生就业中占有重要地位""社会资本已成为影响大学毕业生求职的显性因素"等一系列不大相同的结论(陈海平等,2005;郑晓涛等,2006;谢勇等,2009;刘丽平等,2010;陈宏军等,2011;秦永等,2011)。

纵观这 30 篇研究论文,可以看出,这些论文在研究主题上主要分为两个大的部分:一是有关大学生就业状况、就业质量、就业效率、择业机会等方面的描述以及对大学生就业的影响因素的分析(这方面以北京大学教育学院课题组的研究论文为代表,包括湖南师大以及湖南大学课题组的一部分论文等,共 16 篇);二是有关人力资本、社会资本与大学生就业之间的关系探讨(这方面以北师大课题组、中国青年政治学院课题组及湖南师大课题组的一部分论文为代表,还包括另外 5 篇单独的论文,共 14 篇)。

在研究方法上,这些研究全部都采用了调查研究的方式来收集数据资料,然后进行定量的统计分析。30 篇论文总共来源于 21 项调查研究项目。其中五大研究团队的调查研究还具有连续多次调查、前后结果相互进行比较分析的特征。比如,北京大学课题组的 5 次调查每两年一次,前后跨越 8 年时间;湖南师大课题组的 4 次调查,前后跨越 6 年时间;北师大课题组前后 2 次调查,跨越 7 年时间;湖南大学课题组前后 2 次调查,跨越 3 年时间;中国青年政治学院课题组前后 2 次调查,跨越 2 年时间等。这些调查积累了大量原始资料,为全面了解和分析大学生就业问题提供了较好的基础。

三、当前大学生就业研究中几个值得探讨的问题

通过对这 30 篇研究论文的解析,笔者感到有以下几个方面的问题值得进一步讨论。

(一)研究对象的特征及其可能的局限

这 30 篇关于大学生就业问题的经验研究文献有一个共同的特点(实际上几乎所有大学生就业问题的经验研究都具有这一特点),这就是它们的研究对象基本上都是应届大学毕业生,而这些研究展开实地调查的时间也往往是在当年毕业生毕业前的 4—7 月之间。虽然从实际研究的可行性出发,这是一种常见的选择。但这一情况在客观上会导致下列结果:即这些研究所调查的对象往往尚未毕业或刚刚毕业,其中一部分可能刚刚找到工作、一部分可能刚刚签约、一部分可能刚刚面试结束正在等待签约,还有一部分则还在寻找工作等等。换句话说,现有研究的调查对象往往正处在就业的过程中,就业对他们中的许多人来说还是"未来时"或"正在进行时",而不是"现在完成时"。在调查时真正实现就业的只是样本中的一部分。许多调查的实际结果也证明了这一点:

比如,胡永远等人对 3191 名大学毕业生的调查表明,已签约的只占 31%,自主创业的 14%,出国或继续深造的占 17%,尚未找到接收单位的占 24%,其他情况的占 15%(胡永远等,2007)。这一结果表明,大约有 40% 的调查对象的就业情况无法了解。黄敬宝的调查结果也表明,在所调查的 1412 位毕业生中,真正实现了就业的毕业生共 374 人,只占调查样本的 26.5%(黄敬宝,2012);他的另一项调查同样表明,在调查回收的 1749 份有效问卷中,"积极寻找工作的"毕业生只占 47%,而这部分人中已找到工作的比例就更低(黄敬宝,2010);郑洁的调查结果也表明,所调查的 375 个毕业生中,只有 199 个(占 54%)打算就业,而这 199 人中,已落实单位的仅 85 人(占 42%)。这样看来,实际已落实单位的毕业生只占全部调查对象的 23% 左右(郑洁,2004)。而根据北京大学教育学院课题组连续 5 次调查的结果,"高校学生毕业时'已确定单位'的比例在 40% 上下浮动",而"待就业"的比例则始终在 20%—35% 之间(岳昌君,2012)。

正因为研究者在调查时,有相当一部分的被调查对象还没有正式就业,更准确地说,还处在择业和求职的过程中。因此,依据调查结果所得

出的结论只是对作为整体的大学生就业过程和就业状况来说的一种"阶段性"反映。特别是在进行有关大学生就业成功与否影响因素的分析,以及大学生人力资本、社会资本与大学生就业成功与否、就业质量高低的分析方面,研究者尤其应该慎重。因为此时所得出的各种"影响因素"以及人力资本和社会资本的"作用状况",实际上很可能只是对大学生就业过程"某一阶段"的状况成立,因为此时作为分析中因变量的一种结果的"未就业",并不意味着与另一结果"已就业"相对应的"就业失败",更不意味着"不能就业"。也许只有当所有的毕业生都完成了就业的过程后,再来探讨和分析就业的影响因素,特别是探讨和分析人力资本、社会资本因素的作用大小等问题才会更加合适,研究所得出的结论也才会更加全面准确。

(二)研究工具的借鉴与研究结果的累积性

正如前面文献综述中所指出的,现有研究基本上都集中在"大学生就业现状及就业成功相关因素分析""人力资本、社会资本与大学生就业成功与否(或就业质量高低)的关系"两大类问题上。但是,比较遗憾的是,许多研究的开展并没有建立在很好回顾前人研究的状况的基础上,不同的研究相互之间没有很好地借鉴与参考,因而研究工具各不相同,研究结果也缺乏累积性和可比性。比如,众多研究都探讨了人力资本、社会资本与大学生就业的关系,但能够借鉴前人方法和测量指标的比较少。无论是人力资本的测量指标,还是社会资本的测量指标,现有研究之间的差别都比较大,详情可见表3。

表3 现有研究中对人力资本和社会资本的测量指标

	人力资本指标	社会资本指标
郑洁		父亲职业;母亲职业;父亲文化程度;母亲文化程度;家庭收入
闫凤桥等		你认为你的家庭社会联系是否广泛? 你认为你个人的社会联系是否广泛? 参与各类社团组织和拥有成员资格的数量
秦永等		父母的最高职务;父母的最高受教育水平;是否党员
谢勇等	学习成绩;学校的声望;专业类别;专业对口情况	家庭收入;家庭所在地;人情支出;就业信息获取渠道
郑晓涛等	是否参加党团组织、学生会、班委会、社团或协会	个人讨论网

(续表)

	人力资本指标	社会资本指标
陈海平	教育程度;学校等级;资格证书;个人素质;健康状况	春节拜年网
陈宏军等		网络规模;网络差异;网络顶端;父母社会地位;亲属社会地位;关键人社会地位;与关键人熟悉程度;与关键人联系频率;关键人数量
黄敬宝	高校;学科专业;政治面貌;成绩;英语;计算机;其他证书;发表论文;干部;实习;奖学金	生源地;城乡分布;父母职业;家庭收入;利用社会关系;性别
陈成文等	学习成绩;专业;工作经历;工作能力;应聘技巧;政治面貌;学校;生源地;外貌;性别	学校就业指导中心;父母社会地位;亲戚的社会地位;网络规模
胡永远等		学校类型;党员;学生干部;家庭所在地;父母最高文化程度;父亲工作性质
赖德胜等	学习成绩;英语四级;英语六级;专业英语;托福等英语;职业资格证书;党员;学生干部;奖学金;兼职	社会关系规模;联系强度;亲近程度;帮助者职位;帮助力度

从表3中可以看出,不同研究者在测量同一个变量时,所采用的指标不仅没有完全相同的,有的相互之间差别还相当大。正是由于这些研究相互之间缺乏比较和借鉴,结果造成同样的研究所用的测量指标各不相同。它在一定程度上反映出一些研究者往往是申请到课题后自己做自己的,不注意系统回顾和了解同一领域中前人研究的状况。这样造成的结果是,各项研究所得出的不同结果无法与前人结果进行比较和鉴别。研究者的研究结论也自然就变成自说自话了。这一状况对于促进大学生就业研究领域的提高和发展来说,显然是一个很大的障碍,值得今后的研究注意。

（三）样本的结构与调查结果的可比性

正如前面所介绍的,现有很多研究都注意到了在不同年份进行多次调查,以便发现大学生就业状况的发展趋势。特别是北京大学课题组每两年进行一次的大学生就业调查(其他4个团队也分别进行过至少两次调查),积累了非常丰富和宝贵的资料。研究者也充分利用这种资料进行了大学生就业趋势的研究和对比研究,得出了"家庭经济条件和社会关系网络在毕业生求职过程中起的作用越来越明显""高校毕业生的落实率呈现上升趋势,但是单位就业的比例下降""学历和学校声望对毕业生就业和起薪的影响程度明显降低""以收入衡量的就业质量呈现下降趋势"等一系列结论(闵维方等,2006;岳昌君等,2008;李炜等,2009;岳昌君,2012)。但是,笔者认为在进行这种对比分析和趋势研究的时候,要特别注意样本的结构与可比性的问题。例如,在北京大学的5次调查中,样本的结构实际上存在着很大的差异,详见表4①:

表4 五次调查的样本数据说明

	2003年	2005年	2007年	2009年	2011年
东部高校(所)	16	14	17	21	10
中部高校(所)	8	9	9	5	9
西部高校(所)	21	11	2	3	11
"985"高校(所)	4	5	3	3	3
"211"高校(所)	8	4	1	6	4
一般本科院校(所)	16	19	11	14	9
高职大专院校(所)	15	3	8	5	7
民办高校(所)	2	1	3	0	4
独立学院(所)	0	2	2	1	3
专科生(%)	39.3	16.6	38.5	26.3	38.9
本科生(%)	57.0	78.5	53.9	61.9	55.3
硕士生(%)	3.0	4.1	6.6	11.2	5.5
博士生(%)	0.6	0.7	1.0	0.6	0.3
样本学校数(所)	45	34	28	29	30
样本学生数(人)	18723	21220	16388	21753	19768

从表4中可以看出,尽管从样本学校数和样本学生数来看,似乎比较接近。但是,无论是学校的地区分布,还是学校的类型分布,或是学生的层次分布,在5次调查中,完全没有相同的比例结构。有些方面还相差非常大。比如,学校的地区分布中,不同年份调查中的数量相差两倍到十倍之多;学校类型分布中,同样没有两次调查在结构和比例上是完全一致

---

① 见岳昌君,2012,摘自文中表1。

的。而所有这些差别都会导致在不同年份的调查样本中,被调查学生的构成成分大不一样。正如该研究的研究者在论文中所指出的,"2003年的调查中,西部地区负责调查的研究人员增加了该地区的高校数量,使得西部高校的数量相对较多。在 2005 年的调查中,一些高职大专院校的学生因为实习离开校园,未能完成调查任务,使得样本中高职大专院校的数量偏少,同时也使得专科生的比例偏低。在 2007 年和 2009 年的调查中,一些西部地区的高校未能完成调查任务,使得西部高校的数量偏少"(岳昌君,2012)。正是不同年份实际调查样本抽取中的种种不同,使得每次调查的样本结构并不一致。而这种样本结构不一致的后果将导致调查的结果相互之间不能不加处理就直接进行对比,因为这种对比得到的各种"差别""特征",实际上是样本结构的一种反映。而多次调查结果中所表现出来的变化,也是多个样本结构不同的一种体现。研究者也不能根据这种不可比较的结果去总结大学生就业变化的各种趋势。

(四)调查的样本规模与实际统计分析用到的样本规模

正是由于前述第一点的影响,现有研究中一个比较普遍的问题是调查抽取的样本规模与实际分析的样本之间的差距很大,导致研究结论所依据的样本实际上并不能很好代表抽样的总体。例如:湖南大学经济系课题组 2005 年在湖南、江西、广西等地 30 余所高校的调查,发出问卷 7000 份,收回有效问卷只有 3357 份,有效回收率只有 48%。而研究者调查时,大学毕业生中存在五种情况,即已签约或准备签约、自主创业、升学或出国、尚未找到工作、其他。研究者在研究中去掉了不符合要求的"自主创业、升学或出国、其他"三类后,剩下用于实际统计分析的样本规模仅为 1729 份,不足总样本规模的 25%(胡永远等,2009);类似的,该课题组在关于大学生失业持续时间的研究中,实际研究的对象规模只有 927 份,其比例只占总样本规模 7000 人的 13%(胡永远等,2009);同样的,该课题组在 2008 年对湖南、湖北、河南等 12 省 30 余所高校进行的调查中,发出问卷 4000 份,收回有效问卷 2900 份,同样去掉不符合要求的三类对象后,剩下用于实际统计分析的样本规模也只有 1962 份,不足总样本规模的一半(胡永远等,2011);中青院经济系课题组 2008 年的调查收回问卷 1844 份(发出的数目未报告)而其最终研究的样本数目为 821 人,也只占收回问卷数的 45%(如果按发出的问卷数计算,这一比例会更低)(黄敬宝,2010);该课题组 2010 年调查中收回有效问卷 1412 份(同样未报告发出数目),其最终研究的样本规模则只有374人,仅占收回问卷数的26.5%(黄敬宝,2012);类似这样不足样本规模50%的研究结果,要很好反映大学生总体就业状况、有效地分析影响大学生就业的各种因素,显然也存在着一定的局限性。

除了实际分析的样本规模较小外,许多调查中还存在着缺少发出的问卷数目的信息。这些调查虽然在统计分析时用到的样本规模足够大,但由于研究者并没有报告他们实际发出了多少份问卷,因此,这种"足够大"的样本规模并不是调查结果具有充分代表性的保证。比如,北京大学教育学院课题组的5次调查,研究者在报告中的陈述分别是:"每所高校根据毕业生学科和学历层次按一定比例发放大约600份问卷……调查共回收有效问卷18722份"(2003年调查,见岳昌君等,2004);"每所高校根据毕业生学科和学历层次按一定比例发放1000份问卷。调查共回收有效问卷16388份"(2005年调查,见闵维方等,2006);"每所高校根据毕业生学科和学历层次按一定比例发放500—1000份问卷。调查共回收有效问卷21220份"(2007年调查,见岳昌君,2008);"每所高校根据毕业生学科和学历层次按一定比例发放500—1000份问卷。调查共回收有效问卷21753份"(2009年调查,见杜桂英等,2010);"每所高校根据毕业生学科和学历层次按一定比例发放500—1000份问卷……最终有效样本为19632份"(2011年调查,见岳昌君等,2012)。但是,每次调查中实际发出了多少份问卷并不清楚,如果按最大值计算,5次调查有效样本的百分比分别只有69%、62%、59%、75%、66%。总的平均为66%。即大体上只有三分之二的有效回收率。明白了这一点,我们才能更加实事求是地看待这五次调查的结果及其推广应用的范围。

最后,现有经验研究中还有一个较大的问题是一些调查的样本规模偏小,很多研究的调查对象人数往往仅在200—400之间(郑洁,2004;陈成文等,2004a;陈海平,2005;郑晓涛等,2006;陈成文等,2008;;陈成文等,2009 刘丽玲等,2010;陈宏军等,2011;秦永等,2011),因而其研究结果对全面地反映大学生的整体就业状况来说也会存在一定的局限。

四、促进大学生就业研究更好发展的几点建议

针对目前大学生就业研究领域中存在的上述问题,笔者尝试提出以下几点改进的思路和建议,以期促进这方面研究更加深入地开展,更好地

为探索、研究和解决大学生就业问题提供科学的参考。

首先,在现有大量研究所开展的对即将毕业的大学生进行调查研究的基础上,积极设计和开展对已经就业一段时期的大学毕业生进行调查研究,以弥补现有研究中对"已经完成择业""已经实现就业"的大学毕业生进行调查研究方面所存在的不足。比如,在调查即将毕业的大学生的同时,对已经就业一年、三年甚至更长时间的大学毕业生进行同样的调查,并将对他们调查的结果与对即将毕业的大学生调查结果进行对比分析。这样的研究对于我们更深入地认识和分析大学生就业的影响因素、更深入地探讨人力资本、社会资本等因素在这一过程中的作用大小、更全面地掌握市场经济条件下我国大学生的就业途径、发展趋势和客观规律等问题或许会更加合适,研究所得出的结论也才会更加全面准确,对现实问题的解决也才更有价值。

其次,在对大学生择业问题进行经验研究时,一定要认真做好文献回顾的工作。要把自己的研究放到前人研究的基础之上。大学毕业生年年都会有,大学生择业问题也会不断地被不同的研究者所关注和探讨。但是,要使新的研究具有意义和价值,一个重要的前提,就是要在前人研究的基础上有所创新。即要使自己的研究成为对前人研究的某种改进、扩展、补充或修正,即成为在前人研究基础上所进行的新的探索,而不能只是成为在不同时间、不同地点的简单重复。对于那些关注同一理论概念、使用同一变量开展的研究,更是应该在研究之初就对现有研究中所使用的这些概念和变量的内涵、界定方式、操作化指标等进行全面的回顾、分析和比较,尽可能采用前人研究中经典的、有价值的界定,以保证自己的研究与这些同类研究之间的可比性,保证新的研究与前人研究之间进行理论对话的可能性。这样才能不断推动这一研究领域的进步和发展。

再次,在研究设计上,除了采取现有的各种不同时间、不同地点的大量横剖调查设计外,还应该像现有研究中一些课题组那样进行多次的、纵贯性质的调查,甚至是进行研究设计更为严格的(当然实施起来也是更为困难的)追踪调查。横剖调查的一次性特征,在很多方面限制了研究者对因果关系的分析和探讨。而纵贯的调查结果不仅能有效地提升调查研究方法对因果关系的分析能力,同时还能对大学生就业现象及其相关因素的发展过程、变化趋势和变迁特征提供清晰的证据。只是需要注意一个关键的方面,就是这种多次的、纵贯的调查的样本结构应该尽可能做到相同或相似,以便于进行纵向的比较和分析。

最后,在兼顾到调查对象覆盖范围的前提下,尽可能努力提高和保证调查的有效回收率。在这方面的一个常见偏误是,研究者往往只看到收回的调查问卷数目很大,比如好几千,甚至上万。而忽视了检查和评价调查的回收率(特别是有效回收率)。应该认识到,调查样本的绝对数量并不是样本代表性的衡量指标;只有抽样方法的随机性、科学性,以及调查样本的回收率,才是衡量样本代表性的关键指标。如果由于客观条件的限制,研究者难以在两个方面同时兼顾时,笔者建议,宁可适当牺牲调查的样本规模和样本范围,也要保证调查的回收率达到一个比较好的程度。只有这样,调查得到的结果才有可能更加接近客观现实。

参考文献

陈成文、胡桂英:《择业观念对大学毕业生就业的影响——基于2007届大学毕业生的实证研究》,《高等教育研究》2008年第1期。

陈成文、谭日辉:《人力资本与大学生就业的关系——基于2003、2004届大学毕业生的实证研究》,《高等教育研究》2004年第6期。

陈成文、谭日辉:《社会资本与大学生就业关系研究》,《高等教育研究》2004年第4期。

陈成文、汪希:《就业储备对大学毕业生就业的影响——基于2009届大学毕业生的实证研究》,《高等教育研究》2009年第10期。

陈海平:《人力资本、社会资本与高校毕业生就业——对高校毕业生就业影响因素的研究》,《青年研究》2005年第11期。

陈宏军、李传荣、陈洪安:《社会资本与大学生就业绩效关系研究》,《教育研究》2011年第10期。

杜桂英、岳昌君:《高校毕业生就业机会的影响因素研究》,《中国高教研究》2010年第11期。

胡永远、马霖、刘智勇:《个人社会资本对大学毕业生就业市场的影响》,《中国人口科学》2007年第6期。

胡永远、邱丹:《个性特征对高校毕业生就业的影响分析》,《中国人口科学》2011年第2期。

胡永远、余素梅:《大学毕业生失业持续时间的性别差异分析》,《人口与经济》2009年第4期。

黄敬宝:《人力资本、社会资本对大学生就业质量的影响》,《北京社会科学》2012年第3期。

黄敬宝:《人力资本与大学毕业生就业》,《中国青年政治学院学报》2010年第

2 期。

黄敬宝:《人力资本与大学生就业》,《中国流通经济》2012 年第 1 期。

黄敬宝:《我国大学生就业的影响因素探究》,《中国人力资源开发》2009 年第 12 期。

赖德胜、孟大虎、苏丽锋:《替代还是互补——大学生就业中的人力资本和社会资本联合作用机制研究》,《北京大学教育评论》2012 年第 1 期。

李炜、岳昌君:《2007 年高校毕业生就业影响因素分析》,《清华大学教育研究》2009 年第 1 期。

刘丽玲、吴娇:《大学毕业生就业能力研究》,《教育研究》2010 年第 3 期。

闵维方、丁小浩、文东茅等:《2005 年高校毕业生就业状况的调查分析》,《高等教育研究》2006 年第 1 期。

秦永、裴育:《城乡背景与大学毕业生就业》,《经济评论》2011 年第 2 期。

苏丽锋、孟大虎:《人力资本、社会资本与大学生就业:基于问卷数据的统计分析》,《复旦教育论坛》2012 年第 2 期。

谢勇、赵亚普:《人力资本、社会资本与大学生就业的实证研究》,《南方人口》2009 年第 3 期。

阎凤桥、毛丹:《影响高校毕业生就业的社会资本因素分析》,《复旦教育论坛》2008 年第 4 期。

喻名峰、陈成文、李恒全:《回顾与前瞻:大学生就业问题研究十年》,《高等教育研究》2012 年第 2 期。

岳昌君:《高校毕业生就业状况分析:2003—2011》,《北京大学教育评论》2012 年第 1 期。

岳昌君:《高校毕业生求职效率的实证研究》,《高等教育研究》2008 年第 6 期。

岳昌君:《高校毕业生求职效率的影响因素分析》,《北京大学教育评论》2009 年第 4 期。

岳昌君、巩建闽、黄潞:《高校毕业生就业特点及其变化趋势》,《教育发展研究》2008 年第 7 期。

岳昌君、文东茅、丁小浩:《求职与起薪:高校毕业生就业竞争力的实证分析》,《管理世界》2004 年第 11 期。

岳昌君、杨中超:《我国高校毕业生的就业结果及其影响因素研究》,《高等教育研究》2012 年第 4 期。

郑洁:《家庭社会经济地位与大学生就业》,《北京师范大学学报》2004 年第 3 期。

郑晓涛、李旭旦、相正求:《社会资本和人力资本对大学生就业的影响》,《高等教育研究》2006 年第 8 期。